第5版

マンション登記法

登記・規約・公正証書

Igarashi Tohru
五十嵐 徹

日本加除出版株式会社

第 5 版はしがき

　耐震偽装事件があったのは，平成17年でした。それから10年後，Mt不動産が販売したLマンションの施工不良による「全棟建替え」が波紋を呼びました。
　Lマンションは，建築的にはコの字型の3棟（ABC棟）とD棟からなりますが，登記・規約上は1棟であって，「団地関係」にはないという扱いがされていました。ところが，完成後間もなく，B棟の杭8本の不具合により最大777分の1の傾きがあることが判明し，Mt不動産は，住民説明会で「全棟建替えを基本的な枠組みとする」とし，費用も全額負担するという提案をしました。
　区分所有法は，1棟の一部の専有部分（B棟）だけを取り壊して建て替えることを想定していません。建物の一部が滅失した場合の復旧に関する規定はありますが，これは，地震などの影響で建物が住めない状態になった場合を想定したものです。また，「共用部分の変更」に関する規定もありますが，これは，工事で「特別の影響」を受ける専有部分の区分所有者の同意が必要になり，さらに，工事中に専有部分がなくなることがこの影響の範囲内なのか曖昧なため，事実上の全員合意が求められて，極めてハードルが高いのです。
　管理組合には，B棟だけを建て替える選択肢はほとんどなく，実質的に「全棟建替え」か「補修」の二者択一を迫られていました。杭の不具合を補修できるかについては，阪神大震災で被災したマンションの事例では，上部構造に被害がないのに，杭が損傷しているものが多かったが，補修できなくなるわけではなかったといいます。
　杭データの偽装が社会問題化してLマンションが注目を集めるなか，「販売主から全部建て替えると保証されたブランドマンションがある」ことが広く認知される結果となりました。そのため，構造上の施工不良が見つかった他のマンションでは，全棟建替えを要求する連鎖が生じました。St不動産は，「1棟を建て替えて他棟は一部を補修する」という提案を撤

第5版はしがき

回し，全棟建替えを提案しました。

　このような流れが加速したとき，その費用は，誰が負担することになるのでしょうか。問題は，費用負担だけではありません。「1棟の建物」であるか否かは，社会通念に従って決定されるといわれておりますが，その定義を定める必要があるのではないか。また，上記のような建築業者と購入者及び行政庁が予測していなかった課題を解決するためには，現行法令の見直しをする必要があるかもしれません。

　第4版発行から6年以上が経過し，区分所有法に関係する法令の改正，それに伴う関係通達・通知は，次のとおり多数ありました。
① 民法の法人に関するほとんどの規定が廃止されて一般社団・財団法人法に移行したことに伴い，区分所有法の管理組合法人に関する規定が改正されました。
② 東日本大震災後の復興を契機として，平成25年に「被災区分所有建物の再建等に関する特別措置法（いわゆる被災マンション法）」が改正され，マンションの建替え等が容易となりました。
③ 平成25年に建築物耐震改修促進法（マンションでなくても適用される。）が，平成26年にマンションの建替え等の円滑化に関する法律（マンション建替え法）が各改正され，行政庁の認定があれば，普通多数決による建替えも可能となりました。また，要除却マンションと認められれば，特別多数決により，マンションとその敷地を売却することができるようになりました。
④ ③の改正に伴い「危険・有害マンション」の制度は廃止されました。
⑤ 平成28年の都市再開発法の改正により，住宅団地の建替えの推進が図られました。また，現在，現行法令を前提として，団地型マンションに敷地売却制度を適用する仕組みを構築することが検討されています。

　そこで，本書では，これらに関する事項の改訂を行いました。特に，「マンション敷地売却制度」については，詳細に記述しました。ただし，被災マンション法については，その内容がかなりのボリュームになりますので，その要点を記述するに止め，詳細は，「まちづくり登記法」の改訂

に譲ることとしました。

　なお，4版発行後の判例，先例及び文献をフォローしましたが，その量は思ったほどはありませんでした。

　また，4版までは，主要条文索引と事項索引を細かく掲載しましたが，細かすぎて利用しにくいという御意見がありましたので，その全てを見直して，掲載事項を絞りました。

　今回の改訂作業に当たっても，日本加除出版の宮崎貴之部長には，本書を一層分かりやすくして，読者の更なる御理解をいただけるよう，細部にわたってチェックしていただきました。有り難うございました。

　　平成30年3月

　　　　　　　　　　　　　　　　　　　　　　　　五十嵐　徹

第4版はしがき

　平成7年1月の阪神・淡路大震災から1年後に本書の前身（総論）ともいうべき「マンションを考える12章」を刊行しました。そして，平成13年12月にマンション各論の一つとして「マンション登記法」を刊行し，早くも10年を経過しようとしています。その間，いろんなことがありましたが，なんといってもこの度の東日本大震災は，いつ終息するか分からない重大事件といえるでしょう。

　建物の一部又は全部が崩壊・老朽化し，又は滅失した場合，区分所有者は，区分所有権及び敷地利用権を処分しない限りは，復旧をするか又は建替えをするか，修繕若しくは改修で済ませるか，あるいはそのままにしておくか，選択を迫られることになります。このほか，政令で指定された火災，震災などにより全部滅失した場合は，土地を処分するか再建するか決める必要があります。阪神・淡路大震災で全壊したマンション数は，172団地，2,532棟に上りました。しかし，本震災により倒壊又は大破したものは0パーセントですから（平成23年4月23日社団法人高層住宅管理業協会「東日本大震災被災状況調査報告書」），政令による指定は行われないでしょう。このようにマンションの被害が軽微であった原因は，本震災が直下型でなく海溝型であり，また，マンションの95パーセントが新耐震設計基準（昭和56年）により設計されたものであることによると考えられています。

　建築から相当年数を経過したマンションは，その多くが専有面積の不足，エレベータがないなどの問題を抱え，さらに耐震性の不安などもあります。今後は，液状化を防ぐ地盤の強化などを含む総合的な対策を加速することが求められます。国土交通省の推計によれば，平成22年には，築年数が30年を超えるものが約93万戸に達するものと予測されていますが，マンションの建替えの円滑化等に関する法律により建替えが完了したマンションは，平成22年4月現在で149棟にすぎません。

　本書は，これまでは，主としてマンションの表題登記から滅失登記まで

第4版はしがき

の手続について記述してきましたが，これからは，権利変換という都市再開発法の手法を採用した建替えに関する登記の大幅な増加が予想されます。そこで，第4版では，マンションの建替え手続について大幅に加筆し，1章を加えました。

さらに，各章節ごとに説明をしている内容は，そのほかの章節に関連することが多いので，この機会に全体を見直し，可能な限り，その位置付けを明確にしました。それは同時に，Q&Aを活用することでもありますので，これを整理するとともに，7項目を書き加え，目次を別に設けました。

また，第3版では，新不動産登記法とその関係政令・規則等の施行を受けて，「はじめに1，2」を設け，章に準ずる位置付けをしましたが，第4版では，必要な説明は各章に盛り込み，あとは削除しました。

なお，不動産登記の申請は，従来，電子情報処理組織を使用してする場合（不動産登記法18条1号）は，法務省オンライン申請システムにより行われていましたが，平成23年2月14日から登記・供託オンライン申請システムへの移行が開始され，平成24年1月に移行が完了する予定です。これによって，登記手続の申請は，オンラインを使用する方法による事件が増加すると見込まれていますが，登記事件数全体からみれば，まだ少数です。そこで，本書の説明は，あえて，書面を提出する方法（同条2号）を想定して記述しています。御了承ください。

今回の改訂作業に当たっては，日本加除出版の宮崎貴之課長に参考資料の収集までお手伝いをしていただき，大野弘部長には，前回と同様，全面的にバックアップしていただきました。有り難うございました。

平成23年6月

五十嵐　徹

第3版はしがき

　一昨年6月，新しい不動産登記法（以下「不登法」といいます。）が公布されました。そのころ私は，本書の改訂作業中でした。しかし，実質的な改正は，オンライン申請の導入に関する規定だけで，基本的には従来の制度を維持するとのことでした。特に，マンションの登記手続についてはほとんど影響がないと理解し，最小限の手直しをしたのみで，改訂版を発行しました。

　この度の不登法の改正作業は，膨大な条文数にもかかわらず，極めて短時間のうちに完成させたということで驚きいっぱいです。これには，高度情報通信ネットワーク社会形成基本法（平成12年）に基づき決定されたe－Japan戦略の一つとして「2003年までに，国が提供するすべての行政手続をインターネット経由で可能にする。」という政府の方針により，登記申請手続のオンライン化の早急な実施が要請されていたという背景があったようです。そのため，従来，関係者から指摘されていた問題点を整理し，一つ一つ答えを出した上で法制化するというだけのゆとりがなかったようです。

　そのため，残念ながら，法令の定め方及びその構造には，完成品といえないような箇所が随所に見られます。しかも，法改正に伴って全面的に改正された政令，規則，準則等をチェックしたところ，登記手続の基本構造に変更はないものの，その根拠規定は分散し，法令の体系は，大きく変身していました。すなわち，新不登法は，法律事項を約半分に整理した上，そのうち申請情報の内容及び添付情報を政令事項とし，それ以外は，原則として，省令（規則）事項としています。そのため，一件の登記を申請し，手続を完了するためには，必ず，法律，政令，規則のほか準則及び通達の関係箇所をチェックし，関係規定を探し出した上，登記手続を進行させなければなりません。自信をもって手続を完了するのは，「勇気」がいります。

　そこで，本書は，「はじめに1」において，新法令全体を斜めから，横

第3版はしがき

から，ときには下から読んでみて，気付いた点を指摘し，「はじめに2」において，本書を理解する上で必要な範囲で，新不登法の通則的な改正点を説明した上で本論にはいることにしました。

しかし，「あの規定は，どこにいったのか，廃止されたのか，変わったのか，変わっていないのか。」などを新旧対照表で確認しようとしても，ずばり的中とはならないことが多く，きめ細かく解説するのは容易ではありません。それは，筆者の能力の問題であるといわれればそれまでですが。

しかも，新不登法は，オンライン申請を前提とした規定が本則であり，書面による申請は経過措置的規定であるにもかかわらず，現実には，オンライン申請事件は皆無に近いというギャップもあります。

そのようなことから，法令に対する疑問点・問題点を指摘するにとどめ，回答を留保した事項も少なくありません。読者の皆様にもお考えいただき，必要な場合は，所管課の御指導を受け，あるいは改正を要望するなどして，「完成品」に仕上げたいと考えます。

なお，今回の改訂作業に当たっては，日本加除出版の大野巌編集第一部長に細かくチェックしていただき，更に小柳則康副社長及び大野弘企画部副部長には，今回も大変お世話になりました。有り難うございました。

平成18年8月

五十嵐　徹

第2版はしがき

　本書の初版は，平成14年1月に刊行され，まもなく増刷となりました。なんとか，執筆の責めを果たしたという思いでした。しかし，予想どおりといってよいでしょうか。公証人，司法書士，土地家屋調査士，法務局職員（特に，筆者が法務総合研究所教官をしていたころの研修員）など，多くの方々から，様々な質問や意見をいただきました。その中で実感したのは，本書は，まだまだ分かりにくい。説明不足であるということでした。

　そこで，皆様から寄せられた質問をQ&Aとして追加するほか，昭和59年度に法務局ごとに開催された首席登記官会同・表示登記専門官会同における協議問題に対する法務省民事局の回答集をフルに引用させていただくなどして，少しでも「分かった。」といってもらいたいと考えました。

　また，建替え円滑化法制定に伴い設けられた建替えにおける権利変換手続（1：10）のほか，建物の区分割等及び合体（2：6），仮換地に建築されたマンションに関する登記手続（2：8：8），区分建物の滅失登記（2：9）などについて，全面的に書き改めたり，書き加えたりしました。規約公正証書に関するQ&Aは，利便を考え，一つにまとめました。

　このほか，条文索引については，準用する条文と準用される条文を一体として登載し，不動産登記法の編成構造が少しでも理解できるように試みてみました。

　本書は，マンション法における登記と規約というごく狭い世界の話です。しかし，その背景にあるマンション→建築→都市→社会が抱えている多くの課題についても広く関心を持っていただきたいと思い，初版に引き続き，「マンション問題の展開」と題して記述しました。御理解の上御一読願えれば幸いです。

　なお，本書改訂の最終段階になって，新しい不動産登記法が成立し，同時に，都市再生特別措置法に対抗するかのような景観法が成立しました。そこで，本書を理解していただくための必要最小限度の範囲で，この2法についてもふれています。

第2版はしがき

　今回の改訂作業に当たっても，日本加除出版の小柳則康副社長及び大野弘副部長には，大変お世話になりました。有り難うございました。

　平成16年8月

五十嵐　徹

初版はしがき

　平成8年2月「マンションを考える12章」を発刊した後，抵当証券会社倒産の始末記ともいうべき「抵当証券」（新不動産登記講座　各論Ⅳ・日本評論社）を書き上げ，単身生活を楽しむつもりでいました。ところが，まだ，マンション各論を執筆するという宿題が残っていたのです。しかし，マンション各論といっても範囲が広すぎて，私の手に余ります。そこで，経験上，最も身近なマンション登記にねらいを定め，挑戦することにしました。とはいうものの，法務省OBとしては，登記実務を経験することはできませんし，公証人として直接係わりのあるマンション規約の公正証書についても，三重県内の嘱託件数はわずかです。したがって，マンション登記が「分かった」レベルに到達するのは至難の技です。しかも，分かっただけで執筆はできません。読者に分かっていただける文章にする必要があります。

　昭和58年の改正に伴って設けられた区分所有法，及び特に不動産登記法等の条文の難解さは，並大抵ではありません。立法作業を担当された方々の御苦労がしのばれます。かつて，筆者が，法務総合研究所の教官として，職員に講義をしていた当時の感覚から判断すると，研修員の内何十パーセントの者に理解させ，実行させられるか，自信がありません。「こういう登記申請があった場合は，通達でこうしなさい，となっています。」というレベルでしょうか。

　平成10年4月「パソコンの『パ』の字から」という本が発行されました。サトウサンペイさんが，「だれにでもパソコンが使えるようにしたい。せっかく買ったのに物置にしまい込んでしまった中高年のためにも，パソコンのためにも。」という願いを込めて執筆されたものです。それまで，パソコン関係のマニュアルは，設計者が書いており，その解説書も同業者の手になっています。こんなことは知っているであろう，という前提で書かれています。しかし，我々ユーザーには，その前提が分からないのです。マニュアルに「この場合は，このキーを押しなさい。」と書いてある

初版はしがき

から押す。どうして押すのか分からなくてもいいという感覚があります。

マンション法も，パソコンと同様，ユーザーのものです。どんなに高度な理論を構築したとしても，細かい手続はともかくとして，基本的なことはユーザーが理解できるように説明する必要があります。ユーザーと遊離していては，なんのための制度であるか分からなくなります。この場合のユーザーとは，法務局職員を始め，司法書士・土地家屋調査士・公証人のほか，マンション業界の関係者などをいいます。

この本を書いたきっかけは，そんな思いからでした。マンション法の理論構成及びその登記の構造を大局的に把握し，理解し，実践してもらう。その過程で現れた課題については，諸先輩の書かれた解説書等をひもとき，自分で考えてもらう。そこではじめて，「分かった。」となります。最後まで投げ出さずにつきあってください。

そうはいうものの，出来上がった原稿を読んでみると，目標としたレベルからは，ほど遠く，読者のみなさまからは，疑問，異論が続出するかもしれません。そのときは，どうか筆者あてにお知らせください。一緒に考えましょう。そして，少しずつ完成に近づけていきたいと考えます。

ということで，なんとか発刊にこぎ着けました。執筆に当たっては，多くの方々の著書を参考にさせてもらいました。中でも濱崎恭生氏著「建物区分所有法の改正」及び香川保一氏編著「新訂不動産登記書式精義上・中・下」からは，たくさんの貴重な示唆をいただきました。また，その間，日本加除出版の小柳則康専務，及び特に大野弘課長には，何から何まで，出版社の担当者と執筆者の関係という以上にお世話になりました。お二人のうるさいほどの叱咤激励と御協力がなかったなら，本書は誕生するに至らなかったと思います。有り難うございました。

平成13年12月

津合同公証役場
公証人　五十嵐　徹

【本書の構成】

1　見出しを4段階（章，節，款，目に相当する。）に細分化し，その箇所には，どういうことが書いてあるかを明らかにしました。見出しは，目次であると同時に索引としても利用できます。

2　文体は，口語体に統一しました。条文が文語体（又は文語調）で表記されている場合は，口語体に改めました。法令を引用する場合は，原則として，原文のとおり表記しましたが，「所有権の移転の登記」のように「の」が連続する場合は，「所有権の移転登記」と表記しました。

3　疑問を生じそうなところや総合的な判断を必要とする事例については，【Q＆A】のコーナーを設けて，もう一歩先の議論をし，説明の仕方を変え，あるいは関連する事項の説明をしました。そのほか，時事的な話題を取り上げ，【コラム】で紹介しました。

4　判例は，その意味内容を吟味し，本文中で取り上げたほか，①判示事項，②判決の考え方，③判例の存在のみに分けて，紹介しました。

5　基本通達は，旧不動産登記法の時代のものを含め，ほとんどもれなく引用しました。

6　索引は，該当ページではなく見出しごとに区分し，利用しやすいようにしました。用語及び条文は，出ている箇所の全部を掲載することは避け，参照すべき箇所のみにしました。特に，不登法73条は，ひんぱんに引用しているので，限定しました。

　なお，「公正証書」については，第5章との関係から必要であると考え，第1章から第4章までに出ている箇所のほとんど全部について掲載しました。

7　通達で示された記録例（平28.6.8民三386号民事局長通達）及び登記申請書の様式（平27.2.13民二101民事第二課長通知など）は，容量が多すぎるので，その番号のみを【記録例○○】【様式○】として掲載しました。御了承ください。

凡　例

【凡　例】

❖引用法令等❖

旧　　　　法	昭和 37 年施行又は昭和 58 年改正の建物の区分所有等に関する法律
（改　正）法	平成 14 年改正の建物の区分所有等に関する法律
施　行　規　則	建物の区分所有等に関する法律施行規則
不　登　法	不動産登記法（平成 16 年法律第 123 号）
旧　不　登　法	不動産登記法（明治 32 年法律第 24 号）
令	不動産登記令
特　例　省　令	不動産登記令第 4 条の特例等を定める省令
旧　施　行　令	不動産登記法施行令
規　　　　則	不動産登記規則
旧　細　則	不動産登記法施行細則
準　　　　則	不動産登記事務取扱手続準則
旧　準　則	旧不動産登記事務取扱手続準則
整　理　法	土地区画整理法
整　理　登　記　令	土地区画整理登記令
都　再　法	都市再開発法
都　再　登　記　令	都市再開発法による不動産登記に関する政令
建　　　　法	マンションの建替えの円滑化等に関する法律
建　登　記　令	マンションの建替えの円滑化等に関する法律による不動産登記に関する政令
密　集　法	密集市街地における防災街区の整備の促進に関する法律
密　集　登　記　令	密集市街地における防災街区の整備の促進に関する法律による不動産登記に関する政令
都　市　再　生　法	都市再生特別措置法
大　都　市　法	大都市地域における住宅及び住宅地の供給の促進に関する特別措置法
新　住　宅　法	新住宅市街地開発法
新　住　宅　登　記　令	新住宅市街地開発法等による不動産登記に関する政令
耐　震　法	建築物の耐震改修の促進に関する法律

被　　災　　法	被災区分所有建物の再建等に関する特別措置法
被災市街地法	被災市街地復興特別措置法
マンション管理法	マンションの管理の適正化の推進に関する法律
建　基　法	建築基準法
宅　建　業　法	宅地建物取引業法
借　　　法	借地借家法
商　登　法	商業登記法
行　訴　法	行政事件訴訟法
民　執　法	民事執行法
民　保　法	民事保全法
国　徴　法	国税徴収法
租　特　法	租税特別措置法
収　用　法	土地収用法
住　基　法	住民基本台帳法
試　　　案	区分所有法改正要綱試案（昭和57年7月8日法務省民事局参事官室）
要　　　綱	建物の区分所有等に関する法律の一部を改正する法律案要綱（昭和58年2月16日法制審議会総会）

❖引用通達等❖

基　本　通　達	建物の区分所有等に関する法律及び不動産登記法の一部改正に伴う登記事務の取扱いについて（昭58.11.10民三第6400号民事局長通達）
通達記載例	区分建物関係登記等記載例（上記通達別紙）
様　式　通　達	区分建物に関する登記申請書の様式等について（昭58.11.11民三第6569号民事局長通達）
規　約　通　達	建物の区分所有等に関する法律の規定による規約公正証書について（昭58.10.21民一第6085号民事局長通達）
公証事務通達	建物の区分所有等に関する法律及び不動産登記法の一部改正等に伴う公証事務の取扱いについて（昭58.11.10民一第(6100号民事局長通達）
合　体　通　達	不動産登記法等の一部改正に伴う登記事務の取扱いに関する

凡 例

	通達（平5．7.30民三第5320号民事局長通達第五）
建　通　達	マンションの建替えの円滑化等に関する法律による不動産登記に関する政令の施行に伴う登記事務の取扱いについて（平15．9．8民二第2522号民事局長通達）
建改正通達	マンションの建替えの円滑化等に関する法律による不動産登記に関する政令の一部を改正する政令の施行に伴う不動産登記事務の取扱いについて（平26.12.22民二849号民事局長通達）
建基本方針	マンションの建替え等の円滑化に関する基本的方針（平26.12.10国交省告示1037）
標 準 規 約	マンション標準管理規約（平29．8．29国土動指27号，国住マ33号）
不登法施行通達	不動産登記法の施行に伴う登記事務の取扱いについて（平17．2．25民二第457号民事局長通達）
記　録　例	不動産登記記録例について（平28．6．8民三386号民事局長通達）
日公連決議	日本公証人連合会法規委員会決議（公証）
質疑58	昭和58年度法務局・地方法務局首席登記官会同協議問題に対する本省回答
質疑59	昭和59年度各法務局管内首席登記官会同・表示登記専門官会同協議問題に対する本省回答
質疑5	平成5年度全国法務局・地方法務局首席登記官会同協議問題に対する本省回答

❖引用判例等文献❖

民録　　大審院民事判決録
総覧民　判例総覧民事編
登研　　登記研究
登情　　登記情報
インター　登記インターネット
民集　　最高裁判所民事判例集
下民集　下級裁判所民事裁判例集

判時　判例時報
判タ　判例タイムズ

❖引用文献　（発行日順）❖

川島・解説　川島一郎「建物の区分所有等に関する法律の解説」（浜崎の参考資料，昭 37．7～）

川島・注民　「注釈民法(7)」（昭 43.12）

先例解説　法務省民事局第三課編「区分建物の登記先例解説（増補版）」

注解　「注解　建物区分所有法(1)」（昭 54．1）

NBL210～218　「研究会『区分所有建物の管理の現状と立法の課題』」（昭 55．6～）

商事法務研究会　「区分所有建物の管理の現状と立法の課題」（上記シンポジュウムのまとめ，昭 56．4）

私法　「シンポジュウム『建物区分所有法の改正問題に関連して』私法 43 号」（昭 56．9）

先例百選　「不動産登記先例百選（第 2 版）」（昭 57．1）

青山・解説　青山正明「改正区分所有法・不動産登記法について」（民事月報 38 巻号外，昭 58.12「改正区分所有法と登記実務」）

大内・解説　大内俊身「建物の区分所有等に関する法律及び不動産登記法の改正」（同民事月報）

大内・取扱い　大内俊身「法令改正に伴う不動産登記事務の取扱いについて」（同民事月報）

通達質疑　「建物の区分所有等に関する法律及び不動産登記法の一部改正に伴う登記事務の取扱いについて（通達）に関する質疑応答」（同民事月報）

長谷部・通達解説　長谷部紘治「建物の区分所有等に関する法律の一部改正に伴う公証事務の取扱いについて」（同民事月報）

津田・解説　津田賛平「区分所有法改正に伴う公証人手数料規則の改正について」（公証 69 号，昭 59．1）

マンション法　民事局参事官室編「新しいマンション法」（昭 58.11）

区分登記問答　民事局第三課職員編「区分所有登記実務一問一答」（昭 59．3）

松尾・詳述　松尾英夫「改正区分建物登記詳述」（昭 61．3）

凡　例

浜崎　　濱崎恭生「建物区分所有法の改正」（平元．8）
香川・諸問題　香川保一「区分建物の諸問題」（登記情報424－6）
民法登記上・中・下　香川最高裁判事退官記念論文集「民法と登記上・中・下巻」（平5．6）
揖斐・解説　揖斐潔「公証人手数料令の解説」（公証104号，平5.10）
幾代　　幾代通・徳本伸一「不動産登記法第4版」（平6．2）
基本コンメ　水本浩ほか編「基本法コンメンタール　マンション法」（平6．3）
書式上・中・下　香川保一編著「新訂不動産登記書式精義上・中・下」（平6．3～）
青山・民事　青山正明編「民事訴訟と不動産登記一問一答」（平6．6）
塩崎　　塩崎勤編著「マンションの法律」（平6．7）
五十嵐・12章　五十嵐徹「マンションを考える12章―区分所有法とその周辺―」（平8．2）
実務下・続Ⅰ・続Ⅱ　中村隆ほか編「Q＆A表示登記の実務（下）・（続Ⅰ）・（続Ⅱ）」（平10．4，12.12，15.11）
大野判研　大野秀夫「総合判例研究・マンション法(1)ないし(39)」（判例時報1546～1661）
現代　　青木新五編著「現代マンション法の実務」（平12．8）
講座　　鎌田薫編著「新不動産登記講座第4巻各論Ⅰ」（平12.10）
松尾・細則　松尾英夫「不動産登記法施行細則」（登記インターネット2巻4号以下）
吉田QA　吉田徹編著「一問一答　改正マンション法」（平15．7）
鎌野ら　鎌野邦樹ほか編著「改正区分所有法＆建替事業法の解説」（平16．2）
櫻庭　　櫻庭倫「マンションの建替えの円滑化に関する法律による不動産登記に関する政令について」（民事月報59－6）
清水・解説　清水響「新不動産登記法の概要について」（民事月報59－8）
清水・Q＆A　清水響「一問一答　新不動産登記法」（平17．1）
河合　　河合芳光「不動産登記令の解説」（民事月報59巻12号）
小宮山　小宮山秀史「不動産登記法の改正に伴う登記事務の取扱について」（平成16年改正不動産登記法と登記実務（解説編））（平17.10）
書式解説　香川保一編著「新不動産登記書式解説（一）」（平18．2）

小宮山・規則解説　「逐条解説不動産登記規則」（登記研究691号～，平17.5～）

新Q4・新Q5　中村隆ほか編「新版Q＆A表示に関する登記の実務(4)・(5)」(平20.5，20.12)

山野目　山野目章夫「不動産登記法」(平21.8)

登公　登記・公証制度研究会編著「Q＆A登記に使える公正証書・認証手続」(平22.7)

五十嵐・まちづくり　五十嵐徹「まちづくり登記法」(平24.11)

五十嵐・区画整理　五十嵐徹「土地区画整理の登記手続」(平26.4)

コンメ　稲本洋之助ほか「コンメンタール　マンション区分所有法（第3版）」(平27.3)

建法解説　マンション建替法研究会編著「改訂　マンション建替法の解説」(平27.9)

❖参考文献❖

日本加除出版出版部編　「公用文作成の手引き」(平3.6)

玉田弘毅　「マンションの法律(1)4版」(平5.1)

酒井教夫　「区分建物とその敷地に関する登記をめぐる諸問題」（法務研究報告書，平5.3)

法務省民事局編　「不動産登記実務（五訂版）」(平9.9)

齋藤一雄ほか　「土地区画整理の理論と登記実務」(平10.11)

浦野雄幸編著　「判例・先例コンメンタール　新編　不動産登記法1－5，別巻」(平11.6～)

玉田弘毅ほか編　「マンションの裁判例第2版」(平11.11)

末永秀夫　「実務マンション法」(平16.1)

鎌野邦樹編著　「改正区分所有法＆建替事業法の解説」(平16.2)

上野義治　「マンションの登記手続(1)―建替えに際しての権利登記を中心に―」（市民と法39-55）

上野義治ほか　「マンション建替えをめぐる登記の諸問題」マンション学21-20（平17.4)

鎌田薫ほか　「分譲マンションをめぐる諸問題（上）（下）」ジュリスト1309，1310（平18.4)

凡 例

有馬厚彦編著 「不動産登記活用法令集」（平 18．7）
鎌野邦樹 「マンション法の現状と課題」（月報司法書 415，平 18．9）
上野義治ほか 「建替えの実例と新不動産登記法における区分所有の手続」マンション学 27-93（平 19．7）
丸山英気ほか編 「これからのマンションと法」（平 20．9）
鎌野邦樹 「区分所有法 50 年の歩みと今日のマンション問題・課題」（マンション学 52-55）
片桐善衞 「区分所有法の探求」（名城大学法学会選書・平 28．2）

❖用語例❖

主建物　主タル建物（旧不登法 93 条ノ 14）主である建物（不登規則 34 条 1 項 4 号，別表 2）
非区分建物　区分建物以外の建物（2:1:1）
所有権者　表題部に記載された所有者又は所有権の登記名義人（2:1:1③，不登法 2 条 10 号，11 号）
所有権の移転登記　所有権の移転の登記（不登法 32 条）
一棟の表示　区分建物の属する一棟の建物が所在する郡，市，区，町村，字及び地番並びにその建物の名称と一棟の構造及び床面積（2:3:2:1）
区分建物の表示　区分建物の種類，構造，床面積及び家屋番号並びに建物の名称（2:3:2:2）
附属建物の表示　附属建物の種類，構造及び床面積（2:3:2:3）
非区分建物の表示　建物が所在する郡，市，区，町村，字及び地番並びに種類，構造，床面積，家屋番号（2:3:2:3）
敷地権の表示　敷地権の目的である土地の所在，地番，地目及び地積並びに敷地権の種類及びその割合（2:3:4）
区分割等　建物の区分並びに区分建物の分割，区分及び合併（2:6:1）
売買等　遺贈，贈与又は売買などの処分（3:3:2:1）
第三者の承諾証明情報　利害関係のある第三者の承諾を証する情報（令 7 条 1 項 5 号ハ）
1 条，2 条　1 条又は（及び）2 条
2 条・1 条　2 条が準用する 1 条
2 条；1 条　2 条が準用する 1 条又は（及び）1 条

目　次

1　区分建物に関する法律構成 …… 1
1：1　区分所有の意義 …… 1
1：1：1　区分所有の法律構成 …… 1
1：1：2　旧法の概要 …… 1
1：1：3　法改正の理由 …… 2
　1:1:3:1 昭和58年改正 …… 2
　1:1:3:2 平成7年改正 …… 3
　1:1:3:3 平成14年改正 …… 4
　1:1:3:4 平成25年改正 …… 7
　1:1:3:5 平成26年改正 …… 8
【コラム】　タワーマンション，見直される「中・低層階」…… 9
1：2　区分建物 …… 10
1：2：1　意義 …… 10
1：2：2　一棟の建物及び1個の建物 …… 12
1：2：3　区分建物の要件 …… 12
　1:2:3:1 構造上の独立性 …… 13
　1:2:3:2 利用上の独立性 …… 14
1：3　区分所有権の成立と解消 …… 17
1：3：1　区分所有権の成立 …… 17
1：3：2　区分所有者の権利義務 …… 18
1：3：3　区分所有の解消 …… 19
1：4　専有部分と共用部分 …… 19
1：4：1　専有部分と共用部分の区分について …… 20
1：4：2　専有部分 …… 22
　1:4:2:1 専有部分に含まれ得るもの …… 22
　1:4:2:2 専有部分の範囲 …… 25
1：4：3　共用部分 …… 26
　1:4:3:1 専有部分以外の建物の部分 …… 26

目 次

  1:4:3:2 専有部分に属さない建物の附属物 …………………27
  1:4:3:3 規約共用部分とされた附属建物 ……………………27
 1:4:4 法定共用部分 ……………………………………………28
  1:4:4:1 当然の共用部分となる建物の部分 …………………28
  1:4:4:2 当然の共用部分とはいえない建物の部分 …………28
 1:4:5 規約共用部分 ……………………………………………33
  1:4:5:1 規約共用部分となり得る建物の部分 ………………34
  1:4:5:2 規約共用部分の設定 …………………………………35
  1:4:5:3 規約共用部分の登記 …………………………………36
  1:4:5:4 未登記規約共用部分の処分 …………………………36
  1:4:5:5 規約共用部分の廃止 …………………………………37
 1:4:6 一部共用部分 ……………………………………………38
 1:4:7 共用部分の共有 …………………………………………39
  1:4:7:1 共用部分の共有の性質 ………………………………39
  1:4:7:2 共用部分の放棄・分割 ………………………………41
  1:4:7:3 共用部分の持分割合 …………………………………41
  1:4:7:4 一部共用部分の床面積 ………………………………42
  1:4:7:5 規約による別段の定め ………………………………42
 1:4:8 規約による共用部分の所有者の定め …………………43
  1:4:8:1 別段の定め ……………………………………………43
  1:4:8:2 共用部分の所有権の性質 ……………………………44
  1:4:8:3 管理所有の承継 ………………………………………45
 1:4:9 民法177条の不適用 ……………………………………45
 1:4:10 共用部分の変更 ………………………………………46
 1:4:11 専用使用権 ……………………………………………48
1:5 建物の敷地 …………………………………………………50
 1:5:1 意義 ………………………………………………………50
 1:5:2 法定敷地 …………………………………………………51
 1:5:3 規約敷地 …………………………………………………53
  1:5:3:1 規約敷地とすることができる土地 …………………54
  1:5:3:2 規約敷地を定める手続 ………………………………55

1：5：4　みなし規約敷地 …………………………………………56
　1：5：4：1 建物の一部滅失 ……………………………………56
　1：5：4：2 敷地の分筆 …………………………………………57
　1：5：4：3 みなし規約敷地の廃止手続 ………………………57
1：5：5　「建物の所在」と「建物の敷地」………………………57
1：6　敷地利用権 ……………………………………………58
1：6：1　意義 ………………………………………………………58
1：6：2　敷地利用権の法的性質 …………………………………59
1：6：3　敷地利用権となる権利 …………………………………61
　1：6：3：1 使用貸借契約 ………………………………………61
　1：6：3：2 第三者の地上権又は賃借権がある場合 …………62
　1：6：3：3 自己借地権 …………………………………………62
　1：6：3：4 賃借権者から受けた使用借権 ……………………63
　1：6：3：5 等価交換 ……………………………………………63
　1：6：3：6 合意に基づく使用借権 ……………………………63
　1：6：3：7 仮登記された土地の敷地利用権 …………………64
1：6：4　一体性の原則（分離処分禁止の原則）…………………64
　1：6：4：1 意義 …………………………………………………64
　1：6：4：2 分離処分禁止の場合 ………………………………66
　1：6：4：3 区分建物と敷地利用権の関係 ……………………67
　1：6：4：4 区分建物に係る敷地利用権の処分 ………………69
　1：6：4：5 賃借権が敷地利用権の場合 ………………………70
　1：6：4：6 敷地利用権の共有者との関係 ……………………71
　1：6：4：7 分離処分ができない処分 …………………………72
　1：6：4：8 処分の制限 …………………………………………72
　1：6：4：9 分離処分禁止の対象とならない使用借権 ………73
　1：6：4：10 分離処分禁止の状態になる前に設定された担保権 ………74
1：6：5　敷地利用権の割合（持分）………………………………75
　1：6：5：1 意義 …………………………………………………75
　1：6：5：2 敷地利用権の割合（持分）の算定方法 …………76
　1：6：5：3 敷地利用権割合の決定 ……………………………77

1:6:5:4 敷地利用権のない区分所有者 …………………… 78
1:6:6　分有形式の敷地利用権 ………………………………… 80
　　　1:6:6:1 敷地利用権の形態 ……………………………… 80
　　　1:6:6:2 分有の場合の敷地利用権の性質 …………………… 81
　　　1:6:6:3 縦割り区分建物 ……………………………………… 82
　　　1:6:6:4 横割り区分建物 ……………………………………… 82
　　　1:6:6:5 一体性の原則の適用 ……………………………… 84
1:6:7　分離処分可能規約 …………………………………………… 85
　　　1:6:7:1 分離処分が必要な場合 …………………………… 86
　　　1:6:7:2 分離処分が可能であることを公示する登記手続 …… 88
1:6:8　分離処分禁止に違反する処分の効力 ………………………… 88
　　　1:6:8:1 善意・無過失 ………………………………………… 88
　　　1:6:8:2 権利変動とその登記との関係 ……………………… 89
1:6:9　民法255条の適用除外 ……………………………………… 90
1:6:10　区分建物の全部を所有し, 敷地利用権を単独でもってい
　　　　る場合 ………………………………………………………… 91
　　　1:6:10:1 意義 ………………………………………………… 91
　　　1:6:10:2 要件 ………………………………………………… 92
　　　1:6:10:3 規約の定め ………………………………………… 93
1：7　敷地権 ……………………………………………………………… 94
　1:7:1　意義 ……………………………………………………………… 94
　1:7:2　敷地権の成否 ……………………………………………… 95
　1:7:3　敷地権の登記 ……………………………………………… 96
　　　1:7:3:1 意義 …………………………………………………… 96
　　　1:7:3:2 敷地権の登記 ……………………………………… 97
　　　1:7:3:3 附属建物の敷地権の登記 ………………………… 98
　　　1:7:3:4 職権による敷地権の登記 ………………………… 98
　　　1:7:3:5 敷地権の登記の効果 ……………………………… 100
　1:7:4　敷地権である旨の登記 ………………………………… 100
　1:7:5　敷地権付き区分建物についての権利に関する登記 ……… 101
　1:7:6　敷地権である旨の登記をした土地についての権利に関す

　　　　る登記 …………………………………………………… 104
　1：7：7　特定登記 ……………………………………………… 104
　　1：7：7：1 意義 ……………………………………………… 104
　　1：7：7：2 特定登記の転写等 …………………………… 105
　　1：7：7：3 権利消滅の登記 ……………………………… 106
1：8　団地 ……………………………………………………………… 107
　1：8：1　意義 …………………………………………………… 107
　1：8：2　団地の構成 …………………………………………… 107
　1：8：3　団地の形態 …………………………………………… 109
　1：8：4　団地管理の構成 ……………………………………… 111
　1：8：5　団地建物所有者の団体 …………………………… 113
　1：8：6　団地共用部分 ………………………………………… 114
　　1：8：6：1 意義 ……………………………………………… 114
　　1：8：6：2 団地共用部分とするための要件 …………… 115
　　1：8：6：3 団地共用部分とした場合の効果 …………… 116
　　1：8：6：4 団地共用部分である旨の登記 ……………… 117
　　1：8：6：5 団地共用部分である旨の登記の抹消 ……… 118
　1：8：7　公正証書による規約 ……………………………… 118
　　1：8：7：1 意義 ……………………………………………… 118
　　1：8：7：2 規約設定 ………………………………………… 119
　　1：8：7：3 大団地の団地共用部分 ……………………… 120
　1：8：8　団地規約設定の特例 ……………………………… 122
　　1：8：8：1 意義 ……………………………………………… 122
　　1：8：8：2 法68条１項各号に掲げる物 ………………… 123
　　1：8：8：3 規約を定める手続 …………………………… 124
　　1：8：8：4 規約の効力 ……………………………………… 125
1：9　敷地利用権についての留意点 ……………………………… 125
　1：9：1　新築の場合 …………………………………………… 125
　　1：9：1：1 一棟の建物の新築 …………………………… 125
　　1：9：1：2 ２筆の土地に一棟の建物を新築 …………… 126
　　1：9：1：3 一棟の建物の追加新築 ……………………… 126

25

目 次

1:9:2 　増築の場合 ……………………………………… 127
　1:9:2:1 第三者による増築 …………………………… 127
　1:9:2:2 区分建物の所有者による増築 ………………… 128
　1:9:2:3 同一土地に増築 ……………………………… 128
　1:9:2:4 隣地にまたがって増築 ……………………… 129
1:9:3 　団地の場合 ……………………………………… 129
1:9:4 　等価交換方式による場合 ……………………… 130
　1:9:4:1 等価交換の方式 ……………………………… 130
　1:9:4:2 等価交換方式による分譲マンションの例 …… 131
1:9:5 　建替えの場合の敷地利用権の放棄又は取得 …… 132
　1:9:5:1 敷地利用権の放棄 …………………………… 132
　1:9:5:2 敷地利用権の取得 …………………………… 132
　1:9:5:3 具体例 ………………………………………… 133
1：10　管理組合及び管理組合法人 …………………… 134
　1：10：1 　管理組合 …………………………………… 134
　1：10：2 　管理組合法人 ……………………………… 134
1：11　区分建物の登記記録 ……………………………… 135
　1：11：1 　登記記録の編成 …………………………… 135
　1：11：2 　区分建物の登記事項証明書 ……………… 136

2　区分建物に関する表示の登記 ……………… 141

2：1　意義 …………………………………………………… 141
　2：1：1 　非区分建物の表題登記と異なる点 ………… 141
　2：1：2 　区分建物の表示に関する登記の種類 ……… 142
　2：1：3 　区分建物の表示に関する登記事項 ………… 143
【コラム】　住民票コードと個人番号（マイナンバー） 145
2：2　申請人 ………………………………………………… 146
　2：2：1 　申請権者の明確化 ………………………… 146
　　2:2:1:1 一般承継人による申請 …………………… 147
　　2:2:1:2 区分建物の一般承継人による申請 ……… 148
　　2:2:1:3 その他の申請権者 ………………………… 148

2:2:2	区分建物についての表題登記の一括申請	149
2:2:3	原始取得者による申請	150
2:2:4	転得者による申請	151
2:2:4:1	転得者の申請適格	151
2:2:4:2	転得者の申請方法	152
2:2:5	代位登記の申請	153
2:2:5:1	原始取得者の一人による申請	153
2:2:5:2	債権者による申請	154
2:2:6	相続人による申請	154
2:2:7	一の申請情報による申請	155
2:2:8	増築により区分建物ができた場合の申請	157
2:2:8:1	非区分建物の増築	157
2:2:8:2	区分建物の増築	158
2:2:9	未登記区分建物の所有権の保存登記又は処分制限の登記	159
2:3	**申請情報の内容**	**159**
2:3:1	申請人の表示	160
2:3:1:1	区分建物の所有者が複数の場合	160
2:3:1:2	相続人が申請する場合	160
2:3:1:3	転得者が代位申請する場合	161
2:3:1:4	原始取得者共有の場合	161
2:3:2	建物の表示	161
2:3:2:1	一棟の建物の表示	161
2:3:2:2	区分建物の表示	162
2:3:2:3	附属建物の表示及び非区分建物の表示	164
2:3:3	一の申請情報による申請	165
2:3:4	敷地権の表示	166
2:3:5	登記原因及びその日付	167
2:3:6	添付情報	168
2:3:6:1	登記原因証明情報	170
2:3:6:2	建物所在図	171

目次

2:3:6:3 建物図面 ……………………………………… 171
2:3:6:4 各階平面図 …………………………………… 172
2:3:6:5 所有権証明情報 ……………………………… 172
2:3:6:6 敷地権証明情報 ……………………………… 173
2:3:6:7 非敷地権証明情報 …………………………… 173
2:3:6:8 代位原因証明情報 …………………………… 174
2:3:6:9 一般承継証明情報 …………………………… 174

2：4　区分建物の表示に関する登記の実行 ……… 175

2:4:1　表示事項の特則 …………………………………… 175
　2:4:1:1 通則 ……………………………………………… 175
　2:4:1:2 一部既登記の場合 ……………………………… 176
　2:4:1:3 (団地) 共用部分の所有者 ……………………… 177
2:4:2　敷地権の登記 ……………………………………… 177
　2:4:2:1 意義 ………………………………………………… 177
　2:4:2:2 敷地権の登記事項 ………………………………… 177
2:4:3　敷地権である旨の登記 …………………………… 179
　2:4:3:1 意義 ………………………………………………… 179
　2:4:3:2 登記事項 …………………………………………… 180
　2:4:3:3 他の登記所への通知 ……………………………… 181

2：5　区分建物の表題部の変更又は更正の登記 ……… 181

2:5:1　意義 …………………………………………………… 181
2:5:2　表題部所有者に関する変更・更正登記 …………… 182
　2:5:2:1 表題部所有者の変更登記 ………………………… 183
　2:5:2:2 表題部所有者の更正登記 ………………………… 183
2:5:3　建物の表題部の変更登記 …………………………… 183
　2:5:3:1 区分建物の表題部の変更登記 …………………… 183
　2:5:3:2 一棟の建物の表題部の変更登記 ………………… 184
　2:5:3:3 区分建物の表題部のみの表示事項の変更 ……… 186
　2:5:3:4 附属建物の新築の登記 …………………………… 187
2:5:4　非区分建物が区分建物となった場合 ……………… 187
　2:5:4:1 「区分建物を新築」 ………………………………… 187

2：5：4：2 登記の申請 …………………………………………… 189
　2：5：4：3 申請情報 ……………………………………………… 190
　2：5：4：4 添付情報 ……………………………………………… 190
　2：5：4：5 登記手続 ……………………………………………… 190
2：5：5　一棟の建物及び区分建物の表題部の更正 ………………… 191
2：5：6　敷地権の発生・消滅・変更・不存在 ……………………… 192
2：5：7　敷地権が生じた場合 ………………………………………… 192
　2：5：7：1 敷地権が生ずる事由 …………………………………… 192
　2：5：7：2 登記の申請 ……………………………………………… 193
　2：5：7：3 申請情報 ………………………………………………… 193
　2：5：7：4 添付情報 ………………………………………………… 194
　2：5：7：5 敷地権の登記 …………………………………………… 195
　2：5：7：6 敷地権である旨の登記 ………………………………… 195
　2：5：7：7 建物のみに関する旨の付記登記 ……………………… 195
　2：5：7：8 (特) 担保権の登記の抹消 …………………………… 198
2：5：8　敷地権が消滅した場合 ……………………………………… 198
2：5：9　敷地権でなくなった場合 …………………………………… 200
　2：5：9：1 建物の表題部の変更登記の申請情報及び添付情報 ………… 200
　2：5：9：2 建物の表題部の変更登記手続 ………………………… 202
　2：5：9：3 敷地権である旨の登記の抹消 ………………………… 203
　2：5：9：4 権利及び権利者の表示 ………………………………… 203
　2：5：9：5 特定登記の転写 ………………………………………… 204
　2：5：9：6 後れる登記 ……………………………………………… 205
　2：5：9：7 その後の手続 …………………………………………… 205
2：5：10　敷地権でなかった場合 …………………………………… 206
2：5：11　敷地権の目的である土地の表示に変更が生じた場合 ……… 207
　2：5：11：1 登記の申請 ……………………………………………… 207
　2：5：11：2 建物の表題部の変更登記 ……………………………… 208
2：5：12　敷地権の登記に関する更正登記 ………………………… 209
　2：5：12：1 敷地権の登記をしていなかった場合 ………………… 209
　2：5：12：2 敷地権の登記をすべきでなかった場合 ……………… 209

目次

　　2:5:12:3　敷地権である旨の登記をしていない場合 …………………… 210
　　2:5:12:4　土地の表題部の更正登記による場合 ………………………… 210
　2:5:13　敷地権割合の更正 ……………………………………………………… 211
　　2:5:13:1　更正登記の方法 ……………………………………………………… 211
　　2:5:13:2　通達の射程距離 ……………………………………………………… 213
　　2:5:13:3　申請人 ………………………………………………………………… 213
　　2:5:13:4　添付情報 ……………………………………………………………… 213
　　2:5:13:5　登記事項 ……………………………………………………………… 214
　2:5:14　特定登記に係る権利消滅の登記 ……………………………………… 215
　2:5:15　区分建物の表題部の変更・更正登記の申請情報及び添付
　　　　　 情報 …………………………………………………………………………… 216
　　2:5:15:1　登記の目的 …………………………………………………………… 216
　　2:5:15:2　代位申請人と代位原因 ……………………………………………… 217
　　2:5:15:3　建物の表示 …………………………………………………………… 217
　　2:5:15:4　登記原因及びその日付 ……………………………………………… 219
　　2:5:15:5　添付情報及び図面 …………………………………………………… 219
　2:5:16　区分建物に関する変更・更正登記の効力 …………………………… 222
 2:6　建物の区分割等の登記 ……………………………………………………… 223
　2:6:1　意義 …………………………………………………………………………… 223
　　2:6:1:1　建物の分割 …………………………………………………………… 223
　　2:6:1:2　建物の区分 …………………………………………………………… 223
　　2:6:1:3　建物の合併 …………………………………………………………… 224
　　2:6:1:4　建物の分棟及び合棟 ………………………………………………… 225
　2:6:2　分割・区分と合併の一の申請情報による申請 ………………………… 225
　2:6:3　申請情報 ……………………………………………………………………… 227
　　2:6:3:1　申請人 ………………………………………………………………… 227
　　2:6:3:2　登記の目的 …………………………………………………………… 228
　　2:6:3:3　建物の表示 …………………………………………………………… 228
　　2:6:3:4　敷地権の表示 ………………………………………………………… 228
　2:6:4　添付情報 ……………………………………………………………………… 229
　　2:6:4:1　登記識別情報 ………………………………………………………… 229

          2:6:4:2 共同担保目録 ………………………………………… 229
          2:6:4:3 権利消滅の承諾証明情報 ………………………… 230
          2:6:4:4 敷地権に関する規約設定証明情報 …………… 231
    2:6:5 　記録方法 …………………………………………………… 231
          2:6:5:1 建物の分割登記 ……………………………………… 232
          2:6:5:2 建物の区分登記 ……………………………………… 233
          2:6:5:3 建物の附属合併登記 ………………………………… 235
          2:6:5:4 建物の区分合併登記 ………………………………… 235
          2:6:5:5 建物の合併登記 ……………………………………… 237
          2:6:5:6 附属建物の分割合併登記 …………………………… 238
          2:6:5:7 附属建物（区分建物）の分割合併登記 ………… 238
          2:6:5:8 建物の区分及び附属合併登記 …………………… 239
          2:6:5:9 建物の区分及び区分合併登記 …………………… 240
          2:6:5:10 建物の分割及び附属合併登記等 ………………… 240
    2:6:6 　建物の合併制限 …………………………………………… 240
2:7 区分建物の合体登記等 ………………………………………… 241
    2:7:1 　意義 ………………………………………………………… 241
          2:7:1:1 合体 ……………………………………………………… 241
          2:7:1:2 合体に伴う権利の消滅 …………………………… 242
          2:7:1:3 合体する建物 ………………………………………… 242
          2:7:1:4 附属建物の合体 ……………………………………… 243
    2:7:2 　合体登記申請手続 ………………………………………… 244
          2:7:2:1 申請人 …………………………………………………… 244
          2:7:2:2 一の申請情報による申請 ………………………… 244
          2:7:2:3 申請情報 ………………………………………………… 244
          2:7:2:4 添付情報 ………………………………………………… 245
    2:7:3 　登記手続 …………………………………………………… 247
2:8 （団地）共用部分である旨の登記 ………………………… 250
    2:8:1 　意義 ………………………………………………………… 250
    2:8:2 　登記の性質 ………………………………………………… 252
    2:8:3 　申請手続 …………………………………………………… 252

2:8:3:1 申請人 …………………………………………… 252
　　2:8:3:2 第三者の承諾 …………………………………… 253
　　2:8:3:3 申請情報 ………………………………………… 253
　　2:8:3:4 添付情報 ………………………………………… 254
　　2:8:3:5 登記手続 ………………………………………… 255
　2:8:4 （団地）共用部分である旨の登記がされている建物の変
　　　　更・更正登記 …………………………………………… 258
　　2:8:4:1 申請人 …………………………………………… 258
　　2:8:4:2 申請情報 ………………………………………… 259
　　2:8:4:3 添付情報 ………………………………………… 259
　2:8:5 （団地）共用部分である旨の登記がある建物の分割・区分
　　　　登記 ……………………………………………………… 259
　　2:8:5:1 意義 ……………………………………………… 259
　　2:8:5:2 登記手続 ………………………………………… 260
　2:8:6 （団地）共用部分である旨を定めた規約の廃止による建物
　　　　の表題登記 ……………………………………………… 260
　　2:8:6:1 意義 ……………………………………………… 260
　　2:8:6:2 申請人 …………………………………………… 261
　　2:8:6:3 申請情報 ………………………………………… 261
　　2:8:6:4 添付情報 ………………………………………… 261
　　2:8:6:5 登記手続 ………………………………………… 262
　2:8:7 （団地）共用部分である旨の登記がある建物の滅失登記 … 263
**2:9 仮換地又は換地上に区分建物を新築した場合の
　　　登記手続** ………………………………………………… 263
　2:9:1 仮換地の指定 …………………………………………… 263
　2:9:2 仮換地上の区分建物の表題登記 ……………………… 263
　2:9:3 換地処分に伴う敷地権付き区分建物の登記手続 ………… 264
　　2:9:3:1 合筆換地の場合 ……………………………………… 265
　　2:9:3:2 分割換地の場合 ……………………………………… 266
　　2:9:3:3 立体換地の場合 ……………………………………… 266
2:10 区分建物の滅失登記 ……………………………… 268

2：10：1　意義……………………………………………………… 268
2：10：2　申請人……………………………………………………… 269
2：10：3　登記手続…………………………………………………… 269
2：10：4　一棟の建物の一部の区分建物の滅失登記……………… 272
　2：10：4：1 意義……………………………………………………… 272
　2：10：4：2 区分建物の登記記録の閉鎖…………………………… 272

3　区分建物及びその敷地に関する権利の登記……………… 275

3：1　登記の構造……………………………………………… 275
3：1：1　一体性の公示………………………………………………… 276
3：1：2　敷地権付き区分建物についての権利に関する登記……… 277
3：1：3　敷地権付き区分建物についての権利に関する登記の効力
　　　　　……………………………………………………………… 278
　3：1：3：1 意義……………………………………………………… 278
　3：1：3：2 敷地権についてされた登記としての効力がないもの… 278
　3：1：3：3 敷地権の表示…………………………………………… 280
3：1：4　敷地権である旨の登記をした土地についての権利に関す
　　　　　る登記……………………………………………………… 280
　3：1：4：1 意義……………………………………………………… 280
　3：1：4：2 敷地権のみについての登記……………………………… 281
3：1：5　建物のみについての権利に関する登記…………………… 282
　3：1：5：1 意義……………………………………………………… 282
　3：1：5：2 建物のみについての登記………………………………… 283
　3：1：5：3 敷地権の表示…………………………………………… 284
3：1：6　登記識別情報………………………………………………… 285
　3：1：6：1 意義……………………………………………………… 285
　3：1：6：2 登記識別情報の提供……………………………………… 286
　3：1：6：3 登記識別情報を提供できない場合……………………… 286
3：1：7　登記原因証明情報の提供…………………………………… 287
3：1：8　共同担保目録………………………………………………… 288

3：2　所有権の保存登記 …………………………………………… 288
3：2：1　意義 …………………………………………………… 288
3：2：2　申請人 ………………………………………………… 289
3：2：2：1　表題部所有者 ………………………………… 289
3：2：2：2　表題部所有者の相続人 ……………………… 290
3：2：2：3　表題部所有者の一般承継法人 ……………… 290
3：2：2：4　確定判決により所有権を証明する者 ……… 290
3：2：2：5　収用により所有権を取得した者 …………… 291
3：2：2：6　共有者の一人 ………………………………… 291
3：2：2：7　民法423条による債権者 …………………… 291
3：2：2：8　表題部所有者からの転得者 ………………… 291
3：2：2：9　表題部所有者からの一部転得者 …………… 295
3：2：3　登記原因及びその日付 ……………………………… 295
3：2：3：1　転得者が申請する場合 ……………………… 296
3：2：3：2　相続人が申請する場合 ……………………… 297
3：2：3：3　確定判決又は収用により取得した者が申請する場合 ……… 297
3：2：3：4　未登記の区分建物につき敷地権がある場合 …………… 297
3：2：4　敷地権の表示 ………………………………………… 298
3：2：5　添付情報 ……………………………………………… 299
3：2：5：1　確定判決 ………………………………………… 299
3：2：5：2　収用裁決 ………………………………………… 300
3：2：5：3　所有権取得証明情報 …………………………… 300
3：2：5：4　承諾証明情報 …………………………………… 301
3：2：5：5　規約設定証明情報 ……………………………… 302
3：2：6　敷地権のない区分建物の所有権の保存登記 ……… 303
3：2：7　敷地権付き附属建物がある非区分建物の所有権の保存登記 …………………………………………… 303
3：3　所有権の移転登記 …………………………………………… 304
3：3：1　相続又は法人の合併による移転登記 ……………… 304
3：3：1：1　法定相続による場合 ………………………… 305
3：3：1：2　遺産分割による場合 ………………………… 305

3:3:1:3　遺贈による場合 …………………………………… 306
　3:3:2　売買等による移転登記 ………………………………… 306
　　　3:3:2:1　一括移転 ………………………………………… 306
　　　3:3:2:2　登記原因証明情報 ……………………………… 306
　　　3:3:2:3　登記識別情報 ……………………………………… 307
　3:3:3　その他の原因による移転登記 …………………………… 308
　　　3:3:3:1　譲渡担保 ………………………………………… 308
　　　3:3:3:2　共有物の分割 …………………………………… 308
　　　3:3:3:3　共有持分の放棄 ………………………………… 309
　　　3:3:3:4　相続人不存在 …………………………………… 309
　　　3:3:3:5　仮登記担保 ……………………………………… 310
　　　3:3:3:6　取得時効 ………………………………………… 311
　　　3:3:3:7　収用 ……………………………………………… 312
3:4　所有権の抹消登記 …………………………………………… 312
　3:4:1　所有権の保存登記の抹消 ……………………………… 313
　3:4:2　所有権の移転登記の抹消 ……………………………… 314
3:5　所有権の更正登記 …………………………………………… 315
　3:5:1　所有権の保存登記の更正登記 …………………………… 315
　　　3:5:1:1　共有持分の更正 ………………………………… 315
　　　3:5:1:2　登記名義人の表示更正 ………………………… 315
　　　3:5:1:3　敷地権の更正 …………………………………… 316
　　　3:5:1:4　承諾証明情報 …………………………………… 316
　3:5:2　所有権の移転登記の更正登記 …………………………… 317
　　　3:5:2:1　敷地権の更正 …………………………………… 317
　　　3:5:2:2　登記識別情報 …………………………………… 317
　　　3:5:2:3　承諾証明情報 …………………………………… 317
3:6　買戻権の登記 ………………………………………………… 318
　3:6:1　買戻しの特約 ……………………………………………… 318
　3:6:2　売買代金及び契約費用の登記 …………………………… 318
　3:6:3　買戻権の一括移転登記 …………………………………… 319
　　　3:6:3:1　登記原因証明情報 ……………………………… 319

目　次

3：6：3：2 登記識別情報 …………………………………………… 319
3：7　地上権の登記 …………………………………………………… 320
　3：7：1　区分地上権 ………………………………………………… 320
　3：7：2　自己地上権 ………………………………………………… 321
　3：7：3　法定地上権の成否 ………………………………………… 322
　3：7：4　地上権設定の可否 ………………………………………… 323
　3：7：5　地上権の移転登記 ………………………………………… 324
　3：7：6　地上権の変更・更正登記 ………………………………… 324
　　3：7：6：1 申請 …………………………………………………… 324
　　3：7：6：2 承諾証明情報 ………………………………………… 325
　3：7：7　地上権の抹消登記 ………………………………………… 325
3：8　先取特権の登記 ………………………………………………… 325
　3：8：1　一般の先取特権の保存登記 ……………………………… 326
　　3：8：1：1 所有権又は地上権の場合 …………………………… 326
　　3：8：1：2 賃借権の場合 ………………………………………… 326
　3：8：2　不動産の先取特権の保存登記 …………………………… 327
　　3：8：2：1 不動産売買の先取特権 ……………………………… 327
　　3：8：2：2 不動産保存の先取特権及び不動産工事の先取特権 ………… 328
　3：8：3　区分所有法による区分建物の先取特権 ………………… 328
3：9　質権の設定 ……………………………………………………… 329
3：10　抵当権（根抵当権）の登記 …………………………………… 330
　3：10：1　抵当権の設定登記 ………………………………………… 330
　3：10：2　抵当権の追加設定 ………………………………………… 330
　3：10：3　敷地権が賃借権である場合に区分建物のみにする抵当権
　　　　　　設定 ……………………………………………………… 332
　3：10：4　極度額増額による根抵当権設定登記 …………………… 333
　3：10：5　抵当権の効力の及ぶ目的物の範囲 ……………………… 333
　3：10：6　敷地権の表示 ……………………………………………… 333
　3：10：7　登記原因証明情報 ………………………………………… 333
　3：10：8　登記識別情報 ……………………………………………… 334
　3：10：9　共同担保目録 ……………………………………………… 334

3：10：10	一方のみの抵当権実行	335
3：11	**賃借権の登記**	**335**
3：11：1	区分賃借権及び自己賃借権	336
3：11：2	賃借権の設定登記	336
3：11：3	賃借権の移転登記	337
3：11：4	賃借権の転貸登記	337
3：11：5	賃借権・転借権の変更・更正登記	338
3：11：6	賃借権・転借権の抹消登記	338
3：12	**仮登記**	**340**
3：12：1	意義	340
3：12：2	所有権保存の仮登記	341
3：12：3	所有権移転又は移転請求権の仮登記	341
3：12：4	所有権以外の権利の移転又は移転請求権等の仮登記	343
3：12：4：1	敷地権である地上権・賃借権の移転又は移転請求権等の仮登記	343
3：12：4：2	一般の先取特権等の仮登記	343
3：12：4：3	不動産の先取特権の仮登記	344
3：12：5	所有権移転等の仮登記の抹消等の仮登記	344
3：12：6	抹消回復の仮登記	345
3：12：7	買戻し特約の仮登記	345
3：12：8	仮登記の登記原因情報	345
3：12：9	承諾証明情報	346
3：12：10	仮登記の抹消	346
3：13	**仮登記に基づく本登記**	**346**
3：13：1	敷地権付き区分建物の所有権に関する本登記	346
3：13：1：1	建物のみに関する旨の付記	347
3：13：1：2	敷地権の表示	347
3：13：1：3	登記原因証明情報	347
3：13：1：4	登記識別情報	347
3：13：1：5	承諾証明情報	347
3：13：2	敷地権付き区分建物の土地のみの所有権に関する本登記	

目　次

- 3:13:2:1 土地のみについてした所有権に関する仮登記 ………… 348
- 3:13:2:2 登記義務者及び利害関係者 ………… 349
- 3:13:2:3 本登記手続 ………… 349
- **3：14　強制競売に関する登記** ………… 350
  - 3：14：1　意義 ………… 350
  - 3：14：2　未登記区分建物の場合 ………… 351
  - 3：14：3　所有権未登記の区分建物の場合 ………… 353
  - 3：14：4　敷地権付き区分建物の場合 ………… 353
    - 3:14:4:1 一括差押え ………… 353
    - 3:14:4:2 敷地権が賃借権の場合 ………… 354
    - 3:14:4:3 一棟の建物の全部又は一部の差押え ………… 354
    - 3:14:4:4 敷地権の表示 ………… 354
  - 3：14：5　売却による権利移転の登記 ………… 355
  - 3：14：6　売却により消滅した権利の抹消登記 ………… 356
- **3：15　担保権実行としての競売に関する登記** ………… 356
  - 3：15：1　一括競売の申立て ………… 356
  - 3：15：2　一方のみの抵当権実行 ………… 357
- **3：16　仮差押えの登記** ………… 358
- **3：17　処分禁止の仮処分の登記** ………… 358
  - 3：17：1　敷地権付き区分建物の場合 ………… 359
  - 3：17：2　一方のみの仮処分 ………… 359
  - 3：17：3　所有権以外の権利を目的とする場合 ………… 360
- **3：18　滞納処分による差押えに関する登記** ………… 360
  - 3：18：1　敷地権付き区分建物の場合 ………… 360
  - 3：18：2　未登記の区分建物の場合 ………… 361
  - 3：18：3　区分建物が生じた場合 ………… 361
  - 3：18：4　公売処分による権利の移転登記 ………… 362
  - 3：18：5　売却により消滅した権利の抹消登記 ………… 362
- **3：19　抹消回復登記** ………… 363

4　マンションの建替え及び敷地売却 ……… 365
- 4：1　マンションの改修，復旧及び再建と建替え ……… 368
  - 4：1：1　大規模修繕工事 ……… 369
  - 4：1：2　復旧 ……… 370
  - 4：1：3　全部滅失 ……… 371
  - 4：1：4　再建 ……… 372
  - 4：1：5　建替え ……… 375
  - 4：1：6　マンション建替組合の設立 ……… 376
- 4：2　建替え決議と建替事業 ……… 377
  - 4：2：1　一棟の区分建物の建替え ……… 378
  - 4：2：2　団地内建物の建替え ……… 380
  - 4：2：3　再建建物の敷地及び敷地利用権の割合 ……… 381
  - 4：2：4　一括建替え決議の要件 ……… 382
  - 4：2：5　団地内建物の一括建替えをする場合の敷地 ……… 385
- 4：3　マンション建替事業 ……… 386
- 4：4　権利変換手続 ……… 388
  - 4：4：1　権利変換計画 ……… 388
  - 4：4：2　権利の変換 ……… 389
    - 4：4：2：1　敷地に関する権利の変換 ……… 389
    - 4：4：2：2　施行マンションに関する権利の変換 ……… 390
    - 4：4：2：3　権利変換を希望しない旨の申出 ……… 391
    - 4：4：2：4　担保権等の登記に係る権利 ……… 391
- 4：5　登記手続 ……… 393
  - 4：5：1　代位登記 ……… 393
    - 4：5：1：1　分合筆登記 ……… 393
    - 4：5：1：2　変更更正登記 ……… 393
    - 4：5：1：3　代位登記の申請 ……… 394
    - 4：5：1：4　一の申請情報によってする代位登記 ……… 395
    - 4：5：1：5　登記識別情報 ……… 395
  - 4：5：2　権利変換手続開始の登記及びその抹消 ……… 395

目　次

　4:5:2:1 権利変換手続開始の登記 ……………………………… 395
　4:5:2:2 権利変換手続開始の登記の抹消 ……………………… 396
 4:5:3　権利変換の登記 ……………………………………………… 397
　4:5:3:1 施行再建マンションの敷地についての権利変換の登記 …… 397
　4:5:3:2 施行マンションの敷地権消滅による建物表題部の変更登
　　　　　記 ……………………………………………………………… 400
　4:5:3:3 土地についての権利変換の登記 ……………………… 402
　4:5:3:4 担保権等の登記と地役権又は地上権の登記との先後関係… 403
　4:5:3:5 施行再建マンションの敷地についての登記記録例 ………… 405
 4:5:4　権利変換手続開始の登記の抹消 ………………………… 407
 4:5:5　施行マンションの滅失登記 ………………………………… 407
　4:5:5:1 滅失登記の申請人 ……………………………………… 408
　4:5:5:2 添付情報 ………………………………………………… 408
 4:5:6　施行再建マンションに関する登記 ……………………… 409
　4:5:6:1 登記の申請 ……………………………………………… 409
　4:5:6:2 担保権等登記の申請 …………………………………… 412
　4:5:6:3 申請情報の内容 ………………………………………… 414
 4:5:7　敷地権にされた担保権等登記の職権抹消 ……………… 415
 4:5:8　登録免許税の非課税 ……………………………………… 416
4:6　マンションの敷地売却 ………………………………………… 417
 4:6:1　要除却認定 ………………………………………………… 418
【コラム】容積率の緩和 …………………………………………… 419
 4:6:2　敷地売却決議 ……………………………………………… 420
 4:6:3　買受人の決定と買受計画の認定 ………………………… 421
 4:6:4　マンション敷地売却組合の設立 ………………………… 422
 4:6:5　分配金取得計画等 ………………………………………… 422
 4:6:6　権利消滅期日における権利の帰属等 …………………… 423
 4:6:7　敷地売却事業 ……………………………………………… 424
 4:6:8　権利消滅期日における権利の帰属 ……………………… 425
 4:6:9　登記手続 …………………………………………………… 427
　4:6:9:1 代位登記 ………………………………………………… 427

4:6:9:2　分配金取得手続開始の登記 …………………………… 429
　　　4:6:9:3　分配金取得手続開始の登記の抹消 …………………… 430
　　　4:6:9:4　売渡し請求に基づく所有権移転等の登記 …………… 430
　　　4:6:9:5　権利売却の登記 ………………………………………… 430
　　　4:6:9:6　申請情報 ………………………………………………… 434
　　　4:6:9:7　添付情報 ………………………………………………… 435
　　　4:6:9:8　登記識別情報 ………………………………………… 437
　　　4:6:9:9　登録免許税の非課税 ……………………………………… 437
【コラム】　団地型マンションの再生策 …………………………… 438

5　規約・公正証書・認証 …………………………… 441

5：1　規約 ………………………………………………… 441
　5：1：1　規約事項の内容 …………………………………… 442
　5：1：2　絶対的（必要的）規約事項と相対的（任意的）規約事項
　　　　　……………………………………………………… 442
　5：1：3　規約の効力 ………………………………………… 446

5：2　規約の設定，変更及び廃止 ……………………… 446
　5：2：1　意義 ………………………………………………… 446
　5：2：2　集会の決議 ………………………………………… 447
　　5:2:2:1　要件 ……………………………………………… 447
　　5:2:2:2　特別の影響 ……………………………………… 449
　5：2：3　議決等のIT化 ……………………………………… 450
　　5:2:3:1　意義 ……………………………………………… 450
　　5:2:3:2　規約 ……………………………………………… 451
　　5:2:3:3　議決権行使 ……………………………………… 451
　　5:2:3:4　決議 ……………………………………………… 451

5：3　一部共用部分に関する規約の設定，変更及び廃止
　………………………………………………………………… 452

5：4　公正証書による規約の設定 ……………………… 453
　5：4：1　意義 ………………………………………………… 453
　5：4：2　公正証書の作成 …………………………………… 455

目　次

　　5:4:2:1　必要的記載事項と確認的記載事項 ………………………………… 456
　　5:4:2:2　公正証書の用紙 ………………………………………………………… 456
　　5:4:2:3　作成に用いる様式及び用語に関する留意点 …………………………… 457
　　5:4:2:4　規約設定証明情報 ……………………………………………………… 458
　　5:4:2:5　提出を求める書類 …………………………………………………… 459
　　5:4:2:6　公正証書によらないみなし規約 ……………………………………… 459
　5:4:3　規約公正証書を作成しない場合の問題点 ………………………………… 461
　5:4:4　管理・使用等に関する規約についての公正証書 ………… 462
5:5　規約設定公正証書の文例 ………………………………………… 463
　5:5:1　規約敷地を定める規約，規約共用部分を定める規約，分離処分可能規約の設定及び専有部分に係る敷地利用権の割合を定める規約設定公正証書 ……………………………… 463
　　5:5:1:1　文例 ………………………………………………………………… 463
　　5:5:1:2　手数料 ……………………………………………………………… 465
　5:5:2　団地規約設定公正証書 ………………………………………………… 466
　　5:5:2:1　文例 ………………………………………………………………… 466
　　5:5:2:2　手数料 ……………………………………………………………… 467
　5:5:3　書面決議等規約設定公正証書 ………………………………………… 468
　　5:5:3:1　分離処分可能規約公正証書（抄） ……………………………… 468
　　5:5:3:2　敷地利用権の割合を定める規約公正証書（抄） ……………… 468
　　5:5:3:3　管理・使用等に関する規約公正証書（抄） …………………… 469
　　5:5:3:4　手数料 ……………………………………………………………… 469
　5:5:4　団地規約書面合意公正証書 …………………………………………… 470
　　5:5:4:1　文例 ………………………………………………………………… 470
　　5:5:4:2　手数料 ……………………………………………………………… 470
　5:5:5　規約変更公正証書 ……………………………………………………… 471
　5:5:6　規約廃止公正証書 ……………………………………………………… 472
　　5:5:6:1　文例 ………………………………………………………………… 472
　　5:5:6:2　手数料 ……………………………………………………………… 472
　5:5:7　規約設定公正証書ひな形 ……………………………………………… 472
5:6　認証 …………………………………………………………………… 474

5:6:1　私署証書の認証 …………………………………… 474
　　5:6:1:1　文例 ……………………………………………… 475
　　5:6:1:2　手数料 …………………………………………… 475
　　5:6:1:3　謄本の発行 ……………………………………… 476
5:6:2　登記の申請情報及び添付情報と公証人による認証との係
　　　　わり ……………………………………………………… 476
5:6:3　本人確認の認証 ………………………………………… 477
　　5:6:3:1　意義 ……………………………………………… 477
　　5:6:3:2　前住所地通知 …………………………………… 479
　　5:6:3:3　認証文 …………………………………………… 479
　　5:6:3:4　手数料 …………………………………………… 480
5:6:4　認証による印鑑証明書の添付省略 …………………… 480
　　5:6:4:1　申請情報を記載した書面の認証 ……………… 481
　　5:6:4:2　委任状の認証 …………………………………… 481
　　5:6:4:3　承諾書の認証 …………………………………… 481
　　5:6:4:4　手数料 …………………………………………… 482
5:7　Q&A ……………………………………………………… 482

マンション登記法　索引

主要条文索引………………………………………………………… 489
判例索引……………………………………………………………… 502
先例索引……………………………………………………………… 504
事項索引……………………………………………………………… 509

Q&A目次

- 【Q1】 主建物と附属建物 …………………………………… 24
- 【Q2】 共用部分の登記抹消等請求 ………………………… 32
- 【Q3】 共用部分の変更工事 …………………………………… 47
- 【Q4】 マンション敷地における区分地上権の設定登記は可能か。…… 62
- 【Q5】 土地所有権の留保 ……………………………………… 63
- 【Q6】 重畳的賃借権 …………………………………………… 71
- 【Q7】 敷地権の登記の要否 …………………………………… 100
- 【Q8】 小団地の団地共用部分 ………………………………… 115
- 【Q9】 建物の表題登記の抹消請求 …………………………… 146
- 【Q10】 請負契約による建物の表題登記 ……………………… 153
- 【Q11】 建物の特定方法 ………………………………………… 162
- 【Q12】 建物の構造・床面積の表示 …………………………… 164
- 【Q13】 区分建物と敷地の登記名義人の違い ……………… 168
- 【Q14】 区分建物の敷地権割合「0」 ………………………… 178
- 【Q15】 建物の部分が法定共用部分と認定された場合 ……… 185
- 【Q16】 敷地権発生の日 ………………………………………… 193
- 【Q17】 建物のみに関する旨の登記をすべき場合 …………… 196
- 【Q18】 敷地権の変更登記の要否 ……………………………… 202
- 【Q19】 敷地権付き区分建物の敷地の建物が所在しない部分の分筆登記の代位申請 ……………………………………… 221
- 【Q20】 区分建物の合併登記 …………………………………… 241
- 【Q21】 合体による登記と賃借権の登記 ……………………… 249
- 【Q22】 敷地権付き区分建物を規約共用部分とした場合 …… 256
- 【Q23】 仮換地上の区分建物のみに抵当権設定登記をした場合 …… 267
- 【Q24】 分割換地と敷地権の登記 ……………………………… 267
- 【Q25】 一般の先取特権と敷地権付き区分建物 ……………… 285
- 【Q26】 抵当権設定登記請求権を代位原因とする所有権の保存登記 …………………………………………………… 293
- 【Q27】 敷地権付き区分建物の表題部所有者が会社分割をした場合

		の所有権の保存登記 …………………………………………	293
【Q28】		所有権取得証明情報の交付請求 ………………………………	300
【Q29】		賃貸人・賃借人の承諾証明情報 ………………………………	302
【Q30】		一棟の建物の一部（区分建物）について所有権を請求する場合 ……………………………………………………………	304
【Q31】		裁決手続の開始決定があった場合の起業者による敷地権の抹消登記の代位申請 …………………………………………	312
【Q32】		敷地権付き区分建物の所有権の保存登記が抹消された場合 ……………………………………………………………	314
【Q33】		敷地権とならない共有部分 ……………………………………	317
【Q34】		新たに敷地権の登記がされた土地を目的とする根抵当権の追加設定登記 ……………………………………………………	331
【Q35】		施行再建マンションの所有権の保存登記における申請適格 ……………………………………………………………	411
【Q36】		増築により区分建物となった場合 ……………………………	482
【Q37】		区分建物の共有者全員による規約設定 ………………………	482
【Q38】		会社寮を譲り受けた者による規約設定 ………………………	482
【Q39】		建基法違反建物の規約設定 ……………………………………	483
【Q40】		敷地権割合を変更する規約設定 ………………………………	483
【Q41】		分離処分可能規約と敷地権割合 ………………………………	484
【Q42】		法32条と67条2項以外の規約設定 …………………………	485
【Q43】		2棟目の団地共用部分の規約設定 ……………………………	485
【Q44】		大団地における団地共用部分の規約設定 ……………………	486
【Q45】		規約共用部分の設定と専有部分の個数 ………………………	486
【Q46】		在監者の登記申請に係る申請情報の認証 ……………………	487
【Q47】		資格者代理人に対する委任状の認証 …………………………	487

1　区分建物に関する法律構成

1：1　区分所有の意義

1：1：1　区分所有の法律構成

　一棟の建物に複数の所有者が存在する場合，これを所有権の帰属という観点からどのように構成するかについては，二つの考え方がある。

　一つは，二元的に構成するもので，専有部分と共用部分を明確に区別し（1：4），その上で専有部分の所有権（区分所有権）と共用部分共有持分を一体として扱う。二元的構成は，共同で建てた建物の部分を構造上用途上できる限り単独所有とし，残りの部分を共有とするものである。

　もう一つは，一元的に構成するもので，建物全体を所有者全員の共有とした上で各人が排他的に使用・収益する部分と共用に供する部分を区別し，前者について（物権的な）専用使用権を認めるものである。スイス法やベルギー法で採用されている方式は，これに近い。一元的構成は，建物をできる限り共有とし，居住等のために必要な専用部分のみについて排他性を確保するものである。

　我が国は，二元的構成を採用しているが，規約を定めることによって，共同で建物の維持・管理ができるようにしている。

1：1：2　旧法の概要

　旧法（昭和37年施行の「建物の区分所有等に関する法律」）が制定される前は，民法が，①区分建物の共用部分を区分所有者の共有に属するものと推定し（旧208条1項），②その修繕費等の負担を各自の所有部分の価格に応じて分担する（同条2項）。③共用部分の分割請求を禁止する（旧257条）と定めているにすぎなかった。

　旧法は，一棟の建物を区分所有者に排他的に属する「専有部分」と区分所有者の共用に充てられる「共用部分」とに分け，共用部分を区分所有者

1 区分建物に関する法律構成

の共有とし，その管理・使用について各区分所有者の権利・義務を定めた上で，規約及び集会の議決による自治運営を広く認めた。しかし，旧法は，次第に制度上の欠陥を指摘されるようになった。その主な点は，次のとおりである（なお，五十嵐・12章4）。

① 土地と建物とは，別個の不動産であるとする民法の法律構成に従い，専有部分の区分所有権と敷地利用権との間に特別の結合関係を設けなかったため，土地と建物を一体として取り扱うことが困難であった。
② 規約を設定・変更・廃止し，又は共用部分を変更するには，原則として，区分所有者全員の合意が必要であった。そのため，その管理・運用に支障を来すことが多かった。
③ 区分所有者の団体についての規定がなく，法人格を取得する方法がなかった。そのため，「権利能力なき社団」として活動するしかなかった。
④ 区分建物の占有者に法律上及び規約上の義務を負わせることが難しいため，共同生活に支障を来すことがあり，また，区分所有者又は占有者らに共同の利益に著しく反する行為があっても，有効な制裁手段が存在しなかった。
⑤ 建物の建替えについて必要な規定を欠いていた。

1:1:3　法改正の理由
1:1:3:1 昭和58年改正

　区分建物の所有権は，独立の所有権として構成されている。しかし，区分建物は，互いに接着しており，一棟の建物全体を共同して所有し，共同して使用するという関係にある。特に，中高層マンションにおける区分所有関係は，極めて緊密な共同生活関係にある。

　中高層マンションは，建物全体が区分所有者の共有であり，各区分所有者は，各区分建物（専有部分）につき専用使用権をもっているにすぎないとする法律構成の方が，実体に合致するといえる。

　例えば，かつて，加藤一郎教授は，「建物全体が一種の共同所有であり，

専有部分とは建物を区割りして，そこに排他的な使用権を認めたものにすぎないと考えるべきではないでしょうか。……むしろ，専用部分と共用部分といえば問題が片づきそうな気がするのです」（「区分所有建物の管理と法律」（NBL210-12））と述べ，また，鈴木禄弥教授は，「一棟の建物が全体として区分所有者全員の共有で，この共有物の利用方法として，各区分所有者は各専用部分についての排他的利用権と共用部分についての共同利用権とを有し，建物共有持分，専用利用権，共同利用権がワンセットとなり，一括してのみ処分の対象となる，と考えたらどうか（スイス民法に類似）。」という立法論を提言しておられた（私法431-82）。

　しかし，このような立法論は，区分建物に対する独立の所有権という観念が定着している現状においては，不可能であるという見解が多数を占めた。そこで，区分所有という体系は維持しつつ，その中で実質に即した合理的な共同所有者的制約を加えるという改正方針が採られ（浜崎88），区分所有者に対する団体的拘束及び区分所有権の所有権としての絶対性に対する制約を強めることによって区分所有制度を維持することとし，改正法（昭和58年）が制定された(注)。

(注)　改正法律案に付された法律案提出の理由は，次のとおりである。

　　区分所有建物に関する管理の充実及び登記の合理化等を図るため，専有部分と敷地利用権とは原則として分離して処分することができないこととし，共用部分及び建物の敷地等の管理並びに規約の設定，変更及び廃止は集会の決議によってするものとするほか，管理組合法人の制度を採用し，共同の利益に反する行為をする者に対する措置を定め，及び建物の建替えに関する制度を導入するとともに，専有部分と敷地利用権とが一体化した場合における区分所有建物及びその敷地に関する登記について所要の規定を置く等の必要がある。

1:1:3:2 平成7年改正

　「被災市街地復興特別措置法」（被災市街地法）（平7.2.26法律第14号）が制定された。大規模な火災，震災その他の災害を受けた市街地の緊急，かつ，健全な復興のため，被災市街地復興推進地域の決定及び地域内

1　区分建物に関する法律構成

の建築行為等の制限，土地区画整理事業，第二種市街地再開発事業の特例，被災者のための住宅供給の特例等の特別の措置を講ずることにより，迅速に良好な市街地の形成と都市機能の更新を図り，被災市街地における住民の公共の福祉の増進を図ることとしたものである。

また，民法及びマンション法の特別法として，平成7年1月17日の阪神・淡路大震災発生後の3月に，全部滅失のマンションについて，建替えに準じた多数決による再建手続を創設した「被災区分所有建物の再建等に関する特別措置法」（被災法）が施行された。

1:1:3:3 平成 14 年改正

平成14年12月に「建物の区分所有等に関する法律及びマンションの建替えの円滑化等に関する法律の一部を改正する法律」が成立し，平成15年6月に施行された。

マンション法は，昭和58年の大改正以来，大きな改正はなかった。この間，平成12年末の分譲マンションの総戸数は約385万戸に上り，築30年を超えるものも約12万戸に達して，都市における居住形態として定着した反面，紛争も増加した。

平成14年のマンション法の改正では，マンションの適正な管理を行い，また，その建替えの実施の円滑化を図るために，8点の改正を行った。次のとおりである。

① 　共用部分の変更手続の一部緩和

共用部分の変更のうち，その形状又は効用の著しい変更を伴わないものについては，区分所有者及び議決権の過半数の普通決議（法18条1項，39条1項）で足りることとなった（法17条，1:4:10）。

マンションを維持していくためには，定期的に，外壁の塗り替えや屋上防水の修繕を行うことが必要であるが，そのために著しく多額の費用を要する場合，従前は，区分所有者及び議決権の4分の3以上の特別多数決議が必要とされており，大規模修繕を円滑に実施できないことがあった。

② 管理者及び管理組合法人の代理権及び当事者適格の新設

　管理者及び管理組合法人は，共用部分について生じた損害賠償金などの請求及び受領について，区分所有者を代理する権原が与えられ（法26条2項後段，47条6項後段），その権利の実現のため，訴訟の当事者となることができる（法26条4項，47条8項）。民法上，金銭債権は分割債権とされていることから，建築工事に瑕疵があるときの担保責任に基づく損害賠償請求権や，敷地の不法占拠者に対する不当利得の返還請求権なども，各区分所有者に小額ずつ分割されると解する判例があった。

　しかし，管理者や管理組合法人が，これら債権を一元的に管理し，相手方に対して請求することがマンションの適正な管理に役立つ。これは，問題が訴訟にまで発展したときも同様である。

③ 規約の適正化

　マンション規約は，「専有部分若しくは共用部分又は建物の敷地若しくは附属設備（建物の敷地又は附属施設に関する権利を含む。）につき」「これらの形状，面積，位置関係，使用目的及び利用状況並びに区分所有者が支払った対価その他の事情を総合的に考慮して」「区分所有者間の利害の衡平が図られるように定めなければならない」（法30条3項，5：1の(注2)）。

　実際に問題となるのは，マンション分譲業者が原案を作成し，マンション購入者がこれに承諾書を差し入れる方法で設定する，いわゆる「原始規約」であるが，今般の法改正では，この原始規約の問題までは踏み込まず，一般的な規定の新設となった。

　原始規約の効力は暫定的なものとし，分譲後一定期間は，規約変更の要件を緩和するなどの規定を設けるべきではなかったかと考える。

④ 管理組合の法人化の要件緩和

　管理組合が法人格を取得するために，従前は，区分所有者が30人以上いることが必要であったが，この人数制限が撤廃された（法47条1

1　区分建物に関する法律構成

項）。

　なお，区分所有者及び議決権の4分の3以上の特別多数決議，法人となる旨並びにその名称及び事務所を定めて登記をすること，が要件であることは従前と同じである（1：10：2）。

⑤　書類・集会のIT化

　規約，議事録を電磁的記録によって作成すること（法30条5項，42条1項，2項），その規約，議事録の閲覧方法（法33条2項，42条5項）及び集会での議決権行使について，電磁的方法による行使を認めること（法39条3項）が規定された（5：2：3）。

⑥　復旧の際の買取請求手続の整備

　マンションの価格の2分の1を超える部分の滅失（大規模滅失（4：1：2b））が生じた場合，その復旧のためには，区分所有者及び議決権の4分の3以上の特別多数決議を得る必要があり（法61条5項）(注)，一方，この復旧決議に賛成しなかった者には，自己の区分所有権の買取請求権が与えられている（同条7項）。

　この買取請求権について，指定された者（区分所有者に限らない。通常はデベロッパー）だけが買取請求の相手方となる途を開き（同条8項），その指定がないときは，買取請求の相手方となった復旧決議の賛成者が，他の賛成者に対して，2月間に限り，再買取の請求をできることとして（同条7項後段），負担の衡平を図り，買取請求権の行使に4月以上の期間制限を設けることができることとした（同条10項，11項）。

(注)　規約によって5分の4以上の特別多数を要すると改めることは認められてよい（コンメ371）。

⑦　建替え決議の要件緩和，手続の整備

　区分所有者及び議決権の5分の4以上の多数決だけで，建替え決議ができるようにし（法62条1項），それに合わせて，決議に至るまでの手続を整備した（同条2項〜8項）。

平成14年改正で最も議論のあったところである。改正法は，円滑な建替えの観点から，多数決だけで建替えを可能とした（4：2）。

改正前の「費用の過分性の要件」は不要となり，また，改正作業中に検討されていた「築年数の要件（例えば，築後30年の経過）」は盛り込まれなかった。

また，改正前の「敷地の同一性の要件」「使用目的の同一性の要件」も不要となったので，A地にある居住用マンションを，B地の商業テナント向けビルとして建て替えることを内容とする決議も可能となった。

このように多数決だけで建替えが可能となり，建替え決議が重大な意味をもつことから，その決議に至るまでの手続規定を整備し，また，その効力を争う期間に制限を設けなかった。

この決議が成立した後に，建替え参加者が，建替事業を円滑に行うために平成14年に建法が制定された。

⑧ 団地について

団地内の建物の建替え承認決議（法69条）及び団地内の建物の一括建替え決議（法70条）の条文が新設された（4：2：4）。

1:1:3:4 平成25年改正

① 被災法は，マンションの再建等を特別多数で決議できるにとどまり，区分所有建物の除去や建物・敷地の売却等をすることはできなかった。そこで，平成25年に改正して，建物の一部が滅失（大規模一部滅失）した場合に建物及び敷地の売却（9条）を，又は，建物の取壊し及び敷地の売却（10条）を，それぞれ集会の特別多数で決議することができることとした。ただし，それらの決議がされた後の各事業を円滑に実施するための建法の規定は用意されていない。

被災法は，最近では，熊本地震に適用されている（平28.10.5政令325号）。

② 平成25年改正の建築物の耐震改修の促進に関する法律（耐震法）は，旧耐震基準（4 (注3)）に相当する建物などが「要耐震改修認定建築物」

1　区分建物に関する法律構成

と認められれば，共用部分の変更に相当する場合であっても決議要件を緩和した（25条3項，4：1：1②）。

1:1:3:5 平成26年改正

① 平成26年改正の建法は，耐震性が問題とされる建物が「要除却マンション」と認定されれば，買受人による除却を条件として特別多数決によってマンションとその敷地の売却決議をすることができるものとした（108条）。

また，除却の必要性に係る認定を受けたマンションの建替えにより建築されたマンションについては，行政庁の許可により，容積率（建基法52条1項～9項，57条の2第6項）の制限を緩和できるようにした（105条）。

なお，危険又は有害な状況にあるマンションの建替えの促進のための特別措置（改正前の第5章）は，活用事例がないため廃止された。

② ② 政省令等の改正

改正法の施行に伴い，次のように関係政省令・通達等も改正された。

a 「マンションの建替えの円滑化等に関する法律による不動産登記に関する政令の一部を改正する政令（平成26年政令390号）」（以下「改正建登記令」という。）

b 改正後の「マンションの建替え等の円滑化に関する法律による不動産登記に関するする政令（平成14年政令379号）」以下「建登記令」という。）

c 改正建登記令による改正前の「マンションの建替えの円滑化等に関する法律による不動産登記に関する政令」（以下「旧建登記令」という。）

d 「不動産登記令第4条の特例等を定める省令の一部を改正する省令（平成26年法務省令第32号）」（以下，この省令による改正後の不動産登記令第4条の特例等を定める省令（平成17年法務省令第22号）を「特例省令」という。）

e 「マンションの建替えの円滑化等に関する法律による不動産登記に関する政令の一部を改正する政令の施行に伴う不動産登記事務の取扱いについて（平26.12.22民二849号民事局長通達）」（以下「建改正通達」という。）

f 「租税特別措置法第76条第1項及び第2項の規定に基づく登録免許税の免税措置に係る証明書の様式について（平27.1.7民二第12号民事第二課長依命通知）」

g 「マンションの建替え等の円滑化に関する法律による不動産登記に関する政令の規定によりマンション敷地売却組合が行う登記申請書の様式について（平27.2.13民二101号民事第二課長依命通知）」（後記【様式1】ないし【様式5】）

さらに国土交通省からは,「マンションの建替え等の円滑化に関する基本的な方針」の全部を改正する告示が定められた（平26.12.10告示1137号）

④ 平成28年に都市再生特別措置法（都市再生法）等の一部を改正する法律（平28.6.7法律72号）により都市再開発法（都再法）が改正され, 再開発事業を活用した住宅団地の再生については, 土地（1筆共有）の共有者のみで市街地再開発事業を施行する場合に, 各共有者をそれぞれ一人の組合員として扱い, 組合員の3分の2の合意で事業することができることになった（20条2項）。

【コラム】　タワーマンション,見直される「中・低層階」

都心などで建設が進むタワーマンション（タワマン）は, 眺望の良さや施設の充実などで人気となり, 高層階の住人の優越感と,「格差」を感じる低層階の住人の姿を描いたドラマが放送され, 話題になった。しかし, 平成29年度税制改正により,「高層階信仰」は崩れ,「中・低層」が見直されそうである。

富裕層にとって高層階を買うことは「節税対策」にもつながっていた。これまでのタワマンの固定資産税評価方式は, 何階の物件かは関係

なく，専有面積によって決まっていた。

　新築分譲価格は「1階違いで最低でも10万円の価格差になる」といわれるが，固定資産税額は，実際の資産価値とは関係なくが決まり，相続税額にも影響する。そこで，富裕層の中には相続税の節税対策のための資産として高層階を求める者もあった。「タワマン節税」である。

　ところが，平成29年度の税制改正で，固定資産税，都市計画税及び不動産取得税については，30年以降に引き渡される新築物件は「階層」による価値も評価対象とすることになった。中間階を起点に，階数が1階上下するごとに約0.25％ずつ税額が変動する。40階建てのマンションなら，最上階は現在よりも約5％の増税になり，1階は約5％減税になる。

1：2　区分建物

1：2：1　意義

① 　区分所有の目的となる区分建物とは，法1条に規定する「一棟の建物に構造上区分された数個の部分で独立して住居，店舗，事務所又は倉庫その他建物としての用途に供することができる」各部分である(注)。法2条3項に規定する専有部分をいい，法4条2項の規定により共用部分とされたものを含む。一方，不登法は，「区分建物」について「一棟の……用途に供することができる」に続けて「ものであって，……専有部分であるもの（規約共用部分を含む。）をいう。」と定義している（不登法2条22号）。

　したがって，「区分建物」の概念は，区分所有法上の専有部分の概念と完全に一致するわけではない。区分所有法上の専有部分とは，区分所有権の目的である建物の部分をいい，法4条2項の規定により共用部分とされたものは含まれない（法2条1項，3項）が，区分所有権の客体となり得る一棟の建物の構造上区分された部分であれば良く，その部分が規約共用部分となっている場合も含むからである。例えば，区分建物に固有の登記事項（不登法44条1項7号以下）は，規約共用部分であ

る区分建物についても適用されることになる。

② 「区分建物」の概念は，建物又は附属建物の属性を示す概念として用いられる場合（不登法44条1項7号～9号のほか不登法44条1項1号や規則116条の「区分建物である建物の…」という使い方）もあるが，専ら独立の建物として表題登記がされる区分建物を指し，附属建物は含まない趣旨で用いられている場合もある（不登法48条，52条）。不登法54条1項3号の「表題登記がある区分建物」も同じである。

　建法2条1号は，「マンション」とは「2以上の区分所有者が存する建物で人の居住の用に供する専有部分のあるものをいう。」と定義し，区分所有法にいう区分建物のうち住戸用に限定し，商業・事務所専用ビルは対象としていない。

　また，被災法1条は，「区分所有建物」という用語を用いているが，これは，法2条3項に定める「専有部分」が属する一棟の建物を指しており，必ずしも人の居住する建物に限定していない。本稿では，これを「マンション」という。

　なお，マンションの管理の適正化の推進に関する法律（2条1号）では，同法でいう建物部分に加えて，「並びにその敷地及び附属施設」を包含している。

(注)　「建物」については，民法も不動産登記法もその定義を定めていない。そこで，登記実務では，「建物は，屋根及び周壁又はこれらに類するものを有し，土地に定着した建造物であって，その目的とする用途に供し得る状態にあるものでなければならない。」（規則111条）とし，建物の認定基準（準則77条）を示している。要するに，登記し得る建物というためには，「定着性」，「外気分断性」，「用途性」の三つの要件を満たしていることが必要となる。

　　なお，建物の種類，構造及び床面積並びにその定め方については，法44条2項に基づき，規則113条ないし115条及び準則80条ないし82条が規定している。

1 区分建物に関する法律構成

1:2:2 一棟の建物及び1個の建物

　本法の対象となる建物は，区分所有権の目的となる数個の建物部分（専有部分）を含む一棟の建物である。「一棟の建物」であるかどうかの判定基準としては，①構造上の一体性，②外観上の一体性，③機能（外部との出入口，廊下，階段室，エレベータ，水道，電気，ガス，集中冷暖房設備等）の一体性，④利用上の一体性が挙げられる。

　「一棟の建物」は，全体が1個の権利の目的（共有）となるのではなく，一棟の建物の各専有部分（区分建物）が，それぞれ独立の所有権の目的となる。もっとも，不登法は，「（区分建物が属する）一棟の建物」（44条1項1号，5号，7号，8号，48条1項，51条6項，52条1項，58条1項1号）について定義していない。

　建物の個数については，次のような基準が設けられている（準則78条，1:2:3:2）。

① 効用上一体として利用される状態にある数棟の建物は，所有者の意思に反しない限り，1個の建物として取り扱う（同条1項）。
② 一棟の建物に構造上区分された数個の部分で独立して住居，店舗，事務所又は倉庫その他の建物としての用途に供することができる各部分は，所有者の意思に反しない限り，1個の建物として取り扱う（同条2項）。
③ 数個の専有部分に通じる廊下又は階段室，エレベーター室，屋上等の構造上区分所有者の全員又はその一部の共用に供されるべき建物の各部分は，1個の建物として取り扱うことはできない（同条3項）。

1:2:3 区分建物の要件

　一棟の建物の部分が独立の所有権の目的となるための要件は，その部分が独立して建物としての用途に供することができること（利用上の独立性）と，構造上区分された部分であること（構造上の独立性）である。

　区分所有権の目的となり得る建物の部分については，判例は，旧法が制

定される前から，構造上の独立性と利用上の独立性を要件とするとしていた。すなわち，判例（大判大 5 .11.29・民録 22 - 2333）は，「区分所有権ヲ認ムルハ一棟ノ建物中区分セラレタル部分ノミニテ独立ノ建物ト同一ナル経済上ノ効用ヲ全フスルコトヲ得ル場合ニ限ルモノニシテ」とし，学説も一般にこれを支持していた。旧法 1 条は，従来，判例及び学説が認めていたことを規定上明確にしたものである（川島・解説 520）。

もっとも，旧法前の判例は，戸建住宅を増改築して，構造上・利用上の独立の部分が形成されているか否かが問題とされるケースであり，いわゆるマンション形式の建物に関するものではなかった。

1:2:3:1 構造上の独立性

① 「構造上区分された」とは，その建物部分を他の部分から隔離する設備が存在することである。すなわち，遮蔽が可能な壁，扉，窓などの設備が存在し，その設備の位置が建物の本体部分との関係で固定していることが必要である。ロッカーやつい立てなど移動可能な仕切りは，隔離する設備とはいえない。

シャッターが設置されている場合，常時閉まっている必要はない。巻き上げ式シャッターのように，必要に応じて閉めることができればよいと解されている。デパートやショッピングセンターに設置されているテナント式店舗については，このシャッター設備があれば，各店舗につき区分所有権の存在が認められる（昭 42.9.25 民事甲第 2454 号民事局長回答）。これは，開閉及び取り外しのできるパネルフラッシュ戸のケースである（五十嵐・12 章 117）。

② 旧法において「構造上区分された」というのは，建物の構成部分である隔壁（仕切り壁）・階層（床及び天井）等によって他の部分と完全に遮断されていること（完全遮断性）を意味するとされ（川島・解説 521），判例（大判昭 21.2.22 総覧民 14）も一部がふすまや障子によって仕切られている程度では，構造上区分されたものとはいえないとしていた。

1　区分建物に関する法律構成

　　その原則は，現在においても変わりはないはずであるが，判例は，区分建物の1階玄関ロビーに接する建物内の車庫が区分建物となり得るか否かが問題とされたケースについて，「構造上他の部分と区別された建物部分とは，建物の構成部分である隔壁，階層等により独立した物的支配に適する程度に他の部分と遮断され，その範囲が明確であることをもって足り，必ずしも周囲すべてが完全に遮蔽されていることを要しないものと解するのが相当」（最一小判昭56.6.18民集35-4-798）とする。ただし，これは，車庫の場合の遮断性に関する判断であり，居住を目的とする住宅に関しては，より高い遮断性が求められている（1:4:3:2）(注)。

③　なお，建設業界などでは，ショッピングセンタービルなどについて，無障壁であっても民法の共有の規定を用いて，共有物の現物分割によって境界線ないし境界標識で区分し，それぞれ単独所有とすることができると解すべきではないかという意見がある。しかし，現行法上は，認めることはできない。

(注)　プラットホームは，周壁がないから，「建物は，屋根及び周壁又はこれらに類するものを有し，土地に定着した建造物であって，その目的とする用途に供し得る状態にあるもの」（規則111条）に該当するとはいい難いが，準則77条(1)アで上屋のある部分に限って建物として取り扱っている。これは，税の徴収上建物としてきた税務署の取扱いを引き継いだもので異質なものといえる（吉野衛「建物の表示登記をめぐる諸問題下」インター2000-2-65）。

1:2:3:2 利用上の独立性

　　一棟の建物に構造上区分された数個の部分が所有権の目的となるためには，構造上の独立性のほか，「独立して住居，店舗，事務所又は倉庫その他の建物としての用途に供することができるもの」，すなわち利用上の独立性がなければならない。独立した利用に供される建物でなければ，区分所有権を認める必要がないからである。ただし，所有者が同一であるときは，その所有者の意思に反しない限り，一棟の建物の全部又は隣接する数

個の部分を1個の建物として取り扱う（準則78条2項）。

「独立して……建物としての用途に供することができる」という表現は，従来，判例が「独立ノ建物ト同一ナル経済上ノ効用ヲ全フスルコトヲ得ル場合ニ限ル」（大判大5.11.29民録22-2333，1：2：3）としていたのと同一である（川島・解説521）。

建物としての用途として掲げられている「住居，店舗，事務所又は倉庫」は例示である。このほか，講堂，劇場，病院，診療所，教会，教室，遊技場，駐車場などがある（準則80条1項，川島・注民360）。

数個の専有部分に通ずる廊下（例えば，アパートの各室に通ずる廊下）又は階段室，エレベーター室，屋上等建物の構造上区分所有者の全員又はその一部の共用に供されるべき建物の部分は，「建物としての用途」の効用を生かすためのもので，それ自体が独立の用途に供されるものではないから，共用部分又は区分建物の一部であって，1個の区分建物とはなり得ない（準則78条3項）。問題は，出入口や内部設備の存否などである。

① 出入口の存在

区分建物というためには，独立の出入口があり，原則として，他の区分建物を通らないで外部に出られることが必要である。隣室を通らなければ外部に出られないような建物の部分は，構造上の独立性があっても，利用上の独立性があるとはいえない。もっとも，判例には，階段によって上下階が接続している場合において，2階に通じる階段が1階の裏口から入った所の屋内の土間から通じているケースについて，2階と階下とを区分しても事実上も法律上も紛らわしくないとして，2階住居部分について独立して区分所有権の成立を肯定したもの（東京高判昭34.6.11下民集10-6-1197）がある。特段の事情を認め，原則を緩和したものといえる。

② 内部設備の具備

区分建物の内部設備は，その使用目的に適している必要がある。外部から直接に出入りし，独立して利用できれば，建物部分の用途が台所，

1　区分建物に関する法律構成

便所，洗面所等であっても，それ自体が区分所有権の目的となり得る。また，住居としての区分建物に台所，便所，洗面所等がなくとも共同施設を利用できれば，住居としての独立性を認めることができるであろう。

　①のケースは，2階には便所や台所はないが，十数年にわたって階上と階下で別個独立に生活されてきた場合である。

③　共用設備の不存在

　区分建物というためには，内部に共用設備など他人が利用する設備があってはならない。ところが，最高裁は，車庫部分に建物の共用設備である排気管及びマンホールが設置されていたケースについて，次のような判断基準を示し，これに該当する場合は，なお区分所有権の目的となり得るとした（最一小判昭56.6.18民集35-4-798，1:2:3:1）。

a　共用設備の当該建物部分に占める割合が僅少である。
b　当該建物部分の権利者の排他的使用が可能である。
c　その排他的使用によって共用設備の保存・利用に影響がない。

　続いて，最高裁は，倉庫内に共用設備として電気スイッチ等各種動力系スイッチ，汚水マンホール，雑排水マンホール，各種配管があり，また，各種スイッチの操作のために管理人が同倉庫内に1日3回程度立ち入るような場合について，上記判断基準によって，倉庫の利用上の独立性を認め，その倉庫を専有部分と判断した（最二小判昭61.4.25判時1199-67）。

　確かに，車庫の場合は，共用設備の不存在が利用上の独立性にとっての絶対的な要件とはいえない。しかし，最高裁の示した上記判断基準を車庫以外の通常の建物について一般化することはできないであろう(注)。

(注)　大野秀夫氏は，「前掲判決の一般的抽象的基準には，『それ自体ひとり歩きすることが予想される』との懸念が早くから推測されていたが，本判決が『車庫』から『倉庫』まで基準を延長・拡大し，さらにその後の判例傾向は，この懸念を裏付けるものとなった。」と指摘している（判研(1)判時1546-164）。

1：3　区分所有権の成立と解消

1：3：1　区分所有権の成立

「区分所有権」とは，法1条に規定する建物の部分を目的とする所有権をいう（法2条1項）と定義しているが，区分所有権の成立の原因及び時期については，特に規定していない。構造上・利用上独立した数個の部分を有する一棟の建物が存在するだけで当然に区分所有権が成立するわけではない。区分所有権が成立するためには，建物の客観的な状態に加えて，当事者が建物を区分して所有するという次のような「意思」が必要である。

なお，区分所有権をもっている者を「区分所有者」という（法2条2項）。自然人であると法人であるとを問わない。区分所有者の権利義務については，法6条が定めている。

① 区分建物の登記（不登法44条，48条）又は区分の登記（不登法54条1項2号）のように区分所有である旨の登記をすれば，当然にこの意思があると認められるが（東京地判昭51.5.13判時840−84），未登記であっても，一棟の建物の一部を譲渡（例えばマンションの分譲）した場合や，当初から各自の所有する部分を定めて数人で一棟の建物を建築した場合などにも，この意思が認められる（川島・解説524）。

② 一棟の建物全部を一人が所有していても，各部分を区分所有権の目的とするという意思が外部に表示される（例えば，分譲マンションとして販売する旨の広告をする。）など客観的に意思が明確であれば，区分所有権の成立が認められる。法1条は，所定の要件を備えた建物の各部分は，「それぞれ所有権の目的とすることができる」といっているにすぎないから，本条に抵触することにはならない（川島・解説525）。

③ 一棟の建物全部を一人が所有し，構造上及び利用上独立した数個の部分を賃貸するような場合（賃貸用マンション等の場合）は，区分所有権を認める実益がないとしてその成立を否定する見解がある（マンション

法7，基本コンメ[内田] 9）。しかし，所有者に建物の各部分を区分して所有する意思があれば，区分所有権の成立を否定する理由はない（最一小判平7.1.19判時1520-84, 判タ871-300, 2：6：7）。この場合にも，法22条3項の適用があると解されるし，各部分を区分所有権の目的とするという所有者の意思が外部に表示されているからである。したがって，賃貸部分を後日分譲した場合，分譲のときに初めて区分所有権が成立するという必要はない。

④ 一棟の建物に属する区分建物となり得る数個の部分がある場合，各部分の所有者が異なるときは，各部分が1個の区分建物である。その全部が同一の所有者に属するときは，所有者の意思によってその全部（一棟）を1個の建物とすることもできるし，一棟の一部又は各部分を各別の区分建物とすることもできる。いずれとするかは，建物の表題登記において全部を1個の建物として登記するか，各部分をそれぞれ区分建物として登記するかによって定まる。

もっとも，その登記前に建物の所有者が建物の一部について抵当権を設定した場合は，少なくとも当事者間においては区分所有の成立を認めることになる。

このような建物について登記官が職権で登記する場合は，所有者の意思を尊重して，一棟の建物の構造，用途，区分された部分の構造，用途等を客観的に見て，合理的に判断することになる。

1：3：2　区分所有者の権利義務

区分所有者は，専有部分について所有権を有し，自由に使用収益することができる。共用部分について共有持分権を有し，用法に従って使用することができる。

また，区分所有者は，「共同の利益に反する行為」は禁止され（法6条1項），建物の保存改良に必要な範囲で他の区分所有者に専有部分等を一時的に使用させる受忍義務を負っている（同条2項前段）。区分所有者の

このような行為に対しては，行為の停止等の請求をすることができる（法57条1項）。

　法6条は，強行規定であり，規約その他の合意によって変更し，又は排除することは許されない。

1：3：3　区分所有の解消

　区分所有は，次のように建物の区分がなくなることによって解消する。
① 　建物の部分の合併（不登法54条1項3号，2:6:1:3）
② 　建物の隔壁の除去又は合体（不登法49条，2：7）
③ 　建物の全部又は一部の滅失（不登法57条，2：10）

1：4　専有部分と共用部分

　「専有部分」とは，区分所有権の目的である建物の部分をいう（法2条3項，1：2：1）。「共用部分」とは，専有部分以外に建物の部分，専有部分に属しない建物の附属物及び法4条2項により共用部分とされた附属の建物をいう（同条4項）。

　【判例1】　マンションの1室を税理士事務所として使用することが，住居専用と定められた規約に違反し，区分所有者の共同の利益に反するとして使用禁止を命じられた事例（東京高判平23.11.24 判タ1375－215）。

　【判例2】　マンションの区分所有者が，業務執行に当たっている管理組合の役員らをひぼう中傷する内容の文書を配布し，マンションの防音工事等を受注した業者の業務を妨害するなどする行為は，それが単なる特定の個人に対するひぼう中傷等の域を超えるもので，それにより管理組合の業務の遂行や運営に支障が生ずるなどしてマンションの正常な管理又は使用が阻害される場合には，法6条1項の「区分所有者の共同の利益に反する行為」に当たるとみる余地がある（最三小判平24.1.17 判時2142－26）。

1　区分建物に関する法律構成

1：4：1　専有部分と共用部分の区分について

　専有部分と共用部分の区分については，旧法上も抽象的に規定されていたため，実際の適用においては，その限界が明らかでなく，この点が分譲マンションにおける紛争の一つの原因になっていた。そこで，法改正に当たっては，次の２点について検討が加えられた。

① 管理人事務室，共同の車庫，倉庫等共同管理の用に供し，又は区分所有者全員で共用すべき性質の部分は，法定共用部分である旨を法定すべきではないか。

② 隔壁，天井，床，排水管設備等について，専有部分と共用部分の分界がどこにあるかを明らかにするための法的措置を講ずるべきではないか。

　しかし，いずれについても，そのような規定を置くことは，困難であるか，又は適当でないとの結論に至った（以下，浜崎37による。）。

　①については，車庫，倉庫等など，法律で共用部分と規定することは，私法である区分所有法の性質になじまないから，区分所有者の意思に委ねるべきである。また，建物のどの部分を管理の用に供するかは，区分所有者の意思によって定まるべきものであり，「構造上」という要件に親しまない。そのような立法をしても，何が「構造上……管理の用に供されるべき」ものであるかの判断は容易ではない。例えば，管理人事務室として使用しているが，居室としても使えるような構造の建物部分については，どのように解釈するか。しかも，このような立法措置を講ずると，その建物の部分は，登記記録上公示されない（規約共用部分として登記することもできない。）ことになり，専有部分であるか共用部分であるか明らかでなくなる。

　そこで，法定共用部分には当たらないが，区分所有者全員で共用（供用）することを適当とする建物部分は，規約で共用部分と定め，かつ，その旨を登記記録上公示することができる制度を用意した上，専有部分と敷地利用権の一体性の制度を採用し，不動産登記法を改正して，区分建物の

表題登記は，建物を新築した者（分譲業者）が一棟の建物に属するすべての専有部分について一括して申請しなければならないことにした。

これによって，管理人事務室や共用の車庫，倉庫等の用に供する建物部分が専有部分であるか共用部分であるかは，分譲前又は表題登記の段階で確定し，かつ，公正証書による規約又は登記によって公示されることになった。

②については，かつて，a　専有部分相互間の境界壁その他の境界部分は，そのすべてが共用部分であるとする共用部分説（又は内壁説），b　その部分は共用部分ではなく，その厚さの中心までがそれぞれの専有部分の範囲に含まれるとする専有部分説（又は壁心説），c　その骨格となる中央部分は共用部分であるが，上塗り部分（内装的部分）は専有部分に含まれるとする折衷説（又は上塗り説）の3説があった。このほかに，内部関係（区分所有者相互間で建物を管理，使用する関係）においては，c説によるのが相当であり，外部関係（損害保険，固定資産税等の関係）においては，一般の慣行に従ってb説によるのが相当であるとの説もあった（共用部分に関して，1:4:7:4）。

【表1】　専有部分と共用部分

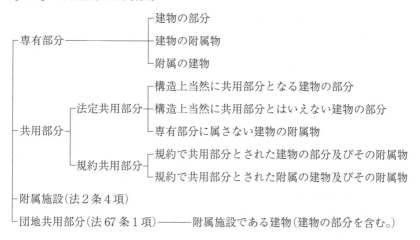

1　区分建物に関する法律構成

　しかし，分譲マンションの普及に伴って，建物の共同管理の重要性とそのための区分所有権に対する制約の必要性が認識されるに伴い，ｃ説が有力になった。その結果，この問題は，解釈論に委ねようということになった。この点は，平成14年の法改正時においても検討されたが，改正は見送られた（吉田ＱＡ28）。

1:4:2　専有部分

　専有部分とは，区分所有権の目的である建物の部分，すなわち，法１条に定める建物の部分で現に区分所有権の目的となっている建物の部分をいう（1:4:1）。一般的には，マンションの各住戸，ビルディング内の店舗・事務所等がこれに当たる。法２条１項ないし３項の定義から，「区分所有権」は「専有部分」を目的とする所有権であり，「区分所有者」は「専有部分」の所有者である。

　旧法成立以前には「専用部分」という用語が多く使われていたが，旧法では，区分所有権の目的である部分という意味を表わすために特に「専有部分」としたと説明されている（川島・解説530）。

1:4:2:1 専有部分に含まれ得るもの

　専有部分には，区分所有権の目的である建物の部分のほか，建物の附属物及び附属の建物が含まれることがある。

① 建物の附属物

　建物の附属物には，電気・ガス・上下水道・冷暖房等の配線・配管設備等がある。これらは，一般的に，建物に付合して建物の構成部分となり，建物と一体となる（民法242条）。専有部分に属する場合と共用部分に属する場合（法２条４項）とがある。建物の附属物が専有部分に属するのは，一般的に区分建物の内部にあり，かつ，その区分建物のために設置されている場合である。各住戸共通の水道管とその管から枝分したその区分建物のための水道管については，前者は共用部分に属するが，後者は専有部分に属する（東京地判平５．１．28判タ853－237）。た

だし，判例には，各住戸に敷設されている雑排水管は専有部分に属しない附属物であるとし，管理組合が同雑排水管工事の費用負担について行った決議を有効としたものがある（東京地判平3.11.29判時1431－138）。

② 附属建物（附属の建物）(注1)

附属建物とは，「表題登記がある」建物に「附属する建物」であって，当該表題登記がある建物と一体のものとして1個の建物として登記されるものをいう（不登法2条23号）。すなわち，ある建物（独立の建物としての登記能力がある建物）が，他の建物の附属建物として登記されるときは，他の建物についての表題登記がされることが前提となり，かつ，表題登記がされる建物に附属しているという実体的な関係が必要であるとする。

この意味において，附属建物の概念は，常に他の表題登記がある建物の存在を前提とし，実体的に附属建物である建物が，登記記録上，独立の建物となるのか，附属建物となるのかは，結局，その所有者により，附属建物としての登記が選択されることによって決まる。したがって，附属建物の概念は，その旨の登記がされることが要件となると説明されている（清水・解説90）(注2)。

附属建物は，区分建物とは別個の不動産であるが，物置やガレージのように区分建物に対して従物の地位にある建物又はその建物の部分を専有部分とする場合がある。次のような場合である。附属建物は，規約共用部分とすることもできる（1:4:5:1）。

a 主建物とは別の建物全体である場合（住戸部分に隣接した住戸専用のガレージや物置）

b 主建物とは別の建物の区分した一部分である場合（aのガレージや物置の一部分）

c 主建物と同一の一棟の建物の区分した一部分である場合（マンションの地下にある住戸専用の駐車室，機械室，トランクルーム）

1　区分建物に関する法律構成

　また，登記できる建物と認められるためには，その目的とする用途に供し得る状態にあるものでなければならない（規則111条）。
　機械室が建物の附属施設のほか，倉庫，事務室等一定の利用目的に供され，そこに生活空間が認められる場合には，その建物の階数及び床面積に算入できる（昭37.12.15民事甲第3600号民事局長通達）。しかし，機械室の内部に出入りできても，機械類の整備，点検，補修に必要な最小限の空間しかなければ，生活空間としての「人貨滞留性」（用途性）がないから，マンションの附属建物として登記することはできない（新Q4−46）。

（注1）　法2条4項及び法4条2項は，「附属の建物」といい，不登法2条23号は，「附属建物」について定義している。附属の建物は，実質的な効用の観点から従属性が認められれば足り，附属建物として登記されているか否かは問わないが，意味に特別の違いはないと考えるので，本書では，原則として，「附属建物」と表記する。

（注2）　しかし，そもそも，不登法2条23号が「表題登記がある」という前提で定義していることには疑問がある。例えば，準則93条3項は，「附属建物がある区分建物である建物の表題登記をする場合…」として，あらかじめ表題登記があることを前提としていない。ちなみに不登法自体は，「附属建物がある建物」という表現をして，旧不登法（93条ノ14）が用いていた「主タル建物」（拙著改訂版は「主建物」）というストレートな用語を用いていないが，規則（34条1項4号，4条2項の別表2）並びに準則（88条2項，89条など）は，「主たる建物」と表記し，その後，「主である建物」と改正している。

【Q1】　主建物と附属建物
　　2棟の共同住宅の一方を主建物とし，他の一方を附属建物として表題登記をすることができるか。
【A】　「効用上一体として利用される状態」にある数棟の建物は，所有者の意思に反しない限り，1個の建物として取り扱うものとされている（準則78条1項）。「効用上一体として利用される状態」には，主建物の機能を補足する場合と更に高める場合とがある。前者は居宅と別棟

の便所や浴室，後者は居宅と別棟の車庫や物置などである。
　離れ家に台所や風呂場等の設備がなく，母屋の設備を利用するような場合には，離れ家を母屋（主建物）の附属建物とすることもある。
　共同住宅は，一棟の建物の中で独立して生活することができる居住区画があるから，別棟と効用上一体として利用されることはない。したがって，2棟を1個の建物とする合棟の登記（2:7:1:3）をすることはできない(注)。

（注）　既存の集団的倉庫の附属建物とする新築の登記申請は，既登記建物と効用上一体性が認められないから，別に1個の建物として登記すべきであるとされた事例がある（昭52.10.5民三第5113号民事局第三課長回答）。

1:4:2:2 専有部分の範囲

　区隔部分（専有部分を他の専有部分又は共用部分から区隔する壁，柱，床，天井等で躯体部分に属さない部分）は専有部分に含まれるか。また，躯体部分（建物全体を維持するための建物の部分）のうち，支柱や耐力壁等が専有部分の内部にある場合，それらは専有部分に含まれるか。法は，これらの点について規定していないので，解釈に委ねられる。

① 　区隔部分

　区隔部分が専有部分に含まれるか否かについては，次の4つの考え方があった。

　a　区隔部分はすべて共用部分であり，専有部分に含まれない。
　b　区隔部分はすべて専有部分であり，その厚さの中央まで専有部分に含まれる。
　c　区隔部分の骨格となる中心部分（壁心）は共用部分であるが，その上塗りの部分は専有部分に含まれる。
　d　内部関係（区分所有者相互間で建物を維持管理する関係）においては，cにより，外部関係（保険，固定資産税等の第三者に対する関係）においては，実務慣行に従ってbによる（川島・解説530）。

　aによれば，専有部分は空間だけになり，法が建物の部分としての専

有部分について所有権を認めていることと矛盾するし，所有者は，自由に内装工事もできないことになる。bによれば，区隔部分の中心まで各所有者が自由に工事できることになって，建物の維持管理という観点から妥当ではない。現在の実務の取扱いは，cによっている。

② 躯体部分

専有部分の内部にある躯体部分は，専有部分に含まれるか。支柱や耐力壁等の躯体部分は，基礎・土台部分，屋根，屋上，外壁の躯体部分などの共用部分と同じように建物全体の存立にとって不可欠のものであるから，そのすべてを専有部分とすることはできない。躯体部分が専有部分内部にあることを考慮し，①と同じく，躯体部分の骨格となる中身の部分は共用部分であるが，その上塗り部分は専有部分に含まれると解する。

1：4：3　共用部分

共用部分は，区分建物の各所有者の用に供せられるものであるが，法2条4項は，次の3つを定めている。

1：4：3：1 専有部分以外の建物の部分

一棟の建物のうち，区分所有の目的である専有部分（区分建物）以外の建物の部分は，すべて共用部分である。2人以上の所有者の区分建物がある場合はもちろん，一棟全部が同一の所有者に属していても，建物の表題登記において同一所有者の数個の区分建物が登記されている場合は，専有部分以外の建物の部分は，すべて共用部分となる。

構造上区分されていても，区分所有者全員又はその一部の用に供されるべき性質のもの（例えば，階段室，廊下，エレベータ室）は，区分所有の目的とならないから，「専有部分以外の建物の部分」である。外壁，屋根等は，構造上の共用部分である。

規約によって共用部分とした区分建物の部分（法4条2項）も区分所有の目的とならず（法2条1項），したがって，「専有部分以外の建物の部

分」として共用部分となる。

　このように専有部分以外の建物の部分は，すべて共用部分であり，法律上当然に共用部分となるものと規約によって共用部分となるものがある（1:4:4，1:4:5）。

1:4:3:2 専有部分に属さない建物の附属物

　建物の附属物とは，建物に附属し，構造上及び効用上その建物と不可分の関係にあるものをいう。例えば，その建物のために設けられた電気の配線，ガス・水道の配管，冷暖房設備，消火設備又は昇降機等などである（1:4:2:1①）。

　これらが附属している建物の部分が区分建物（専有部分）であれば，その一部となり，区分建物（専有部分）に属していなければ，当然の共用部分となる。

　なお，共用部分に設置されている物でも，搬出・撤去の容易な動産については，共用部分である建物の附属物にならない場合がある。

　共用部分である建物の附属物は，建物外の共同貯水槽，ごみ焼却炉，下水処理施設などのように，建物の内部にあることを必要としない。ただし，その所在位置によっては，土地に付合して（民法242条），又は付合しないで（借地の場合）民法上の共有物となり，共用部分以外の共有附属施設として共用部分に準じた管理に服する場合がある。

1:4:3:3 規約共用部分とされた附属建物

　附属建物とは，区分建物に対して従物的な関係にある別個の建物又はその一部である（1:4:2:1②）。附属物と異なり，当然の共用部分とはならないが，規約によって共用部分となる（法4条2項，1:4:5:1②）。附属建物は，それ自体，所有権の目的となるものであるから，一棟の建物の内部にあるものではない。内部にあるものは，専有部分であって，別途規約により共用部分とすることができるから，附属建物が専有部分ということはない。

1 区分建物に関する法律構成

1:4:4　法定共用部分

　玄関から廊下・階段室・エレベータ室を経て最上階ないし屋上まで通じているような共用部分（法定共用部分）については，これを廊下・階段室等から成る共用部分の集合と見るのではなく，全体として1個の共用部分（又は1個の一部共用部分）として一つの権利関係に服させるべきである（川島・解説548）。法4条1項は，共用部分として「数個の専有部分に通ずる廊下又は階段室」を例示している。1個の専有部分にのみ通ずる廊下や階段室は，法定共用部分とはいえない。

1:4:4:1 当然の共用部分となる建物の部分

　マンションの各部屋が区分所有となっている場合，各部屋に通ずる廊下，階段室，エレベータ室のように，建物の構造上区分所有者の全員又はその一部の者の用に供されるべき建物の部分（構造上の共用部分）は，構造上区分されていても，利用上の独立性を欠くから，区分所有権の目的とならず（法4条1項），法律上当然の共用部分となる(注)。

　また，一棟の建物の外壁や屋根は，建物の部分であるが，構造上，共用に供される性質のものであるから，当然の共用部分となる。屋上も区分所有者全員の構造上の共用部分である（東京地判昭42.12.26判タ216-227）。

　なお，「構造上……共用に供されるべき建物の部分」として，建物部分又は附属建物であって，建物の全体的利用の上からみて特定の区分所有者による排他的利用を前提として設計ないし整備されたものでない部分を意味するとする見解（小沼・基本コンメ15）があるが，附属建物は，規約によってのみ共用部分とすることができると解するべきである（コンメ33）。

(注)　法施行前は，「廊下室」，「階段室」等の名称で独立の建物として登記されていた（吉野衛「共有物不分割の特約の登記」インター4-9-33）。

1:4:4:2 当然の共用部分とはいえない建物の部分

　テラス，バルコニー，ベランダ，地下又は建物内駐車場，電気・機械

室，共同洗面所，管理事務所なども，一般的には法定共用部分とされる。しかし，これらすべてが当然に法定共用部分とされるのではない。具体的な施設状況に応じて，個別に判断すべきである。例えば，管理事務所は，一般の住戸と異なる間取りになっていても，構造上当然に共用部分であるとはいえない。規約によって共用部分と定められる。電気室や機械室（エレベータ機械室は除く。）についても，施設の状態によっては，規約によって共用部分とすべきこともある。

　バルコニーやベランダのように，区分建物の利用者でなければ現実に利用し得ない部分については，使用上厳格な制限のある専有部分とするか，構造上の共用部分とするか。そのいずれであるかは，その部分に排他的支配権を認めて市場性を付与すること及び共益的観点から制約を加えることの二つを考慮して決定される。法は，共用部分とされた部分が，どのような制約を受けるべきかについては，構造上共用に供されるべき共用部分については一律に定め，そのほかは規約の定めに従うこととしている。

　法定共用部分であれば，規約によってこれを専有部分とすることはできない。ところが，共用の廊下などの構造上の共用部分ではなく，例えば，区分建物である各室の開口部の玄関扉外側部分などは，構造上の理由ではなく，「性質上」の理由によって共用部分とされているものであるから，別個の取扱いが可能であり，規約によってこれを専有部分とすることは許されるとする説がある（コンメ38）。性質上の共用部分という言葉が適当か否かはともかく，そこは，廊下の一部であるとしかいいようがないから，区分所有権の目的となり得ず，したがって，登記もできないので，別扱いをすることはできないと考える。

① ベランダ・バルコニー

　語源からすると，ベランダ（baranda……ヒンディー語）は，強い日差しを避けるため屋根が付いており，バルコニー（balcone……イタリア語）は，日光浴のため屋根がないものをいう。

　バルコニーは，管理組合の管理する共有物であるとした最高裁判決が

あるが（最判昭 50. 4 .10 判時 779－62），バルコニーがマンションの売買契約書に区分建物と表示されていたことなどを理由として，区分建物の一部と認めたものがある（東京地判平 4 . 9 .22 判時 1468－111）。規約共用部分とした判例もある（横浜地判昭 60. 9 .26 判タ 584－52）。

学説には，通常のバルコニー（及びベランダ）は，建物全体の外壁を構成する建物部分であるから，専用のバルコニーであっても，法律上当然の共用部分（いわゆる専用部分）であるとする見解もある（玉田・注解 174）。しかし，規約によって個別の改装を禁止するなどして，通常の区分建物よりも強い制約を加え，区分建物の部分としてもよいであろう。したがって，結論としては，バルコニーが専有部分か共用部分かは，あまり大きな問題ではないといえよう。

② 地下又は建物内駐車場

敷地内の屋外駐車場や別棟のガレージは，区分建物の建物部分ではないから，法律上当然の共用部分とはならない。地下又は建物内の駐車場は，構造上の独立性があり，利用上の独立性があれば，共用設備があっても，その設備に支障を来すことがない限り，区分建物といえる（1：2：3：1，最一小判昭 56. 6 .18 民集 35－ 4 －798，最二小判昭 56. 7 .17 民集 35－ 5 －977）。構造上区分されることなく，又は利用上の独立性を有していない場合は，共用部分となる（ピロティ兼通路であるとした東京地判平 26.10.28 判時 2245－42）。

③ 管理室・管理人室

管理室・管理人室は，次の３つに分類することができる。

　a　居住部分がなく，事務所仕様で受付窓又はカウンターがあり，非常警報装置・配電盤などが設置されているものを法律上当然の共用部分とするもの（東京地判昭 60. 7 .26 判時 1219－90，前掲東京地判平元 10.19 判時 1355－102）。

　b　居住部分だけで事務所部分はなく，受付窓又はカウンターなどもないものを区分建物ないし規約上の共用部分とするもの（東京地判昭

54．4．23 判時 938 − 68）。
　c　aの事務所部分とbの居住部分から成るもの。
　　管理人室（居住部分）が管理事務室（事務所部分）との一体的利用を予定していて，機能的に分離することができない場合は，管理人室に利用上の独立性はなく，管理事務室と共に共用部分であるとするもの（最二小判平 5．2．12 民集 47 − 2 − 393）。居住部分と事務所部分とが構造上・利用上一体となって建物全体の管理機能を担っている場合は，両部分を一体として共用部分ととらえることができる。
　　cの最高裁判決の判示からすれば，一定規模以上のマンションで管理事務室と管理人室が一体として利用されている場合は，共用部分であると推定できることになろう。
　　ところで，登記実務では，従来から，aは，機械室，電気室に準じて共用部分とし，bは，法定共用部分とは認めず専有部分とし，各区分所有者の合意がある場合に限って，規約共用部分とし，cについては，主な部分がaのときはaに，重要部分をbが占めるときにはbに準じて，それぞれ共用部分，専有部分として扱うものとしていた（昭 50．1．13 民三第 147 号民事局長通達）(注)。これに対して学説は，早くから，これら管理人室や電気室，機械室などは法定共用部分と推定すべき旨の規定を置くべきであるとする立法論を主張していた。また，外国においては，管理人室などは共用部分として扱われるのが通例である（川島・解説 535）。
　　上記最高裁判決は，明らかにcに属する構造の建物の部分であるにもかかわらず，共用部分性を認めている。したがって今後，登記実務を改め，管理事務室，管理人室は，原則として，共用部分として取り扱うのが実際的な対応であると考えるが，実務は，現在においても規約通達文例のとおり，規約により共用部分となり得る専有部分として処理しているようである。これは，後に紛争になることを避けるため，規約共用部分であることを明らかにしておくということからであろう（浜崎 38）。

1 区分建物に関する法律構成

　なお，平成14年の改正法の審議においても管理人事務室を法定共用部分であることを明らかにすべきであるという議論が再燃したが（1：4：1），どの範囲のものを法定共用部分とするかなど，その要件を定めることは困難であるとして，改正は見送られている。

（注）　先例は，この通達を引用して，管理受付室については，接続する居住室の規模又は構造面から専有部分となり得る要素の有無によって判断すべきであるとする（質疑59-21）。実際的な解決策としては，区分建物の表題登記をするに当たり，各階平面図に専有部分と共用部分を明確に区分けし，登記を申請すれば足りるのではないかと考える。

【Q2】　**共用部分の登記抹消等請求**

　　マンションの分譲業者あるいはその関連会社である管理受託会社と区分所有者らとの間で，管理人室，駐車場，倉庫，機械室等の所有権保存登記をめぐって紛争が生ずる。この場合，管理者は，登記名義人である分譲業者らに対して，管理人室等が共用部分であるとして，所有権保存登記等の抹消手続を請求し，又はこの請求と共に，管理人室等の明渡しの請求さらには損害賠償の請求をすることができるか。

【A】　区分所有者らは，共用部分につき共有持分をもっているから（法14条），共有持分権に基づく保存行為として登記の抹消，明渡しを請求することができる。複数の区分所有者がこのような訴訟を共同して提起することもある。実際にも，個々の区分所有者による登記の抹消管理者は，共用部分を保存する権利・義務があり，その職務に関して，原告又は被告になることができ（法26条1項，4項），共用部分に対する妨害排除等を請求することができる。

　　また，管理者は，平成14年の法改正により，共用部分等について生じた損害賠償金及び不当利得による返還金の請求及び受領についても区分所有者を代理することになり（同条2項），この職務についても区分所有者のために原告又は被告となることができるようになった（同条4項）。それまでは，損害賠償請求権は可分債権であるから，その請求権の帰属主体は各区分所有者であり，管理者個人を原告とすることはできないと解されていたのである。

ただし，共用部分等に瑕疵があった場合のマンション業者に対する損害賠償請求権は認められない。この請求権は，区分所有者と業者との個別的な契約によるものであるから，管理組合の構成員のうち，区分所有者から譲り受けた者に対しては，業者は，瑕疵担保責任としての損害賠償責任を負っているとはいえないからである。

1：4：5　規約共用部分

　区分所有権の目的となり得る建物の部分及び附属の建物（附属建物）は，所有者間の規約によって共用部分とすることができる（法4条2項）。この規約は，最初に区分建物の全部を所有する者が公正証書により，共用

【判例3】　特定の専有部分からの汚水が流入する排水管の枝管が専有部分に属さない建物の附属物に当たり，かつ，区分所有者全員の共用部分に当たるとされた事例（最三小判平12．3．21判時1715-20）

【判例4】　地下機械室に設置された給湯，暖房等のボイラーをはじめとする機械設備は，搬出・撤去の容易な動産であり，建物の附属物とはいえないとされた事例（東京地判平2．1．30判時1370-83）。ただし，機械設備は，分譲業者が所有権を留保していたもの。

【判例5】　管理人室として使用されているが，揚水機械装置等が設置格納されている建物部分が構造上の共用部分とされた事例（東京高判昭46．4．28判時633-65）

【判例6】　マンション建設業者が利用している地下2階部分は，構造上の独立性はあるが，利用上の独立性はないとして，マンションの共用部分であるとされた事例（東京地判平12．7．21判タ1109-255）

【判例7】　駐車場が法定共用部分とされた事例（東京地判平26.10.28判時2245-42）

　　　　マンションの1階部分の一部は，区分所有権の目的となり得るだけの構造上の独立性及び利用上の独立性があるとはいえ，北側道路からホール等部分に通じそこから各専有部分に通じるためのピロティ兼通路として，構造上区分所有者全員の共用に供されるべき建物の部分である場合は，専有部分ではなく，法定共用部分である。

1 区分建物に関する法律構成

部分とすることもできる（法32条，5：4：1）。これを規約共用部分という。

1:4:5:1 規約共用部分となり得る建物の部分

区分建物となり得る建物の部分は，居住用マンションの一住戸を共同の集会室として利用したり，附属建物（1:4:2:1②）を共用の物置や車庫として利用する場合がある（1:4:3:3）。

① 規約共用部分となり得る建物の部分は，現実に区分所有者の共用に供されるものである必要はない。例えば，マンションの一住戸を規約により共用部分とし，これを賃貸して，その賃料を区分所有者が共同で収取することも可能である（川島・解説536）。

管理事務室・管理人室については，筆者は，最高裁二小判決（平成5．2．12民集47－2－393）が明らかに居住室を含む建物の部分についても共用部分性を認めているので，原則として，共用部分として取り扱うのが実際的な対応となるであろうと述べたが（本書3版41），実務は，規約通達文例一（第4条及び第5条の2）のとおり，規約共用部分になり得る専有部分として処理している。これは，後に紛争になることを避けるために規約によって共用部分であることを明らかにしておくものと理解できるであろう（浜崎38）。

なお，平成14年の改正法の審議においても管理人事務室を法定共用部分であることを明らかにすべきであるという議論が再燃したが，どの範囲のものを法定共用部分とするかなど，その要件を定めることは困難であるとして，改正は見送られている。

② 規約共用部分となり得る附属建物としては，共用部分の運用・管理等に必要な資材の倉庫，集会室・レクリエーション室などがある。また，共同施設を確保するために建築されることも少なくない。

数個の区分建物に対して「共同従属的な関係」（川島・解説537）にあることを要するが，その他の要件は必要ではなく，建物の構造上区分される一部であっても差し支えない。区分所有者の共有に属するそのよ

うな附属建物が存在しても，それは，単なる独立の共有建物である。規約の定めによって区分所有関係が生ずる(注)。

(注) 法4条2項は，「附属の建物」を規約共用部分とすることができると定め，不登法2条23号は，「附属建物」について定義している（1：4：2：1②）。甲棟の附属建物が乙棟の附属の建物になり得るように，この両者は，必ずしも同一であるとはいえないが，実際に区別しなければならないケースはないであろう。

【図1】 規約共用部分

①マンションの中の1戸（区分建物）
②集会室（附属の建物）

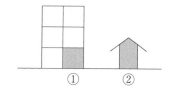

① ②

1：4：5：2 規約共用部分の設定

規約共用部分は，区分所有者及び議決権の各4分の3以上の多数による集会の決議（法31条1項）若しくは区分所有者全員の書面又は電磁的方法による合意（法45条2項），又は最初に建物の区分建物の全部を所有する者が規約公正証書（法32条）によって，設定することができる。

① 規約で定めるべき事項は，建物のどの部分又はどの附属建物を共用部分とするということだけで足りる。そのほか，共用部分の用途，共用すべき区分所有者の範囲，管理所有者，各区分所有者の共有持分などを定めることができるが，法32条によって，最初に区分建物の全部を所有する者が設定することはできない（登公［五十嵐］244）。区分所有者は，この定めに拘束される。

② 建物の部分又は附属建物が抵当権の目的とされている場合，これを規約によって共用部分とすることができるか。法は，共用部分のみの任意処分を禁止しているので（法15条），抵当権の目的である建物の部分又は附属建物が共用部分となると，その抵当権の実行が不可能になる。し

1 区分建物に関する法律構成

たがって，現に抵当権の目的とされている建物の部分又は附属建物については，抵当権者が抵当権の消滅を承諾しない限り，これを共用部分とすることはできない。仮に抵当権者の承諾を得ないで共用部分とする旨の規約を定めたとしても，その規約の定めは，登記を経由した抵当権者に対抗することができない。

1:4:5:3 規約共用部分の登記

この登記は，区分建物の表題登記をする場合（規約が設定されているとき）に，一括して申請する（質疑59-20）。

① 区分所有者は，規約共用部分を定めても「その旨の登記」をしなければ，これをもって第三者に対抗することができない（法4条2項後段）。構造上・利用上の独立性を備える建物の部分等については，取引の安全を図る必要があるので，共用部分である旨の登記がない限り，第三者に対抗することはできない（2:8:1）。

「その旨の登記」とは，「共用部分である旨の登記」（不登法58条）であり，建物部分又は附属建物が共用部分であることを表示する登記をいう(注)。

② 共用部分である旨の登記をしたときは，民法177条の適用が排除され（法11条3項），表題部所有者の登記又は所有権その他の権利の登記を抹消するから，以後，権利に関する登記をすることができなくなる。したがって，共用部分である旨の登記をするときは，登記官は，職権で，表題部所有者の登記又は権利に関する登記を抹消しなければならない（不登法58条4項，規則141条）。

(注) 旧不登法99条ノ4は，「共用部分タル旨ノ登記」と表記していたが，これは文語体であるから，旧版（川島・解説540も同じ。）においても条文を引用する場合のほかは「共用部分である旨の登記」と表記していた。団地共用部分（1:8:6）についても同様である。

1:4:5:4 未登記規約共用部分の処分

A所有の区分建物が規約によって共用部分とされても，その旨の登記を

する前であれば，Aは，Bに譲渡したり，Cのために抵当権を設定したり，あるいはAの債権者Dがこれを差し押さえることができる。その限度で，規約の定めは，効力を失う。

　この場合，Bは，Aの特定承継人であるから，規約の効力に拘束されて（法46条1項），区分所有権を取得できないようにも考えられる。しかし，そうすると，規約に登記以上の効力を認めることになり，共用部分である旨の登記を対抗要件とした法4条2項ただし書が無意味になる。したがって，Bの区分所有権取得を認めざるを得ない。ただし，区分所有者から区分建物を譲り受けたDは，区分所有者の特定承継人として，規約の定めに従わなければならないから，他の区分所有者は，共用部分の登記の有無にかかわらず，Dに対して，例えば，共用部分の管理費の分担などを請求することができる（川島・解説544）。

1：4：5：5 規約共用部分の廃止

　規約共用部分の廃止は，当該部分を共用部分と定めている規約の廃止（法31条）による。規約共用部分は，これによって，共用部分ではない状態に戻る。

① 規約を廃止して規約共用部分を共用部分でない状態に戻す場合に，これを区分所有者及びその特定承継人以外の者に対抗するためには，その旨の登記が必要である。この場合，建物の所有者（共有者）は，規約廃止の日から1月以内に建物の表題登記を申請しなければならない（不登法58条6項，7項，2：8：6）。その申請により登記をするときは，登記記録の表題部に所有者を記録するのみで足りる。共用部分である旨の登記は，職権で抹消される（規則143条，準則103条3項，4項）。もっとも，共用部分は，単独の任意処分を禁止されているから（法15条），この登記が対抗要件として意味を持つ場合は現実には考えにくい（川島・解説545）。しかし，規約の廃止によって規約共用部分を共用部分でない状態に戻した後に処分する場合は，処分について対抗要件を備える前提として，この登記を必要とすることはいうまでもない。

1　区分建物に関する法律構成

1:4:6　一部共用部分

　一部共用部分とは，「一部の区分所有者のみの共用に供されるべきことが明らかな共用部分」である（法3条後段，5:3）。例えば，ＡＢＣＤが居住する一棟のマンションに2つの階段やエレベータがあり，左はＡＢが使用し，右はＣＤが使用するような構造の場合は，それらは，いずれも一部共用部分である。一部共用部分は，これを共用すべき区分所有者の共有に属する（法11条1項ただし書）。左の階段やエレベータはＡＢの共有，右はＣＤの共有となる。

　これは，共用部分の客観的性質によって定まるのであって，規約の定めによるものではない。しかし，規約で別段の定めをすることはできる（同条2項，5:3）。

　共用部分が一部共用部分であるか否か問題となることがある。その管理費用は，規約に別段の定めのない限り，共有持分を基準として負担するからである（法21条・19条，1:4:7:3）。

① 廊下

　　2階以上の居住者は，1階の廊下を通らないで玄関ホールにあるエレベータや階段を使用し，各階の廊下は，その階の区分所有者のみが使用するマンションがある。この場合，廊下部分は，各階の区分所有者の共有に属する一部共用部分か。玄関ホール，エレベータ室，階段室，各階廊下が構造上区分されずに通行できる場合は，2階以上の区分所有者が玄関ホールを共同で使用する限り，各階の廊下を含めた全体を1個の共用部分とし，各階の廊下を各階の区分所有者のみで使用するときは，規約により，一部共用部分とすべきであろう（1:4:8:1①）。

② エレベータ

　　マンションのエレベータについて，1階の区分所有者がそれを使用する程度は2階以上の区分所有者に比較して極めて少ないことが推認されるが，屋上の利用等のために使用する可能性が全くないとはいえず，建物の構造や設備の性質等にかんがみても一部共用部分とは認められない

としたケースがある（東京地判平5．3．30判時1461－72）。

③　区隔部分

　建物の躯体部分が区分所有者全員の共有に属する共用部分であることは当然であるが，各区分建物を構造上区分する区隔部分を共用部分と解した場合，それは一部共用部分といえるか。区隔部分は，建物の躯体部分と区別して，隣接する区分所有者の共有に属する一部共用部分とすべきではないと考える。ただし，区隔部分の上塗り部分は，専有部分に含まれると解する。

1：4：7　共用部分の共有

　一部共用部分以外の共用部分は，規約に別段の定めがない限り，区分所有者全員の共有に属する（法11条1項）。共用部分が法定共用部分であるか規約共用部分であるかを問わない。

　共用部分が区分所有者の全員又はその一部の共有に属する場合には，その共用部分の共有については，民法の共有に関する規定の適用を排除し，法13条から19条までに定めるところによる（法12条）。

　民法上の共有者は，共有物の全部について，その持分に応じて使用することができるが（民法249条），共用部分については，持分の大小で差を設けることは適当でないので，共有者は，その用法に従って使用することができるとされている（法13条）。ただし，区分所有者の共同の利益に反する場合は，使用は許されない（東京高判平23．2．24・判タ1343－235共用の敷地部分を管理組合の承認を得ないで駐車スペースと使用した事例）。

1:4:7:1 共用部分の共有の性質

　共用部分の共有の性質は，民法（249条以下）で定める共有とは基本的に異なる（法12条）。区分所有者は，共用部分について共有持分を有する（法14条）が，共用部分の分割を請求したり，共有持分を区分建物と分離して処分したりすることはできない（法15条）。共用部分の共有持分は，

1 区分建物に関する法律構成

区分建物と不可分の関係にあるからである。
　したがって，原則として，共用部分の共有持分のみの譲渡，抵当権の設定等の処分行為は無効である。共有者が自ら処分する場合だけではなく，区分所有者の債権者がその共有持分のみを差し押さえたり，競売したりすることも禁止される。
　学説には，次のものがあるが，c 説が通説的地位を占めている（川島・注民377）。
　　a　区分所有者間の多様性を考慮し，区分所有者間の共同関係には強弱があり，合有的要素の存在を否定はしないものの，本質的には民法上の共有とみるもの。
　　b　共有の発展形態とみるもの。
　　c　民法の共有法理との「ズレ」を見いだし，団体的処理を必要とする合有でも共有でもない新たな理論枠組によって把握されるべき共同的権利とするもの。
　共用部分の共有がこのような性質のものであれば，利益の収取についても民法の共有とは異なった考え方が生ずる。一般に，民法の共有は，共有物から生ずる利益の帰属について，民法249条を類推し，持分に応じ各共有者に帰属し，その収益が可分債権である場合には，同条の類推適用を待つまでもなく，民法427条が適用され，各共有者は，分割債権を取得するものと解されている。これに対して，東京地裁判決（平3.5.29判時1406-33）は，「共用部分から生じた利益は，いったん区分所有者らの団体に合有的に帰属して団体の財産を構成し」，集会決議などを経て分配の時期，金額などが決定されてはじめて「具体的に行使可能ないわば支分権として収益金分配請求権が発生するもの」とし，共用部分の「共有」については，民法上の共有とは別異に解する立場を採用した。
　この法律に「別段の定め」がある場合は，共有者は，区分建物と分離して共有持分を処分することができる。「別段の定め」とは，次の場合である。

① 規約によって他の区分所有者又は管理者を共用部分の所有者とする（法11条2項，27条1項）。この場合は，規約により，共用部分の共有者から他の区分所有者又は管理者に対して，もっぱら管理を行うために共用部分の所有権の名義が付与される。
② 規約の設定又は変更によって共有持分の割合を変更する（法14条4項）。この場合は，規約の設定又は変更によって，共有者相互間で共用部分の共有持分の全部又は一部が区分建物と分離して処分される。

1:4:7:2 共用部分の放棄・分割

民法上の共有者は，共有物を放棄し，又は分割請求できるが（民法255条ないし258条），法は，この点に関する規定を欠いているし，そもそも共用部分は，区分建物の存立に不可欠であるから，各区分所有者は，共用部分の放棄又は分割請求をすることはできない。

1:4:7:3 共用部分の持分割合

共用部分についての各共有者（区分所有者）の持分は，その有する専有部分の床面積の割合により，そして，床面積を有する一部共用部分があるときは，区分所有者の専有部分の床面積の割合により配分して，それぞれの専有部分の床面積に加算する（法14条1項，2項）。ただし，規約により別段の定めをすることができる（同条4項，1:4:7:5）。

共用部分の持分は，次の割合を決定する基礎となり，区分所有者の権利・義務に影響する。

 a 集会における区分所有者の議決権割合（法38条）
 b 共用部分の負担又は利益収取の割合（法19条）
 c 一人の区分所有者が数個の専有部分を所有する場合の各敷地利用権の割合（法22条2項）

【判例8】 持分割合と著しく異なる基準で費用負担を課した規約が法及び民法90条に違反し，無効であるとされた事例（東京地判平2．7．24判時1382-83）

1 区分建物に関する法律構成

【表2】 民法上の共有と共用部分の共有

	民法上の共有	共用部分の共有
共有物使用	共有物の全部について持分に応じた使用（249条）	持分に関係なく、共用部分全部を用方に従って使用（13条）
共有物使用	相等しいものと推定（250条）	原則として床面積割合（14条）
持分の取得	可能（253条2項）	不可（15条）
共有物保存	単独で（252条）	単独で（18条1項ただし書）
共有物管理	持分価格の過半数で（252条）	区分所有者及び議決権の各過半数による集会決議（18条1項）
共有物変更	全員の同意（251条）	区分所有者及び議決権の各4分の3以上による集会決議（17条1項）
共有物処分	全員の同意（251条）	不可（15条）

1:4:7:4 一部共用部分の床面積

「一部共用部分で床面積を有するもの」の床面積は、各区分所有者の専有部分の床面積に算入するが（1:4:7:3）、この場合の床面積の計算は、専有部分と同様に壁その他の区画の内側線で囲まれた部分の水平投影面積による、すなわち内側計算によることとしている（法14条3項、1:6:5）。

なお、この3項の規定は、共用部分の持分割合を定める場合における専有部分又は一部共用部分の測定方法を定めたもので、共用部分との区分の関係において専有部分の範囲を定めたものではない。この点は、前述（1:4:1）の解釈論に委ねられている（浜崎147）。

1:4:7:5 規約による別段の定め

一部共用部分の持分割合について規約で別段の定めができることは、旧法（8条ただし書）と同じである。改正法は、床面積の測定方法についても、規約により別段の定めをすること、例えば、壁心計算によると定めることも可能としている（法14条4項）。共用部分についての費用負担割合

の算定基礎という意味合いからすると、この方が実際的であるといえようか（1:6:5:1）。

規約の定め方としては、次の方法がある。
a 法14条3項の測定方法について特別の定めをする。
b 同条1，2項とは別の基準により持分を定める旨を定める。
c 共有持分の割合自体を定める。

1：4：8 規約による共用部分の所有者の定め

最初に区分建物の全部を所有する者は、法32条に定める4つの規約を設定できるが、そのうち法4条2項より設定できるのは「共用部分である旨」のみであり、その共用部分の所有者を定めるためには、集会の決議等（法31条1項、45条）によることになる。ただし、この決議等の内容を別途、公正証書にしておくことはできる。

なお、この規約を定める時点において、最初に区分建物の全部を所有する者が存在し、その者が共用部分である旨の公正証書の作成と同時に（又は併せて）嘱託したとしても、法32条により設定された規約公正証書とはいえない。

1：4：8：1 別段の定め

共用部分は、区分所有者全員の共有に属し、一部共用部分は、これを共有すべき区分所有者の共有に属するのが原則であるが（法11条1項）、規約で次のような別段の定めをすることができる（同条2項）。この場合に、共用部分の所有者とすることができるのは、区分所有者及び法25条以下で定める管理者（区分所有者である必要はない。）のみである。区分所有者でない者又は管理者でない者を共用部分の所有者と定めても無効である。

① 共用部分又は一部共用部分を特定の区分所有者の所有として、法20条に定めるように管理させること。例えば、各階の廊下をその階の区分所有者のみの共有とすること。

② 一部共用部分を区分所有者全員の共有として，全員で管理すること。ただし，その旨の規約の設定は，「一部の区分所有者の権利に特別の影響を及ぼすべきとき」に当たるから，一部共用部分を共用すべき区分所有者全員の承諾を得なければならない（法31条1項後段）。
③ 共用部分を一定の条件のもとに区分所有者以外の者の所有として，その管理に当たらせること。例えば，共用部分につき損害保険契約を締結する場合や共用部分のボイラー，エレベータ，消火設備等につき官庁に対して届出や検査の申請をする場合は，共用部分の所有者を区分所有者の一人又は区分所有者に代わって管理に当たるべき者の所有とすることができる（法27条）。これを管理所有という。
④ ある規約共用部分についてだけ一人の所有とすること。
⑤ 共用部分が2個以上ある場合，ある共用部分をAの所有とし，他の共用部分をBの所有とすること（川島・解説552）。また，全体として1個の共用部分と見られるものの一部（例えば，各階の廊下）について，管理上の必要から，ある部分はA（ないしAら数人）の所有とし，他のある部分はB（ないしBら数人）の所有とすることもできる。規約によってこのような定めをしても，各部分は，全体共用部分のままであり，一部共用部分となるものではない。

1:4:8:2 共用部分の所有権の性質

規約によって特定の区分所有者が共用部分の所有者と定められた場合，その所有権は，「信託的な所有権の移転」と解することができる（川島・解説553）。

共用部分の所有者となった者は，共用部分の管理を目的として所有する。例えば，Aが共用部分の所有者と定められた場合，共用部分がA以外の区分所有者の共用に供されることは当然である。A以外の区分所有者がAの「所有」に属するその共用部分を共用するについて，特別の権利（地役権，使用借権など）を設定する必要はない。また，Aの所有とした共用部分の管理行為を行うことができるのはAのみである（法12条，18条）。

Aは，区分所有者全員（一部共用部分については，これを共用すべき区分所有者）のために，共用部分を管理しなければならず（法20条1項），また，共用部分の変更（法17条）をすることはできない（同条2項）。ただし，共用部分の保存行為は，すべての共有者がすることができる（法18条1項ただし書）。

1:4:8:3 管理所有の承継

特定の区分所有者を共用部分の所有者とする別段の定め（1:4:8:1③）をした後に，その者が死亡したり，その者が区分建物を譲渡した場合，区分建物の承継者は，共用部分の所有者である地位を受け継ぐか。

管理を目的として特定の区分所有者の所有としたときは，個人的な信頼がその基礎にあるから，原則として，区分建物の承継者は，所有者である地位を受け継がないと解する。

1:4:9　民法177条の不適用

共用部分については，民法177条の規定は適用されず（法11条3項），共用部分に関する物権変動は，登記なくして第三者に対抗できる。

本法の成立（昭和37年）前は，共用部分のうち廊下や階段室など一定の床面積を有するものを権利に関する登記の対象としていた。しかし，この登記を認めたことにより，それが独立して取引の対象になるかのような印象を与え，単独で他人に譲渡したり，抵当権の目的としたりすることがあった。そこで法は，区分所有者でない者又は管理者でない者が共用部分を所有することを認めず，共用部分が区分所有者の共有に属する場合は，その共有持分は，区分建物の処分に従うことにした。また，規約共用部分については，規約共用部分とする旨の登記がされるので，単独の取引の対象とはならない。

以上のことから，共用部分については，権利に関する登記を不要として，民法177条の規定を適用しないとされている。

なお，規約による別段の定めによって共用部分の所有者を定めた場合に

1　区分建物に関する法律構成

も，民法177条の適用はなく，第三者に対抗することができる。

1：4：10　共用部分の変更

① 共用部分の変更のうち，その形状又は効用の著しい変更については，区分所有者及び議決権の4分の3以上の多数による集会決議（特別決議）がなければ行うことができない（法17条1項）。例えば，エレベータを新設するために階段室を改造したり，外壁に外付けすることなどは，建物の基本構造部分への加工が必要であるから，これに当たるであろう。形状又は効用の著しい変更を供わなければ，大規模修繕であっても過半数の決議で決することができる。

　　区分所有者の定数は，規約で4分の3を過半数まで減ずることができる（同項ただし書）。一人の区分所有者が多数の専有部分を所有している場合などは，共有部分の変更については，持分の大きさを重視する要請が大きいと考えられるからである(注)。

　　また，共用部分の変更が専有部分の使用に特別の影響を及ぼすときは，その専有部分の区分所有者の承諾が必要である（同条2項）。例え

【判例9】　マンション管理組合が組合員である区分所有者に対してもっている管理費及び特別修繕費に係る債権について，原審（東京高判平13.10.31判時1777-46）は，管理費等は，共用部分の管理に必要に応じてその年額が決まり，額は一定ではないから，定期給付債権には当たらないとした。これに対して最高裁は，この債権は，管理規約の規定に基づいて，区分所有者に対して発生するものである。具体的な額は総会決議によって確定し，月ごとに支払われるものであるとしても，基本権である定期金債権から派生する支分権として，民法169条の債権に当たるというべきであるから，5年の短期消滅時効が適用されるとした（最二小判平16.4.23判時1861-38民集58-4-959）。この最高裁判決によって，管理費の滞納問題が深刻化したといわれる。少なくとも特別修繕費については，別に考えるべきであろう。

ば，変更工事によって，採光・通風が悪化するような場合はこれに当たるであろう。

なお，共用部分の変更に必要な費用は，規約に別段の定めがない限り，区分所有者全員がその持分割合に応じて負担する（法19条）。

（注）　耐震法（25条3項）は，共用部分の変更に関する法17条1項の適用については，同項中「区分所有者及び議決権の各4分の3以上の多数による集会の決議」とあるのは「集会の決議とし，同項ただし書の規定は，適用しない」とした。

なお，この場合，規約に別段の定めとして，法17条1項に規定する特別多数決議とすることについては，25条3項は，強行規定と解すべきであるから認められない。また，共用部分の変更が専有部分の使用に特別の影響を及ぼすとき（法17条2項）は，その者の承諾を得る必要がある（1:4:10:1）。

【Q3】　共用部分の変更工事
　　分譲マンションの居住者がインターネット回線を自宅に接続するには，パブリックスペースでも工事を実施しなければならない場合が多い。その場合，住民の4分の3の賛成がないと工事が実施できないのではないか。
【A】　区分建物の共用部分を変更（その形状又は効用の著しい変更を伴わないものを除く。）する場合には，区分所有者及び議決権の各4分の3以上の多数による集会の決議（特別多数決議）を経る必要があるが（法17条1項），著しい変更に当たらない共用部分の管理に関する事項は，集会における過半数の決議（普通決議）で決することができる（法18条）。共用部分へ加工を施す場合であっても，形状又は効用のいずれかを著しく変えるものでない限り，普通決議で決することができる。

　　集合住宅に高速・超高速インターネットアクセスを実現するためのIT化の方式としては，次の5方式がある。①及び②において，空き管路がないため，建物内部に管路を設置する場合は，共用部分の形状を著しく変えるから，特別決議を要する場合が多い。それ以外の場合は，外観の変更を最小限にとどめるなどの工夫をすることにより，普通決議で工事することができる。

1　区分建物に関する法律構成

> a　各戸まで直接光ファイバケーブルを引き込む方式（FTTH）
> b　区分建物の入口まで光ファイバ網を敷設し，同建物内の構内配線については，既存のメタル回線を活用する方式（VDSL, Home PNA）
> c　構内 LAN 活用方式
> d　区分建物の入口（付近）まで光ファイバ網を敷設し，屋上から各戸まで無線を活用する方式
> e　区分建物においてケーブルインターネットを活用する方式
> （平成 13 年 12 月法務省民事局見解）

1：4：11　専用使用権

　専用使用権とは，特定の区分所有者又は第三者が建物の共用部分及び敷地を排他的に使用する権利である。建物の共用部分については，屋上，ベランダ・バルコニーなど，敷地については，駐車場や庭に関して設定されることが多い。このような専用使用権は，法 13 条の趣旨に反しないかが問題となる。このうち駐車場の専用使用権については，次のような問題の指摘があった。

① 　分譲業者や旧地主が区分所有者に敷地の共有持分を売りながら，駐車場スペースについては専用使用権を留保して，これを区分所有者に別途有償で譲渡し，又は賃貸することにより，二重の利得を得ている。このような権利留保は，規制すべきではないか。

② 　駐車場は，区分所有者が公平に利用すべきである。特定の区分所有者が永久に利用したり，区分建物と共に専用使用権を譲渡することを規制すべきではないか。

　そこで，法改正に当たって検討が行われたが，次の理由で，立法措置は講じないこととされた（浜崎 40）。

　①については，分譲業者が専用使用権を留保することは，契約自由の範囲内の問題であり，また，これを制限すると分譲の際に専用使用権の設定を受けた区分所有者に不測の不利益を及ぼすおそれもある。分譲に際し

て，そのような制限が付着していることを購入者が十分理解できるようにしておけば足りることであるから，宅建業法の規制に委ねるべき問題である。この点，宅建業法35条1項6号（同施行規則16条の2第4号）は，共用部分に関する規約の定め等及びこれらの管理又は使用に関する事項をマンション分譲に当たっての重要説明事項としている。

②については，このような専用使用権の性質及びこれに関する合意の性質は，実際上様々であるが，駐車場専用使用権については，その合意は，区分所有者全員（又は団体）と使用権者との契約（賃貸借契約が一般的であろう。）である場合と，共有物の使用方法に関する共有者の合意（区分所有者全員の合意又は規約の定め。規約によるときは，一部の区分所有者の権利に特別の影響を及ぼすかどうかが問題になるが。）である場合のいずれかに該当する。

前者であれば，譲渡性，存続期間，終了原因等は，既存の契約法理で合理的に処理することが可能であるし，後者であれば，規約による適正な定めに委ねるのが相当である。

専用使用権は，それが区分建物の分譲時の契約において各区分所有者の合意のもとに設定したり，規約又は集会の決議によって設定したものであれば，これを否定する理由はない。

なお，平成16年1月改正のマンション標準管理規約（単棟型，団地型，複合用途型）15条は，「（専用）使用権」という用語を避け，期間の定めのある「駐車場使用契約」としている。

【判例10】　マンションの分譲に際し，抽籤により，分譲業者が特定の区分所有者に敷地上の駐車場の専用使用権を40万円で取得させたケースについて，最高裁は，同約定は，公序良俗に違反するとはいえないとした原審の判断を維持した（最二小判昭56.1.30判時996-56）。もっとも，その後の判決は，専用使用権についてより厳格に解釈しており，この判決は先例として機能しているとはいえない（大野判研(10) 判時1573-173）。

1　区分建物に関する法律構成

1：5　建物の敷地

1：5：1　意義

「建物の敷地」という概念は，法改正（昭和58年）前にもあった（旧法6条1項，7条，23条，35条4項等）が，その意義，範囲等は，専ら解釈に委ねられていた。広大な1筆の土地の一部に一棟の区分建物が存在する場合，その1筆の土地全体が敷地となるか。また，建物の底地になっていない別筆の土地が建物の庭，通路等として，底地と一体的に区分建物のために使用されている場合，その別筆の土地は敷地に含まれるかなどは，必ずしも明らかでなかった。

ところが，法改正により，区分建物と敷地利用権の一体性の制度を採用することになった結果，分離処分を禁止する土地の範囲を明らかにしておかないと，取引の安全を著しく害するし，不動産登記手続上も対応できなくなることが予測された。

そこで，改正法は，「建物の敷地」とは，「建物が所在する土地」（法定敷地）と「第5条第1項の規定により建物の敷地とされた土地」（規約敷地）をいうものとして（法2条5項），その範囲を明らかにした（基本通達第一の一の1）(注)。

「建物の敷地」は，その土地について区分所有者が所有権その他の権利をもっているか否かとは無関係である。また，建物の敷地となったからといって，区分所有者以外の第三者の権利に影響を及ぼすものでもない。例えば，区分所有者が敷地について敷地利用権をもっていなければ，一体性の制度を適用する余地はない。また，その敷地の管理又は使用に関する事項を規約で定めることができるが（法30条1項），それは，区分所有者相互間を規律する効力があるだけで，他の権利者に対しては，なんらの効力もない（同条4項）。

(注)　「建物の敷地」の概念は，区分所有法と建基法とで異なる。建基法施行令1条1号は，建物の敷地を「一の建築物又は用途上不可分の関係にある二以上の建築物の

1：5　建物の敷地

ある一団の土地をいう。」と定義している。一つの建築物については一つの敷地が原則であり，数棟の建築物でも用途上不可分の関係にある場合は，例外として，同一敷地内にあると考えている。「一団の土地」とは，①道路，河川，囲障等によって隔てられず，連続していること。②当該土地の建築物と用途上不可分の関係にあり，共通の用途の実現に供せられていること。③境界が確定されていて，適当な方法でこれが明示されていることを要件としている。区分所有法には「団地」を定義する規定はない（1：8：1）。

1：5：2　法定敷地

「建物が所在する土地」とは，一棟の建物が所在する物理的な底地をいう。建物の構成部分の全部を地表面に投影し，その投影にかかっている土地が「建物が所在する土地」である。これを「法定敷地」という。区分所有者がその土地について権利を有している必要はない。次の土地は，いずれも法定敷地であり（質疑58－1），一棟の建物の表題部の所在欄に記録するのが公示上望ましい（質疑59－2）。

【図2】　法定敷地

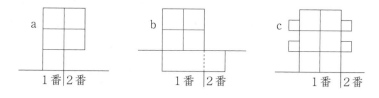

a　1階部分から突出した2階部分下の2番の土地
b　1階部分から突出した地階部分の上の2番の土地
c　玄関外の車寄せ・ベランダ部分の2番の土地 (注1)

それでは，建物が1筆の土地の一部のみに所在する場合，1筆全部が法定敷地となるとするか，あるいは建物が所在する部分と建物使用のために必要な部分のみが法定敷地となるとするか。1筆の土地の一部のみについ

1 区分建物に関する法律構成

ても所有権は成立するし、また、法定地上権（民法388条）は、建物の所在する土地1筆につき当然に生ずるのではなく、建物の使用に必要な範囲に限ると解されている（大阪高判昭35.12.19下民集11-12-2654）。

このことからすると、「建物が所在する土地」についても、建物の使用に必要な範囲に限るという解釈も可能である(注2)。しかし、次の点から考えると、本項に規定する「土地」は、1筆単位で把握することを前提としていると解すべきである。これは、規約敷地についても、同様である。したがって、一筆の土地の一部に建物が所在する場合は一筆の土地全部が法定敷地になり、一棟の建物が数筆にまたがって所在する場合はその数筆全部が法定敷地となる。

① 法定地上権は、競売により土地と建物の所有者を異にするに至った場合に、建物所有者のために地上権の設定を擬制する制度である。これに対して、法定敷地は、主として区分建物と敷地利用権の一体性の制度のために設けたものであるから、区分建物と分離処分できない敷地利用権の目的物の範囲を区分所有者の意思に委ねると、取引の安全を害することになる。

② 1筆全部を建物の敷地にしたくなければ、区分所有が生ずる前に分筆すればよい。また、区分所有者が1筆の土地全部についての共有持分をもっている場合、共有持分のうちその建物の所在する土地部分についての持分のみが区分建物と一体化するとしたり、区分所有者による共同管理が当該土地部分にしか及ばないとすることは、区分所有者の意思に反する。

③ 法定敷地の一部が分筆により建物が所在する土地でなくなったときは、その土地は、規約で建物の敷地と定められたものとみなされる（法5条2項後段、1:5:4:2）。これは、法定敷地の範囲が1筆の土地全体に及ぶことを前提としたものであるといえる。

このように解釈することにより、1筆の土地の上に数棟の区分建物が存在するときは、その土地全体がそれぞれ各棟の建物の敷地に当たることに

なる。すなわち，1番の土地が甲建物の敷地であることと，その1番の土地が乙建物の敷地であることとは，両立し得るのである。この点もまた，規約敷地について妥当する。

（注1） ただし，非区分建物のひさしの所在については記録しない（新Q4－154）。
（注2） 「建物が所在する土地」は，社会通念上その建物を所有し，使用するために必要な範囲の土地をいい，区分建物にあっては，その区分建物の属する一棟の建物を基準として，それを所有し，使用するとすれば必要となる範囲の土地であるとする見解がある（香川保一・登研547－7）。

1：5：3　規約敷地

「区分所有者が建物及び建物が所在する土地と一体として管理又は使用をする庭，通路その他の土地は，規約により建物の敷地とすることができる。」（法5条1項）。

法5条1項は，法2条5項とあいまって，「建物の敷地」の範囲を画一的に明確にするため，法律上当然に「建物の敷地」であるものを「建物が所在する土地」に限定する一方，それ以外の土地は，建物及び建物が所在する土地と一体的な関係にあるものであっても，当然には「建物の敷地」としないで，規約によって「建物の敷地」と定めることとしている。規約敷地も筆単位で把握される。

このような土地を建物の敷地とする目的は，区分建物と敷地利用権の一体性の制度が，この土地に関する権利についても適用されるようにすること及びこの土地を法の定める団体的管理の対象に取り込むことにある。このことは，建物の一部の大規模滅失の場合に関する買取請求権の目的の範囲（法61条7項，8項）や建替え決議がされた場合の売渡請求権の目的の範囲（法63条4項）などに影響することにもなる。

1 区分建物に関する法律構成

【図3】 規約敷地

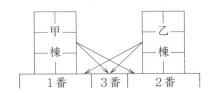

1:5:3:1 規約敷地とすることができる土地

① 「庭，通路その他」広場，駐車場，テニスコート，附属施設の敷地など，建物及び法定敷地と一体として管理又は使用する土地は，法定敷地と隣接していなくても，規約敷地とすることができる（基本通達第一の一の2前段）。その土地について建物を所有する権利がなくても，「一体として管理又は使用」をしていれば，規約敷地とすることができる。その土地の管理又は使用について規約の定めや集会の決議をしても，区分所有者及びその特定承継人を拘束するのみで，土地の権利者には，なんらの影響もない（浜崎121）。もちろん，敷地権の登記（1:7:3）はできない。

② 規約は，区分所有者及びその特定承継人を拘束するのみであるから，仮に区分所有者が規約により権限のない土地を建物の敷地と定めても，その土地を現実に管理，使用することはできないし，区分建物と敷地利用権の処分一体性の問題も生じない。このような規約は，区分所有者が将来その土地について利用権を取得することを予定して定められたものであり，それまで規約の効力は生じない。

③ その土地を建物及び法定敷地と一体として管理又は使用することが不可能であると認められるべき特段の事情（例えば，一体的管理が不可能な位置関係にある場合（質疑58-7））がない限り，規約敷地として取り扱って差し支えない（基本通達第一の一の3）。

④ 建物が所在する土地と筆を異にする土地は，その建物の使用のために必要な土地であっても，規約で定めなければ，建物の敷地とはいえな

い。法定地上権については，建物の敷地に限定されず，建物として利用するのに必要な限度において建物の敷地以外にも及ぶとされている（大判大９．５．５民録26-1005）。

⑤　甲棟の法定敷地又は規約敷地が，乙棟についてもその要件を満たすときは，乙棟の規約敷地とすることができる（基本通達第一の一の２後段）。例えば，一団地である１番２番３番の３筆の土地のうち１番に甲棟，２番に乙棟の２棟の区分建物があり，これらの区分所有者の全員が３筆の土地を共有し，全員でこれらの土地を共同管理すべきときは，これらの土地を互いに各建物の規約敷地と定めるのが相当である。１番は，甲の法定敷地であると共に乙の規約敷地となる。この場合，甲乙各建物の敷地権は，それぞれ敷地権の割合（合計１以内）を区別して登記しなければならない（質疑58-4，5）。

1:5:3:2 規約敷地を定める手続

　区分所有者が建物の所在する土地以外の土地を建物及び法定敷地と一体的に管理・処分したい場合は，規約でその旨の定めをし（法31条１項），また，最初に建物の全部を所有する者が公正証書によって単独で規約を設定することもできる（法32条）。

　例えば，分譲業者が分譲マンションを新築した場合において，その底地（法定敷地）と共に，通路用の土地を一体的に分譲しようとするときは，分譲前にその土地を規約敷地とする旨の規約公正証書を定めておくのが相当である（5:5:1）。

　規約敷地を定める場合には，規約で，法22条の分離処分禁止を採用するか否かを明らかにしておく（決めておく）べきである。規約で定めなかった場合は，法22条１項本文が適用され，分離処分は禁止されると解する。

　規約敷地とする旨の規約を廃止する手続（法31条１項）をすれば，その土地は，建物の敷地から除外される。

　なお，規約敷地は，不登法上の建物が所在する土地には含まれない

1 区分建物に関する法律構成

(1:5:5)。

1:5:4 みなし規約敷地

建物が所在する土地が建物の一部の滅失により建物が所在する土地以外の土地となったときは、その土地は、規約で建物の敷地と定められたものとみなされる。建物が所在する土地の一部が分割により建物が所在する土地以外の土地となったときも、同様である（法5条2項）。

【図4】 みなし規約敷地

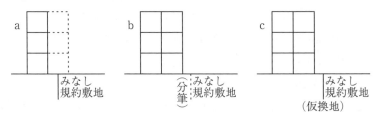

1:5:4:1 建物の一部滅失

一棟の区分建物が1番2番の2筆の土地の上に所在しているときは、2筆共に、その建物の法定敷地であるが、2番の上の建物部分が滅失して1番の上の建物だけが存在するようになったときは、2番の土地は、法定敷地でなくなる。

この場合に、2番が当然に建物の敷地でなくなったとすると、その土地に関して区分所有者がもっている権利は、分離処分をすることができるものとなり、適当でない。登記手続上も適切な対応が困難となる。しかも、2番を管理の対象に組み入れるためには、改めて規約を定めて規約敷地としなければならない。そこで、このような場合は、2番は、規約によって建物の敷地と定められたものとみなすこととしている(注)。規約の設定のための手続（法31条1項）は不要である。

(注) 建物の一部を取り壊した場合にその部分を規約敷地としてカバーするというの

は，建物の敷地は客観的に決まっていることと矛盾するのではないかという指摘がある（香川・諸問題45）。しかし，みなし規約敷地についても法定敷地及び規約敷地と同様に1筆単位で把握されるから，矛盾があるとはいえない。

1:5:4:2 敷地の分筆

法定敷地である1番の土地のうち建物が所在しない部分を分筆して1番2の土地とすると，1番2の土地は法定敷地ではなくなるが，規約で建物の敷地と定められたものとみなされる。分筆は，区分所有者の意思に基づいてされる点において，管理の面では，建物の一部滅失の場合と事情は異なるが，一体性の制度との関係においては，事情は変わらないので，同じ取扱いをするのである。次のような場合である。

a 取り壊した建物（一部）の法定敷地
b 法定敷地の分割により建物が存在しなくなった土地
c 整理法による換地処分により一筆対数筆換地（分割型）により建物が存在しなくなった換地（質疑59−1，2:9:3:2）。

1:5:4:3 みなし規約敷地の廃止手続

みなし規約敷地は，一般の手続（法31条1項）によって廃止することを妨げない。特に，一部が道路用地として買収されるなどして，区分建物と分離して他に処分するために行われることが多い。あらかじめ法22条1項ただし書の規約がある場合でない限り，その処分をするには，みなし規約を廃止する手続をするか，被買収地について分離処分可能規約（法22条1項ただし書）を定める必要がある。

1:5:5 「建物の所在」と「建物の敷地」

「建物の所在」又は「建物の敷地」という概念は，法と不登法とで異なっている。不登法44条は，建物の表示に関する登記の登記事項は，「建物の所在する市，区……」とし，規則112条は，「家屋番号（不登法45条）は，地番区域ごとに建物の敷地の地番と同一の番号をもって定める」としている。不登法上の建物の敷地又は建物の所在する土地は，建物がど

の土地にあるかを明示するためにある。

これに対して区分所有法上の建物の敷地は，不登法上の建物の敷地と同意義の法定敷地のほか規約敷地も含んでいる。また，屋根の一部が隣りの土地にかかっている場合，区分所有法上は，隣りの土地も法定敷地となる。

登記実務では，従来から，建物の基礎のある部分を表示するのみで，隣りの土地は表示しない取扱いとなっている。これは，不登法では，建物の所在は建物を特定するためであるのに対して，区分所有法では，建物の敷地は使用，管理する土地であるとするための違いである（1：5：2）。この点は，統一的な取扱いが望まれるところである（塩崎［松尾英夫］207）。もっとも，規約敷地については，建物の所在する土地には含めないという取扱いで差し支えない。

1：6　敷地利用権

1：6：1　意義

敷地利用権とは，区分建物を所有するための建物の敷地に関する権利（所有権，地上権，賃借権）をいう（法2条6項）。

旧法は，「専有部分を所有するための建物の敷地に関する権利」といっていた（旧法6条1項，7条）。昭和58年の改正法は，「敷地利用権」という定義規定を置いたのであって，新しい概念を設けたものではない。

区分所有者が敷地の上に区分建物を所有するためには，その敷地について法的権利をもっていなければならない。規約敷地についても，建物及び法定敷地と一体として管理又は使用をするためには，同様に，その土地についての権利をもっていることが必要である。この権利が敷地利用権である。

敷地利用権は，各区分建物の所有者がもっている場合と一棟の建物に属する区分建物全部を一人で所有し，そのための敷地利用権を単独でもっている場合がある。

例えば，1番2番の2筆を敷地として一棟の建物が所在している場合，一棟の建物に属する各区分建物は，1番の上にある区分建物であっても，2番を敷地利用権として必要とする。各区分建物のための敷地利用権は，通常，1番2番についての所有権，地上権又は賃借権の（準）共有持分である。これは，一棟の建物の外壁及び屋根その他構造上の共用部分を全区分所有者が共有している点からも，当然であろう。

　区分所有者が複数のときは，土地所有権又はこれに関する地上権若しくは賃借権を区分所有者全員で（準）共有しているのが普通である。この場合には，各区分所有者のもっている敷地の（準）共有持分がそれぞれの区分建物に係る敷地利用権である。法22条1項本文が「敷地利用権が数人で有する所有権その他の権利である場合」といっているのは，このように「共有持分又は準共有持分」が敷地利用権である場合を指している(注)。

(注)　通常は，このように「数人で有する所有権」を1筆の土地を数人で共有している場合に限定する解釈がされている。しかし，「所有権」という以上，1筆の土地の所有権を数人でもっている場合（共有）と2筆以上の土地を2人以上で個別にもっている場合（所有）とがあるのではなかろうか。この点は，分有論（1:6:6）に関する記述で採り上げることとする。

1:6:2　敷地利用権の法的性質

　敷地利用権を複数の者がもっている場合その性質については，見解が分かれている。
① 共有説
　　区分建物の存する土地上には区分建物の所有を目的とする1個の敷地利用権のみが存在し，これを各区分所有者が共有又は準共有すると解する見解であり，多数説である。その論拠は，次のとおりである。
　a　区分所有者全員が一体となって敷地利用権を（準）共有しているとする法的構成は，他説よりも常識的であり，区分建物の敷地利用権に関する多くの難問をおおむね適正・妥当に解決することができる。

1　区分建物に関する法律構成

　　b　民法は，土地所有権については，地上とその上下を合わせた全体について1つの所有権しか認めていないから，土地を上下に分け，複数の人がそれぞれ所有することはできない。
　　c　区分建物の上位階層部分も下位階層部分を媒介として，敷地地盤によって支持されている。したがって，上位階層部分の利用権原を敷地地盤抜きで基礎付けることは困難である。
　　d　区分建物を所有するためには，区分建物全体の存する土地全体に利用権をもつことが必要である。土地を専有部分の存する土地，共用部分の存する土地，通路などの存する土地などというように細分し，それぞれについて区分所有者の権利を構築することは適当でない。
②　合有説
　　高層建築物の各区分所有者がその敷地を賃借している場合，その賃借権については，債権債務の合有的帰属に近いものが成立しているとする見解である。この説に立てば，専有部分と敷地利用権を一体化した登記制度は不要となろう。
　　各区分所有者が共同で利用する出入口，玄関，廊下などは，各区分所有者に合有的にのみ帰属し得るから，その敷地の賃借権も合有的にのみ帰属し得る。したがって，仮に，区分所有者の1人が賃料を延滞したときは，すべての区分所有者に対して履行の催告をし，だれも賃料を弁済しなかったときにはじめて，履行を遅滞した区分所有者の賃貸借契約を解除することができる。また，区分所有者がその権利を譲渡するについては，民法252条が類推適用され，区分所有者の過半数の同意を要する，とする。
　　なお，共有説にあっても，区分建物の敷地利用権の共有の特殊性を強調して，地代債務は，区分所有者が別々に支払っている場合でも，一種の合有債務であるから，延滞賃料がある限度以上に達すれば，賃貸人は，催告をした上借地契約解除の意思表示をして，借地権を全面的に消滅させることができると解する説もある (注1)。

③ 空間説

　区分建物の敷地は，その上に存する建物全体の専有部分と共用部分の権利形態に対応して，後者は，関係区分所有者全員の共有又は借地権の準共有となるが，前者は，各区分所有者がそれぞれの専有部分が位置する地表に直接しない空間（立体的に区分された土地部分）について，それぞれ所有権又は借地権を有すると解すべきであるとする(注2)。立法論としては，肯定することができる（五十嵐・12章50）。

　現行法は，区分建物の敷地に関する権利は，所有権，地上権，賃借権等と構成し，これを専有部分に対する従属性ないし一体性の根拠として，専有部分と敷地利用権を分離して処分することができないものとしている（法22条1項本文）。したがって，共有説が妥当である。

(注1)　「各共有者は，その持分に応じ，管理の費用を支払い，その他共有物に関する負担を負う」（民法253条1項）が，これは共有者の内部における管理の費用その他の負担を定めたものであって，第三者に対する関係は別問題である。

(注2)　しかし，増築の場合，増築部分である建物の建っていない空間は，共有権的構成にならざるを得ず，その説明は困難である（空間説について，現代［合田］155以下）。

1:6:3　敷地利用権となる権利

　敷地利用権は，通常，所有権，地上権又は賃借権である。敷地利用権に該当する権利か否かが問題となる場合について，検討してみよう。

1:6:3:1 使用貸借契約

　使用貸借契約その他無名契約に基づく権利であっても，土地所有者その他権限のある者との関係において，その土地上に区分建物を所有することを正当化できれば，これに該当する。使用貸借上の権利（使用借権）に譲渡性があるか否かについては争いがある。譲渡性がないとしても，分離処分禁止の規定の適用がないだけで，敷地利用権に当たることは間違いない（1:6:3:6，1:6:4:9）。

したがって，専有部分の所有について使用貸借による土地利用を認める場合に分離処分を許容する趣旨が明らかでない限り，設定者は，譲渡を許容する意思で使用貸借を設定したものと推定すべきであろう（コンメ25）(注)。

(注) 定期借地権設定の特約は，公正証書等書面によってしなければならない（借法22条）。また，事業用定期借地権の設定を目的とする契約は，公正証書によってしなければならない（借法23条）。

1:6:3:2 第三者の地上権又は賃借権がある場合

土地の所有者Ａが，第三者Ｃに地上権又は賃借権を設定した場合，Ａは，土地を使用収益できなくなるから，土地の所有権は敷地利用権ではなくなる。ＣがＤに賃借権又は転借権を設定したときの原地上権又は原賃借権も同様である。ただし，例えば，ＡがＢの地下鉄敷設のために地上又は地下の空間の上下の範囲を定めて区分地上権を設定し，又は駐車場設置のために敷地の一部について賃借権を設定するなど，建物の敷地として使用することと抵触しない範囲で地上権又は賃借権を設定すれば，所有権は敷地利用権になり得る（基本通達第十四の二の４）。

【Ｑ４】 マンション敷地における区分地上権の設定登記は可能か。
【Ａ】 可能であると考える（1:6:4:5⑤，3:7:1参照）

1:6:3:3 自己借地権

ＡＸが共有している敷地にＡＢＣ所有の３個の区分建物があって，ＡＸがＢＣのために地上権を設定している場合に，Ａについては所有権，ＢＣについては地上権を敷地利用権とすることができるか。ＡＸは，土地の使用収益権をＢＣに与えているから，Ａの土地共有持分権は，その区分建物の敷地利用権に当たらない。この場合は，自己借地権の制度を利用し，ＢＣは借地権，Ａは自己借地権を敷地利用権とするのが最良の方法であろう。

1:6:3:4 賃借権者から受けた使用借権

土地の所有者AがBのために賃借権を設定し，しかもBがAの区分建物所有のための土地の使用を認容するときは，賃借権者Bから受けた使用借権がAの敷地利用権であるとみることもできるが (注)，賃貸借契約は債権契約であるから，Aの区分建物所有のための土地の使用を許容することを内容とする変則的な賃借権が設定されたものとみることも可能である。後の場合，Aの敷地利用権は所有権ということになる。

(注) 民法の賃貸借契約は，排他的な使用収益権を賃借人に与えることを予定しているから，民法の賃貸借に関する規定や借地借家法の規定は，この場合にも原則として適用ないし類推適用される。しかし，この賃借権を登記することができるかどうかは，問題である。この場合に，Aの所有権が敷地利用権に当たらないという必要はないであろう。

【Q5】 土地所有権の留保
　　敷地の所有者が区分所有者でもある場合，自己の区分建物の敷地利用権として所有権を留保することはできないか。
【A】 専有部分が属する一棟の建物全体に対応する借地権を設定した後でなければ準共有持分を他の区分所有者に譲渡することはできないから，区分所有者に借地権を設定する以上，自己の区分建物についてもその敷地利用権は借地権とするほかなく，所有権の留保はできない。

1:6:3:5 等価交換

いわゆる等価交換方式で，A所有の土地の持分の3分の2を分譲業者Bに譲渡し，Bがその地上に一棟の区分建物を建築して，その3分の1に相当する区分建物をAに所有させ，残りの3分の2の区分建物を地上権又は賃借権付きで分譲するという場合も，Aの敷地利用権は，土地の所有権共有持分ということができよう（1:9:4）。

1:6:3:6 合意に基づく使用借権

土地の共有者間には，その敷地を区分建物の敷地として使用することに

1　区分建物に関する法律構成

ついての共有物の使用に関する合意が明示又は黙示で存在するのが普通であり，その合意があってはじめて各区分建物所有のためにその敷地を使用することができる。しかし，この合意に基づく権利は，共有持分から派生し，これに伴うものであって，共有持分と離れて存在し得る独立の権利とはいえない。したがって，この権利を敷地利用権と観念すべきではなく，共有持分そのものが敷地利用権であるというべきである（浜崎103）。

　この共有物の使用に関する合意を欠く場合，共有持分は，敷地利用権に当たるといえるであろうか。例えば，ＡＢ共有の土地の上にＡＣがＢの承諾なくＡＣの区分所有する建物を建築したときは，土地についてのＡの共有持分は，Ａの専有部分の敷地利用権としては不完全なものと解すべきであろう。

1:6:3:7 仮登記された土地の敷地利用権

　仮登記には，不登法105条1号の仮登記（1号仮登記）と同条2号の仮登記（2号仮登記）がある。2号仮登記は，請求権又は条件付き権利についてするものであり，実体法上敷地利用権とはいえない。1号仮登記は，物権として生じている権利についてするものであるから，敷地利用権となる。

　しかし，一体性の原則の適用を受けるということは，建物の登記記録に登記することによって敷地の権利についても登記をしたのと同じ効力を認めるものである。仮登記の権利を敷地権として表示することとすれば，その仮登記の権利の上に他物権が設定されたことになり，仮登記の本登記の面でも整合性がなくなってしまう。したがって，敷地権は，本登記がされたものに限らざるを得ない。1号仮登記のある土地は，敷地利用権にはなるが，敷地権の登記はできない（質疑58-13）。

1:6:4　一体性の原則（分離処分禁止の原則）
1:6:4:1 意義

　土地と建物は，それぞれ独立の不動産とされているから，建物とその敷

地の利用権（所有権，地上権，賃借権等）は，別々に取引（処分）することができる。しかし，建物は，土地と一体的に取引されるのが普通である。特に，区分建物の敷地が区分所有者の共有（筆者は，1:6:6:5①のとおり，「それぞれ所有する場合」を含む，と解する。以下同じ。）であったり，その上の地上権等が準共有である場合は，敷地利用権である共有持分の財産としての独立性は極めて少ない。したがって，土地と建物を別々に取引することはしないし，これを認める必要性もほとんどない。

分離処分禁止の立法趣旨は，次の3つの不都合を解消することにある。

① 不動産登記法上の不都合

昭和58年法改正前（昭和37年法）は，区分建物と敷地利用権を同時に処分する場合であっても，建物登記簿と土地登記簿に別々に登記する必要があり，複数の区分建物及び敷地利用権の処分が行われれば，それだけ土地登記簿が膨大かつ複雑になった。また，敷地利用権の処分については，受付順に登記されるため，特定の区分建物に対応する敷地利用権の権利変動の経過や現在の権利関係を把握することが，非常に困難な場合があった。

② 実体法上の不都合

分離処分を認めると，区分建物と敷地利用権が別々に処分される可能性がある。そうなると敷地利用権の上に敷地利用権を設定しなければならないというような複雑な法律関係が発生するおそれがある。また，抵当権実行や強制競売において区分建物のみを売却した場合，敷地が共有の場合には法定地上権は成立しないと解され，敷地利用権のない区分建物となり，その収去の可否という問題が生ずる。

③ 管理上の不都合

分離処分によって区分建物の所有者と敷地利用権者が異なることになると，敷地の管理に関する事項を区分所有者が規約又は集会の決議で定めても，その効力は，区分所有者でない敷地の権利者には及ばない結果となる。

1 区分建物に関する法律構成

　そこで法22条1項本文（同条3項において準用する場合を含む。）は，区分建物とその敷地利用権とを分離して処分することができない場合を定めた。その結果，敷地利用権の処分に関する公示は，建物の登記簿のみで行うことが可能となり，土地（敷地）の登記簿の混乱は解消されることになった。

1:6:4:2 分離処分禁止の場合

① 「分離処分禁止の場合」とは，法律上一体として処分することが要求されている場合であり，「法第22条第1項本文（同条第3項において準用する場合を含む。）の規定により区分所有者の有する専有部分とその専有部分に係る敷地利用権とを分離して処分することができない場合」をいう（不登法73条1項4号）。

② 「分離処分禁止の場合を除く」とは，建物と敷地利用権が分離して処分される結果となっても，区分所有法上の分離処分禁止に当たらない場合である。

　敷地権付き区分建物（不登法55条1項）については，建物の登記記録を通じて敷地権に関する物権変動を公示することとし，区分建物に関する所有権又は担保権に係る権利に関する登記は，敷地権である旨の登記をした土地の敷地権についてされた登記としての効力があるとする（不登法73条1項本文）。

③ 　区分建物について敷地権の登記（不登法44条1項9号）及び土地について敷地権である旨の登記（不登法46条）がされた後は，建物のみを目的とする権利に関する登記又は敷地権を目的とする権利に関する登記をすることは制限される（不登法73条2項本文，3項本文）。これは，実体法上，区分建物とその敷地利用権とが分離処分禁止されることを前提としている。

　したがって，分離処分禁止の場合でない場合（建物と敷地権を分離して処分することが法律上許容される場合）には，敷地権の登記及び敷地権である旨の登記がされた後であっても，建物のみについて効力がある

登記（例えば，賃貸借の設定登記）や，敷地権を目的とする権利に関する登記（例えば，地下鉄の敷設を目的とする区分地上権の設定登記）をすることができる（不登法73条1項4号，2項ただし書，3項ただし書，基本通達第十四の二の4，3:1:4:2，3:1:5:2）。
④ 要約すると，「分離処分禁止の場合」とは，法律上一体として処分することが要求されている場合をいい，「分離処分禁止の場合を除く。」とは，建物と敷地権とが分離して処分される結果となっても，区分所有法上の分離処分禁止に当たらない場合をいう。

したがって，分離処分されないで一体として処分される場合は，原則どおり，建物の登記記録に敷地権の物権変動を公示して差し支えないし，一方，敷地権の登記がされた後に分離処分された場合であっても，それが分離処分禁止の趣旨に反しない処分であれば，建物又は土地の登記記録のみにその処分を公示することは可能である（3:1:2）。

1:6:4:3 区分建物と敷地利用権の関係

一体性の原則の制度を採用するまでには，次のことが検討された（浜崎68）。
① 要綱では，「敷地利用権は，専有部分の処分に従うものとすること。」とされていた（要綱第一の二(1)）が，改正法は，この条項を採用しなかった。

これは，共用部分の持分と専有部分との関係に関する旧法11条1項（法15条1項）の規定にならったもので，区分所有者が専有部分（区分建物）を処分したときは，別段の意思表示がない限り，処分の効力は，当然に区分所有者がもっていた敷地利用権にも及ぶこととするものである。

しかし，土地と建物をそれぞれ独立の不動産とする我が国の法制上，区分建物と敷地利用権（特にそれが所有権である場合）との間に主従の関係があるとすることが適当であるかは問題である上，一体性の原則の制度の目的は，区分建物と敷地利用権との間に主従の関係を付けなくて

1 区分建物に関する法律構成

も，両者の処分の一体性さえ確保すれば達することができる。そして，区分所有者が区分建物のみを明示して処分する旨の意思表示をした場合に，処分の効力が敷地利用権にまで及ぶかどうかは，主物従物（民法87条）の解釈論又は当事者の意思解釈の問題に委ねてよいとされた。

　もっとも，処分の登記を申請するのに必要な申請情報（不登法18条）としての契約書等は，登記原因を形式的に証明できるものでなければならないから，区分建物と敷地利用権の両者を処分したことが記録されていなければならない（基本通達第十五の一の2）。

② 一体性の原則の制度は，数人の区分所有者が，建物の敷地を細分して別筆とし，各筆ごとにそれぞれ単独で所有し，又は単独で地上権等を有する場合（いわゆる分有形式の場合）には適用されないものとした（法22条1項本文，基本通達第一の二の6）。

　棟割長屋やタウンハウス形式の区分建物の場合，敷地利用権は，各区分所有者ごとの単独の所有権であることが多い。この場合，区分建物と敷地利用権は，一体的関連性ないし主従の関係が乏しく，通常の建物と敷地に関する権利の関係とあまり違わない。しかも，敷地が（準）共有になっていない以上，旧制度の下でも登記簿が混乱することはなかった。したがって，このような場合にまで，あえて分離処分禁止の制度を適用する必要はないとされた。ただし，タウンハウスを新築して専有部分を単独で所有し，単独で所有する土地を各専有部分ごとに分筆して譲渡を予定する場合は，3項の適用があり，したがって，1項及び2項が準用される。この場合には，「専有部分の全部を所有する者の敷地利用権が単独で有する所有権その他の権利である場合」に当たるからである。

③ 土地を（準）共有する者が区分建物を建築し，その専有部分全部を共有する場合は，3項が類推適用され，1項及び2項が準用されると解する（浜崎182，コンメ139，2:5:13:5【判例14】）

1:6:4:4 区分建物に係る敷地利用権の処分

　敷地利用権が各区分建物の所有者の所有権等である場合，その専有部分（区分建物）と「専有部分（区分建物）に係る敷地利用権」とは，規約に別段の定めがある場合のほかは，一体として処分しなければならない（法22条1項本文）。

① 　一棟の建物に属する区分建物全部を所有する者が敷地利用権を単独で有する場合も，その一部の区分建物を処分するときは，敷地利用権を併せて処分しなければならず，分離処分は許されない。区分建物の全部（一棟の建物）を同一人に譲渡する場合も，敷地利用権全部を併せて譲渡しなければならない。

② 　「専有部分に係る敷地利用権」とは，専有部分（区分建物）を所有するための建物の敷地に関する権利である。区分所有者が1個の区分建物のみをもっているときは，その者の敷地の（準）共有持分全部がこれに当たる。その一部のみを敷地利用権とすることはない。

　もっとも，区分所有者の敷地に関する権利の一部が「専有部分に係る敷地利用権」に当たらない，という場合が全くないわけではない。例えば，区分所有者でない敷地の共有者が新たに区分建物と敷地利用権である共有持分を取得したとき，その者が従前からもっている敷地の共有持分は，敷地利用権に当たらない。

③ 　区分建物を新築した分譲業者が公正証書に基づく規約により敷地の所有権3分の2を分離処分可能と定めた上 (注)，各区分建物に残りの3分の1を法22条2項により定まる割合により割り付けて順次分譲した場合，区分建物に割り付けられた共有持分のみが敷地利用権である。分離処分可能規約に基づき留保している共有持分3分の2は，これに当たらない。

④ 　一棟の建物を1個の建物として登記しているときは，敷地利用権との分離処分禁止の規定の適用はない。

（注）　この場合，「分離処分可能規約を定めた上」であることが必要かについては，1:

1　区分建物に関する法律構成

6:7:1
1:6:4:5 賃借権が敷地利用権の場合
　分離処分禁止の規定は，区分建物とその敷地利用権を分離して，いずれか一方を処分し，又は各別の相手方に対して処分することを禁止する趣旨であるから，賃借権が敷地利用権である場合には，次のとおりとなる。
① 　区分建物を売却する場合，敷地利用権である賃借権を随伴させない旨の特約をすることは禁止される。賃借権を併せて売却する旨の約定がなくても，賃借権は，区分建物の売却に随伴して買主に帰属する（3:11:3）。
② 　区分建物を目的として抵当権を設定する場合，賃借権を目的とする抵当権設定をすることは現行法では認められていないから，区分建物のみを目的として抵当権を設定せざるを得ない。この場合の抵当権の実行の申立て及び差押えは，区分建物についてする。売却により賃借権は随伴する。
③ 　敷地利用権が土地の所有権（共有持分）である場合，土地の所有権（共有持分）は売却せず，買主のために賃借権を設定（借法15条1項による共有の自己賃借権の設定）して区分建物のみを売却することが分離処分禁止に違背するとはいえない。
④ 　区分建物を譲渡する場合，その賃借権も譲渡しなければならないが，賃借権については，賃貸人の承諾を得なければならない（民法612条1項）。承諾を得られないときは，承諾に代わる裁判所の許可を求めることになる（借法19条1項）。
⑤ 　建物の敷地であることと矛盾するような排他的な用益権としての地上権又は賃借権を設定することはできない。しかし，地下鉄敷設のために地下に区分地上権を設定し，又は敷地の一部若しくは規約敷地を駐車場として賃貸することは可能である（浜崎172, 1:6:3:2, 3:7:1）。

> 【Q6】 重畳的賃借権
> 敷地利用権が賃借権である場合，各区分所有者は，その敷地全体についてそれぞれが賃借権をもち，それらはそれぞれ独立して存在しているのであって，単にその範囲が重なり合っているにすぎないとする，いわゆる重畳的賃借権についてどう考えるか。
>
> 【A】 この見解は，敷地所有者と区分所有者との間では，区分建物について敷地利用権を設定したのであって，その区分建物の属する一棟の建物全体の敷地利用権について合意したものではないことに着目している。
> 確かに，例えば，小さな建物を建築するために広大な1筆の土地全部について賃借権を設定することは，当事者の自由である。同様に，一棟の建物のためにその敷地全体に対する賃借権の設定を認めてもよいように思える。
> しかし，仮に当事者間でそのような重畳的賃借権を設定したとすれば，その区分所有者は，敷地全体を単独で使用できるはずである。敷地の所有者は，その他の区分所有者との間でも同様の賃借権を設定するのであるから，その賃借権の権能は，「各共有者は，共有物の全部について，その持分に応じた使用をすることができる」（民法264条・249条）場合と同様となる。
> したがって，各区分所有者は，それぞれの区分建物に必要な範囲で賃借権を準共有すると解するほかはない。

1:6:4:6 敷地利用権の共有者との関係

 分離処分が禁止されるという場合，区分所有者と敷地利用権の共有者は，同一人である必要はない。区分所有者以外の者と共有する場合や区分所有者の一部に敷地利用権をもたない者がいても差し支えない。例えば，団地内の区分建物である甲棟の敷地（法定敷地又は規約敷地）である1番の土地が甲棟の区分所有者と乙丙丁棟の区分所有者との共有となっていても，1番の土地について甲棟の区分所有者が有する共有持分は，甲棟の各区分建物と分離して処分することができない。

1　区分建物に関する法律構成

　また，ABが共有する1番の土地上にある建物をACが区分所有する場合に，1番の土地についてのAの共有持分がAの区分建物の敷地利用権であるときでも，Aの区分建物とその共有持分とは，分離して「処分」することはできない。このような場合の敷地利用権が何であるかは，権利関係によって異なる。ABを賃貸人，ACを賃借人とする賃貸借契約がある場合は，Aの敷地利用権は，所有権ではなくて賃借権である。

1:6:4:7 分離処分ができない処分

　分離して処分することができない「処分」は，法律行為としての処分，すなわち，当事者の意思表示に基づいて一定の権利変動を生ずるものに限定される。取得時効（民法162条）や不動産の先取特権の成立（民法325条）のように一定の事実に基づき法律の規定によって生ずる権利変動は，「処分」に該当しない。土地収用法に基づく収用のように公権力の行使に基づく権利変動も同様である。

　したがって，例えば，敷地の一部を占有されてその所有権を時効取得された場合には，その敷地利用権は敷地利用権ではなくなる。しかし，区分建物と敷地利用権の両者について一体的に権利の移転が生じたときは，敷地利用権である性質は継続する。区分建物を時効取得したときは，敷地利用権も時効取得したものとされ，その敷地利用権である性質は継続する。

　「処分」は，区分建物と敷地利用権を一体的に処分することができるものに限られる。法律上又は性質上，区分建物と敷地利用権を一体としてすることができない処分は，法22条の適用を受けず，両者を分離して処分することができる。例えば，敷地利用権が賃借権である場合，その債務不履行による解除は，一体的にすることができないから，本条の適用を受けない。

1:6:4:8 処分の制限

　処分の制限も処分禁止の対象となる。もし，区分建物のみを目的とする仮処分（又は差押え若しくは仮差押え）を認めると，その仮処分の登記（その登記には，区分建物のみに関する旨の付記がされ，敷地利用権につ

いて効力がない（不登法73条3項，規則156条)．）後に，区分建物について敷地利用権についても効力がある第三者への所有権移転の登記がされる。その後に区分建物及び敷地利用権について仮処分債権者勝訴の本案判決が確定すると，仮処分債権者は，区分建物について第三者の権利取得を否定することはできるが，敷地利用権については否定できないことになり，その結果，区分建物と敷地利用権の権利者が分離してしまう。このようなことは，本項の趣旨に反する。

1:6:4:9 分離処分禁止の対象とならない使用借権

性質上，一体として処分できない処分は，法22条の適用を受けない（基本通達第十四の二の4。なお，賃借権については，1:6:4:5）。

① 敷地利用権は，所有権，地上権又は賃借権であるのが通常であるが，使用借権であっても土地所有者その他権限がある者との関係において，その土地に区分建物を所有する正当性があれば，敷地利用権に該当する（1:6:3）。ただし，使用借権は，賃借権等と異なり，登記できないし，一般に譲渡性はないので，法22条にいう「処分」に該当しないから，区分建物のみの譲渡ができると解される。

すなわち，「処分」は，区分建物と敷地利用権を一体的に処分することができるものに限られるので，当事者の意思表示に基づいて一定の権利変動を生ずる法律行為としての処分ということになる。法律上又は性質上，区分建物と敷地利用権を一体としてすることができない処分は，法22条の適用を受けず，両者を分離して処分することができる（1:6:4:7）。

② これに対しては，土地所有者が使用貸借による利用を認める場合に分離処分を許容する趣旨であることが明らかでない限り，設定者は譲渡許容の意思をもって使用借権を設定したものと推定すべきであり（コンメ25），期間の定めのある使用借権については，貸主の承諾を条件として譲渡性を認めた上で法22条の適用を認めるべきであるなどとする限定的肯定説がある。否定説が妥当である。

すなわち，使用借権については，分離処分禁止の立法理由がほとんど当てはまらないし，民法は，使用借権の移転という観念を予定していないからである（民法594条2項と612条の対比，浜崎172）。貸主の承諾があれば，区分建物を取得した者について新たな使用借権が設定されたとみればよいので，一体性の原則を強制するまでもない。貸主が，借主と同一の条件で第三者が使用収益することを承諾したときは，同一の使用貸借関係が第三者との間に生ずるが，この場合は，必ずしも使用借権の移転とみる必要はなく，貸主と第三者との間に新たな契約関係が成立したとみて差し支えない。仮に使用借権の移転と観念したとしても，それを許容するかどうかは，貸主の完全な自由に委ねられているから，使用借権には，一般的に譲渡性はないといえる。したがって，この場合は，区分建物のみを譲渡することができることになる（同旨，現代［田中昭人］129）。もっとも，期間の定めのある使用借権については，貸主の承諾を条件として譲渡性を認めた上で，本条の適用を認め，専有部分のみの譲渡はできないと解するべきであろう（コンメ135）。

③　賃借権が敷地利用権である場合は，一体性の原則が適用されるから，区分建物を譲渡するときは，その賃借権も譲渡する必要があるので，賃貸人の承諾を得るか（民法612条1項），承諾に代わる裁判所の許可を求めることになる（借法19条1項，20条1項）。ただし，その債務不履行による解除は，一体的にすることができないから，22条の適用は受けない。

1:6:4:10 分離処分禁止の状態になる前に設定された担保権

①　分離処分禁止の状態になる前に，その一方のみを目的として設定された担保権は有効である。次のような場合である。

　a　区分建物の敷地になる前の土地
　b　区分所有権の目的になる前の建物
　c　新区分所有者が敷地利用権を事後的に取得した場合においてその取得前の土地の権利

  d　分離処分可能規約が廃止された場合においてその廃止前の土地の権利

  e　規約敷地を定める規約が設定される前の土地

② これらの場合は，一体性の関係が生じた後にも次の行為をすることができる。

  a　担保権の目的である一方のみを目的として差押え及び競売をすること。

  b　土地の所有権の持分を取得した者の敷地利用権のために，抵当権を放棄すること。

  c　抵当権の追加担保として他方を目的とする抵当権を設定すること。

③ 一方のみを目的とする抵当権の設定はできないが，この場合は，結果として両者一体として同一の被担保債権のための抵当権の目的となるから，法22条の趣旨に反しない。

1:6:5　敷地利用権の割合（持分）

1:6:5:1 意義

　敷地利用権は，区分所有者Ａが区分建物を数個もっていても，当然に各区分建物に対応する複数の敷地利用権をもつものではない。Ａがもっているのは，通常，一つの（準）共有持分である。したがって，区分所有者の敷地利用権の割合に基づき建物の表示に関する登記事項として敷地権を登記する（不登法44条1項9号）と共に，区分建物の一を譲渡するときは，原則として，この割合に応じた敷地利用権を一体的に譲渡しなければならないから，一体性の原則（法22条1項本文）を適用するに当たっては，その各区分建物と一体的に処分することを要する敷地利用権の割当てに関する規定が必要となる。

　なお，法22条2項は，複数の区分建物をもっている者がその一部を処分するときに機能する規定である。また，区分建物を同条1項及び2項の規定に従って譲渡した後においては，2項は全く機能しない。例えば，そ

1 区分建物に関する法律構成

の後に床面積の変動が生じても，譲渡した敷地利用権の割合が変動するようなことはない。

1:6:5:2 敷地利用権の割合（持分）の算定方法

① 区分建物に係る敷地利用権の割合は，原則として，法14条1項から3項までに定める割合によることとされている（法22条2項本文）。その方法としては，内側計算と壁心計算のいずれを採用することも可能であるが，登記実務の取扱いは，従来から，区分建物の専有部分に関して，内側計算によることとしていた。そこで，58年改正法は，専有部分及び一部共用部分の床面積は，これに合わせて，壁その他の区画の内側線で囲まれた部分の水平投影面積による，すなわち内側計算によることとした（法14条3項）(注1)。

　分譲業者は，床面積を大きく見せようとするため，壁心計算によって表示しており，管理の実務上も，規約によりそのように定めているものが多い。そのため，床面積は，2種類表示されているのが実情である。これは，購入者にとっては，迷惑以外のなにものでもない。

② 法14条4項は引用されていないから，同項の規約に別段の定め，例えば共用部分の持分の割合を具体的に定め，又は計測方法は壁その他の区画の中心線（壁心線）によるものとする旨の規約があっても，法22条2項の適用上は，無視される。

③ 各区分建物に係る敷地利用権の割合を法14条1項から3項までに定めるところと異なる割合とするには，法22条2項ただし書の規約の定めをしなければならない。この場合は，「何号室には何分の何」のように，各専有部分ごとの敷地利用権の割合自体を定めることを要する。「壁心計算による専有部分の床面積割合による」というような抽象的な定め方では足りない（浜崎180）(注2)。

④ 法14条1項から3項までの定めに従って割合を算出すると，厳密に計算する限り，分母数の大きい複雑な数値になってしまうから，端数処理をするのが相当である。また，床面積割合よりも専有部分（区分建

物)の価格割合によるのが合理的な場合もある(注3)。そこで,法は,規約の設定による修正を認めたのである (1:4:7:5)。

⑤ この規約も,最初に区分建物の全部を所有する者が公正証書により単独で設定することができる(法32条)。

(注1) 建物の床面積は,各階ごとに壁その他の区画の中心線(区分建物にあっては,壁その他の区画の内側線)で囲まれた部分の水平投影面積により,平方メートルを単位として定め,1平方メートルの100分の1未満の端数は,切り捨てる(規則115条,準則82条,91条)として,非区分建物は壁心計算により,区分建物は内壁で囲まれた部分によるとしている。もっとも規約によって壁心計算によることと定めることはでき(法14条4項),マンション棟準管理規約(10条のコメント②)は,壁心計算によるものとするとしている。

(注2) 具体的割合が示されていなくても,結果としてそれが明らかになるような定めであれば,そのような規約を無効とする必要はない(コンメ138)が,登記記録の公示上工夫をする必要があろう。

(注3) 民法旧208条は,「共有部分ノ修繕費其他ノ負担ハ,各自ノ所有部分ノ価格ニ応ジテ之ヲ分ツ」としていた。しかし,価格の算定は困難であることから,床面積割合が採用された(川島・解説565)。近年,超高層マンションが建築され,低層階と高層階とでは,その分譲価格に大きな差がある。管理費等の負担割合のほか,建替えなどの場合を考えると,価格割合により定めておくのが合理的である。

1:6:5:3 敷地利用権割合の決定

区分建物のための敷地利用権の割合(持分)は,次のように定まる。

① 一棟の建物に属する区分建物の全部を一人で原始取得し,その敷地利用権も単有の場合,例えば,土地の所有者が10個の区分建物のある一棟の建物を新築してそれを原始取得したときは,公正証書による規約(法32条)で別段の定めをしない限り,各区分建物の床面積の割合による(法22条3項・2項,14条1項)。

② 数人が(準)共有する土地に一棟の建物を新築し,各人が数個の区分

建物を原始取得した場合，例えば，ＡＢが持分２分の１ずつの土地に20 個の区分建物の建物を新築して，それぞれ 10 個の区分建物を原始取得したときは，法 22 条 2 項本文の「区分所有者が数個の専有部分を所有するとき」により，各区分建物の床面積の割合による。
③　数個の区分建物となり得る部分を併せた１個の区分建物を承継取得して，それを区分して数個の区分建物とした場合は，法 22 条 2 項本文が適用され，各区分建物の床面積の割合による。割合が自動的に定まる規約があればそれによることになるが，そうでなければ，同項ただし書の規定の適用の余地はないであろう。
④　数人が（準）共有する土地に一棟の建物を新築し，各人が１個の区分建物を原始取得した場合，例えば 10 人が地上権を持分 10 分の 1 ずつ準共有し，その土地に 10 個の区分建物のある一棟の建物を新築し，各人が１個の区分建物を原始取得したときは，法 22 条 2 項の規定の適用がないから，区分建物の床面積又は規約の割合によることもあり得ず，地上権の準共有持分が各区分建物の敷地利用権の割合となる。
⑤　数人で共有する１個の区分建物の敷地利用権は，共有持分に対応する敷地利用権がそれぞれにある。敷地利用権の割合は，区分建物を共有で原始取得したときは，そのときの敷地利用権の割合である。１個の区分建物を敷地利用権と併せて共有で承継取得したときは，共有者間に特約があればその割合により，特約がなければ均分の割合による。
⑥　規約共用部分についての敷地権割合を「０」と定めた場合については，Ｑ 22 参照。

1:6:5:4 敷地利用権のない区分所有者

　一体性の原則（1:6:4）を採用している現行法においては，通常，専有部分の収去請求や売渡請求（法 10 条）は起こらない。しかし，分離処分可能規約がある場合や敷地権の登記をする前にした処分で相手方が善意の場合には，区分建物と敷地利用権が別の者に帰属し，例外的に売渡請求が起こり得る。この場合，売渡請求権が行使される「敷地利用権を有しな

い区分所有者」とは，どのような者をいうか。

① 東京地裁（平元.3.15）は，「区分所有権においては，その権利関係の錯雑さを避けるため，通常の共有の場合よりも，専有部分，共用部分の共有持分及び敷地の権利の処分における一体性・不可分性を重視すべきであり，本件請求権についても，専有部分とその敷地利用権の対応関係を維持し，複雑な権利関係の発生を防止することをも考慮すべきであり，また右共有持分も共用部分及び敷地等共有物全体に対して完全な処分権を有しているのではないことからすれば，被告の有する敷地持分は203号室の敷地利用権を確保するという目的を有するに過ぎないというべきであって，それを超えて102，103号室の敷地利用権をも確保しているとするのは相当でない。」とし，請求を認容した。

② これに対して，東京高裁（平2.3.27判時1355-59）は，102，103号室を取得したときには敷地に関する権利のなかった者が，その後203号室を取得したときに敷地持分も取得した場合，当初取得した区分建物については敷地利用権をもたない区分所有者に該当するか否かについて，「敷地利用権を有しない区分所有者は，本来その有する専有部分の収去を免れないものであるが，特定の専有部分の収去が物理的に不可能であることから」，また，収去が可能であっても国民経済上から得策でないことから，「これに代わる措置として，明渡請求権者は，当該専有部分の売渡しを請求することができることとされたもの」であり，「そうとすれば，いやしくも敷地利用権を有する以上，区分所有者は，その敷地利用権を取得した経緯，もともとその敷地利用権が当該専有部分に係るものとし分離処分が禁止されたものであったかどうか，敷地利用権である共有持分の持分割合の多寡等の事情に係わらず，その専有部分を保持するための土地の利用権を有するものというべきであるから，その専有部分は，売渡請求の対象とされる余地がないものと解すべきである。」とし，請求を認めなかった。

③ 敷地利用権の割合については，区分所有者の意思決定を尊重し，規約

によって専有部分の床面積の割合とは異なる割合で定めることも可能としている（法22条2項ただし書）。しかし，この事例においては，それを可能とするような規約や集会の決議はない。しかも，高裁判決に従うと，専有部分とそれに対応する敷地利用権との関係はあいまいなものとなり，敷地持分の意義も明確でなくなってしまう。したがって，原審判決が妥当と考える（五十嵐・12章79，半田正夫・判時1376-178）。

1：6：6　分有形式の敷地利用権
1：6：6：1　敷地利用権の形態
　一棟の区分建物の敷地利用権については，次の3つの形態がある。
① 　各区分所有者が敷地利用権の（準）共有持分をもっている場合
② 　各区分所有者が敷地利用権をそれぞれ単独でもっている場合
③ 　区分建物全部をもっている所有者が敷地利用権を単独でもっている場合

　一般に「敷地利用権が数人で有する所有権その他の権利である場合」（法22条1項）とは，①の場合をいい，②の場合には，一体性（分離処分の禁止）の原則は適用されないといわれている。その理由について，立法担当者は，②の場合は，区分建物と敷地利用権の従属性ないし一体性が比較的稀薄であり，一般の建物（戸建て）とその敷地に関する権利の関係とそんなに違わない。また，敷地の登記簿（登記記録）の混乱も生じない。そこで，要綱の段階では，この場合を特に適用除外することとはされていなかったが，立案の段階で適用を除外することとした，と述べておられる（浜崎171）。

　例えば，ＡＢが区分所有する一棟の建物の敷地がＡＢの（準）共有である場合には，法22条の適用がある。ＡＢが区分所有する建物の敷地利用権をＡＢが別々にもっている場合には，本条の適用がない。

　ＡＢが区分所有する建物の敷地がＡＣの共有である場合には，Ｂの敷地利用権は地上権又は賃借権等であるが，Ａの敷地利用権は，権利関係のい

かんにより異なる。ACを賃貸人，ABを賃借人とする賃貸借関係があるときは，Aの敷地利用権は所有権ではなく賃借権となる。そして，敷地利用権をABで準共有する関係にあるから，法22条の適用がある（コンメ131）。

1:6:6:2 分有の場合の敷地利用権の性質

②の分有の場合，敷地の各筆の所有者（＝区分所有者）間では，敷地を相互に利用しあっている状態にある。この法的性質については，いろいろな説明がされている。

　a　Aの土地上にBが区分建物を所有することを承認する「無名契約上の土地の使用権説」（川島・不動産研究3－4－369）

　b　相互に借地権が発生しているとする「相互賃貸借説」（青山・解説135）

　c　敷地利用権という財産を相互に移転したものとみる「交換に準ずる有償貸借説」（玉田・マンションⅠ22）

　d　相互に使用貸借しているとみる「使用貸借説」

　e　各筆の所有権等自体を敷地利用権とする「単独所有権説」

aないしdの説は，いずれを採用しても借地使用権の譲渡には土地所有者の承諾（料）を必要とするため，取引の阻害要因となり，ひいては，資産としての流動性の低下というデメリットを生ずる。

e説は，敷地全体を利用し合うという明示又は黙示の合意に基づく権利を敷地利用権と解するaないしdの見解に対し，「このような権利が土地の所有権等から独立した権利として観念されないのが普通であり，そうである限りは，各筆の所有権等自体が敷地利用権であり，右の同意の存在は，敷地利用権の完全性の問題として捉えるべきもので，22条1項本文の規定も，そのことを前提とした規定と見るべきで，22条1項本文の規定も，そのことを前提とした規定と見るべき」と指摘されている（浜崎104）。

1　区分建物に関する法律構成

1:6:6:3　縦割り区分建物

確かに一部のタウンハウスなどに見られるように、一棟の区分建物の敷地を各区分建物ごとに区画して各1筆とし、各区分所有者がその区画（底地部分）について単独で所有権その他の敷地利用権を有している縦割り区分建物は、「分有」に該当し、一体性の原則は適用されないといい得るであろう。基本通達第一の二の6は、このような分有の場合については、法22条は適用されないとしている（質疑59－7、コンメ139）。

しかし、このような場合であっても、各区分所有者は、単に各筆について単独の所有権等をもっているだけでなく、その敷地全体を一棟の区分建物の敷地として利用し合うという明示又は黙示の合意があるはずであり、この合意に基づく権利こそが敷地利用権であると解する余地はある。特に、構造上の共用部分（ガス・水道の配管などが一棟に通っている場合）などがあると、そういわないとおかしい。

1:6:6:4　横割り区分建物

① 　Aが1番の土地、Bが2番の土地を所有し、その1番及び2番の土地の上に一棟の建物を建築し、Aが1階部分、Bが2階部分をそれぞれ区分建物として所有する場合（いわゆる横割り（階層的）区分建物の場合）についても一体性の原則は適用されないとするのが、確定した解釈のようである（質疑58－11前段、青山・解説135、松尾・インター2－8－108など）。

すなわち、「敷地利用権が数人で有する所有権その他の権利である場合」とは、敷地利用権が（準）共有の場合に限られ、それぞれ一人でもっている所有権等である場合は、これに該当しないと理解する。しかも、敷地利用権が（準）共有でなければ、一体化しなくとも登記記録が

【判例11】　縦割り区分建物の各専有部分の所有者が、各専有部分の存する土地を分有する場合に、他の所有者の専有部分の存する土地の占有権原（ただし、地上権ではなく賃借権）を有するとされた事例（東京地判平25．8．22判時2217－52）。

混乱することはないという。

② しかし，このケースの場合，Aが2番の，Bが1番の各土地についても敷地として利用する権原がなければ，敷地利用権があるとはいえないはずである。そのため，1:6:6:2①ないし⑤のように，いろいろな方法で敷地利用権を「擬制」しているのである。

　このケースは，分有に当たるとすれば，ABが，あらかじめ，それぞれ交差的に，2番，1番について自己借地権（借法15条1項）を設定し，それぞれ敷地利用権とし，準共有させるのが望ましい。また，敷地利用権者でない区分所有者Cが存在すると，ABは，自己借地権を設定した上その一部を敷地利用権としてCに取得させる必要がある。そうすると，1番，2番のそれぞれの土地に借地権の準共有状態が生ずるから，法22条1項の適用があることになる。このように，分有の場合であっても，そのすべてについて一体性の原則の適用がないとはいえないのである。

③ かつては，タウンハウス程度の小さなマンションが念頭にあった。しかし近年，都市再開発の一環として，数多くの土地を集約して大規模マンションを建築することが行われている。この場合，各土地所有者は，将来を考えて，提供する土地の合筆をきらい，1筆ずつ敷地利用権として提供する。そうすると「分有」となり，一体性の原則は適用されないことになる。しかし，その中にAB共有の土地が1筆でも存在し，ABがそれぞれ別の区分建物を取得することとすると，途端に分有でなくなる。

④ ちなみに，都再法75条は，「権利変換計画は，1個の施設建築物（マンションなど）の敷地は1筆の土地となるものとして定め…（1項），…その敷地には施設建築物の所有を目的とする地上権が設定されるものとして定めなければならない（2項）。」としている。これは，一体性の原則を適用させることを念頭に置いた規定である。しかし同法は，特則として，施行地区内の権利者等の全ての同意を得たときは，これと異なる権利変換計画を定めることを認めている（都再法110条1項）。これ

には，敷地を分有する場合が，その一例として想定されている。さらに連担建築物設計制度（建基法86条2項）は，「一団地を当該一団地又は二以上の建築物の一の敷地とみなす。」としており，施設建築物の設計は多様なものとなっている。

1:6:6:5 一体性の原則の適用

これらの理由から，横割り分有の場合も一体性の原則が適用される，少なくとも区分所有者は，分離処分禁止規約を定めることは許容されると解したい(注)。その結果は，次の①ないし⑤のとおりデメリットはないし，従来，実務家が頭を悩まし，議論してきた「一体性の原則の適否」という課題は自然に解消する。

① 「数人で有する所有権」を共有の場合に限定して解釈する必要はない。数人がそれぞれ所有権をもっている場合もこれに当たる。そもそも，分有は，縦割りの場合を想定し，横割りについても所有者が少数であることを前提としていた。都市再開発のケースのように多数の所有者がいる場合を想定していなかったはずである。

② 一人で全部の区分建物を所有する場合でさえ適用があり（法22条3項），したがってその場合は，タウンハウスや棟割り長屋であっても分離処分可能規約を設定して，はじめて，敷地の単独所有とすることができる（長谷部・通達解説248，公証通達文例二について浜崎261）。数人で所有する場合に適用が（認められ）ないというのはおかしい。

分有の場合に分離処分可能としたければ，その旨の規約を定めればよい。どちらにするかは，区分所有者の意思に委ねることが望ましい。

③ 分有の場合の敷地利用権の性質はあいまいで，各説入り乱れている（1:6:6:2）。そのため，一般の区分所有者には理解し難いのが実情である。また，その資産評価の手法もまちまちとなる（現代［合田英昭］248）。

④ 分有の場合には法22条の適用がないとすると，時の経過につれて，土地と建物の権利関係が複雑になってしまう。特に法定地上権の成否に

関しては，未解決な点が多い。

　しかも，所有権自体を敷地利用権と解した上（1:6:6:2 e 説），分有の場合は分離処分禁止の適用は（でき）ないとすると，その所有権を譲り受け，又は抵当権実行などにより取得した者は，区分所有者に対して，区分所有権を時価で売り渡すべきことを請求でき（法10条），場合によっては，専有部分（区分建物）の収去請求ができることになる。

⑤　そうでなくても，区分所有権と敷地利用権が別々の者に帰属すると，敷地の管理に関する事項を区分所有者が規約又は集会決議で定めても，その効力は敷地の権利者に及ばず，管理上の不都合を来すことになる。建替え時には，さらにやっかいな問題が山積することが予想される。

(注)　分有の場合において，区分所有者全員を拘束する規約の定めを法定の議決要件に従って定め得るとするためには，その旨を認める明文の根拠が必要となるが，そのような規定が存在しない限り，法律上許容された分離処分を規約上で改めて禁止することはできないとする見解もある（コンメ137）。

1:6:7　分離処分可能規約

　一体性の原則は，区分所有者が定める規約によって排除することができる（法22条1項ただし書）。区分建物と敷地利用権を分離して処分することができる旨を定めることにより，分離して処分できることになる。この規約は，「最初に区分建物の全部を所有する者」が公正証書により設定することもできる（法32条，67条2項，5:4:1）。

　「最初に」所有する者に限られるから，いったん専有部分が複数の区分所有者に帰属した後に専有部分の全部を所有することになっても，本条に基づく規約を設定することはできない。また，専有部分の「全部」を所有する者に限られるから，数人が共同で建物を建築し，原始的に専有部分を区分して所有しているときは，その数人の合意があっても本条による規約の設定はできない。ただし，数人で専有部分の全部を原始的に共有しているときは，共有者全員でこの規約を設定することができる（浜崎252）。

1　区分建物に関する法律構成

1:6:7:1 分離処分が必要な場合

① 一般的には，区分建物と敷地利用権は，分離して処分することはできないとするのが相当であるが，区分所有者数や区分建物数が少ない区分建物については，一体性の制度を強行する必要はない。

② 大規模な区分建物であっても，例外的に分離処分が必要な場合がある。例えば，区分建物を増築した場合は，その区分建物を取得した所有者に敷地利用権の一部を移転する必要がある。また，1筆の土地を所有する者がその土地に甲棟乙棟の区分建物を建築する計画を立て，まず甲棟を建築して分譲する場合に，乙棟のための敷地利用権として土地の所有権の一部を留保させるには，敷地利用権である所有権の一部を甲棟の区分建物と一体的に処分しないこと，すなわち区分建物と敷地利用権の一部を分離して処分できるようにしておく必要がある(注)。

そうしないと，敷地を各建物の底地に対応して分筆しない限り，土地全部が甲棟の法定敷地となる。そして，甲棟を所有するための土地に関する権利は所有権そのものであって，一般的には，所有権の一部のみをもって敷地利用権と観念することはできないと考えられているからである。

③ もっとも，甲乙棟の規約を一括して，又は同時に設定することができるとすれば，あらかじめ各棟ごとの敷地権割合（各10分の5）を定めておけば足り，分離処分可能規約は不要となる（1:6:10:3④）。すなわち，甲棟の完成した段階で区分建物の表題登記をする場合は，その敷地権割合を10分の5として申請し，次いで乙棟の敷地権割合を10分の5とする表題登記をすればよいと考える。

この点は，甲棟の敷地利用権の割合を土地の共有持分の2分の1として登記しておけば，残りの持分2分の1は「留保」してあるもので甲棟の敷地利用権ではないから，そもそも分離処分可能規約の対象とはならないという考え方（香川・登情422-67）に立てば，当然であるということになる。

④　分離処分可能規約は，敷地利用権である権利の全部についてのみならず，権利の一部（持分の一部）について（基本通達第一の二の4），又は特定の区分建物に係る敷地利用権についてのみ（質疑58－8）設定することもできる。例えば，二つの区分建物の隔壁を移動したことにより床面積が変動して，敷地利用権の割合を変える必要が生じた場合，直接利害があるのは，二つの区分建物の所有者のみであるが，規約は，区分所有者全員で定める必要がある。

（注）　ここに挙げた例は，法22条3項により同条1項が準用される場合である。土地を共有する数人がその土地上に共同で建物を建築し，これを原始的に区分所有する場合は，同条1項の問題となる。

【図5】　分離処分可能規約

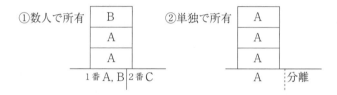

①　敷地利用権を数人で所有する場合

　　区分建物の所有者ＡＢが敷地利用権のＡ持分5分の4，Ｂ持分5分の1について分離処分可能規約を設定するものである。最初から区分建物の全部の所有者がＡＢであるから，ＡＢの集会決議によるか，書面決議によって規約を設定する（法31条1項，45条1項）。

②　敷地利用権を単独で所有する場合

　　区分建物の所有者Ａが広大な1番の土地の一部分について，分離処分可能規約を設定する例である。この場合には必ずしも正確な数値でなくても「3分の2は，専有部分と分離して処分することができる。」と定めることができる（法22条3項・1項ただし書）。

1　区分建物に関する法律構成

1:6:7:2 分離処分が可能であることを公示する登記手続

　区分建物の表題登記をする時に分離処分可能規約が設定されていても，区分建物と敷地利用権を分離処分できるということを登記記録として公示する登記手続は，設けられていない。登記された敷地権が敷地権でなくなったことによる「非敷地権」の登記による変更登記によって公示することとされている（規則124条1項）のみである。「非敷地権」の登記をするために，さかのぼって敷地権の登記及び敷地権である旨の登記をすることは実益がないからである（Q 17，新Q 5 – 315）。

【記録例150，151】分離処分可能規約の登記

1:6:8　分離処分禁止に違反する処分の効力

　区分建物と敷地利用権の分離処分禁止に違反して分離処分をした場合，本来，その処分は無効であるが，善意の第三者には無効を主張することができず（善意の立証責任は，第三者にある。），有効となる（法23条本文）。しかし，「分離して処分することができない専有部分及び敷地利用権であること」の登記（区分建物についての敷地権の登記及び敷地利用権（土地）についての敷地権である旨の登記）をした後にされた分離処分は，善意の第三者にもその無効を主張することができ，結局，すべて無効となる（同条ただし書）。

1:6:8:1 善意・無過失

　「善意」とは，分離処分禁止の関係でいえば，分離処分禁止（それによる無効）を知らなかったことを意味する。そのような関係を容易に知り得たのにこれを知らなかったような場合は，本条の適用はないと解すべきであろう（コンメ141）。分離処分禁止は，法律が定めた原則であるから，その不知を主張することはできない。

① 分離処分禁止が原則であるから，善意であるとは，区分建物とその敷地利用権の関係にあることを知らなかったことである。次のような場合である。

a　区分建物であることを知らなかった場合
　　b　その敷地（主として規約敷地について）であることを知らなかった場合
　　c　敷地に関する権利（例えば所有権）が敷地利用権に当たらない（例えば，地上権又は賃借権が敷地利用権である。）と信じた場合
　　d　法22条1項本文ただし書（同条3項において準用する場合を含む。）の規約の定めがあると信じた場合
② 分離処分禁止に違反する処分であることを知らなかったことについて過失があった場合（有過失）に本条の適用があるかについては，見解が分かれているが，信頼保護の観点から，善意・無過失を相手方保護の要件と解するべきであろう（コンメ142）
③ 法23条本文の規定によってその処分の無効の主張を受けない善意者から更に処分を受けた者は，悪意であっても有効にその処分の効力を享受することができる。

1:6:8:2 権利変動とその登記との関係

　分離処分と一体性の原則との関係は，いわゆる対抗関係に立つものではないから，分離処分がされて権利変動が生じた後，その登記をする前に一体性を公示する登記がされた場合であっても，善意の相手方は保護される。
① 区分建物又は敷地利用権の移転の場合，一体性の関係が登記されたままでは移転登記をすることはできない（不登法73条2項本文）。しかし，登記された敷地権は，実体上は敷地権でなかった（区分建物の所有者の権利ではなかった。）のであるから，建物の表題部の更正登記として敷地権の登記を抹消し，敷地権である旨の登記を抹消する手続を経た上，その移転登記をすることができる（2:5:10）。ただし，その登記をするには，処分者の同意又は確定判決等が必要である。
② 担保権設定の場合は，登記された敷地権が実体上敷地権であることに変わりはないから，一体性の原則との関係を登記したまま，区分建物の

1 区分建物に関する法律構成

みを目的とし，又は敷地権を目的とする担保権の設定の登記をすることができる（同条2項ただし書，3項ただし書）。
③ 分離処分が禁止されているにもかかわらず，Aに対して分離処分をした者が，Bに対して区分建物と敷地利用権を一体的に処分した場合は，AとBの関係は，対抗問題であるから，その処分につき先に登記を経た者が優先する。

1:6:9　民法255条の適用除外
① 共有者の一人がその持分を放棄したとき又は相続人なく死亡したときは，その持分は，他の共有者に共有持分の割合により帰属する（民法255条）。これは，地上権，賃借権等の所有権以外の財産権を（準）共有している場合に準用されている（民法264条本文）。しかし，区分建物とその敷地利用権を分離して処分することができない場合（法22条1項本文）は，この規定を敷地利用権について適用しない（法24条）。

敷地利用権が（準）共有の関係にある場合に，区分所有者が区分建物と敷地利用権を放棄すると，区分建物は共有ではないから，無主の不動産として国庫に帰属し（民法239条2項），敷地利用権は他の共有者に分離して帰属することになる（3:3:3:3）。
② 区分所有者が相続人なく死亡した場合，区分建物は，家庭裁判所の審判により特別縁故者に分与することができるが（民法958条の3），分与されなかったときは国庫に帰属する（民法959条）。この場合，敷地利用権は，当然に他の共有者に帰属すると解すると，区分建物と敷地利用権とが別々の者に帰属してしまう。

しかし，それでは，一体性の原則の制度を採用した趣旨に反することになる。民法255条の立法趣旨からも，区分建物を伴わない敷地利用権のみを他の共有者に帰属させるべき合理的理由はない。

そこで法24条は，敷地利用権と区分建物を分離して処分できない場合，敷地利用権を他の共有者に帰属させないことにした。これにより，

区分建物と敷地利用権を共に放棄した場合は（そのような放棄が許されるものとすれば），共に国庫に帰属することになる。また，区分所有者に相続人がなく死亡すると，区分建物と敷地利用権は，一体として，特別縁故者に分与されるか，国庫に帰属することになる。
③　ＡＢＣが区分建物とそれに対応する敷地利用権を共有している場合に，Ａが区分建物の共有持分及び敷地利用権の持分を併せて放棄したとき，Ａの区分建物の持分はＢＣに帰属し，Ａの敷地利用権の持分もＢＣのみに帰属して，他の区分建物の所有者である敷地利用権の（準）共有者には帰属しない。

　それでは，相続人がなく死亡した場合も，その持分の帰属について同じ解釈ができるか。もしできるとすれば，民法255条の適用又は準用を排除する必要はない。すなわち，民法255条は，法22条が設けられたことにより，その適用関係は，合理的に修正されたと解することができるが（なお，3:3:3:4）。

1：6：10　区分建物の全部を所有し，敷地利用権を単独でもっている場合

1：6：10：1 意義

　昭和58年法改正要綱は，「敷地利用権は，専有部分の処分に従うものとすること。」とし，敷地利用権が（準）共有の関係にある場合に限り適用されるという構成は採っていなかったので，法22条3項の規定を設けるまでもなかった（浜崎68）。しかし，改正法22条1項及び2項の各本文は，一体性の原則は，敷地利用権が（準）共有の場合に限り適用されるとしている。そうすると，敷地について所有権，地上権，賃借権等の権利をもっている者がその上にマンションを新築して全部を原始的に取得すると敷地利用権は，その者の単独所有に属し，法22条1項本文の要件に適合せず，この制度の適用を受けないことになる。

　しかし，区分建物は，通常，区分建物ごとに譲渡することが予定されて

いる。その場合，敷地利用権もこれに対応する持分が一体的に譲渡され，（準）共有の関係となる。したがって，この場合も一体性の原則の制度を適用するのが相当である。しかも，一体性の原則の制度は，登記制度の合理化を第一の目的とし，その方法として，区分建物の新築による表題登記をするに当たり，一体性の関係を公示することとしている。そのためには，新築した者が区分建物の全部を所有する段階で，一体性の関係が生じていることが必要となる。

そこで，法（22条3項）は，一人が建物の専有部分（区分建物）の全部を所有し（すなわち区分所有関係が生じていること。），かつ，敷地利用権を単独でもっている状態においても，一体性の原則の制度の適用があるとしたのである。

1:6:10:2 要件

法22条3項が適用されるのは，「専有部分の全部を所有する」場合である。「専有部分」とは，区分所有権の目的である建物の部分をいう（法2条3項）から，建物が区分所有権の目的となっていなければ，本項の適用はない。

区分所有関係がいつ生ずるかについては，法1条の建物の部分が別々の者の所有に属し，又は別々の者の物権の目的となったときはもちろん，その前であっても，建物の所有者が区分所有の意思を外部に表したような場合も含まれる（1:3:1②③）。

敷地利用権が縦割りの分有方式であるときも，本項の適用はない（基本通達第一の二の6）。しかし，タウンハウス形式の建物を新築してその全部を所有する者が，敷地を建物の各区画に対応する底地部分ごとに別筆の土地として単独で所有し，その建物の各区画ごとに対応する土地の所有権と共に分譲する予定である場合は，法22条3項の規定により同条1項の規定が準用される。この場合も，「建物の専有部分の全部を所有する者の敷地利用権が単独で有する所有権である場合」に当たるからである。このような方法で分譲するときは，同条1項ただし書の規約の定めをすること

が必要であると解されている（浜崎182）。もっとも、分有形式をもって分離処分と見る必要はないから、規約による定めは必要ないとする考え方もある（コンメ139）。

1:6:10:3 規約の定め

　法22条3項の場合は、同条1項及び2項が準用される結果、区分建物と敷地利用権は、規約に別段の定めがある場合を除き、分離して処分することができない。そしてこの場合は、「区分所有者が数個の専有部分を所有するとき」に当たるから、各区分建物と一体的に処分すべき敷地利用権の割合は、法14条1項から3項までに定める割合又は規約で定める割合による。法22条3項が適用される場合としては、次のケースがある。

① 　区分建物の新築や非区分建物の区分等によって原始的に単独の区分所有が生じたとき、すなわち区分所有者が最初に建物の全部を所有する者に当たるとき。この規約は、公正証書によるべきである（法32条、4：7：1）(注1)。

② 　いったん複数の者が区分所有した後に特定の一人が区分建物の全部を所有したとき。この場合、既に複数の区分所有者が設定した規約の定めがあるときは、その規約がなお効力をもっている。その一人が既存の規約の定めを廃止し、又は新たにこれらの規約の定めをすることができるかは問題であるが、少なくとも本条の規約に関する限りは、いずれも積極に解する。ただし、その規約の設定等の手続は、法32条ではなく法45条1項による（浜崎184）。

③ 　土地を（準）共有する者が、区分建物を新築して、その全部を原始的に共有するとき(注2)。法22条3項の（類推）適用により、同条1項、2項の規定が準用される。この場合、文理上は、敷地利用権を「単独で」有する場合に当たらないが、区分建物の全部を単独で所有する者の敷地利用権が単独で有する権利である場合と同じであるからである（浜崎183、コンメ139(3)）。

④ 　1筆の土地に数棟の区分建物を建設する計画の下に、まず第1棟の区

1　区分建物に関する法律構成

分建物を建てて分譲しようとするとき。その土地を一棟の底地ごとに分筆すれば特段の問題はないが，1筆のままで，第2棟以下の建物の敷地利用権とする目的で土地の所有権等の一部を留保するためには，第1棟の規約として，所有権の一部につき分離処分可能規約を公正証書により定めておく必要がある（規約通達文例一の第6条）。ただし，第1棟及び第2棟の敷地権割合を定めておけば（定めることができれば），それで足りるとする考え方もある（新Q5－286）(注3)。

⑤　1筆の土地に数棟の区分建物を同時に新築して分譲しようとするとき。その1筆の土地の所有権等は各棟のそれぞれのために敷地利用権であるから，各棟ごとに④と同様の規約公正証書を定めて，各棟に土地の所有権等の一部ずつが一体化されるようにする必要がある。

⑥　一団の土地である数筆の土地のそれぞれの上に数棟の区分建物を新築し，分譲する場合に，各棟の区分建物の取得者が全筆の土地を共有することとなるように分譲しようとするとき。各建物ごとに規約を設定する。

(注1)　この規約を改正するには，区分建物の全部を同一人が所有している場合は公正証書によるが，ほかに区分所有者がいる場合は，法31条の規約変更の手続による（質疑58－41）。

(注2)　一棟の建物の原始取得者が複数名で区分建物の全部（100個）を共有している場合を含むが（質疑59－8），50個ずつ所有している場合は，公正証書による規約を設定することはできない（質疑58－10）。

(注3)　そもそも分離処分可能規約の対象にならないという見解もある（1:6:7:1，Q41）。

1：7　敷地権

1：7：1　意義

敷地権とは，登記されている法2条6項の敷地利用権（所有権，地上権又は賃借権）で，分離処分可能規約（法22条1項ただし書）が設定（法

31条1項，32条，45条1項）されていないものをいう（不登法44条1項9号）。これは，不動産登記法上の概念であり（基本通達第一の三の1），未登記の敷地利用権及び仮登記をした敷地利用権などは，ここにいう敷地権に当たらない。

　敷地権であるためには，敷地利用権の登記名義人が，区分建物の所有権者と同一でなければならず（質疑58-18前段），また，登記をする敷地権の割合も，敷地利用権の登記におけるその（準）共有の持分と合致していなければならない。

　すなわち，区分建物の所有権者が建物の敷地の所有権，地上権又は賃借権の登記名義人であるときは，これらの権利を敷地権として認定することになる(注)。ただし，分離処分可能規約の設定を証する書面その他これらの権利が敷地権でないことを証する情報が提供されたときは，この限りでない（基本通達第一の三の3，2:3:6:7）。

(注)　敷地権が区分建物の所有者の一部の者の名義である場合は，その者の区分建物の敷地権として認定される（質疑58-15）。

1:7:2　敷地権の成否

　敷地利用権が敷地権としての適格があるか否かの判断は，次のとおりである。

① 　未登記の敷地利用権（賃借権に多い。）は，敷地権ではない。

② 　登記した敷地利用権について，その移転，条件付移転又は移転請求権の仮登記がされている場合，実体上の敷地利用権は仮登記権利者に帰属していることがある。しかし，その場合も，敷地権は，なお，仮登記義務者にある。

　仮登記の付いている所有権が敷地権に当たるかどうかは，その所有権が実体法上の敷地利用権といえるかどうかの問題である。仮登記が不登法105条2号の仮登記（「2号仮登記」）であるときは，所有権移転の効力は生じていないから，その所有権は，敷地利用権としての適格があ

る。しかし，同条1号の仮登記（「1号仮登記」）であるときは，所有権移転の効力が生じているとみられるから，登記手続上は，敷地利用権としての適格がないものとして処理される。

③　敷地利用権に対して，差押え，仮差押え又は処分禁止の仮処分の登記がされ，あるいは敷地利用権の登記の抹消に関する仮登記がされており，その登記原因が敷地利用権の不存在又は無効であっても，敷地権であることに変わりはない。

④　敷地利用権の全部を目的とする用益権（地上権又は賃借権若しくは転借権）の登記がされているときは，その用益権が用益権者の所有する区分建物の敷地権となる(注)。用益権の登記がされている所有権を所有権者が敷地権とするためには，用益権の登記を抹消しなければならない。もっとも，用益権の登記が仮登記（設定又は設定請求権の仮登記）である場合は，仮登記の目的である所有権又は地上権の（準）共有持分は，敷地権となる。

⑤　敷地権である旨の登記がされる前に既に用益権の本登記がされている所有権又は地上権は，その用益権の登記が抹消されない限り，敷地権とはいえない。

（注）　地上権又は賃借権の存続期間が満了している場合であっても敷地権として取り扱って差し支えない。ただし，変更登記をするように促すのが相当である（質疑58－14）。

1:7:3　敷地権の登記
1:7:3:1 意義

①　区分建物と敷地利用権の一体性の原則に伴い，「敷地権の登記」が導入された(注)。区分建物と分離して処分することができない登記された敷地利用権があるときは，その敷地権を登記しなければならない（不登法44条1項9号）。これは，取引の安全のために区分建物と敷地利用権の一体性を登記記録で公示すると共に，登記後は，区分建物にする権利

の登記をもって敷地を目的とする権利の登記に代えるものである。したがって，敷地権は，区分所有者がその敷地についてもっている自己を登記名義人とする所有権，地上権又は賃借権（転借権を含む。以下同じ。）であることが必要であり，未登記の敷地利用権，仮登記をした敷地利用権など（1:7:2①②）は，ここにいう敷地権に当たらない。

② 「敷地権の登記」は，通常，区分建物の新築に伴う建物の表題登記の際，建物を新築した者が申請するが，建物の表示に関する登記であるから，登記官が職権ですることもあり得る（不登法28条，従来，反対説があることについては，1:7:3:4）。

③ 敷地権の登記がある区分建物は「敷地権付き区分建物」といい（不登法55条1項），その所有権又は担保権に係る権利に関する登記は，原則として，土地の登記記録（権利部の相当区（甲区又は乙区）への「敷地権である旨の登記」（不登法46条，規則119条1項，1:7:4）をした土地の敷地権についてされた登記としての効力を有する（不登法73条1項本文。なお，同項ただし書及び2項，3項）。

（注） 旧不登法は，「敷地権の表示の登記」と表記していた。新法で「敷地権の登記」という表記は，不登法55条1項中のほか不登規則123条（並びに124条及び156条の見出し）以外には見当たらない。

1:7:3:2 敷地権の登記

建物又は附属建物が一棟の建物を区分したものである場合において敷地権があるときは，その敷地権の登記をする（不登法44条1項9号，規則118条，2:4:2）。

敷地権の登記は，区分建物の新築に伴う建物の表題登記又は建物の区分登記のほか，次のような建物の表題部の変更・更正登記によってもされる（規則122条，基本通達第一の三の2）。

 a 既存建物への法22条の規定の適用開始
 b 分離処分可能規約の廃止
 c 新たな敷地権の発生等に伴う建物の表題部の変更登記（基本通達第

1 区分建物に関する法律構成

　五の一の1，二)
　d 敷地権があるのに誤ってその登記がされなかった場合の建物の表題部の更正登記（基本通達第八の一の1，2）

1:7:3:3 附属建物の敷地権の登記

　附属建物が区分建物である場合にその敷地権があるときは，主建物が区分建物でなくても，附属建物について敷地権の登記をする（不登法44条1項9号）。しかし，主建物が区分建物であっても，附属建物が区分建物でない限り，附属建物について敷地権の登記をすることはない。主建物とその附属建物は，併せて1個の建物と観念されているが，敷地権に関する限り，併せて1個の敷地権という概念はない。区分建物である主建物及び附属建物についてそれぞれ敷地利用権があり，各別に敷地権の登記をする。

　1筆の土地に主建物と附属建物が所在し，そのいずれかが区分建物である場合に，敷地についての権利が主建物と附属建物と各別に存在するものとして，各別にその種類，割合を登記しなければならないとすることは，若干実態に沿わないが，敷地権の登記をする以上，やむを得ないであろうか（書式上353）。

1:7:3:4 職権による敷地権の登記

　敷地権の登記は，不動産の表示に関する登記の一つであるから，不登法28条の適用があり，登記官による職権登記ができるものと解される。登記官は，敷地権に関する登記をする場合において必要があるときは，敷地権の存否，割合等について調査することができる（不登法29条1項，基本通達第一の三の4，浜崎185，大内・解説50）。

　しかし，従来の実務の取扱いは，次の理由を挙げて，敷地権の登記については，性質上不登法28条の適用はないとしているようである（書式上351）。

① 建物又は附属建物に敷地権があるときは，その敷地権は登記事項となるし（不登法44条1項9号），建物の表題登記がされた後に次のaない

しdの事情がある場合は，それぞれ建物の表題部の変更・更正登記をしなければならないから（2：5：1），職権による登記をする必要はない。
　a　建物の表題登記をした後に敷地権が生じた場合
　b　建物の表題登記において敷地権の登記を遺漏した場合
　c　敷地権の登記がされた後に敷地権でなくなった場合
　d　敷地権の登記が錯誤による場合
②　本来，不動産の表示に関する登記事項は，土地又は建物の現況を表示する事項であって，その調査及び把握も，物理的，外形的事象に関するものであり，特に法的判断を必要としない。登記官の職権調査による職権登記は，土地，建物の現況を可及的速やかに明確にするため，特に認められているものである。
③　敷地権の登記は，登記記録の表題部にされる（規則118条）とはいえ，建物の物理的状況と性質を異にするものであり，不動産の表示に関する登記に属するといえるか疑問がある。特別の対抗要件としての効力（法23条ただし書）があることを考えると，登記官が職権調査によって登記すべきものと解することは，相当でない。
　しかし，これらの理由は，不登法29条により，所有者の住所氏名を職権で調査し，表題部に記録できるとする取扱いを否定する根拠とはならない。職権により「登記すべき」とまでいわなくとも，少なくとも職権により「登記できる」と解すべきである。基本通達は，そのような趣旨から出たものであろう。
④　敷地権は，区分建物と一体となっているから，区分建物が規約共用部分とされたときは，その敷地権は敷地権でなくなるが，その区分建物について共用部分である旨の登記（不登法58条）をしたときは，職権で敷地権の登記を抹消すべきか。共用部分になっても敷地利用権の帰属に変動を来すことはないし，不登法58条4項及び規則141条は，敷地権の登記を抹消する旨規定していないから，職権で抹消すべきではないと考える（本書3版の説明を改める。詳しくはＱ22，なお，書式上352

1 区分建物に関する法律構成

及び香川・諸問題33は反対）。

1:7:3:5 敷地権の登記の効果

敷地権の登記をしたときは，次のような効果を生ずる。

① 敷地権の目的である土地の登記記録に敷地権である旨の登記がされる（1:7:4）。
② 敷地権の登記をした区分建物について，その建物を目的とする権利に関する登記が制限される（1:7:5）。
③ 分離処分禁止に違反してされた区分建物の処分の無効は，その処分が敷地権の登記後にされたものであるときは，善意の第三者にも主張できる（1:6:8）。

【Q7】 敷地権の登記の要否
　　　ABが区分所有する甲建物の法定敷地である1番の土地（ABの持分全部について敷地権である旨の登記がある。）に，新たにABが区分所有する乙建物を新築した場合，別段の規約がない限り，乙建物についても敷地権の登記が必要であると考えるがどうか。
　　　この場合，甲建物の敷地権の登記及び1番の土地の敷地権である旨の登記の変更登記手続はどうなるか。
【A】 1番の土地についてあらかじめ乙建物のためにその一部（持分）を分離処分可能規約により留保していた場合は，乙建物の敷地権となる。しかし，1番の土地の所有権全部が甲建物の敷地権となっていた場合は，新たに甲建物の区分所有者が乙建物の敷地権として割り当てるべき部分（持分）について分離処分可能規約を設定しない限り，敷地権はないから，乙建物の敷地権の登記及び甲建物の敷地権の変更登記をする必要はない（質疑59-9）。

1:7:4 敷地権である旨の登記

① 建物の表題登記をした場合に，敷地権の登記をしたときは，登記官は，職権で，敷地権の目的である土地の登記記録中の相当区に「敷地権である旨の登記」をする（不登法46条，2:4:3）。この登記は，どの

権利が敷地権であるかを特定し，かつ，その敷地権の登記をした建物を表示するに足りる事項を記録する（規則119条1項，1:7:3:1）。

　　敷地権である旨の登記は，区分建物と敷地権の一体性，すなわち両者を分離して処分することができないことを公示するためにする登記であり，建物の表示に関する登記の一つとして職権によってする特殊な登記であるから，対抗要件としての効力はないと解される。したがって，その登記の順位も問題とならないから，主登記によりする（青山・解説147）。

② 　建物の表示に関する登記としての敷地権の登記と，敷地の登記記録への敷地権である旨の登記とによって，区分建物と敷地権の一体性が公示される。これによって，以後，区分建物のみの所有権の移転登記，区分建物のみを目的とする抵当権の設定登記はできず，その敷地権の移転登記，敷地権を目的とする抵当権の設定登記もできなくなる（不登法73条2項，3項）。

③ 　敷地権が敷地権でない権利となったり，敷地権が消滅した場合には，建物の表題部の変更登記手続によってその表示を抹消し，それに伴い敷地権である旨の登記も抹消する（規則124条1項，2項，2:5:8）。

1:7:5　敷地権付き区分建物についての権利に関する登記

① 　敷地権付き区分建物についての所有権又は担保権に係る権利に関する登記は，敷地権である旨の登記をした土地についてされた登記としての効力がある（不登法73条1項本文）。

　　「所有権に係る権利に関する登記」とは，所有権の保存登記，所有権の全部又は一部の移転登記，所有権の全部又は一部の移転登記の抹消及び抹消された所有権の全部又は一部の移転登記の回復並びにこれらの仮登記のほか，所有権についての処分制限の登記をいう。

　　これらの登記は，区分建物について申請（又は嘱託）をするが，その登記をした場合は，区分建物のための敷地権についても，区分建物と同

1　区分建物に関する法律構成

一の登記原因による登記、すなわち、敷地権が所有権（の共有持分）であれば所有権（の共有持分）の移転登記をした効力が生ずるし、敷地権が地上権又は賃借権であればその地上権又は賃借権の移転登記又はこれらの権利を目的とする登記をした効力が生ずる。そして、そのことを明らかにするため、敷地権の表示を「所有権に係る権利に関する登記」の申請情報（又は嘱託情報）の内容とする。敷地権の目的となる土地の所在、地番、地目及び地積並びに敷地権の種類及び割合である（令3条11号ヘ、基本通達第十五の一の1）。

② 敷地権の登記がされることの意味は、敷地権の目的である土地の登記記録の敷地権についての物権変動が区分建物の登記記録によって公示されるところにある（3：1：2）。

敷地権付き区分建物は、このような法的効果が生じている区分建物を示す概念であるから、登記手続上、特別な取扱いが必要になる。例えば、敷地権付き区分建物について表題部所有者から所有権を取得した者が所有権の保存登記を申請するときは、敷地権の登記名義人の承諾が必要であるし（不登法74条2項後段）、登記原因及びその日付が登記事項になる（不登法76条1項後段）。この場合の所有権の保存登記は、敷地権の移転を公示するからである。

③ 敷地権付き区分建物には、その建物のみの所有権移転を登記原因とする所有権の登記をすることができない（不登法73条3項）。「所有権移転を登記原因とする所有権の登記」とは、所有権の移転登記及び不登法74条2項の規定による所有権の保存登記（転得者保存登記）を指す。区分建物について敷地権があるときは、一体性の原則の適用上、区分建物の所有権の移転を目的とする法律行為は、敷地権を共に目的としてしなければ効力を生じない。建物のみを目的とする担保権に係る権利に関する登記も同様である。

④ 敷地権の登記をした建物について所有権に関する登記を申請するときは、敷地権の表示を記載しなければならず、その申請に基づいて建物に

1:7 敷地権

【表3】敷地権付き区分建物に関する登記の効力及び登記の可否（不登法73条）		敷地権登記の前後		敷地権についてされた登記の効力・可否
		前	後	
敷地権付き区分建物についての登記（1項）				
所有権・担保権の登記	（本文）		登記	有
	（1号）	登記		無
	（1号（ ））	登記		有（目的同一担保）
所有権の仮登記	（2号）	登記原因	登記	無
質権・抵当権の登記	（3号）	登記原因	登記	無
所有権・質権・抵当権の登記	（4号）		登記原因及び登記	無
	（4号（ ））		同上	有（分離処分禁止）
敷地権（土地）についての登記（2項）				
敷地権移転・敷地権目的の担保権の登記				
	（本文）	登記原因		否
	（ただし書前）	登記原因		可
	（ただし書前（ ））		同上	否（分離処分禁止）
敷地権の仮登記・質権・抵当権の登記				
	（本文）		登記原因	否
	（ただし書後）	登記原因		可
建物のみについての登記（3項）				
建物のみの所有権移転・担保権の登記				
	（本文）	登記原因		否
	（ただし書前）		登記原因	可
	（ただし書前（ ））		同上	否（分離処分禁止）
建物のみの仮登記・質権・抵当権の登記				
	（ただし書後）	登記原因		可

（注）「1号（ ）」は，括弧書き部分の規定を示し，「ただし書前（ ）」は，ただし書の前段の括弧書き部分の規定を示す。

ついてした登記は，敷地権についての所有権に関する登記としての効力もある（不登法73条1項本文）。そこで，敷地権付き区分建物の所有権が法律行為によって他に移転した場合は，敷地権の表示を記載した建物についてする登記の申請に基づいて，建物の登記記録に敷地権の移転登記としての効力もある登記をすべきものとし，建物のみの所有権の移転

登記を認めないのである（同条3項前段）。相続、時効取得のような法律行為以外の原因によって区分建物の所有権が他に移転した場合も同様である（3：1：2、3：1：3）。

1：7：6　敷地権である旨の登記をした土地についての権利に関する登記

　敷地権である旨の登記（不登法46条、規則119条）をした土地については、敷地権の移転登記をすることはできない（不登法73条2項本文）。敷地権のみを移転することは一体性の原則に反するから、その移転登記ができないことは当然である。建物と一体として敷地権を移転するのであれば、建物について所有権の移転を登記原因とする所有権の登記をすればよい。

　ただし、敷地権の目的となった後にその登記原因が生じたもの（分離処分禁止の場合を除く。）又は敷地権についての仮登記であってその土地が敷地権の目的となる前にその登記原因が生じたものは、登記（仮登記）をすることができる（同項ただし書）。所有権の移転又は移転請求権の登記原因（売買契約等）が土地の所有権が敷地権となる前に生じた場合は、分離処分が禁止されていないから、その登記原因による所有権に関する登記（所有権の移転登記又は所有権の移転請求権の仮登記若しくは所有権の移転の登記の抹消等）を認めるべきであるといえるが、敷地権である旨の登記を存置したまま所有権の移転登記を認めるわけにはいかない。そこで、その登記請求権を保全するため所有権に関する仮登記をすることができるとしているのである（詳しくは3：1：4）。

1：7：7　特定登記

1：7：7：1　意義

　特定登記とは、敷地権付き区分建物についてされた所有権等の登記以外の権利に関する登記であって、敷地権についてされた登記としての効力がある登記をいう（不登法55条1項）。

敷地権が事後的に消滅したり，当初から不存在であったなどの理由から敷地権の登記をすべきでなくなったときは，敷地権についての権利関係を土地の登記記録によって公示する必要がある。これらの場合，旧不登法においては，建物の登記記録から土地の登記記録に権利に関する登記を転写する際，土地を分筆する場合の登記名義人の承諾による権利消滅の規定（旧不登法83条3項から6項まで）を準用し，又は孫準用し，転写される登記に係る権利の登記名義人が建物又は土地のいずれか一方について権利が消滅したことを承諾すれば，その権利の消滅を登記することを可能にしていた（本書3版104）。

　不登法は，これらの場合には，権利消滅の登記をすることを可能にする規定を設け，権利消滅の対象となる登記の概念を「特定登記」という語で表現することにしたのである。したがって，「特定登記」の概念は，権利消滅の対象となる権利を公示している登記を指すものであり，およそ敷地権についての登記としての効力がある登記のすべてを指すものではない。例えば，区分建物の所有権の移転登記は，敷地権の移転登記としての効力があるが，これにより公示される権利である所有権は，権利消滅の対象にはならないから，特定登記には含まれない。また，「特定登記」という特別の登記が設けられたものではないし，これによって，従来の登記手続に変更があるというものでもない(注)。

(注)　そのようなことから，あえていうと，不登法に「特定登記」という用語を設け，様々な（バラバラな）登記手続を一つの条項にまとめた意味があるのか，疑問なしとしない。

1:7:7:2 特定登記の転写等

　敷地権の目的でなくなった土地の登記記録に権利及び権利者の表示をする場合に，その土地の登記記録に転写すべき特定登記（所有権等の登記ではない権利に関する登記であって，不登法73条1項により敷地権にされた登記としての効力を有するもの。不登法55条）があるときは，その登記を土地の登記記録中権利部の相当区に転写する（規則124条3項，2:5:

1　区分建物に関する法律構成

9:5，2:5:14②)。ただし，その登記名義人がその権利の消滅を承諾したことを証する情報を提供すれば，その権利の登記を敷地権の目的である土地の登記記録に転写する必要はない（規則125条2項後段）。

なお，土地の登記記録の権利部の相当区に転写すべき登記に後れる登記（規則2条2項）があるときは，新たにその土地の登記記録を作成した上，登記記録の表題部に従前の登記記録の表題部にされていた登記を移記するとともに，その権利部に，権利の順序に従って，転写すべき登記を転写し，かつ，従前の登記記録にされていた登記を移記する（規則124条4項前段，改正経過について2:5:9:6(注)）。

1:7:7:3 権利消滅の登記

登記官は，敷地権付き区分建物のうち特定登記があるものについて，次のaないしdの登記をする場合において（変更・更正・滅失登記の申請情報と併せて），特定登記の名義人が（変更・更正・滅失）登記後の建物又は敷地権の目的であった土地について特定登記に係る権利を消滅させることを承諾したことを証する情報（特定登記を目的とする第三者の登記がある場合は，第三者が承諾したことを証する情報を含む。）が提供されたときは，規則125条により，承諾のあった建物又は土地について特定登記に係る権利が消滅した旨を登記しなければならない（不登法55条，詳しくは2:5:14）。

　a　（敷地利用権が）分離処分可能となったことによる敷地権の変更登記（不登法55条1項）
　b　敷地権の不存在を原因とする表題部の更正登記（同条2項）
　c　合体又は合併により敷地権のない建物となる場合における合体登記等又は建物の合併登記（同条3項）
　d　建物の滅失登記（同条4項）

1：8　団地

1：8：1　意義

「団地」とは，一般に，一区画を構成していると認められる土地の区域をいうが，これを定義する規定はなく，必ずしも明確な概念とはいえない(注)。数棟の建物をその土地内に計画的に建設する場合が多いが，そのような場合に限定されるわけではない。しかし，本法上の団地関係は，共有関係による結合を要件とするから，「団地」の概念自体が不明確であっても，「団地関係」すなわち，一団地内に数棟の建物があってその団地内の土地又は附属施設（これらに関する権利を含む。）がそれらの建物の所有者の共有に属するという関係（浜崎412）の成否が不明確になるおそれは少ない。法改正に当たっては，団地の概念を明確化することも検討されたが，それは困難であるとされた（浜崎421）。

(注)　川島（注民7－399）は，「各別に利用されるべき数むねの建物が同一の区画内の土地に総合的設計にもとづいて建設されているときは，その土地を団地と称するが，かかる団地内の建物が分譲された場合には，原則として，本条（旧36条現66条）の適用があると考えてよいであろう。」という。

1：8：2　団地の構成

法は，団地に関して，次のように構成している。

①　一団地内に数棟の建物があって，その団地内の土地又は附属施設（これらに関する権利を含む。）がそれらの建物の所有者の（準）共有に属する（法65条前段）という団地関係にある場合，団地関係は，共有による結合を要件とするので，団地の概念自体が不明確であるとしても，団地関係の成否が不明確になるおそれは少ないといえる。すなわち，この場合は，建物所有者全員で，団地内の土地，附属施設及び区分建物の管理を行うための団体が当然に構成される（同条）。

②　団体が当然に管理すべき物は，建物所有者の共有に属する土地及び附

1 区分建物に関する法律構成

属施設であり、団地内の区分建物及びその一棟の建物所有者のみが共有する土地又は附属施設は、原則として、各棟の区分所有者（各棟の団体）で管理するが、団地全体の管理に服させることもできる（法68条）。

ただし、一団地内に数棟の建物があっても、数棟の建物の所有者の共有に属する土地又は附属施設が団地内になければ、団地関係は成立しない。例えば、数棟の区分建物のそれぞれの敷地が各建物ごとに区分して、その建物の区分所有者のみの共有となっているような場合は、数棟の建物の所有者の共有に属する物はないから、団地関係は構成されな

【判例12】 一団地として最終的には数棟の区分建物の所有者によって共有されることとなる土地上に、順次、建物が建築され分譲される計画のもとにおいて、一部の棟は完成して分譲されているが、一部の棟は分譲されていない（施工主の所有）という場合に、管理組合は、未分譲の棟の敷地部分に関しても、既分譲の棟の敷地部分及びその附属施設を対象とする同一の「団地関係」が成立し、既分譲の棟の区分所有者で構成される区分所有者の団体（管理組合）の管理の対象となるから、管理費等の支払義務があるとして、その支払を請求した。

判決は、「区分所有法65条は、団地建物所有者全員にとって利害関係を共通にする事項の管理の便宜上団地関係の成立を認めたものと解されること、及び本件マンションがすべて一筆の土地上にあるとはいえ、完成したマンションの所有者と施工主とは、本件土地の管理上工事区域部分については利害関係を共通にするとはいえないことに照らして考えると、各棟の建物の建築が完了してそれぞれの分譲が開始されるまでは、分譲開始前の建物敷地部分に関して、区分所有法65条の適用の前提となる既存のマンション住戸部分の所有者と施工主との間の共有に属するという要件を実質的に充足せず、団地関係は成立しない」と、「共有」か否かは実質的に判断することが必要であるとし、請求を棄却した（福岡高判平15.2.13判時1828－36）。

い。
　しかし，これは，一団地を構成する土地内にあるすべての建物について，その所有者の（準）共有に属する土地等が存在することを必要とする趣旨ではない。客観的には一団地とみられる地域内にある建物のうちの一部である数棟について，所有者の共有に属する土地等が存在すれば，「共有関係で結合された建物の所有者」を構成員として，区分所有法における団地関係が構成されるものと解する。

③　一団地内の附属施設である建物（区分建物を含む。）は，団地規約によって団地共用部分とすることができる（法67条）。

④　法第1章第3節（敷地利用権），第7節（義務違反者に対する措置）及び第8節（復旧及び建替え）の各規定は，法66条によって準用されていない。したがって，団地の単位で適用されることはなく，各建物ごとに適用されることになる。

⑤　平成14年改正法は，69条を新設して一棟の建物の建替えについては，団地内の土地を共有する団地内建物所有者の承認を必要とするものとし，70条を新設して団地内建物の一括建替え決議を認めた（後述）。

1：8：3　団地の形態

団地関係は，次の5種類に類型化することができる。

　a　一団地の土地全体を団地内の全棟（甲乙丙丁とする。）の所有者が共有する場合

　b　各棟の敷地は各棟の所有者がそれぞれ共有するが，通路部分の土地及び附属施設（集会所）は全棟の所有者が共有する場合

　c　全棟の所有者が共有する土地はないが，団地内の附属施設は全棟の所有者が共有する場合

　d　各棟の敷地は各棟の所有者がそれぞれ共有し，甲乙の建物の所有者は通路部分の土地を共有するが，丙の建物の所有者は共有しない場合

　e　甲乙の建物の敷地は甲乙の建物の所有者が共有し，丙丁の建物の敷

1 区分建物に関する法律構成

地は丙丁の建物の所有者が共有するが，通路部分の土地は甲乙丙丁の建物の所有者が共有する場合

【図6】 団地関係

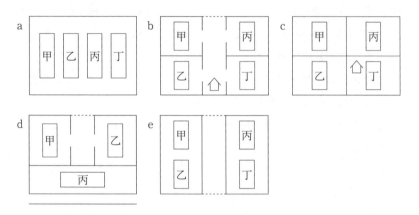

① b及びcの場合は，共有物である通路部分（土地）又は附属施設を核として同様の団地関係を形成する。

dの場合は，甲乙の建物の所有者全員を構成員として，通路部分の土

【判例13】 1戸建て2戸建ての建物が混在する団地において定めた建築協定が規約としての効力があるか否かが争われたケースについて，判決は，少なくとも1戸建て建物については，規約としての効力はないとし，2戸一棟の建物については，管理の対象とすることは可能であるが，建築協定制定の目的，経緯などに照らして，1戸建て建物と差異を設けることは相当でないし，2戸一棟の建物についてのみ建築規制の対象とすることは，「一部の区分所有者の権利に特別の影響を及ぼすとき」（法31条1項後段）に当たるとして，規約としての効力を否定した。

その上で，建築協定は，単なる紳士協定と解するのは相当でなく，債権契約としての効力があるとし，3階以上の部分の取壊しの請求を認めた（福岡地判平8.5.28判タ949-145）。

地を核として団地関係が形成される。丙の建物も一団地内の建物であるが，その所有者は，団地関係に加わらない。

　ｅの場合は，通路部分の土地を核として甲乙丙丁の建物の所有者全員を構成員とする大団地関係を形成すると共に，甲乙の建物の敷地及び丙丁の建物の敷地をそれぞれ核とし，小団地関係が形成される。

② 団地関係の核となる共有物の共有者とその団地内の数棟の建物の所有者（ことに区分所有者）が合致しない場合は，問題がある。

　ａの場合，甲乙丙丁の建物の所有者の中に敷地利用権のない者がいるとき，又は，敷地が甲乙丙丁の建物の所有者とその他の者との共有になっているとき，「土地が……それらの建物の所有者の共有に属する場合」に該当するであろうか。

　これらの場合は，法第二章は適用されないとしたり，敷地利用権のない所有者は団地関係の構成員から除外されるとすることは，団地関係における共同管理を著しく不便にする。また，区分建物管理のための団体と団地関係管理のための団体の構成員にくい違いを生ずることにもなる。したがって，法21条に関する解釈と同様，建物の所有者全員を構成員とする団地関係が構成され，法第二章が適用されると解すべきである（浜崎419，コンメ454）。

　例えば，分譲業者が一団地を数次の建設計画に分け，第一次の甲マンションの建築が完了した段階でそのマンションを分譲する場合，業者は，敷地の一部（共有持分）を留保するが，業者は，甲マンションの所有者ではないから，団地関係の構成員にはならない。しかし，このような場合であっても，甲マンションの所有者の間では，その敷地（実質的にはその所有権の一部）は，団地の団体的管理下に置かれるものと解する。

1：8：4　団地管理の構成
① 団地内の土地は，団地内の数棟の建物の所有者（以下「団地建物所有

1 区分建物に関する法律構成

者」という。）の共有となっており，また，団地内の集会所・給水塔等の施設も団地建物所有者の共有の場合が多い。これらの共有物件の管理方法等は，区分建物の共用部分や敷地につき区分所有者が共同して行う管理等に関する所要の規定を準用している。ただし，団地内の建物であっても非区分建物及びその所有者のみの共有に属する土地又は附属施設は，団地の共同管理の対象物とはならない（法68条1項1号末尾の括弧書き）。戸建ての建物の管理は所有者自らが行うべきであり，団体的管理の対象とる必要性がないからである。

② 団地内の区分建物についても，法第一章「建物の区分所有」が当然に適用され，その管理は，建物ごとに区分所有者全員が団体を構成して行うのが原則である。法第二章「団地」により，団地建物所有者全員が団体を構成して管理を行うものは，各建物ごとの団体で管理すべき対象から除外されることになる。

例えば，団地内の数棟の区分建物の敷地全体が団地建物所有者全員の共有に属する場合，その土地は，各建物の敷地であるが，土地の管理は，法66条による準用規定により，団地の団体が行うべきものとし，各建物ごとの団体の管理対象から除かれる。また，建物（主としてその共用部分）の管理も，法66条で準用する法30条1項及び法68条により，団地の団体で管理すべきものと定めたときは，各建物ごとの団体の管理の対象外となる。ただし，次の事項は，団地の規約によっても，団地の集会によってすることはできない。

a 区分建物と敷地利用権の一体性に関する法22条に規定する各規約の設定，変更又は廃止
b 義務違反者に対する差止めその他の訴えの提起
c 建物の一部滅失の場合の復旧又は建替えに関する集会の決議
d 規約共用部分を定める規約（法4条2項），規約敷地を定める規約（法5条1項），共用部分の管理所有を定める規約（法11条2項）及び共用部分の持分割合を定める規約（法14条4項）等の設定，変更

及び廃止

1:8:5　団地建物所有者の団体

団地関係を構成する場合，それらの建物所有者（団地建物所有者）は，全員で団地内の土地，附属施設及び区分建物の管理を行うための団体を構成し，集会を開き，規約を定め，及び管理者を置くことができる（法65条）。

その趣旨は，区分所有者の団体について規定した法3条前段と同じである。すなわち，団地建物所有者は，団地内の土地又は附属施設を（準）共有し，これを共同使用するものであるから，必然的にこれらの物を共同して管理すべき立場にある。

このため，次のように定められている。

a　土地等の管理に関する事項（その変更を含む。）は，原則として，団地の集会の多数決をもって決する（法17条，18条の準用）。

b　管理又は使用に関する事項は，団地の規約で定めることができる（法30条1項の準用）。

c　規約は，集会の多数決で設定変更することができる（法31条1項の準用）。

d　集会の決議及び規約は，団地建物所有者の全員を拘束する（法46条1項の準用）。

e　集会の多数決で団地の管理者を選任することができる（法5条1項の準用）。

f　選任された管理者は，法定の権限を有する（法6条の準用）。

g　共有物以外の団地内の土地又は附属施設及び団地内の区分建物についても，法68条の規定による規約によりこれを管理すべきものと定めることによって，団体的管理の対象とすることができる（法17条，18条，6条，30条1項の準用）。

このように，団地建物所有者は，当然に本法上の団体的拘束に服し，そ

1　区分建物に関する法律構成

の拘束から離脱することはできないものとされており，建物の区分所有関係と異なるところはない。

　この規約によって団地内の土地，附属施設及び区分建物の管理のすべてを団体で行うこととした場合は，団地内の各区分建物ごとの法3条前段の団体は，日常的な管理を行うべき対象物を欠くことになる。しかし，この場合でも，規約の設定，変更又は廃止及び集会の決議は，法3条の団体の集会によってしなければならない。

　なお，本条の団体は，法3条の団体と同じ要件と手続（団地建物所有者及び議決権の各4分の3以上の多数による団地集会決議を得て登記をする。）により，法人となることができる（法66条・47条〜56条）。

1:8:6　団地共用部分
1:8:6:1 意義

　一棟の建物の区分所有関係には，規約共用部分の制度がある。この制度は，区分建物となり得る部分や区分建物自体には属しない附属建物であっても，管理事務室，集会室，区分所有者全員のための倉庫，車庫等，区分所有者全員の共用に供することを予定したものは，区分所有関係上の共同管理の対象とすると共に，権利関係を明確にし，公示を簡明にしている。

　これと同様の必要性は，団地関係においても存在する。昭和58年法改正前においても，数棟の区分建物の附属施設としての集会所を，区分建物の所有者全員が設定する規約により，区分所有者全員が共有する共用部分とすることができるとした登記先例があった（昭41．8．2民事甲1927号民事局長回答。その解説として，先例解説61）。しかし，この取扱いは，明文の根拠規定を欠く以上，疑問であった（浜崎449）。

　58年改正法は，団地の規約による団地共用部分の制度を創設して，その要件及び効果を明確にした。団地共用部分を定めるには，「前条において準用する第30条第1項の規約」すなわち団地の規約によって設定する。それだけで足りる（法67条1項前段）。また，建物の区分所有関係におけ

る規約共用部分に関する公正証書による規約の制度と同じ趣旨で，一団地内の数棟の建物の全部を所有する者が公正証書で団地共用部分を定める規約を設定することができることにした（同条2項，1：8：7）。

1：8：6：2 団地共用部分とするための要件

団地共用部分とすることができるのは，「一団地内の附属施設たる建物（第1条に規定する建物の部分を含む。）」である（法67条1項前段）。

区分建物となり得る部分又は独立した建物のいずれかであって，団地内に存在し，かつ，附属施設に限られる。また，一部の者のみの共有に属するものを認めていない（法11条1項ただし書を準用していない。）。したがって，団地共用部分とすることができるのは，団地建物所有者の所有する建物（又は専有部分）のすべてとの関係において「共同従属的な関係」にあることを要する。もっとも，この従属性は，建物の構造上備わっていることは必要でなく，用途上の従属性があれば足りると解すべきであるから（浜崎450），その要件の存否が問題とされることはない。

すなわち，団地共用部分は，団地建物所有者の全員の共有に属する（法67条3項・11条1項本文）から，規約で団地共用部分と定める前提として，その建物が実体上団地建物所有者全員の共有になっていなければならない。したがって，法67条1項に規定する建物は，常に法65条に規定する（すなわち団地建物所有者全員の共有に属する）附属施設に該当することになる。

これは，規約共用部分が建物の附属性を要件とせず（1：4：5：1），また，一部の者のみの共有に属する物を認めている（法11条1項ただし書）のと異なる。

【Q8】 小団地の団地共用部分
　　団地内の建物5棟全部を所有する者は，附属施設である2個の建物のうち1個は3棟の，1個は2棟の団地共用部分とすることができるか。

1　区分建物に関する法律構成

> 【A】　できる（質疑58－110，1:8:7:3②）。

1:8:6:3 団地共用部分とした場合の効果

　団地内の附属施設である建物が団地規約によって団地共用部分と定められた場合は，その建物についての共有者の持分は，各共有者の専有部分と分離して処分することはできなくなる（法67条3項・15条）。

① 持分割合

　団地共用部分は，団地建物所有者全員の共有に属する（法67条3項・11条1項本文）。共有持分の割合は，原則として，各共有者の所有する建物，区分建物にあっては専有部分の床面積の割合による（法14条1項の準用）。この場合，建物に一部共用部分で床面積をもっているものがあるときは，その床面積を一部共用部分の共有者である区分所有者の専有部分の床面積の割合により配分して，その専有部分の床面積に算入する（同条2項の準用。この準用は，団地内の区分建物の専有部分の床面積の計算に関してのみ妥当する。）。床面積の測定は，いわゆる内測計算による（同条3項の準用）。ただし，これらについては，団地の規約で「別段の定め」をすることができる（同条4項の準用）。

　なお，規約で団地共用部分と定めることによって所有権の一部移転が生ずることはないから，規約で団地共用部分と定める際における実態上の持分割合と法14条1項から3項までの準用による持分割合が合致しないときは，法67条3項で準用される14条4項の規約によって，実態と合致する持分割合を定める必要がある。

② 管理・使用

　各共有者（団地建物所有者）は，団地共用部分をその用法に従って使用することができる（法67条3項・13条）。その管理・使用に関する事項は，団地の規約で定めることができる（法66条・30条1項）。

③ 分離処分禁止

　団地共用部分についての共有者の持分は，区分建物の処分に従い，共

有者は，この法律に「別段の定め」（法67条3項で準用する14条4項の規約によって共有持分の割合を変更するのに伴い，持分の一部の移転が行われる場合）がある場合を除いて，区分建物と分離して持分を処分することができない（法67条3項・15条1項，2項）。

このように，団地共用部分の持分は，常に団地建物所有者がもっている建物に，法67条3項において準用される14条の規定による持分割合で帰属することが確保されているから，独自の公示手段を講ずる必要がない。そのため，民法177条の規定は，団地共用部分には適用されず，したがって，団地共用部分である旨の登記をすると，その共有持分についての権利に関する登記はできないことになる(注)。

(注) 団地共用部分の「共有」の性質は，共用部分（1:4:7:1）と同様あるいはそれ以上に民法（249条以下）で定める共有と異なる性質をもっていることに注意しなければならない（1:4:7:3）。

1:8:6:4 団地共用部分である旨の登記

① 団地共用部分を定めたときは，その旨の登記（不登法58条）をしなければ，これをもって第三者に対抗することができない（法67条1項後段）。規約共用部分に関する法4条2項後段と同じ趣旨の規定である（1:4:5:3，詳しくは2：8）。

　なお，団地共用部分である旨の登記の受否に当たっては，「団地」の範囲等を調査しなければならなないとされているが（質疑58-111），その趣旨は必ずしも明確ではない。

　団地共用部分である旨の登記は，建物の表題部にその旨を記録してする。この登記によって，附属施設である建物は，団地建物所有者全員の共有に属し（法67条3項・11条1項本文），団地共用部分は，建物又は専有部分の処分に従い，建物又は専有部分と分離して処分することはできないことが公示される。

② 団地共用部分とすべき建物が抵当権の目的となっているときは，抵当権者が抵当権の消滅を承諾しない限り，これを団地共用部分とすること

ができない（規約共用部分につき，川島・解説539）。しかし，団地建物所有者の所有する団地内の建物又は区分建物と一体的に抵当権の目的となっている場合には，その承諾は必要でない（その承諾がなくても実体上は団地共用部分となる。）と解すべきであろう。ただし，登記手続上は，この場合でも承諾を証する情報の提供が必要である（不登法58条3項）。抵当権者は，これを承諾する義務がある。承諾がない場合は，団地建物所有者は，その承諾を求める訴えを提起することができると解する（浜崎455）。

③　団地共用部分である旨の登記がある限り，一切の権利に関する登記をすることはできない。団地共用部分である旨の登記をするときは，登記官は，職権で，表題部所有者の登記又は権利に関する登記を抹消しなければならない（不登法58条4項，規則141条）。

④　数棟の建物は完成したが，未登記の間にそれらの棟の団地共用部分として別棟の集会室を建築して表題登記をし，これを団地共用部分である旨の登記をすることはできない（質疑59-47）。

1:8:6:5 団地共用部分である旨の登記の抹消

団地共用部分を定めた規約を廃止したときは，その建物は，民法177条の適用を受けることになる。そこで，建物の所有者は，1月以内に新築建物の表題登記の申請手続に準じて建物の表題部の変更登記を申請しなければならない（不登法58条6項，7項）。この申請に基づき，団地共用部分である旨の記録を抹消し，建物の表題部に所有者の表示をする（規則143条，2:8:6）。

1:8:7　公正証書による規約

1:8:7:1 意義

団地共用部分を定める規約は，団地建物所有者の集会の決議（法66条・31条1項）又は団地建物所有者全員の合意（法66条・45条）によって設定するほか，一団地内の数棟の建物の全部を所有する者は，単独でこ

の規約を公正証書によって設定することができる（法67条2項）。

その趣旨は，最初に区分建物の全部を所有する者が公正証書によって規約を設定することができることと同様である。すなわち，一団地内に数棟の建物を新築してその全部を所有する者は，これを分譲する前に，単独で，分譲後に団地建物所有者全員で共用することを予定した管理事務室，集会所，車庫，倉庫等を団地共用部分と定め，それらの建物の表題登記と連件で団地共用部分である旨の登記の手続をし，これを前提として分譲をすることができるのである。

法67条2項は，「数棟の建物の全部を所有する」時については，法32条と異なり，「最初に」所有する者と限定していないが，両条を別異に解釈する必要はないと解されている。

なお，法32条の規約と法67条2項の規約を1件の公正証書で作成することは相当でないと考えるが，作成されてしまった場合，それを無効であるとまではいえないであろう。

1:8:7:2 規約設定

公正証書による規約を設定することができるのは，「一団地内の建物の全部を所有する者」である。

この規約の設定，変更及び廃止の手続は，規約共用部分の場合と同様である。

① 団地建物所有者は，団地内の附属施設である建物又は区分建物を規約によって団地共用部分とすることができる（法67条1項前段）。
② 団地共用部分とされた建物は，団地建物所有者全員の共有に属し，民法177条の適用はない（法67条3項・11条1項，3項）。
③ 団地共用部分の共有者の持分は，共有者のもっている区分建物の処分に従う。
④ 共有持分は，原則として，区分建物と分離して処分することはできない（法67条3項・15条）。

このように規約によって団地共用部分とされた建物又は区分建物につい

ては，団地共用部分である旨の登記をしなければ，第三者に対し，その旨を対抗できない（法 67 条 1 項後段）。

1:8:7:3 大団地の団地共用部分

法 67 条 2 項は，一団地内の数棟の建物の「全部を所有する者」は，公正証書により，団地共用部分を設定することができるとしている。したがって，一団地内のマンションが完成する都度分譲していく場合，分譲業者は，建物の全部を所有する者に当たらないから，公正証書による規約は設定できないと解することになりそうである。

一団地を数期に分けて建築し，完成の都度分譲していく場合に，当初から，最終的に団地が完成した状態を想定して団地共用部分を定めることができるか。例えば，一団地 10 棟（ひばりが丘 1 号館ないし 10 号館）の区分建物を建築する予定の下に，第 1 期の 3 棟（1 号館ないし 3 号館）を建築し，分譲する段階において，団地全体（ひばりが丘団地）の管理事務所として建築した附属建物の所有権の一部（10 分の 3）のみが 3 棟の区分所有者に帰属することになるような団地共用部分の定め，又は一団地全体の団地共用部分である旨の登記をすることはできるか。できないという結論になりそうである（質疑 59 - 46）。

団地共用部分と定めると，その所有権は当然に団地内に現存する建物の所有者の共有になるから，これを積極に解することは困難なのである（浜崎 457）。しかし，そうかといって，「最終的に団地が完成した段階で団地共用部分とする方法を講ずるほかはないように思われる」（同 457）とまでいう必要はないのではないか。「この結論は，やや硬直的であ……る。」（基本コンメ［丸山英気］137）。その理由は，次のとおりである。

① 公証事務通達により示された規約文例では，新築された建物に限らず，「完成予定」又は「建築中」の 2 号館及び 3 号館を含んで，団地共用部分と定めている。これは，建物が未完成の時点において，団地規約公正証書を作成できることが前提となっている (注)。

② 一団地（大団地関係）の全部の建物を所有する者は，附属施設 2 個の

うち1個を3棟の，もう1個を2棟の，それぞれ団地共用部分とすることはできる（Q8，質疑58-110）。しかし，そのようにした場合は，3棟と2棟は，別の団地（小団地関係）を構成することになってしまう。一分譲業者により建築される大団地について，このような小団地関係がいくつもできることは，一般には想定していない。

したがって，団地共用部分については，一部共用部分（法11条ただし書）を認めない趣旨からいっても，また，限りなく「総有」に近い権利関係であることからも（1:8:6:3（注）），原則として，大団地全体の共用部分と推定するのが相当であり，かつ，そのための手続を是認して差し支えないと考える。

法67条2項が「一団地内の数棟の建物の全部を所有する者は，」と規定しているため，否定的な見解を採ることに傾くが，この規定は，「所有する者」の意味を「所有することになる者」を含むと柔軟に解釈しても良いのではないかと考える（登情422-79）。

③　規約の設定方法としては，二つの方法が考えられる。

一つは，前述のように，第1期の時点で1号館ないし10号館の団地共用部分である旨の規約を設定することである。ただし，その旨の登記は，10号館（最終棟）の表題登記と同時に分譲業者又は団地の管理者若しくは団地建物所有者の一人（法66条・26条1項，18条1項ただし書，2:8:3）が申請することになろう。

もう一つは，各期ごとの法32条による規約設定に併せて，1号館ないし10号館の団地共用部分である旨を表示して，団地共用部分である旨の規約をそれぞれ設定することである。すなわち，第1期の各棟の表題登記と同時に1号館ないし3号館の団地共用部分である旨を登記し，その後各期ごとに設定する規約中に1号館ないし10号館の団地共用部分である旨を表示し，その表題登記と同時に管理者が団地共用部分である旨の登記の変更登記をしていくことになる。

④　団地共用部分については，その設定と消滅の登記手続のみが定められ

1 区分建物に関する法律構成

ているが，民法177条の適用がなく（法67条3項・13条），単に第三者に対する対抗要件であることから（法67条1項後段），団地共用部分である旨の登記さえあれば，対外的にどの棟の共用部分であるか明示されていなくとも問題にならない。

　その点からすると，上記手続に関する明文規定のない現行法においては，あえて後説のような複雑な手続を踏むことなく，前説で処理すれば，十分であろう。筆者は，公証人の方々からの質問に対しては，そのように意見を述べてきた。実務においても是認されていると聞いている。後説は，団地共用部分は，総有であり，区分所有者は単にその使用する権利があるにすぎないものと割り切った上，所有権の一部のみの登記を認めない先例（昭40.9.2民事甲1939号民事局長回答）を改める必要があろう。

⑤　大団地の建物所有者の団体の構成及び管理等に関しては，法65条との関係で注意すべきである（1：8：5）。

（注）　浜崎氏も法32条の規約公正証書を設定できる者については，「専有部分を『所有する者』が本条により規約を設定できるのであるから，文理上は，建物の新築によりその所有権を取得した後でなければその設定をする余地がないようにみえるが，……あらかじめその設定をすることも許されると解すべきである。」としている（浜崎252）。

　　このことからすれば，公証人は，嘱託人から提出された各種資料（5:4:2:5，長谷部・公証通達解説261）に基づき，団地の全体計画に誤りがないことを確認した上，当初から10棟すべての建物を表示して，規約公正証書を作成できるといってよい。ただし，その旨の登記は，10棟すべての表題登記がされた後でなければ受理できないであろうが。

1：8：8　団地規約設定の特例
1：8：8：1　意義

　法68条は，規約設定のための要件について，直接的には，団地内の一

定の物について団地規約を定める場合の特例を定めるものであるが，間接的には，本条1項各号は，団地規約で定めることができる対象物，すなわち団地の団体で管理するものとすることができる物の範囲を画している。

すなわち，団地規約によりその管理又は使用について定めることができる物は，「土地等」（法65条に規定する場合におけるその土地又は附属施設）のほか，法68条1項各号に掲げる物に限定される（法66条・30条1項）。また，団地の団体による団体的管理に服する具体的な管理対象物は，「土地等」のほか，法68条1項各号に掲げる物（建物にあってはその共用部分）で団地規約により管理すべきものと定められたもの（法66条・17条，18条，19条，26条等）とされているのである。

1:8:8:2 法68条1項各号に掲げる物

法68条1項各号に掲げる物は，前述の「土地等」以外の物であって，団地の規約でその管理又は使用に関する事項を定めることができるものである。

① 一部の団地建物所有者の共有に属する土地又は附属施設

例えば，図6（1:8:3）eの甲乙丙丁の建物所有者で構成される全体の団地関係からみれば，甲乙の敷地及び丙丁の敷地がこれに当たる。これらの敷地は，甲乙又は丙丁の建物所有者で構成される各小団地関係からみれば，「土地等」に当たるが，本条の規定に従い，全体の団地関係における規約をもって規制することができる。

「一部の建物」は，一棟であってもよいから，ｂｃの各建物の敷地も，建物の区分所有者の（準）共有に属するときは，これに当たる。各区分建物の附属施設も，同様である。ただし，非区分建物の所有者のみの共有に属する土地又は附属施設は，除外される。

例えば，区分建物と非区分建物で構成される団地関係において，非区分建物の敷地がそれらの建物の所有者の共有になっていても，区分建物の敷地と異なり，団地関係における規約をもってその管理又は使用に関する事項を定めることができないし，したがって，団体的管理の対象と

1 区分建物に関する法律構成

することができない。

② 区分建物

　団地内の建物のうち，区分建物の管理又は使用に関する事項は，団地の規約で定めることができ，したがって，団地関係における団体的管理の対象とすることができる。これに対し，非区分建物は，団体的管理の対象とすることができない。

　団地内の区分建物を規約により団地関係において管理すべきものと定めたときは，その建物の共用部分が本法上の団体的管理の対象となる（法66条・17条ないし19条，26条1項）。しかし，その区分建物の管理又は使用に関する事項も，建物の区分所有関係における団体的規制の対象となり得る限度において，団地の規約で定めることができ，団地関係における団体的管理の拘束下に置くことができる。

③ 一部共用部分

　一部共用部分（1：4：6）に関する事項で区分所有者全員の利害に関係しない事項についても，区分所有者全員の集会決議で定めることができるが（法30条2項），その規約の設定，変更又は廃止は，一部共用部分を共用すべき区分所有者の4分の1を超える議決権を有する者が反対したときは，することができない（法31条2項）。この規定は，団地内の区分建物の一部共用部分に関する集会決議に準用されている（法68条2項）。

1:8:8:3 規約を定める手続

　法68条1項各号に掲げる物の管理又は使用に関する事項を団地の規約で定めるには，団地建物所有者の全員集会における特別多数決議による（法66条・31条1項前段後段）ほか，法68条に定める多数要件を満たす必要がある（詳しくは，浜崎465以下）。

　法68条の手続は，団地の規約の設定という形式を採る場合であるとその変更という形式を採る場合であるとを問わず，その実質において，1号又は2号に掲げる物の管理又は使用に関する事項を新たに定める場合に適

用がある。

1:8:8:4 規約の効力

本条の手続に従って団地規約で定めた事項については，その変更又は廃止の手続によらない限り，共有者又は各建物の区分所有者のみの意思により，その趣旨に抵触する定めをすることはできない。

団地規約は，一部の団地建物所有者の共有団体及び各棟の区分所有者団体の意思と団地全体の意思として形成されたものであるからである。

1:9　敷地利用権についての留意点

区分建物の属する一棟の建物は，増築により新たな区分建物を生じ，一部の取壊しにより区分建物が滅失し，あるいは一棟の建物を取り壊して建て替えることがある。一棟の建物の敷地内又は隣地に新たに一棟の建物を建築し，区分建物が増加することもある。

これらの事態は，敷地利用権に影響を及ぼし，登記その他の手続が必要となることが多い。そのときに備えて，あらかじめ，敷地利用権の在り方等を十分に考えておきたい。

1:9:1　新築の場合

1:9:1:1　一棟の建物の新築

A所有の土地に区分建物10個の一棟の建物を新築し，分譲する場合，原始取得者Aは，各区分建物の表題登記を申請（一括申請）する。このとき，Aが分離処分可能規約を設定しない限り，各区分建物の敷地利用権（所有権の共有持分）は，当然に敷地権となる。Aの所有権が既登記であれば，区分建物が新築された時に敷地権が成立し，新築後にAが所有権の取得登記をすれば，その登記の時に敷地権が成立する。したがって，各区分建物の表題登記を申請する場合は，敷地権の表示を申請情報の内容とし（令別表12申請イ），敷地権の登記をする（不登法44条1項9号）。区分建物の敷地権割合（所有権の共有持分）は，公正証書による規約で別段の

1 区分建物に関する法律構成

定めをしない限り，各区分建物の床面積の割合による（法22条3項；2項本文・14条1項）。

また，A及びBがそれぞれ5個の区分建物を原始取得したときは，各区分建物の敷地利用権として，借法15条1項の規定により，AB準共有の地上権又は賃借権を設定することができる。仮にAが区分建物の一部を所有しない場合であっても，準共有の借地権（自己借地権）を設定することができる。

1:9:1:2 2筆の土地に一棟の建物を新築

A所有の1番2番の2筆の土地に区分建物10個の一棟の建物を新築する場合，合筆登記が可能であれば（不登法41条），その登記をした後に建築を開始するのがよい。

合筆登記をしない（できない）で新築するときは，各区分建物の床面積が同一で，規約に別段の定めがなければ，各区分建物の敷地利用権は，1番2番の所有権の共有持分10分の1ずつとなる。1番のみに所在する区分建物についても，構造上の共用部分は2番にも存在するから，区分建物の所有者は，2番についても敷地利用権（共有持分）をもたなければならない。そして，分離処分可能規約を設定していない限り，2筆の既登記の敷地利用権（所有権）が敷地権となり，敷地権の登記と併せて各区分建物の表題登記を申請することになる。

1:9:1:3 一棟の建物の追加新築

1番の土地に一棟の甲建物を建築し，その区分建物の全部について敷地権の登記と共に区分建物の表題登記をした後，同土地に新たに一棟の乙建物を建築し，数個の区分建物が生じた場合，乙建物の区分建物の所有者が敷地利用権を取得する方法として，二つの方法が考えられる。

① 1番から1番2を分筆して，1番2を甲建物の敷地でないものとし，1番2の所有権，地上権又は賃借権の（準）共有持分を乙建物の区分建物の所有者に譲渡する。これは分離処分ではない。

1番2は，甲建物の所在する土地以外の土地となるが，法5条2項後

段により，甲建物の敷地と定められたものとみなされる。そこで，このみなし規約を廃止して，甲建物の敷地でないものとする。しかし，この方法によるときは，分筆後の1番は，甲建物の区分建物の所有者のみの敷地利用権であり，1番2は，乙建物の区分所有者のみの敷地利用権となって，団地を構成することが困難となる。
② 1番と1番2を一団地として，甲乙建物の区分建物の所有者が両土地の敷地利用権を共有できるようにする。そのため，1番を分筆しないで分離処分可能規約を設定し，1番の敷地権を敷地権でないものとした上で，乙の区分建物の所有者にその一部をそれぞれ譲渡した後に，規約を廃止して，その敷地利用権を敷地権として改めて登記する。

1:9:2　増築の場合
1:9:2:1 第三者による増築
　敷地権の登記がある一棟の建物について，第三者Cが増築して区分建物を取得しようとする場合，Cは，一棟の建物の敷地について敷地利用権を取得する必要がある。しかし，敷地利用権は，分離処分が禁止されているから，そのままでは取得できない。そこで，分離処分可能規約を設定してもらい，敷地権の一部を譲り受ける必要がある。この場合は，次の二つの方法がある。
① 敷地利用権全部について分離処分可能規約を設定する。これにより，敷地権が敷地権でなくなるので，敷地権の登記を抹消するため区分建物の表題部の変更登記（不登法51条5項，令別表15，規則124条）をし，敷地権の登記及び敷地権である旨の登記を抹消した上，Cへ敷地利用権の一部の移転登記をする。
② 敷地利用権の一部についてのみ分離処分可能規約を設定する。その上で，敷地権割合を変更するために区分建物の表題部の変更登記をし，敷地権の一部が敷地権でなくなったことによる敷地権である旨の登記の変更登記をする（不登法51条5項6項）。その後，敷地権の全部について

分離処分可能規約を廃止し，改めて敷地権の登記をする。

1:9:2:2 区分建物の所有者による増築

区分建物の所有者全員が増築するときはもちろん，その一部の者がするときでも，必ずしも敷地利用権の一部移転をする必要はない。しかし，通常は，増築によって取得する区分建物の大小，個数に応じて敷地利用権の割合を変更するであろう。この場合も分離処分可能規約を敷地利用権の全部又は一部について設定し，それに伴い敷地権の登記の抹消又は敷地権の割合の一部減少による区分建物の表題部の変更登記をする。その後の手続は，前項に準じて行う。

1:9:2:3 同一土地に増築

A所有の土地にある区分建物10個の一棟の建物に，区分建物10個を増築する場合に床面積が同一で，規約に別段の定めがないとすると，敷地利用権は，各20分の1の共有持分となる。

① 新築するときにあらかじめ，敷地利用権を各20分の1の持分とし，残りの20分の10をAの持分として留保していたときは，Aが区分建物を所有していなければ，Aの20分の10の持分は敷地利用権ではないから，増築による10個の区分建物の敷地利用権に充てることができる。自己借地権を設定したときも同じである。

増築により新築された区分建物の表題登記を申請するときは，各区分建物の敷地権の表示として，Aの留保していた20分の10の持分を分配した各20分の1の持分の記載をし，敷地権の登記と併せて各区分建物の表題登記をした上，区分建物とその敷地権を譲渡する。

② 増築のための敷地利用権を留保していなかったときは，既存の10個の区分建物の敷地利用権の各10分の1の2分の1を，それぞれ新築の区分建物のために分離譲渡しなければならない。そのためには，分離処分可能規約を設定し，敷地権の登記を抹消するための区分建物の表題部の変更登記をし，しかも，敷地利用権を分離譲渡した後に，分離処分可能規約を廃止し，改めて敷地権の登記をするための各区分建物の表題部

の変更登記をしなければならない。

1:9:2:4 隣地にまたがって増築

1番と2番の土地にまたがって増築をして、10個の区分建物が生じた場合、1番又は2番のみに存在する区分建物の所有者であっても、増築後の一棟の建物の構造上の共用部分の共有持分があるから、1番と2番の土地の敷地利用権をもつ必要がある。

① Aが1番について20分の10の共有持分を留保していたときは、増築した10個の区分建物の所有者に、1番の共有持分20分の1ずつ及び2番の共有持分の20分の1ずつを区分建物と共に譲渡し、2番の共有持分20分の1ずつを既存の各区分建物の所有者に譲渡する。

② あらかじめ2番を1番の一棟の建物の規約敷地として、1番の一棟の建物に属する各区分建物の所有者が2番の共有持分20分の1ずつを所有し、それを敷地権として登記をしていたときは、2番の敷地利用権を取得する手続と敷地権が1番の共有持分のみであったのを2番の共有持分を追加する敷地権の変更登記などを省略できることになる。この場合、2番は、一棟の建物の敷地となるから、規約敷地とした規約を廃止する。規約敷地とされていなかった場合は、敷地利用権をあらかじめ取得することはできない。

③ 1番と2番の合筆登記ができる場合は、その登記をした上、合筆前の1番に一棟の建物を建築したときは、合筆後の1番全部を敷地と観念し、その20分の1の敷地利用権を各区分建物の所有者が取得し、残り20分の10の共有持分を留保しておき、増築による新築の各区分建物の所有者に区分建物と共に20分の1ずつ譲渡することができる。

1:9:3 団地の場合

① 1番3番にそれぞれ10個の区分建物の一棟の建物を新築し、中間にある2番を規約敷地とし、3筆を一団地とし、これらの土地を各区分建物の所有者の共有とすると、各区分建物の所有者は、3筆の各共有持分

1 区分建物に関する法律構成

を20分の1ずつ所有することとなる。この場合，各区分建物の表題登記を申請するときは，敷地権の表示を記載し，各区分建物の表題登記と共に敷地権の登記をする。
② 第1期は，1番に一棟の建物を新築し，第2期は，3番に一棟の建物の新築を予定する場合は，あらかじめ1番の敷地利用権の20分の1ずつを1番の各区分建物の所有者が取得し，残り20分の10の共有持分を留保し，2番3番を規約敷地として，その共有持分20分の1ずつを1番の各区分建物の共有持分とし，残りの20分の10の共有持分を留保する。

第2期に3番に一棟の建物を新築する場合，3番の各区分建物の所有者に1番の共有持分と2番3番の共有持分の20分の1ずつを譲渡する。

1:9:4　等価交換方式による場合

等価交換方式は，土地所有者が土地を提供し，業者がマンションを建築して，土地の一部と区分建物（専有部分）を交換する条件で分譲マンションを建築する方式である（五十嵐・12章60以下）。

これは，売買によってもできる。土地所有者は，土地の全部又は一部（持分）をマンション分譲業者に売り渡し，その代金によって，分譲マンションの一部又は敷地の一部を購入する条件で分譲マンションを建築する方式である。この二つの方式を組み合わせる方式もある。

公正証書による規約の設定については，「嘱託人が将来全専有部分の所有権を原始取得することになることを前提としてあらかじめ公正証書を作成することは差し支えない。この場合公正証書が規約としての効力を有することになるのは建物が完成した時である。」から（公証事務通達第一の一なお書き），敷地利用権について分離処分可能規約を設定する必要がある場合は，その時期を計画的に決定しなければならない。

1:9:4:1 等価交換の方式

等価交換の方式には，売買のほかいろいろな方式がある。

1：9　敷地利用権についての留意点

① 等価交換方式
　　a　Aは，土地の持分を提供し，Bは，区分建物の一部を提供して等価交換する。
　　b　Aは，土地の全部を提供し，Bは，区分建物の一部と土地の持分を取得する。
② 売買方式
　　c　Aは，土地の持分をBに売り渡し，その代金でBと共同でマンションを建築し，区分建物の一部を取得する。
　　d　Aは，土地の持分をBに売り渡し，その代金でBから区分建物を購入する。
　　e　Aは，土地全部をBに売り渡し，その代金で土地の持分と区分建物を購入する。
③ 順次分譲方式
　　Bは，順次区分建物を売り渡し，その都度Aの持分を分譲する。

1:9:4:2 等価交換方式による分譲マンションの例

　等価交換方式による分譲マンションの典型例は，次のとおりである。
① マンション業者Bが，土地提供者Aから使用借権を取得する。この段階で使用借権に代えて持分の一部移転をする場合もある。この時からBは，単独で分離処分可能規約及び敷地利用権の割合を定める規約等を設定することができる。
② Bは，自己資金で分譲マンションを新築し，その完成後1月以内にBが設定した分離処分可能規約を証する情報を提供して，敷地権のない区分建物の新築による表題登記をする。
③ Aは，土地の持分をBに譲渡する。Bは，分離処分可能規約を設定しているから，ABの共同申請により交換による持分の一部移転登記をする。規約を設定していない場合は，Bの持分について一体性の原則が既に適用されている。
④ Bは，マンションの一部をAに譲渡し，Aは，Bの交換による所有権

1 区分建物に関する法律構成

証明情報を提供して，A単独でA名義の所有権保存の登記をする（不登法74条2項）。

⑤　AB所有の一棟の区分建物ができたことにより，Bが設定した分離処分可能規約は不要となるので，この規約を廃止して，敷地権の登記をする。そのために，分離処分可能規約を廃止したことを証する情報を作成する（法31条1項）。敷地権割合が法14条1項の規定による専有部分の床面積の割合によらない場合は，規約でこの割合と異なる割合を定めることができるので（法22条2項ただし書），ABの合意により規約を設定する（同条1項）。

⑥　規約を設定しないときは廃止規約を，規約を設定したときは廃止規約と敷地権の割合を定める規約の情報を提供して，敷地権の登記をする（不登法51条1項）。

1:9:5　建替えの場合の敷地利用権の放棄又は取得

建物を取り壊し，新たに建物を建築する場合，法が規定するのは，所有者らの合意形成（法64条）の段階までである（4:3）。建替えについては，通常は，建法の適用を受けて施行されるが，適用を受けないで施行する場合には，別途，敷地利用権の処理について考えておかなければならない。本条は，被災法に基づく被災区分所有建物の再建についても準用されている（被災法4条9項）。

1:9:5:1 敷地利用権の放棄

従前の区分建物の所有者が建替えに参加しないで，その敷地利用権を放棄したときは，区分建物は滅失して存在しないから，法22条1項本文の規定の適用がない。したがって，その共有持分は，他の共有者の共有持分に応じて帰属する。

1:9:5:2 敷地利用権の取得

①　従前の区分建物の所有者（土地の共有者）以外の者が建替えに参加するときは，従前の区分建物の所有者のもっている敷地利用権を区分建物

に応じて適宜譲り受け，区分建物の敷地利用権とする。

　その敷地利用権（所有権又は借地権の共有持分）を譲り受けたときは，これを敷地権とするためにも，その共有持分の移転登記をする必要がある。区分建物の全部が滅失し，その滅失登記がされたときは，従前登記されていた敷地権が敷地権でなくなるので，登記官は，敷地利用権についてされていた敷地権である旨の登記を職権で抹消し，所要の登記手続をする（規則124条）。そして，敷地利用権の移転登記をすることができることになる。

② 　区分建物が新築された場合は，各所有者（原始取得者）は，同時に全部の区分建物について敷地権の表示を記載して表題登記を申請する。これにより，区分建物の表題登記（敷地権の登記を含む。）がされ，登記官は，その敷地利用権について，土地の登記記録に敷地権である旨の登記をする（規則119条，2：4：3）。

③ 　他の所有者がその所有する区分建物の表題登記（敷地権の登記を含む。）の申請をしない場合は，その申請をする他の所有者は，自己の区分建物についてのみならず，申請しない他の所有者に代位して，その者の区分建物の表題登記を申請することができる（不登法48条2項，2：2：5：1）。

1：9：5：3 具体例

　10個の区分建物がある一棟の建物を取り壊し，20個の区分建物の一棟の建物を新築しようとする場合，従前の各区分建物の敷地権は，区分建物の滅失により敷地権でなくなり，また，分離処分可能な共有持分となる。

　新築された20個の区分建物のうち10個は従前の区分建物の所有者（共有持分10分の1）が所有し，残り10個の区分建物を分譲するとすれば，一棟の建物の完成前に，従前の各区分建物の所有者がその共有持分10分の1のうちの2分の1を新築される区分建物を取得する者に譲渡しておけば，各区分建物の新築と同時に，その原始取得者に区分建物の所有権が帰属し，同時にその敷地利用権が敷地権となるから，各区分建物の表題登記

1 区分建物に関する法律構成

を申請する場合は，敷地権の表示を記載することにより，敷地権の登記もされる。

1：10　管理組合及び管理組合法人

　区分所有者は，通常，全員で管理組合を構成する（法3条）。そして区分所有者の数が2人以上いれば，管理組合法人を設立することができる（法47条）。

1：10：1　管理組合

　管理組合の設立は，義務ではなく任意である。すなわち，区分所有者の団体は構成されるが，管理組合という組織が当然に設立されるものではない。法3条前段は，区分所有関係の成立と同時に法律上当然に団体が存在することを確認したものである（浜崎109）。吉田参事官は，「管理組合は，区分所有建物が存在すれば，区分所有者を構成員として法律上当然に成立する団体です。」と述べておられるが（QA 41，46），「第3条に規定する団体（法47条1項）」イコール「管理組合」ではない。

　権利能力なき社団としての管理組合が，共用部分に看板を設置した区分所有者に対して，管理組合が原告となって，その撤去及び損害賠償等を請求した事案について，最高裁は，組合に原告適格を認めた（最二小判・平23．2．15判時2110-40，判タ1345-129）。なお，管理組合又は管理者の訴訟追行権についてコンメ（163）参照。

1：10：2　管理組合法人

① 法3条の団体は，区分所有者及び議決権の各4分の3以上の多数による集会の議決で管理組合法人となることができる（法47条1項）。団体の人数要件（30人以上）は，平成14年の法改正で撤廃されている。法人格を取得することによって，次のようなメリットを生ずる。
　a　法人として権利義務の主体となることによって，法律関係が明確に

なる。
　b　管理組合の財産と区分所有者個人の財産の区別が明確になる。
　c　組合等登記令により法人として登記をすることによって公示され，取引の安全を確保することができる。
　d　区分所有者を代理する権限及び訴訟の当事者となることができる（1:1:3:2②）。
② 平成20年12月一般法人法が施行され，民法の法人に関する規定は，民法34条（法人の権利能力）など5箇条（33条〜37条）を除いて，一般法人法に移行した。そして，民法を準用する規定などが改められた。

1:11　区分建物の登記記録

1:11:1　登記記録の編成

　旧不登法は，1不動産1登記用紙を原則としつつ，区分建物については，例外として，一棟の建物ごとに1登記用紙を備えるとしていた（旧不登法15条ただし書，16条ノ2）。一棟の建物の表示は，各区分建物に共通であるから，紙の登記簿の場合は，共通の表題部を設けて，各区分建物ごとに同一事項を記入する手間を省くことに合理性があった。しかし，登記簿がコンピュータ化された制度の下では，区分建物について，1不動産ごとに1登記記録を作成するという原則を維持しても問題はない。そこで不登法は，区分建物についても例外を設けず，1不動産1登記記録の原則を維持することとした（不登法2条5号）。

　したがって，ある区分建物の表題部中の一棟の建物に関して登記事項の変更・更正登記がされた場合は，同じ一棟の建物に属する他の区分建物についても変更・更正登記の効力があるから，登記官は，職権により他の区分建物について変更・更正登記をすることになる（不登法51条5項，6項，53条，規則122条，123条，旧準則77条2項参照）。
① 登記簿

1　区分建物に関する法律構成

　　旧不登法は，登記簿の種類を土地登記簿と建物登記簿に区別していた（14条）。紙の登記簿を原則とする旧不登法では，登記事務の効率性の観点から，土地と建物を物理的に別の簿冊として管理していた。しかし，電磁的記録媒体に記録することを前提とした制度の下では，不動産ごとのデータが登記記録として編集され，出力されるので，登記記録を記録する帳簿を一括して登記簿としている（不登法2条9号）。
② 　表題部と権利部
　　旧不登法は，登記用紙を表題部及び甲区と乙区に区分し，表示に関する事項は登記用紙の表題部に記載し，権利に関する登記のうち所有権に関する事項ついては登記用紙の甲区の事項欄に，所有権以外の権利に関する事項については乙区の事項欄に，それぞれ記載することとしていた（16条）。

　　不登法は，登記記録を表題部と権利部に区分し（12条），表題部には表示に関する登記を記録し，権利部には権利に関する登記を記録するとしている（2条7号，8号）。したがって，権利部は，従来の事項欄の甲区と乙区の上位概念とし，甲区には所有権に関する登記事項を記録し，乙区には所有権以外の権利に関する登記事項を記録する（規則4条4項）。
③ 　区分建物の登記記録の編成
　　区分建物である建物の登記記録は，規則4条3項の別表3で定められている。

1：11：2　区分建物の登記事項証明書

　　登記事項証明書（不登法119条1項，規則196条）は，規則197条2項の各号に定める様式によることとされ，そのうち一棟の建物を区分した建物については，同項3号により別記第9号として示されている。
　　しかし，この証明書は，平成20年11月25日省令62号により，A4版縦型にするなど若干の改正が行われたものの，旧細則81条3項3号によ

り示されていた附録第十四ノ三様式と同様式であり，次のようにいくつかの大きな難点がある。これを受領した一般の人は，はたして，その意味・内容を理解できるであろうか。現に，公正証書作成等のために筆者の公証役場に来られた人の80パーセント以上の方が，その内容を十分に理解していないのが実情であった。

　官公署に関して作成される様式（又は書式）には，4種類ある。①専門的知識のある者が作成し，提出する申請書，②専門的知識のない一般の人が作成し，提出する申請書，③①又は②の申請書に基づいて官公署が作成する書類，④作成された書類を一般（又は利害関係者）に公開する書類である。

　①の例としては登記申請書，②の例としては戸籍の届書，③の例としては登記の記録及び戸籍の記録，④の例としては登記事項証明書及び戸籍事項証明書（戸籍法120条1項，戸籍法施行規則73条）がある。

　①のほとんどは，通常，専門家が作成するから，特別の説明をしなくとも的確に記載されることが想定されている。②は，ひとが一生のうちに1回ないし数回，専門知識のないまま作成するものであるから，その記載すべき事項及び記載箇所が分かりやすくなければならない。③は，事務を専門的に取り扱う職員が，記録すべき事項をもれなく，かつ，記録箇所を間違えないで能率的に処理できるものでなければならない。④は，専門的知識のない者であっても，その記載事項を理解できるようなものとする必要がある。

　ところが，登記事項証明書（及び戸籍事項証明書）は，③を目的として定められた様式をそのまま④の様式としている。これを具体的に指摘すると，

　　a　縦横の罫線が多すぎて，迷路に入ったような感じがする。
　　b　記載すべき事項のない項目も含まれており，かつ，その部分にわざわざ「余白」と記載しているため，ますます複雑となっている。
　　c　登記手続上，記入（登記）をするために必要な用語がそのまま表示

1 区分建物に関する法律構成

されている。

　d　権利部（甲区欄及び乙区欄）においては，順位番号，登記の目的及び受付年月日・受付番号の各欄が大きなスペースを占め，その次に「権利者その他の事項」として小さなスペースを設定している。そのため，重要事項と付記事項が，その区別がないどころか，逆転してしまっている。

コンピュータ化前は，原則として，「謄本（コピー）」として発行するから，③イコール④にならざるを得なかった。しかし，コンピュータ化後は，③のデータから④の証明書を発行することは容易にできるはずである。

それにも増して，登記事項証明書は，専門知識のない者であっても理解できるよう，必要事項のみに限定した分かりやすい様式にすべきである。そこで，次に帳票設計に関する参考書を基にして，次の様式を提案する。ただし，この証明書は，区分建物（専有部分）に附属建物がない場合である(注)。

(注)　区分建物である建物の登記記録の編成（規則別表3）及び登記事項証明書（別記第9号）についてのその他の疑問については，本書3版はじめに1の1：4③④を参照のこと。

　なお，区分建物の種類，構造，床面積及び家屋番号のほか，一棟の建物の名称とは別に「区分建物の名称」があるときは，その名称を記載することになっているが（令3条8号ニ，規則4条3項の別表3の区分建物の表題部），非区分建物についてはともかく，区分建物については家屋番号のほかにも名称を付け，その登記を認めることに意味があるか疑問である（2:3:2:2）。

1：11　区分建物の登記記録

区分建物全部事項証明書（案）

一棟の建物
　家屋番号　　1番1の201ないし205（以下略）
　所　在　　　甲市霞が関一丁目1番地・2番地
　建物の名称　霞が関一丁目マンション
　構　造　　　鉄筋コンクリート造陸屋根地下1階付き40階建
　床面積　　　1階　417.27m²　　　21階　400.00m²
　　　　　　　2階　（以下略）　　 22階　（以下略）
　原　因　　　平成18年8月1日新築
　登記の日　　平成18年8月30日
　敷地権　　1　甲市霞が関一丁目1番地　宅地599.27m²
　　　　　　　　平成18年8月30日登記
　　　　　　2　甲市霞が関一丁目2番地　宅地266.17m²
　　　　　　　　平成18年8月30日登記

区分建物（専有部分）
　不動産番号　1234567890123
　家屋番号　　1番2の201　　　　　　建物の名称　201号室
　種　類　　　居宅　　　　　　　　　構　造　　　鉄筋コンクリート造1階建
　床面積　　　2階部分　42.53m²　　 原　因　　　平成18年8月1日新築
　登　記　　　平成18年8月30日
　敷地権　　　土地の符号　1・2　　 種　類　　　所有権
　　　　　　　敷地権割合　1000分の7　原　因　　平成18年8月1日敷地権
　　　　　　　登記の日　平成18年8月30日

所有権に関する事項（権利部甲区）
　　1　所有権保存の登記　平成18年8月30日受付第10000号
　　　所有者　持分3分の2　甲市霞が関一丁目1番の2の201　甲野一郎
　　　　　　　持分3分の1　甲市霞が関一丁目1番の2の201　甲野花子

所有権以外の権利に関する事項（権利部乙区）
　　1　抵当権設定の登記　平成18年8月30日受付第10001号
　　　原　因　平成18年8月1日金銭消費貸借同日抵当権設定契約
　　　債権額　金1000万円　利息　年2％　損害金　年3％
　　　債務者　甲市霞が関一丁目1番2の201　甲野一郎
　　　抵当権者　甲市甲町一丁目1番1号　株式会社甲銀行（乙支店取扱い）

これは，登記記録に記録されている事項の全部を証明した書面である。
　平成18年10月1日

　　　　　大和地方法務局甲支局　登記官　日本　太郎　　㊞

2　区分建物に関する表示の登記

2：1　意義

　区分建物に関する登記手続の特則を支える処理手続は，区分建物が属する一棟の建物全体についての一括的処理及び区分建物とその敷地に関する登記上の公示との一体的処理である。
　すなわち，各区分建物の登記記録には，その区分建物が属する一棟の建物の種類・構造・床面積等も記録されるから，各区分建物ごとに建物の表示が異なることにならないよう，区分建物の表題登記の申請は，一棟に属する区分建物全部について「併せて（不登法48条1項）」，かつ，原始取得者のほかその「一般承継人も」することができる（不登法47条1項，2項）とされている。そして，その敷地についての権利に関する登記は，敷地権である旨の登記がされている土地（不登法46条）については，区分建物についての登記によってまかなわれる（不登法73条）。

2：1：1　非区分建物の表題登記と異なる点

　区分建物の表題登記は，区分建物について初めてする登記である。これによって登記記録（表題部）が設けられる。区分建物の表示に関する登記手続が区分建物以外の建物（以下「非区分建物」という。）の表示に関する登記と異なる点は，おおむね，次のとおりである。
① 非区分建物については，建物の表題登記をしないうちに建物の所有権が原始取得者から第三者（転得者）に移転したときは，転得者が建物の表題登記を申請する。これに対し，区分建物については，原始取得者が所有者として申請しなければならない（不登法47条1項，2：2：1①）。ただし，区分建物の所有者は，他の建物の所有者に代わって，他の区分建物の表題登記を申請することができる（同条2項）。また，原始取得者が申請しないときは，転得者は，民法423条により，原始取得

者に代位して申請することができる（基本通達第二の三の1）。
② 区分建物の表題登記の申請は，一棟の建物に属する他のすべての区分建物の表示登記の申請と「併せて」しなければならない（不登法48条1項）。不登法は，同時申請を可能にするために，一の区分建物の原始取得者は，他の区分建物の原始取得者に代わって，その表題登記を申請することができるとしている（同条2項，2：2：2）。
③ 非区分建物に接続して建物を増築したことにより，非区分建物及び増築建物がいずれも区分建物となった場合，非区分建物の表題部の変更登記は，増築の区分建物の表題登記と併せて申請しなければならない（同条3項，2:2:8:1）。このとき，区分建物の表題登記の申請人（所有者）は，従前の非区分建物の「表題部所有者若しくは所有権の登記名義人」（以下「所有権者」という。）又はその他の一般承継人に代わって，非区分建物が区分建物となったことによる建物の表題部の変更登記を申請することができる（同条4項，2:2:8:2）。
④ 区分建物又は区分建物である附属建物について敷地権があるときに，その区分建物の表題登記又は主建物である非区分建物とその附属建物（区分建物）の表題登記若しくは附属建物（区分建物）の新築，合併登記を申請する場合は，敷地権の表示（2：3：4）を記載する（規則118条）。

2：1：2　区分建物の表示に関する登記の種類

区分建物の表示に関する登記には，次のものがある。

a　区分建物の表題登記
b　区分建物の表示の変更・更正登記
c　建物の区分登記
d　区分建物の分割，区分，合併登記
e　建物の合体登記
f　敷地権に関する登記（敷地権の登記，敷地権の変更・更正登記，敷

地権の抹消登記等）
- g （団地）共用部分に関する登記
- h 区分建物の抹消登記
- i 表題部所有者に関する登記

2:1:3 区分建物の表示に関する登記事項

　区分建物の表示に関する登記事項は，不登法27条及び規則89条のほか，不登法44条1項で次のように定められている（注1）。

　a　区分建物が属する一棟の建物の「所在する市，区，郡，町，村，字及び土地の地番（以下「所在」という）」（1号）（注2）。
　　この事項は，（建物にあっては家屋番号を含んで）「不動産所在事項」という（規則1条9号）。

　b　家屋番号（2号，45条，規則112条，116条，準則79条）

　c　一棟の建物の種類（規則113条，準則80条），構造（規則114条，準則81条，90条）及び床面積（規則115条，準則82条，91条）（3号）

　d　一棟の建物の名称があるときは，その名称（4号）

　e　区分建物である附属建物があるときは，一棟の建物の所在並びに種類，構造及び床面積（5号）。ただし，附属建物が主建物（注3）と同じ一棟の建物に属するときは，一棟の建物の所在並びに構造及び床面積を記録する必要はない（準則89条）。

　　「附属建物の所在」は，従来，登記事項として明示されていなかったが（旧不登法91条1項5号），附属建物の敷地は，建物の敷地の地番と共に主建物の登記用紙の表題部の所在欄に公示され（旧準則149条2項），建物又は附属建物が区分建物であるときは，同じ一棟の建物に属する場合を除き，建物の登記用紙の附属建物の表示欄中構造欄に附属建物の所在（附属建物が区分建物であるときは，その属する一棟の建物の所在）が公示されていた（旧細則49条2項，3項）。そこ

2 区分建物に関する表示の登記

で，不登法44条1項5号は，附属建物の所在を登記事項としたもので，旧不登法の実務を変更するものではない。

f 建物が（団地）共用部分（規約共用部分に限る。）であるときは，その旨（6号）

g 主建物又は附属建物が区分建物であるときは，一棟の建物の構造及び床面積（7号）

h gの一棟の建物の名称があるときは，その名称（8号，令3条8号ト）

　一棟の建物の名称を申請情報の内容とすると，一棟の建物の構造及び床面積を省略することができる（令3条8号ヘ括弧書き）。実務的には重要な規定である。

i 敷地権があるときは，その敷地権（9号）

j 所有権の登記をしていない区分建物については，所有者の氏名又は名称及び住所並びに所有者が2名以上のときは所有者ごとの持分（不登法27条3号）

　所有権の登記がない不動産に限って所有者を登記事項としているのは，所有権の登記がある不動産の所有者は，所有権の登記名義人として公示され（不登法59条4号），表示に関する登記の登記事項とする必要がないからである。旧不登法において，所有権の保存登記をした段階で，表題部の所有者の表示を朱抹し（旧不登法103条），所有権の登記をした後は，表題部に所有者を登記しないのと同じである。

(注1) 規則89条は，「新たに登記すべきものを記録しなければならない。」としているが，具体的には，何を指すのであろうか。規定としては抽象的すぎる。

(注2) 法人の住所は，主たる事務所の所在地にあり（民法50条），会社の住所は，本店の「所在地」にあるというので（会社法4条，27条3号），それと区別する意味で，「所在」と略称することとする（令3条8号イ）。

① 規則は，「不動産の所在する市，区，郡，町，村及び字並びに土地にあっては地番，建物にあっては，建物の所在する土地の地番及び家屋番

号」を「不動産所在事項」と定義しているが（1条9号），不登法及び令において定義していなかったため，各条文が長くなってしまった。ちなみに旧法下においては，土地ノ所在（細則49条1項），建物ノ所在（同49条2項，3項など），一棟ノ建物ノ所在（同5条2項），附属建物ノ所在（同37条ノ9第2項ほか）と略記していた。

② 不登法27条4号は，不動産を識別するために必要な事項として，わざわざ，省令で定める事項を登記事項とするとし，規則1条8号で「不動産番号」を定義し，改めて同90条で規定している。これは，不登法27条4号においてストレートに定義すれば足りることである。しかも，令6条1項は，「不動産を識別するために必要な事項として法第27条第4号の法務省令で定めるもの」を「不動産識別事項」と表記し，規則34条2項は，これを受けて「令第6条第1項に規定する不動産識別事項は，不動産番号とする。」と規定している（Q11）。

③ さらに，令6条2項は，「不動産識別事項を申請事項の内容としたときは，次に掲げる事項を申請情報の内容とすることを要しない。」と定め，実に，別表中27項目の地番等又は家屋番号を掲げている。

④ 不動産番号は，住民票コード（住基法30条の2）と同じ働きができる。既登記の不動産を特定する場合は，その番号を表記すれば足りる。ちなみに，登記事項証明書等の交付を請求するときは，不動産所在事項又は不動産番号を提供するとされている（規則193条1項2号）。

⑤ 令6条は，「不動産識別事項」と表記するけれども，実務上は，不動産番号の呼称が定着していくであろう。法制上も，単一の呼称で統一して表現することが望まれる（山野目166）。

【コラム】　住民票コードと個人番号（マイナンバー）
　　住民票コードは，全国で正確かつ迅速に本人確認をするために使用される住民票に記載された，国民一人ひとりが持つ11桁の数字で，日本人は平成14年8月，外国人は平成25年7月に付番されている。

2 区分建物に関する表示の登記

> マイナンバー（個人番号）は，税・社会保障・災害対策の3分野で利用される国民一人ひとりが持つ12桁の番号で，平成27年10月に住民票に記載されたマイナンバー（行政手続における特定の個人を識別するための番号の利用等に関する法律）の利用により，税や年金，雇用保険などの行政手続に必要な添付書類が削減される。

【Q9】 建物の表題登記の抹消請求
　　区分建物の所有者の一人が，本件建物は構造上の独立性を欠くから，区分建物とはいえないという理由で，国（登記官）を被告として（行訴法11条1項），建物の表題登記の抹消を請求することができるか。

【A】 登記官の表示に関する登記行為は，原則として，「行政庁の処分その他公権力の行使に当たる行為」（行訴法3条2項）に当たらないから，請求は却下される（詳しくは，五十嵐・12章110，民法登記上〔園部〕41）。ただし，登記官が表題部所有者を記録する行為は，所有者として記録された特定個人に不登法74条1項1号に基づき所有権の保存登記を申請することができるという法的効果があるから，抗告訴訟の対象となる行政処分に当たる（最三小判平9.3.11判タ937-92）。

　　なお，不登法156条1項の規定による審査請求は，行政処分性を有する登記官の行為についてすることができると解されるから，登記の申請を却下する場合において，行政処分性がないことを理由として却下するときは，取消訴訟ができる旨の教示を必要としないだけでなく，審査請求をすることができる旨の教示も必要でない（平18.1.18民二第100号民事第二課長回答）。

2：2　申請人

2：2：1　申請権者の明確化

① 　建物の表題登記の申請義務を負うのは，「新築した建物の所有権を取得した者」すなわち新築した建物の所有権の原始取得者及び「区分建物

以外の表題登記がない建物の所有権を取得した者」すなわち未登記の非区分建物の所有権の転得者である。いずれの場合にも，所有者は，所有権を取得した日から申請義務を負う（不登法47条1項，その申請情報及び添付情報については，令3条及び7条並びに令別表12）。

② これに対して，新築建物が区分建物である場合，申請義務を負うのは原始取得者のみであり，転得者に申請義務はない。これは，旧不登法93条3項ただし書と同趣旨であり，区分建物についての表題登記の申請は，一棟の建物に属する他の区分建物と併せて表題登記を申請しなければならない（不登法48条）ことから，このような申請義務を負わせるのは，原始取得者に限るのが相当であるとの考え方によるものである。分譲マンションを新築した分譲業者が典型的な原始取得者である。分譲マンションを購入した区分建物の所有者には一括申請義務はないが，区分建物の転得者は，原始取得者を代位することにより，建物の表題登記を申請することは可能である。

③ 区分建物を新築して所有者となった者が死亡した場合（法人の場合には合併により消滅した場合）は，一般承継人は，表題登記のない建物の所有権を取得することになる。しかし，原始取得者でない以上，申請義務（不登法47条1項）はなく，また，被承継人が死亡しているため代位によって表題登記を申請することもできない。

そこで，従来は，原始取得者を所有者とする区分建物の表題登記について一般承継人が申請することができるとの解釈が示されていた（基本通達第二の三の2）。不登法47条2項は，この解釈を明文化したものである。一般承継人に申請義務を負わせていないのは，旧不登法と同様である。

2:2:1:1 一般承継人による申請

所有権者が，表示に関する登記の申請人となることができる場合において，所有権者について相続その他の一般承継があったときは，これらの一般承継人が申請人になることができる（不登法30条）。旧不登法には，こ

のような規定はなかったが，これを前提とする規定はあった（土地改良登記令2条2号等）。

また，実務上，被相続人名義の土地について，相続による所有権移転の登記をすることなく，相続人から分筆又は合筆の登記の申請があったときは，これを認める取扱いがされていた。そこで，一般承継人にも申請権があることを明確にするため，規定が新設された（この場合の申請情報については令3条10号，添付情報については令7条1項4号）。

なお，遺言執行者は，相続人の代理人とみなされる（民法1015条）から，本条の規定により相続人に申請権がある場合には，相続人の代理人として同様の申請権限が認められることになろう。

2:2:1:2 区分建物の一般承継人による申請

非区分建物の表題登記は，建物を新築した原始取得者のほか，その者から所有権を取得した転得者にも申請する義務がある（不登法47条1項）。区分建物を新築して所有者となった者の一般承継人は，表題登記のない建物の所有権を取得することになるが，不登法47条1項による申請義務はない。しかし，一般承継人に申請権を認めないと，申請権限のある者がいなくなってしまうため，実務上，一般承継人には申請権を認めるとの解釈がされていた。不登法は，この解釈を同条2項で明文化したのである。

登記権利者，登記義務者又は登記名義人が「権利に関する登記」の申請人となることができる場合において，相続その他の一般承継があったときは，相続人その他の一般承継人が登記を申請することができる（不登法62条）。旧不登法42条は，このような申請が可能であることを前提に申請書の添付書類を定めていたが，登記名義人が権利に関する登記の申請人となるべき場合（不登法64条1項，65条，77条等）については定めていなかった。不登法62条は，「登記名義人」についても，明文で規定したのである。

2:2:1:3 その他の申請権者

その他，旧不登法では添付書面のみが規定されていた次の登記の申請権

者を明らかにし，解釈上認められていた取扱いを明文化している。

なお，変更登記と更正登記とで，対象となる事項の範囲が異なる（不登法37条と38条，51条と53条）のは，登記原因や登記年月日の変更はあり得ないが，更正はあり得るからである。地番や家屋番号は，職権で付けるべきものであるから，申請による更正登記の対象から除外している。

　a　表題部所有者の氏名等の変更・更正登記（不登法31条）(注)
　b　土地又は建物の表題部の更正登記（不登法38条，53条）
　c　登記名義人の氏名等の更正登記（不登法64条）
　d　(団地）共用部分である旨の登記の変更・更正登記（不登法58条5項）
　e　その他，共有物分割禁止の定め（不登法59条6号）及び不動産工事の先取特権の保存登記（不登法86条1項本文）

(注)　表題部所有者の更正登記等（不登法33条）については，旧不登法81条ノ7も申請権者を明記していた。

2：2：2　区分建物についての表題登記の一括申請

区分建物の表題登記の申請は，相続その他の一般承継人もできるが（不登法47条2項)，転得者には申請義務を課さず，申請適格を認めていない（基本通達第二の三の1）。ただし，この点は，後述（2：2：4）のとおり疑義がある。

① 原始取得者又はその一般承継人は，新築後1月以内に一棟の建物に属する他の区分建物の全部の表題登記の申請と「併せて」，すなわち一棟の建物に属する区分建物の全部について「一括して」しなければならない（不登法48条1項，基本通達第二の一の1）。「併せて」しなければならないということは，登記の処理が完了するまでに全部の区分建物について申請すればよいと解される（大内解説107，基本通達第二の一の2）(注)。

このように一括申請方式を採るのは，区分建物について敷地権がある

2　区分建物に関する表示の登記

ときは，敷地権が登記事項とされており（不登法44条1項9号），区分所有法上，敷地権割合は各専有部分の床面積割合で決まる（法22条2項，3項）。この場合に登記官が敷地権割合を調査するためには，一棟の建物に属する全区分建物の床面積を知る必要があるし，区分建物ごとに表題登記の申請を認めると，事務処理上も負担となり，相互に矛盾のない審査が困難となることも予想されるからである。

② 不登法48条1項及び3項により一括申請の義務付けをしたから，他の建物の所有者が協力しないときは，表題登記を申請する建物の所有者が，他の建物の所有者等に代位して，他の建物の表題登記又は表題部の変更登記を申請する権限を認めている（不登法48条2項）。

　もっとも，一棟の建物を新築し，区分建物となり得べき部分（専有部分）は複数個あるが，一棟の建物全部を一人が所有する場合，所有者が一棟の建物全部を1個の建物として表題登記を申請するか，数個の専有部分として各別の区分建物の表題登記を申請するかは自由である。

　この表題登記は，通常，一棟の建物全体の新築の登記原因及びその日付並びに申請人が同一であるので，令4条により一の申請情報により申請されているのが現状である（2：2：7，小宮山・規則解説・登研714－180）。

（注）　旧不登法93条ノ2第1項（及び2項）は，「申請ト共ニ」とし，不登法52条3項は，「一括して」と規定している。同意義と解して差し支えないであろう（2：2：7）。

2：2：3　原始取得者による申請

① 区分建物の原始取得者は，所有権を喪失した後であっても，自己名義で表題登記を申請しなければならない。原始取得者が死亡した場合（法人の場合は合併により消滅した場合）は，承継人が，被承継人（原始取得者）を所有者とする区分建物の表題登記を申請する（不登法47条2項，基本通達第二の三の2）。

これは，区分建物の属する一棟の建物を新築した場合，公示上，区分建物の全部について，同時に一括して区分建物の表題登記をすることが登記手続上望ましく，そうすることが，後述する敷地権の登記をする上でも合理的であることが理由となっている。ただし，表題部所有者として記録された原始取得者から所有権を取得した者は，直接自己名義で所有権の保存登記を申請することができる（不登法74条2項）。

② 　一棟の建物に属する区分建物の一部について表題登記の申請があったときは，不登法25条5号により却下される。ただし，この場合は，申請を直ちに却下するのではなく，申請人又はその一棟の建物に属する他の区分建物の所有者に対して，表題登記又は代位による表題登記の申請を催告し（準則63条，基本通達第二の一の3），全部の申請が期待できないと思われる段階で却下する（大内・取扱い167）。

2：2：4　転得者による申請

2：2：4：1 転得者の申請適格

　旧不登法は，非区分建物について，旧不登法93条3項により土地の新所有者による表題登記の申請義務を定めた同法80条3項（不登法36条）を準用しているが，区分建物については準用していない。そのことから，基本通達（第二の三の1）は，区分建物の転得者は，表題登記の申請はできないとしていた。もっとも，転得者は，原始取得者が表題登記を申請しないまま区分建物を譲り受けたときは，自己の名で申請をすることはできないが，民法423条に基づき原始取得者に代位して，その申請をすることはできる（基本通達第二の三の1ただし書）。この場合，転得者は，自己の取得した区分建物だけでなく，一棟の建物に属する全部の区分建物について，原始取得者を代位して，申請することができる（不登法48条1項，2項）。

　これに対しては，次の理由を挙げ，転得者の申請適格まで否定するものではないとする考え方があった（書式上386）。理論としては賛成である。

2 区分建物に関する表示の登記

① 旧不登法93条1項（不登法47条1項）は，建物が新築された場合の表示（表題）登記の申請適格者をその所有者であるとしたものではなく，「1月内（以内）に申請しなければならない」という義務を課した規定である。これは，旧不登法93条3項本文についても同様であろう。同項ただし書が旧不登法80条3項を準用しないとしているのは，区分建物については，新所有者に申請義務を課さないという趣旨であって，申請適格まで否定していると解するべきではない。

② 原始取得者は，一棟の建物に属する区分建物の全部を所有する例が多いから，その者が全部の区分建物について一の申請情報で表題登記を申請するのが簡便である。そのことから，一棟の建物に属する区分建物の全部について表題登記の申請を強制するのは，不登法48条1項の規定で十分である。仮に，新所有者に申請義務を認めたとしても，旧所有者も申請できるから，原始取得者が一括申請することもあり得る。同条2項は，各区分建物の原始取得者が異なる場合を考慮して定めた規定であるから，新所有者に申請適格を認めても不都合ではない。

しかし，不登法が47条2項を設け，「相続その他の一般承継があったとき」に限定して，承継人でなく「被承継人」を表題部所有者とする表題登記を「申請することができる。」と定めたことにより，現行法上は，転得者による転得者を所有者とする申請はできないといわざるを得ないことになった。

2:2:4:2 転得者の申請方法

区分建物の全部を一人が原始取得し，その表題登記をしない間に他に売却しても，表題登記の申請は，原始取得者又は一般承継人しかできないとすると，転得者による申請は，次のとおりとなる。

① 転得者は，自己を所有名義人とする表題登記の申請ができないのは，当然である。原始取得者を所有名義人とするものであっても，不登法48条2項によっては，代位申請ができない。同項による代位申請は，自分が原始取得した区分建物の表題登記の申請をする場合に，他の原始

取得者の区分建物の表題登記をするときの規定だからである。この点は，相続人その他の一般承継人の場合と異なる。

② 転得者は，原始取得者を所有者とする表題登記がされた区分建物について，所有権を取得したことを証する情報（令別表29添付ロ）を提供して，区分建物の所有権の保存登記を申請することはできる（不登法74条2項）。したがって，所有権の保存登記の請求権を保全するために，民法423条及び不登法59条7号により，原始取得者（債務者）に代位して，その所有名義の表題登記の申請をすることはできる（令3条4号，基本通達第二の三の1ただし書）。

③ 転得者は，他の区分建物の原始取得者にも代位して一括申請ができるか。転得者が原始取得者に債権者代位をするときは，原始取得者の有する不登法48条2項による代位権を行使できるものと解し，積極に解すべきであろう（浜崎187）。

【Q10】 請負契約による建物の表題登記
　　　建物の建築が請負契約による場合，転得者が表題登記を申請できないとすると，だれが原始取得者となるか。
【A】　例えば，A所有の土地についてBに一棟の建物の建築を請け負わせ，建物材料をBが提供して一棟の建物が完成した場合，特約のない限り，建物の所有権はBが原始的に取得し，Aに所有権を移転して引き渡すものと解されている。しかし，Bが区分建物の全部の表題登記をしようとしても，敷地利用権はAにあるから，敷地権の登記をすることはできない。このようなことにならないよう，あらかじめ，完成した建物の原始取得者をAとする特約をしておく必要があろう。

2:2:5　代位登記の申請
2:2:5:1 原始取得者の一人による申請
　区分建物の全部を一人が原始取得した場合は，一括申請も容易である。しかし，原始取得者が複数の場合は，区分建物の所有者がそれぞれ自己所

有の区分建物について表題登記の申請を共にすることを合意しなければならないから，同時に一括申請することは，事実上困難である。

そこで，原始取得者の一人が表題登記を申請する場合は，同時に他の所有者に代位して表題登記を申請することができるとしている（不登法48条2項，基本通達第二の二の1）。これは，民法423条に基づく不登法59条7号の代位申請に当たるものではないが，一括申請の実現の必要性から定められたものである（幾代382）。

2:2:5:2 債権者による申請

区分建物を目的として，原始取得者又は転得者から抵当権の設定を受けた債権者は，債権者代位により（民法423条，不登法59条7号），抵当権設定登記請求権を行使する前提として，原始取得者又は転得者の所有権の保存登記を代位申請するため，区分建物の表題登記を代位申請することができる。この場合，前項と同様に，区分建物全部について一括申請するために，原始取得者の有する不登法48条2項による他の区分建物の原始取得者についての代位権も代位行使することができると解する。

2:2:6 相続人による申請

従来，原始取得者が死亡し，相続が発生した場合も，相続人その他の一般承継人は，旧不登法93条3項ただし書により，区分建物の表題登記を自己の所有名義で申請することはできないとされ（基本通達第二の三の2），この場合は，旧不登法93条1項による被相続人の申請義務を承継する者として，被相続人（原始取得者）名義で表題登記の申請をしていた。もっとも，民法252条ただし書の保存行為として，相続人一人で申請することはできる。

不登法47条2項は，この場合においても相続人その他の一般承継人が，被承継人（原始取得者）を表題部所有者として表題登記をすることができるとする従来の解釈を明文化した。

なお，区分建物について敷地権があるときは，区分建物を相続する者

は，敷地権も併せて相続しなければならない。区分建物とその敷地権の分離処分は，原則として禁止されているからである。

2:2:7　一の申請情報による申請

区分建物についても1不動産1登記記録の原則（不登法2条5号）が維持される。したがって，申請情報（不登法18条1号又は2号）は，一の不動産ごとに作成して提供しなければならないのが原則であるが（令4条），登記の目的並びに登記原因及びその日付が同一であるときは，この限りでないとされる（同条ただし書）。このただし書の規定は，同一の登記所の管轄にある甲乙不動産について，同一の登記原因による抵当権の設定登記を申請するような場合を想定しているようである（河合・解説21）。また，規則35条各号で定める一の申請情報によって申請することができる場合にも当たらない（2:6:2）。ただし，合体による登記等，一部の申請は，一の申請情報によってしなければならないとされている（令5条1項）(注1)。

一棟の建物に属する全部の区分建物について一括して表題登記を申請する場合，従来は，区分建物の全部につき一申請書で申請していた（基本通達第二の一の2）。旧不登法93条ノ2は，「他ノ建物ノ表示登記ノ申請ト『共ニ』之ヲ為ス」としていたから当然である（2:2:2の(注)）(注2)。

区分建物の表題登記については（申請人が異なることもあり得るから），他の区分建物と「併せて」申請しなければならないとする（不登法48条1項）。その趣旨に変わりはない。

① 区分建物全部が原始取得者に帰属するときは，一の申請情報ですることができる。これは，敷地権の登記を併せてするときもそうでないときも同じである。
② 区分建物の所有者を異にするときも，敷地権の有無にかかわらず，一の申請情報ですることができる。一棟の建物に属する全部の区分建物について同時に申請するのであれば，原則どおり，各別の申請情報でして

2　区分建物に関する表示の登記

差し支えないが（基本通達第二の一の2ただし書），申請情報の記載方法を工夫し，一の申請情報でするのが簡便である。敷地権の登記を併せてする場合は，特にそうである。

③　区分建物の所有者が他の区分建物についても代位して，区分建物の全部について表題登記を一括申請する場合（不登法48条4項）も，一の申請情報ですることができる。また，区分建物の一部について相続人が申請する場合や債権者代位による申請が含まれている場合も，すべて一の申請情報ですることができる。

(注1)　改正前の不動産登記特例型政令（建登記令その他）には，2以上の登記の申請を同一の申請書ですることができる旨を定めている規定があった（旧4条）。しかし，新令4条は，申請情報の作成及び提供の単位として，原則を「登記の目的及び登記原因に応じ，一の不動産ごとに作成して提供しなければならない」ものとし，例外として「同一の登記所の管轄区域城内にある2以上の不動産について申請する登記の目的並びに登記原因及びその目付が同一であるとき」及び「その他法務省令で定めるとき」を定めている（同条ただし書）。そこで，整備政令は，これとの均衡を図るため，2以上の登記を一の申請情報によってすることができる旨の特例を定める規定は，法務省令において規定することとし，2以上の登記の申請を同一の申請書ですることができる旨の規定を削除した。

　一方，改正前の各不動産登記特例型政令が，2以上の登記の申請を同一の申請書でしなければならない旨を定めていた規定については，新令5条各項において一の申請情報による登記の申請の義務規定を列挙して規定しているのと同様，省令事項としないで，整備政令（例えば，建替え登記令7条）では，2以上の登記の申請を一の申請情報によってしなければならない旨の規定に改めた（河合・整備令解説・民月60－3－43）。

(注2)　「共ニ之ヲ為す」の趣旨については，「同時申請よりは広い意味であるから，登記申請の受否を決定するまでに一棟の建物に属する区分建物の全部について建物の表題登記が申請されれば，その全部の申請を適法な申請として取り扱うことも許されるべきであろう」（法務省民事局編「改正区分所有法の実務」107）と説明

されていた（小宮山・規則解説・登研714-185）。

2:2:8 増築により区分建物ができた場合の申請
2:2:8:1 非区分建物の増築

　非区分建物を増築して，従前の非区分建物と増築した部分が共に区分建物となり，区分建物の表題登記を申請する場合は，既に表題登記のされている非区分建物が区分建物となったことによる表題部の変更登記と「併せて」申請しなければならない（不登法48条3項，基本通達第二の一の4，なお，2:5:4）。この場合に非区分建物の所有者が増築した区分建物の所有者でないときは，区分建物の表題登記を申請する所有者は，非区分建物の所有者に代位して併せて表題部の変更登記を申請することができる（同条4項）。

　この場合，登記の目的が一方は表題登記であり，他方は表題部の変更登記であり，例外的に一の申請情報により申請できるとする規則35条7号（平成18年新設）に該当しないから，申請人が同一であっても一の申請情報ですることはできないとする見解（本書3版152，新Q5-195）もあるが，積極に解しても差し支えないであろう（小宮山・登研714-180）(注)。

　非区分建物が未登記の場合は，従前の建物と増築した建物の双方について，一棟の建物に属する区分建物として，区分建物の表題登記を申請できる。この場合，双方の所有者を異にするときは，非区分建物の現在の所有者が転得者であっても，区分建物となった時の所有者を区分建物の原始取得者として取り扱い，その所有者又は増築した区分建物の所有者のいずれからでも，他の区分建物の所有者に代位して，表題登記を一括して申請することができると解すべきであろう（書式上393）。

(注)　「併せて」する申請であるから，一の申請情報によりすることができると解するが，必ずそのようにしなければならないものではなく，登記官が審査する段階で全部の申請がされていればよい（河合56，山野目227）。ただし，登記は，即日処

理が原則であるから，連件か少なくとも同日の申請が必要であろう（新Ｑ５－192）。

2:2:8:2 区分建物の増築

区分建物を増築した場合の申請については，いくつかのケースが考えられる（敷地利用権との関係について1:9:2）。

① 数個の区分建物がある一棟の建物を増築した場合は，増築した区分建物について，区分建物の表題登記を申請する。従前の区分建物については，不登法44条1項（2号及び6号を除く。）に掲げた登記事項に変更が生じたことによる表題部の変更登記を申請する（不登法51条1項）。

② 増築した区分建物が数個ある場合は，不登法48条1項及び2項により，増築した区分建物の全部を併せて申請する。この建物の表題登記の申請は，建物の表題部の変更登記の申請と一括して申請する（不登法52条3項）。また，代位申請ができると解すべきであろう（同条4項）。

③ 敷地権の登記がある区分建物を増築した場合，増築部分の区分建物を所有するためには，敷地利用権を取得する必要がある（なお，書式上369以下）。このとき，増築部分の区分建物の所有者に，従前の区分建物の所有者からその敷地利用権の一部をそれぞれ譲渡することは，法22条1項ただし書による分離処分可能規約があれば可能であるが，敷地権の登記があるままでは，することができない。そこで，次の手続が必要となる。

　a　従前の区分所有者は，分離処分禁止を解除する規約を設定する。

　b　従前の区分所有者は，増築部分の区分所有者に敷地利用権の一部を譲渡する。

　c　分離処分禁止を解除する規約を廃止する。その結果，全部の区分所有者が相当とする敷地権をもつことになる。

　d　従前部分の区分建物の表題登記（敷地権の登記を含む。）における敷地権が敷地権でなくなったことによる表題部の変更登記（令別表15）を申請する。

e　増築部分の区分建物の表題登記（敷地権の登記を含む。）を申請すると同時に，従前部分の区分建物について敷地利用権が敷地権となったことによる表題部の変更登記を申請する。

　　　なお，この場合，②と同じく，増築部分の区分建物の全部について一括して表題登記を申請すると共に，従前部分の区分建物の表題部の変更登記の申請も併せてするのが相当である。

2 : 2 : 9　未登記区分建物の所有権の保存登記又は処分制限の登記

　未登記の区分建物について，差押え等の処分制限の登記（3 : 14 : 2，3 : 17 : 1 ②，3 : 18 : 2）を嘱託する場合及び判決（3:2:2:4）又は収用（3:2:2:5）により所有権の保存登記を申請する場合，不登法48条1項又は3項により，一括申請をすべきか。

　未登記の区分建物であっても，差押え等の処分制限の登記を嘱託することができる。この場合，登記官は，嘱託情報の内容に基づき，区分建物の表題登記及び債務者の所有権の保存登記を職権でした上，嘱託に係る処分制限の登記をする（不登法76条2項，規則157条3項）。この登記をする場合，他の区分建物についても同時に債権者代位により表題登記を嘱託しなければならないとすると，処分制限の登記は大幅に遅れ，不都合を生ずる。しかも，判決又は収用に基づき，直接所有権の保存登記を申請することができるのであるから（不登法74条1項2号，3号），一括申請の規定は，これらの登記の嘱託には適用されないと解する（基本通達第十三の三の1，インター5－9－102）。

2 : 3　申請情報の内容

　区分建物の表示に関する登記を申請するに当たっては，通常の建物の表題登記申請における一般原則（不登法27条，令3条8号，令別表12，規則34条）によるほか，次の諸点に留意しなければならない。

　なお，本書においては，書面（磁気ディスクを含む。）を提出する方法

2　区分建物に関する表示の登記

（不登法18条2号）により登記の申請をする場合を想定し、「…事項を申請情報の内容とする」（令3条）などとしないで、「…事項を記載する」とする場合がある。ただし、敷地権の表示については、「敷地権の表示を申請情報の内容とする」と表記する（2:3:4）。

2:3:1　申請人の表示
2:3:1:1 区分建物の所有者が複数の場合
①　所有者全員が申請するとき

　　各区分建物の表示の次に所有者として各所有者を記載する。申請人を記載する箇所には、「別記各所有者」と記載して差し支えない。

②　他の区分建物の所有者が申請しないとき

　　申請する所有者が他の所有者に代位して他の区分建物の表題登記も申請することができる（不登法48条2項、4項）。この場合、申請情報に代位原因として、不登法48条2項又は4項による代位である旨を記載し（令3条4号）、代位原因を証する情報として、代位者が同一の一棟の建物に属する区分建物の所有権を取得したことを証する情報を提供する（令7条1項3号、基本通達第二の二の2、なお、被代位者が2個以上に区分できる専有部分を所有するときについて、質疑58-31）。

③　各区分建物ごとに各別の申請情報で申請するとき

　　申請人として区分建物の所有者（原始取得者）を記載し、他の所有者が代位して申請するときは、代位申請人としてその代位者を記載する（令3条4号）。

2:3:1:2 相続人が申請する場合
①　区分建物の原始取得者が死亡して承継人として申請する場合に、他の区分建物と併せて一の申請情報で申請するときは、各区分建物の表示の次に所有者（原始取得者）として被相続人を記載し、申請人として相続人を記載する。

②　相続人が申請しないため他の区分建物の所有者が代位して申請すると

きは，被相続人の表示の次に相続人を記載し，代位申請人として代位者を記載する（令3条4号）。
③　各区分建物ごとに各別の申請情報により申請するときは，所有者として被相続人，申請人として相続人，代位申請人として代位者を記載する。

2:3:1:3 転得者が代位申請する場合

①　転得者が債権者代位により原始取得者に代わって申請する場合に，他の区分建物と併せて一の申請情報で申請するときは，区分建物の表示の次に所有者として原始取得者を記載し，代位申請人として転得者を記載する。
②　区分建物について各別の申請情報で申請するときは，申請人として原始取得者を記載し，代位申請人として転得者を記載する。

2:3:1:4 原始取得者共有の場合

区分建物が原始取得者数人の共有に属するときは，共有者の表示のほか，共有持分を記載する（令3条9号）。

共有の区分建物については，共有者全員が申請人となるが，保存行為（民法252条ただし書）として，その共有者の一人だけでも申請することができる。この場合，申請人としてその一人を記載し，区分建物の表示の次に，共有者全員とその共有持分を記載する。

2:3:2　建物の表示

申請情報に記載すべき建物の表示の全体は，規則4条3項の別表3の区分建物である建物の登記記録（区分建物の不動産番号などを除く。）のとおりである。

2:3:2:1 一棟の建物の表示

区分建物が属する一棟の建物の「所在」（不登法44条1項1号）及びその建物の名称（同項8号）並びに一棟の建物の構造及び床面積（同項3号）を記載する（令3条8号）(注1)。「種類」を記載しないのは，一棟全

2 区分建物に関する表示の登記

部が同一の用途をもつとは限らないからである。また，一棟の建物に家屋番号は付かない。

旧不登法91条4号の「建物ノ番号」は，建物を特定するために所有者において適宜付した番号であって，「ＲＡ１号」又は「ひばりが丘１号館」のような符号を含むものとされていた（旧準則155条2項）。建物の番号を登記事項とする趣旨は，建物を特定するための事項を登記することにあるから，必ずしも数字に限る必要はない。そこで，不登法は，「建物ノ番号」を「建物の名称」と改めている。利用上，管理上の便宜等を考慮して建物を特定するために付けた名称という意味である。これに伴い，一棟の建物については，番号ではなく名称を登記事項とした（同項8号）(注2)。

(注1) 建物の所在の記録方法については，準則88条

(注2) 数字を用いない「本館」「別館」「東館」「西館」のような符号でも建物の名称に該当する。しかし，広い意味での建物の名称とみなすことができないもの，例えば，「事務所」「工場」などは，建物の名称として登記することはできないであろう（清水・解説94）。

2:3:2:2 区分建物の表示

区分建物（不登法2条22号）の種類，構造，床面積及び家屋番号のほか，一棟の建物の名称とは別に「区分建物の名称」があるときは，その名称を記載する（令3条8号ニ，規則4条3項の別表3の区分建物の表題部）。しかし，非区分建物についてはともかく，区分建物について家屋番号のほかに名称を付け，その登記を認めることに意味があるか疑問である。

【Q11】 建物の特定方法

建物の特定は，どのようにして行われているか。

【A】 建物特定の方法としては，建物の名称，家屋番号，不動産所在事項，不動産識別情報としての不動産番号などがある。

① 不登法は，「建物の名称があるときは，その名称」（44条1項4

号),「一棟の建物の名称があるときは，その名称」同項8号）を登記事項とし，更に，区分建物についても建物の名称を登記できるようにした（規則別表3の区分建物の表題部の建物の名称欄）。それを前提として，建物の名称（令3条8号ニ）及び一棟の建物の名称（同号ト）を申請情報の内容としている。

　申請情報として建物を表示する場合に一棟の建物の名称を記載したときは，建物の表題登記を申請する場合を除き，一棟の建物の構造及び床面積を省略することができる（令3条8号ヘ括弧書き）。名称を申請情報の一とすることによって，登記手続上一棟の建物が特定されるからである。登記原因情報及び代理権限情報等についても同様である（基本通達第十七の5後段）。

② 　登記所は，1個の建物ごとに家屋番号（不登法2条21号）を付けなければならない（不登法45条）。これも申請情報の一となり，登記事項である（不登法44条2号，令3条8号ロ）。

③ 　規則は，「不動産の所在する市，区，郡，町，村及び字並びに土地にあっては地番，建物にあっては建物の所在する土地の地番及び家屋番号」を「不動産所在事項」と定義している（規則1条9号）。これらはすべて不動産の表示（不登法2条2号）の一部として，登記事項となっている（不登法34条1項，44条1項1号及び2号）。当然，申請情報の一でもある（令3条7号及び八号イ，ロ）。

④ 　不登法は，土地及び建物の表示に関する登記事項として，「不動産を識別するために必要な事項」を掲げ（不登法27条4号），これを「不動産識別事項」と称して記載したときは，申請情報の一部を省略できるとした（令6条1項，2項）。

　この不動産識別事項は，「不動産番号」と称し（規則34条2項），具体的には，1筆の土地又は1個の建物ごとに番号，記号その他の符号が付けられ（規則90条），土地及び建物の登記記録に記録される（規則別表1ないし3）ことになる。

　したがって，不動産の特定方法としては，判決書や公正証書はともかく，登記手続においては，不動産番号のみで足りるから，「名称」を利用して建物の特定をする必要はない。

　ちなみに，登記事項証明書等の交付を請求するときは，不動産所在事項又は不動産番号を提供するとされている（規則193条1項2号）。

2 区分建物に関する表示の登記

> なお，登記識別情報（不登法21条）の通知は，登記識別情報のほか，不動産所在事項を省略せず，不動産番号等も明らかにしてすると定められている（準則37条1項）。
> このように，建物の特定の方法としては，①建物の名称，②家屋番号，③不動産所在事項，④不動産識別情報としての不動産番号がある。少し整理してはいかがであろうか。

2:3:2:3 附属建物の表示及び非区分建物の表示

　附属建物（不登法2条23号）の所在は，登記事項となっている（不登法44条1項5号）。これは，附属建物の所在する土地の地番は，主建物の所在の一部として記録されていることを踏まえたものである（2:1:3⑤）。

① 主建物と附属建物がいずれも非区分建物であるときは，附属建物の敷地の地番は，主建物の敷地の地番と共に建物の登記記録の表題部の所在欄に記載する（規則4条2項の別表2，準則88条2項）。

② 主建物が非区分建物であり，附属建物が区分建物であるときは，附属建物が属する一棟の建物の所在，構造，床面積及び名称は，附属建物の表示欄中の構造欄に記載する（規則4条2項の別表2）。

③ 主建物が区分建物であり，附属建物が非区分建物であるときは，附属建物の所在は，附属建物の表示欄中の構造欄に記載する（規則4条3項の別表3）。

④ 主建物とその附属建物が一棟の建物に属する区分建物であるときは，一棟の建物の所在地番が建物の登記記録の表題部に記録されているので，附属建物には，一棟の建物の所在，構造及び床面積を記載しない（準則89条）。しかし，両者が別棟の一棟の建物に属するときは，附属建物の表示欄中の構造欄に記載する（規則4条3項の別表3）。

【Q12】　建物の構造・床面積の表示
　　鉄筋コンクリート造地下1階付3階建の一棟の建物のうち，地下か

ら2階までにまたがる1個の区分建物の構造と床面積はどのように表
　　　示するか。
　【A】　構　造　鉄筋コンクリート造3階建
　　　　床面積　地下1階部分　100平方メートル
　　　　　　　　1階部分　　　100平方メートル
　　　　　　　　2階部分　　　100平方メートル
　　　階層による区分については，非区分建物又は一棟の建物の表示をす
　　る場合のように「地下1階付き2階建」と表示するようにも考えられ
　　るが（準則81条1項（3）），各区分建物については，一棟の建物の
　　何階に位置するかに関係なく，何階層になっているかを表示すれば足
　　りる。
　　　なお，床面積については，一棟の建物全体の階層のどこに位置する
　　かを表示し，その階層に占める区分建物の面積を表示する。
　　【記録例118】

2：3：3　一の申請情報による申請

① 　一棟の建物に属する区分建物の表題登記は，区分建物の全部を「併せ
て」申請するのが原則であるから（不登法48条1項），旧不登法93条
ノ2が「共ニ之ヲ為スコトヲ要ス」と定めていた場合の取扱い（2：2：
7）と同様に，一の申請情報に「一棟の建物の表示」を記載して，これ
をすべての区分建物の共通事項とし，「区分建物の表示」を記載して提
供しても差し支えないものと解する。
　　なお，区分建物の所有者が複数の場合は，各区分建物の表示の次に区
分建物の所有者を記載する。
② 　一棟の建物の表題登記をした後に，区分建物を増築し，区分建物の表
題登記を申請する場合は，申請書に記載すべき一棟の建物の表示事項
は，増築後の一棟の建物である。登記記録上の一棟の建物の表示は，増
築前のものであるから，その区分建物の表題登記の申請と併せて，既存
の区分建物の表題部の変更登記（一棟の建物の表示変更によるもの）を
申請する（2:2:8:1）。

2　区分建物に関する表示の登記

　増築した区分建物の表題登記の申請情報には，既に登記されている他の区分建物と同一の一棟の建物に属するものであることを明らかにするため，増築後の一棟の建物の表示のほか，登記記録上の一棟の建物の表示を記載する。

2：3：4　敷地権の表示

　区分建物の表題登記を申請する場合に敷地権（不登法44条1項9号）があるときは，敷地権の表示を申請情報の内容とする（令別表12申請イ）。①敷地権の目的となる土地の所在，地目，地積②敷地権の種類（所有権，地上権又は賃借権の別）及び割合（共有又は準共有の持分）③敷地権の登記原因及びその日付である。以下，①ないし③を「敷地権の表示」という(注)。

　表題部に記録する敷地権の内容には，このほかに敷地権の目的である土地を記録する順序に従って付した符号がある（規則34条1項5号，118条1号イ）。

　附属建物が区分建物でそのための敷地権がある場合も敷地権の表示を申請情報の内容とする（不登法44条1項9号）。この場合，主建物も区分建物であるときは，主建物の敷地権と附属建物の敷地権を区別する（令別表12，規則4条3項の別表3，基本通達第二の四の1後段，質疑58-37）。

(注)　「敷地権」については，不登法44条1項9号中で略称表示しているが，いわゆる「敷地権の表示」については見当たらない。旧不登法93条ノ13第1項は，「敷地権ノ表示」と略称していた。新法においてもこれを活用すべきであったと考える。

　別表の申請情報においては，表示に関する登記の場合は，「(1)敷地権の目的となる土地の所在する市，区，郡，町，村及び字並びに当該土地の地番，地目及び地積(2)敷地権の種類及び割合　(3)敷地権の登記原因及びその日付」を各登記ごとに定めている（12イ，13イ，14ロ，15，16ロ，21。ただし，28ロ，32は，(3)を除いている。）。一方，権利に関する登記を申請する場合（不登法73条）については，「令3条11号ヘ」により一括して規定している。敷地権の登記原因及びその日付は，

規定していない。

2：3：5　登記原因及びその日付

　区分建物の表題登記の登記原因（規則89条）は，通常は「新築」であり，日付は，建物としての効用を得た日（竣工の日）である。

　区分建物又は区分建物である附属建物に敷地権があり，その内容を記載した場合は，敷地権の登記することについての登記原因及びその日付も記載する（令別表12申請イ(3)，基本通達第二の四の2前段）。

① 　登記原因は，敷地利用権が敷地権となったことである（2:4:2:2③）。分離処分可能規約がない場合は，敷地利用権取得の登記をし，かつ，区分建物を新築して区分建物の敷地権となったことである。分離処分可能規約がある場合は，その規約を廃止して敷地利用権取得の登記をし，かつ，区分建物を新築して敷地権となったことである。登記原因の日付は，次による。

　　a　区分建物新築の日前に敷地利用権取得の登記をしていた場合で分離処分可能規約がないときは，区分建物の新築の日（質疑59-16）

　　b　分離規約があり，区分建物新築の日前に敷地利用権取得の登記をしたときは，規約廃止の日（基本通達第二の四の2後段）

　　c　区分建物新築の日後に敷地利用権取得の登記をしたときは，その登記の日と規約廃止の日のいずれか後の日（質疑58-39，質疑59-17）

② 　規約によって敷地権割合を定めた場合，登記原因の日付は，次のとおりとなる。

　　a　規約設定の日が建物新築の日より前のときは，建物を新築した日
　　b　規約設定の日が建物新築の日より後のときは，規約を設定した日
　　　bの場合，規約を設定する前に法定割合で敷地権が発生しているから，新築の日を敷地権発生の日として記録すべきであり，したがって，いったん法定割合による敷地権の登記をし，その後，分離処分可能規約を設定したときは，前の法定の敷地権の登記を抹消すべきであるとも考

えられる。しかし，分離処分可能規約を設定したときは，最初から敷地権のない区分建物として表題登記をすることになるから，区分建物が生じた日より後に規約を設定したときは，その日を敷地権発生の日として処理して差し支えないであろう（質疑59-10）。その日が敷地権発生の日になる（新Ｑ５-322）わけではない。

【Q13】 区分建物と敷地の登記名義人の違い
　敷地権付き区分建物の表題登記を申請する場合に建物の所有者と敷地の登記名義人の表示が相違していても，その同一性を証する情報を添付すれば受理されるか。

【Ａ】 受理できない。登記官は，表題登記が申請された建物について，必要に応じて実地調査を行った上，その所有者，敷地権の発生した原因の日付について，各種の資料を基礎として判断する（実質的審査）。一方，敷地権の目的である土地に関する所有権等の登記名義人は，土地登記記録の相当区（所有権，地上権及び賃借権）に記録された内容，すなわち権利に関する所有権等の別，持分及び登記名義人の住所，氏名のみをもってその異同を判断する（形式的審査）。

　したがって，登記官は，建物の所有者と土地（敷地）の登記名義人の表示が不一致の場合に，同一人であることの（変更）証明書に基づき同一人と認定することはできない。また，このような場合，土地の所有権等の登記名義人の変更登記の申請を省略して，区分建物の表題登記の申請を認める規定も存在しないから，このような登記の申請は，受理することはできない（質疑58-18）。

2:3:6　添付情報

　電子情報処理組織を使用する方法により登記を申請するときは，申請情報と併せて，作成者の電子署名のある添付情報を送信しなければならない（令10条，12条２項）。ただし，添付情報の一部を書面で提出する特例方式も認められている（令13条，令附則５条１項）。申請情報を記載した書面を提出する方法（不登法18条２号）により登記を申請するときは，添

付書面（一部磁気ディスクを含む。）を提出してする（令15条）。
① 会社法人等番号
　申請人が会社法人等番号を有する法人の場合には，代表者の資格を証する情報（以下「資格証明情報」という。）に代えて，会社法人等番号（商登法7条）を提供しなければならない（令7条1項1号イ）。ただし，申請人が代表者の資格を証する登記事項証明書（規則36条1項1号）又は支配人等によって登記の申請をする場合にその権限を証する登記事項証明書（同項2号）を提供したときは，会社法人等番号の提供を要しない。これらの登記事項証明書は，作成後1月以内のものでなければならない（同条2項）。
　申請人が会社法人等番号を有しない法人の場合は，作成後3月以内の資格証明情報（例えば，土地改良区については，都道府県知事が作成した代表者の資格証明書）を提供しなければならない（令7条1項1号ロ，17条1項）。
　なお，申請人の会社法人等番号を提供するときは，「申請人の名称」（令3条1号）に続けて記載して差し支えない。
② 支配人代理権限証明情報
　申請人が会社法人等番号を有する法人であって，支配人等が法人を代理して登記の申請をする場合は，支配人等の権限を証する情報として，作成後1月以内の登記事項証明書（規則36条1項2号，36条2項）を提供する。ただし，その法人の会社法人等番号の提供をもって，これに代えることができる（規則36条3項）。
④ 法人代理権限証明情報
　申請人が司法書士法人などの法人である代理人によって申請する場合は，申請を代理してする権限があること証する委任状等を提供する。そして，作成後3月以内の登記事項証明書を提供する（令7条1項2号，17条1項）。ただし，法人である代理人の会社法人等番号を提供したときは，これを代理人の代表者の資格証明情報の提供に代えることができ

る（規則37条の2）。

⑤　委任代理人権限証明情報

　　委任による代理人の権限は，法定代理人（法人の代表者を含む。）の死亡等によっては消滅しない（不登法17条4号）。代表者が死亡等した場合も会社法人等番号を提供しなければならない（令7条1項1号イ）。この場合は，申請情報に死亡等した代表者の代表権が消滅した旨を明らかにしなければならないが，会社法人等番号によって代表者の資格を確認できないときは，その資格を確認できる登記事項証明書を提供しなければならない。

⑥　住所証明情報

　　申請人の住所を証する情報として，登記事項証明書を提供する（令7条1項6号，別表28添付ニ，29添付ハ）。この登記事項証明書は，作成後1月以内のものでなければならない（規則36条2項）。

　　申請人が，申請情報と併せて住民票コード（住基法7条13号）又は会社法人等番号（商登法7条）を提供したときは，住所証明情報を提供することを要しない（令9条，規則36条4項）。

　　登記官は，会社法人等番号を用いて登記記録を確認することで，法人の代表者資格だけではなく，法人の住所及びその変更等に係る情報についても審査できるので，会社法人等番号を提供した場合には，住所証明情報の提供を要しないとしたのである。

　　このほかの添付情報は，次のとおりである。

2:3:6:1 登記原因証明情報

　登記の申請には，原則として，「登記原因を証する情報」を提供しなければならない（不登法61条）。しかし，登記原因証明情報であるためには，どの不動産についてどのような内容の登記がされたかを明らかにするものでなければならない。その意味で，区分建物の表題登記には，登記原因証明情報は存在しない（3:3:2:2）。

2:3 申請情報の内容

2:3:6:2 建物所在図

　登記所には建物所在図を備え付ける（不登法14条1項，3項，規則11条，14条，15条，準則15条，16条2項）(注)。

（注）旧不登法18条は，建物所在図は「建物の位置及び家屋番号」を「明確にする」ことを要求していたが，新不登法は，「表示する」ことで足りることとしている（不登法14条3項）。建物は，外形上その存在を確認することが容易であるほか，建物の所在する土地は建物の登記事項として登記記録上明らかにされ，土地の所在は「地図」により正確に特定されるので，建物自体の位置については，それほど高い精度を要求する必要はなく，土地上の位置関係が分かる程度に表示されていれば足りるからである（清水・解説87）。

2:3:6:3 建物図面

　建物図面は，1個の建物の位置を明らかにする図面である（令2条5号，規則73条，74条，81条，82条，84条，88条，準則52条，54条，55条2項，56条，58条2項3項）。その内容及び作成方法は，次のとおりである。

① 建物図面の内容（規則82条）

　　a 建物図面は，建物の敷地及びその1階（区分建物にあっては，その地上の最低階）の位置及び形状を明確にするものでなければならない（1項）。

　　b 建物図面には，方位，敷地の地番及びその形状，隣接地の地番並びに附属建物があるときは主建物又は附属建物の別及び附属建物の符号を記載する（2項）。

　　c 建物図面は，原則として，500分の1の縮尺により作成する（3項）。

② 建物図面の作成方法（準則52条）

　　a 建物が地下のみの建物である場合は，①aの規定にかかわらず，地下1階の形状を朱書する（1項）。

　　b 建物が区分建物である場合は，点線をもってその建物が属する一棟

の建物の１階の形状を明確にする。この場合，その建物が１階以外の部分にあるときは，その階層を，例えば「建物の存する部分４階，５階」のように記載する（２項）。

　　c　b 後段の場合に，その建物（その建物が２階以上である場合はその１階）がある階層の形状が一棟の建物の１階の形状と異なるときは，１点鎖線をもってその階層の形状を明確にする（３項）。

③　建物の分割登記又は建物の区分登記を申請する場合（規則 84 条）

　　提供する建物図面には，分割後又は区分後の各建物を表示し，これに符号を付さなければならない。

2:3:6:4 各階平面図

　各階平面図は，１個の建物の各階ごとの平面の形状を明らかにする図面であり（令２条６号），その詳細は，規則（73 条，74 条，83 条，88 条）及び準則（53 条，54 条，55 条２項，56 条，58 条２項３項）により定められている。

　各階平面図の内容は，次のとおりである。一棟の一部の区分建物について申請する場合は，その区分建物についてのみ各階平面図を作成すればよい（昭 39．8．7 民事甲第 2728 号民事局長回答）。

　　a　各階平面図には，各階の別，各階の平面の形状，１階の位置，各階ごとの建物の周囲の長さ，床面積及びその求積方法並びに附属建物があるときは，主建物又は附属建物の別及び附属建物の符号を記載する（規則 83 条１項）。

　　b　各階平面図は，原則として，250 分の１の縮尺により作成する（同条２項）。

　　c　建物の分割登記又は建物の区分登記を申請する場合に提供する各階平面図には，分割後又は区分後の各建物を表示し，符号を付ける（規則 84 条）。

2:3:6:5 所有権証明情報

　１個の区分建物の所有者が代位により一棟の建物に属する他の区分建物

について一括して（併せて）表題登記を申請する場合は，他の区分建物の所有者の所有権を証する情報を提供する（令別表12添付ハ，準則87条1項）。

2:3:6:6 敷地権証明情報

建物の表題登記を申請する場合において主建物又は附属建物について敷地権が存するときは，敷地権証明情報を添付情報とする（令別表12添付ヘ）(注)。

① 敷地権の目的である土地が規約敷地であるときは，その規約を証する次のうちの1情報を提供する（令別表12添付ヘ(1)，基本通達第二の五の1前段，4）。

 a　規約の設定を決議した集会の議事録（法42条）

 b　区分所有者全員の規約設定の合意書（法45条）

 c　規約を設定した公正証書（法32条）

② 敷地権割合が規約（法22条2項ただし書（同条3項において準用される場合を含む。））で定めたものであるときは，その規約を証する情報（令別表12添付ヘ(2)，基本通達第二の五の1前段，4）。

③ 敷地権の目的である土地に他の登記所の管轄のものがあるときは，その土地の登記事項証明書（令別表12添付ヘ(3)，基本通達第二の五の1後段）。

(注)　敷地権証明情報については，別表添付情報の12ヘのほか，13ヘ，15イホ，16ハ，21ホ，28チ，32ニに記載がある。これらは，「敷地権証明情報」という略称表示を別に定め，各登記ごとに必要に応じて若干の文言を付け加えるだけで別表を大幅に縮小することができ，かつ，分かりやすさにもつながったのではなかろうか。非敷地権証明情報も同様である。

2:3:6:7 非敷地権証明情報

建物の表題登記を申請する場合には，「建物又は附属建物が区分建物である場合において，当該区分建物が属する一棟の建物の敷地について登記された所有権等の登記名義人が当該区分建物の所有者であり，かつ，区分

2　区分建物に関する表示の登記

所有法第22条第1項ただし書の規約における別段の定めがあることその他の事由により当該所有権等が当該区分建物の敷地権とならないときは、当該事由を証する情報」を添付情報とする必要がある（令別表12添付ホ）。「非敷地権証明情報」である(注1)。

　区分建物の所有者が法定敷地に登記された所有権、地上権又は賃借権をもっている場合に、その権利の全部又は一部が敷地権でないときは、分離処分可能規約その他これらの権利か敷地権でないことを証する情報を提供する（令別表12添付ホ、基本通達第二の五の2、4、1：7：1）(注2)。

(注1)　同様の規定は、別表添付情報の13ホ、15ハ、21ニ、28ト、32ハにもある。

(注2)　区分建物の所有者が敷地の所有権等の名義人であるが、その所有者が設定した未登記の地上権又は賃借権が敷地利用権である場合、所有権が「敷地権でないことを証する情報」を提供する（質疑58－16、17）。

2:3:6:8 代位原因証明情報

①　1個の区分建物の所有者が他の区分建物についてその所有者に代位して一棟の建物に属する区分建物の全部を一括して表題登記を申請する場合、代位原因証明情報は、代位申請人自身の区分建物の所有権を証する情報である（令7条1項3号、基本通達第二の二の2）。

　代位申請人は、自己所有の区分建物についても表題登記を併せて申請するから、添付情報としての自己所有権を証する情報を援用することになる（規則37条）。

②　区分建物の転得者が原始取得者に代位して申請する場合は、民法423条による債権者代位によるから、代位原因証明情報として、例えば、区分建物を原始取得者から転得したことを証する売買契約書等を提供する。また、被代位者の区分建物の原始取得を証する情報（所有権を証する書面）及び住所を証する情報も提供する。

2:3:6:9 一般承継証明情報

　区分建物の表題登記をしないうちに、相続又は合併などの一般承継が生じた場合は、相続等をしたことを証する戸籍事項証明書（令7条1項4

号）又は会社の会社法人等番号（同項1号イ）若しくは登記事項証明書（同号ロ）などを提供して，原始取得者を所有者とする区分建物の表題登記を申請する（質疑58-35）。

なお，共同相続人の一人が民法252条ただし書の保存行為として単独で申請する場合も，相続人であることを証する戸籍事項証明書等を提供する。

2:4 区分建物の表示に関する登記の実行

2:4:1 表示事項の特則

2:4:1:1 通則

区分建物である建物の登記記録には，およそ，次の事項を記録する（規則4条3項別表三）。区分建物についても1不動産1登記記録の原則は維持されているので（不登法2条5号，12条），一棟の表題部は，一棟に100個の区分建物があるとすれば，100個記録されていることになる。もっとも磁気ディスク中に同じデータが100個記録されているわけではない。

【記録例118～122】

① 一棟の建物の表題部
　a 専有部分の家屋番号欄に一棟の建物に属する区分建物の家屋番号
　b 一棟の建物の表示欄に一棟の建物の所在，建物所在図の番号，建物の名称，構造及び床面積並びに一棟の建物に係る登記原因及びその日付並びに登記の年月日
　c 敷地権の目的である土地の表示欄に土地の符号，所在及び地番，地目，地積及び敷地権に係る登記の年月日

② 区分建物の表題部
　a 専有部分の建物の表示欄に不動産番号，家屋番号，（建物の名称，）種類，構造及び床面積並びに区分建物に係る登記の原因及びその日付，（共用部分又は団地共用部分である旨）

175

2 区分建物に関する表示の登記

  b 附属建物の表示欄に附属建物の符号，種類，構造及び床面積，附属建物が区分建物である場合は一棟の建物の所在，構造，床面積及び名称並びに敷地権の内容，附属建物に係る登記原因及びその日付並びに登記の年月日

  c 敷地権の表示欄に敷地権の目的である土地の符号，敷地権の種類及び割合並びに敷地権に係る登記の登記原因及びその日付，附属建物については附属建物に係る敷地権である旨並びに敷地権に係る登記の年月日

  d 所有者欄に所有者及びその持分

③ 附属建物の表示欄

  a 附属建物の符号，種類，構造及び床面積並びに附属建物が区分建物である場合は一棟の建物の所在，構造，床面積及び名称，附属建物が区分建物である場合は敷地権の表示並びに附属建物に係る登記原因及びその日付

  b 敷地権の目的である土地の符号，敷地権の種類及び割合並びに敷地権に係る登記の登記原因及びその日付（②bと同じ）

2:4:1:2 一部既登記の場合

　区分建物の表題登記は，一棟の建物に属する区分建物の全部について一括してするのが原則である（不登法48条1項）。しかし，一部未登記の区分建物があるときは，その表題登記をしたことにより，同一の一棟の建物に属する他の区分建物すべてに共通する登記事項のうち，一棟の建物に係る登記事項（一棟の建物の所在（不登法44条1項1号），構造，床面積，名称及び敷地権（同項7号ないし9号））に変更があったときは，その効力は，一棟の建物に属する他の区分建物にも及ぶ（不登法51条5項）。そして，このように他の区分建物についてされた変更登記としての効力がある登記がされた場合，登記官は，職権で，他の区分建物について変更登記をすべきことになる（同条6項）。

2:4:1:3（団地）共用部分の所有者

① 一棟の建物の共用部分の登記は，規約共用部分についてする。それ以外の共用部分については，表示に関する登記をしない。登記を申請するには，（団地）共用部分である旨を定めた規約設定情報を提供する必要がある（令別表18添付イ，令別表19添付イ）。

② （団地）共用部分である旨の登記をした建物（区分建物又は附属建物）については，所有権者に関する事項を登記しない（不登法58条4項）。その建物については，民法177条の規定の適用がないから，その所有権の保存登記をしないし，共用部分の共有者は，その共用部分を供用すべき区分建物の所有者であり，所有者の変更（所有権の移転）に伴って共有者も変更するからである（2:8:3:3）。

　もっとも，法11条2項により，規約で特定の区分所有者を共用部分の所有者と定めた場合は，規約を変更し，又はその区分所有者が区分所有者でなくならない限り，その共用部分の所有者は変更しない。

2:4:2　敷地権の登記

2:4:2:1 意義

　敷地権とは，専有部分と分離処分が禁止される敷地利用権であって登記されたものである（不登法44条1項9号）。敷地権となる土地の権利は，登記された所有権，地上権又は賃借権のいずれかである（1:7:1）。

　登記官は，区分建物に関する敷地権について表題部に最初に登記をするときは，敷地権の目的である土地の登記記録について，職権で，登記記録中の所有権，地上権その他の権利が「敷地権である旨の登記」をしなければならない（不登法46条，規則119条1項，2:4:3）。

2:4:2:2 敷地権の登記事項

　敷地権の登記をするときは，次のように敷地権に関する事項を記録する（規則4条3項の別表三，118条，なお，1:7:3，2:3:4）。

① 一棟の建物の表題部中「敷地権の目的である土地の表示」欄に敷地権

2 区分建物に関する表示の登記

の目的である土地の符号,所在及び地番,地目及び地積,登記の日付
② 区分建物の表題部中「敷地権の表示欄」に敷地権の目的である土地の符号,敷地権の種類(所有権,地上権又は賃借権)及び割合(共有持分)並びに敷地権に係る登記の登記原因及びその日付(年月日敷地権)。
　敷地権が附属建物のためのものであるときは,その敷地権が附属建物に係るものである旨
③ 主建物が非区分建物の場合は,「附属建物の表示欄」の構造欄に敷地権の内容
④ 区分建物が共有の場合は,共有持分に対応する敷地権も明らかにするために,敷地権の権利者とその共有持分
⑤ 敷地権となった日は,分離処分可能規約の存否により異なる(2:3:5)。
　a 規約のない敷地利用権にあっては,その登記(本登記)をした日と区分建物が新築等により生じた日のいずれか後の日
　b 規約のある敷地利用権にあっては,その登記を区分建物が生じた日前にしたときは,規約を廃止した日(規約は区分建物が生じた後にされるのであるから,規約廃止の日は区分建物の生じた日の後である。)であり,その登記を区分建物の生じた日の後にしたときは,その登記の日と規約を廃止した日のいずれか後の日
　　規約廃止の日は,規約廃止の集会の決議(法31条1項)の日又は区分所有者全員の合意(法45条1項)の日である。

【Q14】 区分建物の敷地権割合「0」
　　Aは,Bの所有する土地の持分3分の2を買い受け,同土地に甲マンション(個数6個)を建築し,そのうち土地の代価に相当する区分建物2個をBに譲渡する予定である。甲マンション新築による表題登記をするに当たり,敷地権割合を区分建物4個については各6分の1とし,Bに譲渡予定の区分建物2個についてはそれぞれ「0」とする

規約を定め，敷地権の登記をすることができるか。
【A】　規約に区分建物の敷地権割合を「0」と定めることには疑義があるが，必要性は認められる。
　①　Aがマンション建築時点にもっている敷地利用権は，所有権の持分3分の2と乙の所有権の持分3分の1についての使用借権という，甚だ不安定な権利である。本来，このケースは，AとA及びBによる自己借地権契約に基づく権利を敷地利用権として建築するのが素直な方法であるが（1:6:3:3），Aがマンション業者で，税法上の問題等から等価交換方式によったものであると推定される。
　②　敷地権割合は，規約により定めることができまるが（法14条4項)，それは，敷地権をもった区分所有者であることが前提になる。したがって，Aの所有する区分建物4個の敷地権割合を各6分の1と定めたとしたら，Aには，残り2個分についての敷地権は存在しないから，本来，「0」と定めることもできないはずである。Bが2個の区分建物を譲り受けたときにその敷地権の登記をすれば足りるわけである。もちろん，Aが敷地利用権の全部をもっている場合には，区分建物の一部の敷地権割合を「0」と定めることを否定することはできない（③，Q 22）。
　　なお，Aは，敷地利用権の3分の1（Bの共有持分）について分離処分可能規約を定めることはできない。また，その必要もない。
　③　一般的に敷地権「0」の登記が必要な理由については，登記記録の公示上，当該専有部分が分離処分可能な建物なのか敷地権割合が0なのか，建物の登記記録だけでは分からないため，土地の登記記録から敷地権となっていない家屋番号を調べなければならないという煩雑さを強いることになるからという説明がある（細田進・登記先例解説集410-28,)。その観点からいうと，区分建物の全部を所有する者が敷地権の全部をもっていないときにも，敷地権0の登記を認める必要性はあるといえる（新Q 5 - 285）。

2：4：3　敷地権である旨の登記
2:4:3:1 意義
　敷地権である権利は，実体法上，専有部分（区分建物）と一体的に処分

2 区分建物に関する表示の登記

されるので（法22条），登記手続上も，建物の登記記録によって権利関係が公示される（不登法73条）。したがって，登記官に対し，敷地権である旨の登記を義務付けるのは，敷地権である権利については，その旨を土地の登記記録に明らかにし，その権利変動が建物の登記記録によって公示されていることを示すためである（1:7:4，2:4:2:1）。

2:4:3:2 登記事項

敷地権の登記（不登法44条1項9号，2:4:2:2）をした場合，登記官は，職権により，敷地権の目的である土地の登記記録の権利部の「相当区」（敷地権が所有権の場合は甲区欄，敷地権が地上権又は賃借権の場合は乙区欄）に，主登記により，次のようにどの権利が敷地権であるか及びその敷地権の登記をした区分建物を表示するのに足りる事項を記録する（不登法46条，規則119条1項各号，基本通達第四の一の1）。(注)

【記録例123】

 a 敷地権である旨（1号）

 b 敷地権の登記をした区分建物が属する一棟の建物の所在及び地番（2号）

 c 一棟の建物の構造及び床面積又は一棟の建物の名称（3号）

 d 敷地権が一棟の建物に属する一部の建物についての敷地権であるときは，その一部の建物の家屋番号（4号）

  区分建物の全部に敷地権があるときは，各区分建物の家屋番号を記載する必要はない。敷地権のない区分建物が少ない場合は，「家屋番号何町何番何を除く建物」と記録して差し支えない（質疑58-45）。

 e 登記の年月日

【記録例126】

(注) 旧法第93条ノ4第1項と同趣旨の規定である。甲棟の1番の土地が乙棟の規約敷地となっている場合（1:5:3:1図3）は，各棟ごとに敷地権である旨の登記をする（質疑58-3～5）。

2:4:3:3 他の登記所への通知

A登記所の敷地権の目的である土地がB登記所の管轄に属する場合の手続は，次のとおりである（基本通達第四の三）。

① 遅滞なくB登記所に敷地権である旨の登記の登記事項を通知する（規則119条2項）。
② 通知を受けたB登記所は，受付の手続をした上土地の登記記録の相当区事項欄に通知を受けた事項を記録する（同条3項）。
③ 通知に係る敷地権についてその抹消登記又は移転登記がされていることその他の事由（分合筆されている場合や財団に属している場合など）により敷地権である旨の登記ができないときは，遅滞なく，その旨をA登記所に通知する（基本通達第四の三の3）。
④ 通知を受けたA登記所は，一棟の建物の表題部の「敷地権の目的である土地の表示」欄及び区分建物の表題部の「敷地権の表示」欄に記録した敷地権を抹消する。原因は「錯誤」又は「年月日非敷地権」とし，その日付は，敷地権である所有権等の移転又は抹消登記の日を職権で記録する（基本通達第四の三の4，質疑58-49）。

2：5　区分建物の表題部の変更又は更正の登記

2：5：1　意義

建物の表題部の変更登記は，建物の表題登記をした後にその建物について物理的な変更が生じた場合及びその敷地の表示事項又は権利関係（敷地権）に変動が生じた場合にする。また，建物の表題部の更正登記は，更正前の登記と更正後の登記との間に同一性が失われない場合に限り，することができる（最二小判昭50.10.29判時798-22）(注1)。建物の同一性の有無の判断は，建物の種類・構造・床面積等とその現況が一致しない場合は比較的容易であるが，所在の字・地番が符合しない場合は容易でない。事案ごとに社会通念に照らして判断するほかはない。

区分建物の表題部の変更・更正登記をするのは，次の場合である。

2 区分建物に関する表示の登記

① 登記した一棟の建物に関して,増築,改築,一部取壊し,附属建物の新築(規則121条)・取壊しなどが行われた場合(注2)は,登記記録の表題部の表示事項と建物の現況が不一致となるから,各区分建物の所有権者は,1月以内に建物の表題部の変更登記をしなければならない(不登法51条1項)。

② 区分建物の表題部の表示事項が登記したときから誤っており,建物の現況と一致しない場合又は表示事項の一部に遺漏がある場合は,各区分建物の所有権者は,その表示事項を現況と一致させる表示の更正登記をすることができる(不登法53条1項)。

③ 建物の物理的な状態に変更がない場合であっても,登記した後に敷地権が生じた場合(2:5:7),敷地権が消滅した場合(2:5:8),敷地権が敷地権でない権利となった場合(2:5:9)若しくは敷地権が最初から不存在の場合(2:5:10,規則126条)又は建物の敷地(所在・地番)に変更が生じた場合等においても,同様にその変更・更正登記をする。

(注1) 更正登記は,いったんされた登記に当初から錯誤又は遺漏があった場合に,これを是正するための登記の形式を指す登記手続上の概念である。不登法3条は,不動産の表示又は不動産について登記をすることができる権利等について定めているが,更正登記については規定していない。しかし,同条は,登記制度が実体法上生じた権利変動を公示するためにされることを規定したもので,手続上どのような登記が認められるかということについて網羅的に定めたものではない。更正登記は,不登法3条の規定にかかわらず,認められる(3:1(注))。

(注2) 再築は,建物が滅失して新たな建物が建築されたものとして取り扱う(準則83条)。建物の解体移転も同様である(同85条)。建物の一部取壊し及び増築は,建物の床面積の減少又は増加として取り扱う(同84条)。

2:5:2 表題部所有者に関する変更・更正登記

表題部所有者の氏名若しくは名称又は住所についての変更・更正登記を

申請できる者は，表題部所有者に限定されている（不登法31条）。旧不登法は，この場合の変更・更正登記については，添付書面のみを規定していた（旧不登法81条ノ5及び93条ノ10第1項・43条）。不登法は，これらの登記の申請権者を明確にした。

2:5:2:1 表題部所有者の変更登記

表題部所有者又はその持分についての変更登記は，所有権の保存登記をした上で，所有権の移転登記によりすべきであり，表題部所有者の変更登記によりすることはできない（不登法32条）。旧不登法81条ノ6は，「所有権ニ関スル登記ノ手続」によらなければ登記をすることができない旨規定していた。不登法は，これを「所有権の保存の登記をした後において，その所有権の移転の登記の手続」と明確に規定したものである。

2:5:2:2 表題部所有者の更正登記

表題部所有者の変更については，前述のとおり，権利に関する登記によるべきであるが，当初から表題部所有者やその持分が誤って登記されていた場合，これを是正するための更正登記は，これにより不利益を受ける者の承諾があることを条件に認められている（不登法33条2項〜4項，令別表二添付2ハ）。

2:5:3 建物の表題部の変更登記

2:5:3:1 区分建物の表題部の変更登記

不登法2条5号は，旧不登法と異なり，区分建物である建物についても，1建物1登記記録の原則を維持している（1:11:1）。一方，区分建物が属する一棟の建物に係る登記事項は，一棟の建物に属する区分建物すべてに共通する登記事項であり，かつ，その内容も同一であるはずである。

そこで，ある一棟の建物に属する区分建物の表示に関する登記の登記事項のうち，一棟の建物に係る登記事項（一棟の建物の所在（不登法44条1項1号），構造及び床面積（同項7号）並びに名称（同項8号）及び敷

2　区分建物に関する表示の登記

地権（同項9号））に変更があったときは，その効力が一棟の建物に属する他の区分建物にも及ぶものとしている（不登法51条5項）。そして，このように他の区分建物についてされた変更登記としての効力がある登記がされた場合は，登記官は，職権により他の区分建物についても変更登記をし（同条6項），他の区分建物の登記記録上も，そのような登記がされたことを明らかにする。

【記録例136】
2:5:3:2　一棟の建物の表題部の変更登記
①　一棟の建物の表題部に変更があったときは，所有権者又は（団地）共用部分である旨の登記のある区分建物の所有者は，1月以内に変更登記を申請しなければならない（不登法51条1項）。

　　一棟の建物の表示に変更があったときとしては，次の場合がある。区分建物の表題登記をした後に敷地権が生じたとき及び別の敷地権が追加的に生じたときも，区分建物の表題部の変更登記として，敷地権の登記をする。

【記録例133～135】
　　a　区分建物の属する一棟の建物の増築又はその一部の取壊し
　　b　区分建物又はその構造上の共用部分の増加
　　c　一棟の建物の所在の変更
　　d　区分建物の一部の滅失又はその構造上の共用部分の減少
　　e　既存の区分建物の増築
②　一棟の建物に属する自分の区分建物に変更がなくても，各区分建物の所有権者又は（団地）共用部分の所有者は，それぞれが自分の区分建物の表題部の変更として，登記を申請することができる。一棟の建物の名称を記録する表題部の変更登記は，区分建物の各所有者が申請できる（質疑59-28）。
③　表題部の変更登記をしないうちに所有権が移転した場合は，新所有者は，所有権の移転登記をした日から1月以内に表題部の変更登記を申請

しなければならない（同条2項）。
④　表題部の変更登記をしないうちに一棟の建物に属する区分建物について（団地）共用部分である旨の登記がされた場合は，（団地）共用部分の所有者は，その登記がされた日から1月以内に表題部の変更登記を申請しなければならない（同条3項，4項）。
⑤　登記官は，区分建物である建物の家屋番号に関する変更・更正登記をした場合は，その建物が属する一棟の建物に属する他の建物の登記記録に記録されていた建物の家屋番号を抹消する記号を記録し，変更・更正後の家屋番号を記録しなければならない（規則116条2項）。
⑥　登記官は，表示に関する登記を完了した場合は，申請人以外の所有権者（共有の場合はその一人）に対し，登記が完了した旨を通知しなければならない（規則183条1項1号，2項）。
　一棟の建物の表題部の変更・更正登記を完了した場合においても，その登記の申請人になっていない他の区分建物の所有権者に対して，登記が完了した旨を通知しなければならないはずである（旧準則77条2項）。しかし，一棟の建物の構造や床面積の変更については，その原因が共用部分の増改築等による場合は，各区分建物の所有権者は，その事実を知っているし，また，その原因が特定部分の増改築等による場合は，他の区分建物の所有者が自分の建物の変更登記をすることはあり得ない。したがって，これらの場合は，申請をしなかった所有権者にその旨の通知をする必要性は低いという理由で，通知をする必要はないとされている（規則183条3項）。

【Q15】　建物の部分が法定共用部分と認定された場合
　　区分建物の表題登記をし，それに伴う所有権の保存登記をした建物の部分の全部又は一部が法定共用部分と認定された場合，どのような手続により訂正すべきか。建物の表題登記及び所有権の保存登記の抹消請求をすることができるか。

【A】 表示に関する登記は，登記官が職権でするように定められている。登記法上，申請権を認められていない者であっても，登記官に対して職権の発動を促すことにより，表示に関する登記を行うことは可能である。したがって，表題登記の存在により，所有権の行使が妨げられ，かつ，表題登記の抹消が職権の発動を促す方法によっては困難である等の特段の事情があれば格別，そうでない限り，私人間においては，表題登記の抹消登記請求は認められない（最一小判昭45.7.16判時605-64）。

建物の部分の全部が法定共用部分に当たる場合は，その各登記は抹消されるべきであるが，表示に関する登記は，登記官に職権の発動を促すことで実現できるから，保存登記の抹消登記請求とは別に表題登記の抹消を請求する必要はない。

しかし，建物の部分の一部が法定共用部分に当たる場合は，実体と齟齬する限度において表題部の更正登記をするのが相当であり，これにより目的を達し得るから，保存登記にふれる必要はない。

もっとも，建物の表題部の更正登記において，「所有権の登記がない不動産」について所有者の氏名・住所を記録すること（不登法27条3号）は，「後日所有権保存登記がなされるさいに，登記官をして当該不動産の所有権の所在を推認せしめるための極めて強力な資料となり」，「所有者と記載された者は，次の瞬間から，いつでも自由に，自己の所有名義で所有権保存登記を受けることができる（不登法74条1項1号参照）」から，「一種の中途半端さ」をもっている（幾代375）ことは，否定できない。

2:5:3:3 区分建物の表題部のみの表示事項の変更

① 区分建物の表題部又は区分建物の附属建物の表示事項に変更があった場合，その区分建物の所有権者は，1月以内に区分建物の表題部の変更登記を申請しなければならない（不登法51条1項）。

【記録例136】

② 区分建物の附属建物を新築した場合（規則121条，2:5:3:4）又は既存の附属建物が滅失した場合若しくは附属建物のある区分建物が滅失し

た場合（準則102条，この場合は，附属建物が主建物となる。）にも，同様の登記を申請しなければならない。

③　表題部の変更登記をしないうちに所有権が移転した場合については，2:5:3:2③と同様である。

④　（団地）共用部分である旨の登記をした建物の表題部に変更の生じた場合，所有者は，1月以内に表題部の変更登記を申請しなければならない（不登法51条4項）。その旨の登記をした建物には，所有権の登記がされないし，表題部にも所有者が記載されないから，この場合の申請義務は，実体上の所有者にある。

2:5:3:4 附属建物の新築の登記

　登記官は，附属建物の新築による建物の表題部の登記事項に関する変更登記をするときは，建物の登記記録の表題部に，附属建物の符号，種類，構造及び床面積を記録しなければならない（規則121条）。

　附属建物の種類，構造又は床面積に関する変更・更正登記をする場合において，表題部に附属建物に関する記録をするときは，附属建物の変更・更正後の種類，構造及び床面積の全部を記録し，従前の登記事項（符号を除く。）の全部を抹消する。この場合に表題部に登記原因及びその日付を記録するときは，変更・更正すべき事項の種類に応じて，登記原因及びその日付の記録に変更・更正に係る該当欄の番号を冠記してする。例えば，増築による床面積に関する変更登記をするときは，原因及びその日付欄に「③平成何年何月何日増築」のように記録する（準則94条）。

【記録例137】

2:5:4　非区分建物が区分建物となった場合

2:5:4:1「区分建物を新築」

　表題登記のある非区分建物に接続して区分建物を新築して一棟の建物になったことにより，非区分建物が区分建物となった場合は，従前の建物について区分建物となったことによる表題部の変更登記と「併せて」，増築

2 区分建物に関する表示の登記

部分について区分建物の表題登記をしなければならない（不登法52条1項，基本通達第二の一の4，第七の一の1，2：2：8：1）。

旧不登法第93条ノ7第1項は，「建物ノ区分ノ場合ノ外一棟ノ建物ヲ区分シタル建物ニ非ザルモノガ一棟ノ建物ヲ区分シタル建物ト為リタルトキ」と規定していた。不登法は，趣旨は同じであるが，より分かりやすくするため，「表題登記がある建物（区分建物を除く。）に接続して区分建物が新築されて一棟の建物となったことにより当該表題登記がある建物が区分建物となった場合」（不登法52条1項）と「いずれも表題登記がある二以上の建物が増築その他の工事により相互に接続して区分建物となった場合」（同条3項）に分けて規定している(注1)。

「区分建物が新築」された場合とは，非区分建物の所有者がその建物に接続して区分建物となるべき部分を増築し，その結果，所有者の意思として，従前の非区分建物及び増築部分を区分建物とする場合である。所有者が，増築後の一棟の建物を1個の非区分建物とするときは，不登法52条2項は適用されない(注2)。

なお，非区分建物の敷地利用権の一部を取得した者が，非区分建物に接続して自己の建物を新築し，その新築部分が構造上区分建物となるときも，従前の非区分建物は，当然に区分建物となる。

(注1)　1項は「表題登記の申請と『併せて』」とし，3項は「表題部の変更の登記の申請は，『一括して』」と規定しているが，意味に違いはないと解する（2：2：2(注)）。

(注2)　不登法48条（旧不登法93条ノ2）は建物の表題登記に関する規定であり，52条（旧不登法93条ノ7）は建物の表題部の変更登記に関する規定である。しかし，48条3項は52条1項と，48条4項は52条4項と同趣旨の規定である。すなわち，両条項は，表題登記と表題部の変更登記のいずれを主として規定するかの違いがあるにすぎないといえる。なお，不登法48条1項，3項及び52条1項は，「区分建物が新築され」と受身の表現をしているが，所有者の立場からいえば，旧不登法93条ノ2第2項のように「建物ヲ新築シ」であろう。

2:5 区分建物の表題部の変更又は更正の登記

【表4】 区分建物の表題登記と表題部変更登記の関係規定

区分建物の表題登記		
48条1項		区分建物甲乙新築→甲乙の表題登記を併せて申請 未登記非区分建物甲＋区分建物乙新築→同上
48条3項		既登記非区分建物甲＋区分建物乙新築→乙の表題登記＋甲の表題部変更登記を併せて申請
区分建物となったことによる建物の表題部の変更登記		
52条1項		既登記非区分建物甲＋区分建物乙新築→甲の表題部変更登記＋乙の表題登記を併せて申請
52条3項		既登記非区分建物甲＋既登記非区分建物乙→甲乙の表題部変更登記を一括して申請

（注）区分建物が非区分建物となった場合については，2:10:4。

2:5:4:2 登記の申請

　この建物の表題部の変更登記と区分建物の表題登記は，その建物の所有権者又は新たに生じた区分建物の所有者が，区分建物が生じたことにより，建物の表題部の表示事項に変更が生じた日から1月以内に申請しなければならない（不登法51条1項，2項）。

① この場合に表題部の変更登記を申請するときは，一括申請方式の適用を受け，一棟の建物に属する他の区分建物についての表題登記又は表題部の変更登記の申請と併せてしなければならない（不登法52条1項）。一括申請方式を採っているので，申請人は，他の区分建物の所有者等に代わって代位申請をすることができる（同条2項及び4項，基本通達第七の一の2）。

② 増築により新たに区分建物となった増築部分の建物の表題登記は，その原始取得者にのみ申請義務がある（不登法47条1項）。所有権の移転があっても，新所有者に申請義務はない。ただし，新所有者が一般承継人であるときは，原始取得者に代位して，区分建物の表題登記を申請することができる（同条2項）ことは，一般の区分建物の新築の場合と同

2 区分建物に関する表示の登記

様である。
③ 非区分建物が増築等により区分建物となった場合は，既登記の非区分建物の表題部の変更登記によるから，その表題部の変更登記をしないうちに所有権が移転したときは，新所有権者は，所有権の移転登記をした日から1月以内に建物の表題部の変更登記を申請しなければならない（不登法51条2項）。この点は，区分建物の新築による区分建物の表題登記の申請について原始取得者のみがその義務を負い，新所有者に申請義務がないのと異なる。

2:5:4:3 申請情報

この登記の申請情報は，通則的な事項のほか，変更後の登記事項（令別表14申請イ）である。この登記が敷地権に関するものである場合には，変更前に登記されている敷地権の表示も申請情報の内容とする（申請ロ）。

2:5:4:4 添付情報

この登記の添付情報は，通則的な情報（2:3:6）のほか，次の情報である（令別表14添付）。

① 建物の所在を変更するときは，変更後の建物図面（添付イ，令2条5号）
② 床面積を変更するときは，次の情報
 a 変更後の建物図面及び各階平面図（添付ロ(1)，令2条5号，6号）
 b 床面積が増加するときは増加部分についての所有権者の所有権証明情報（添付ロ(2)）
 c 附属建物を新築したときは（2:5:3:4），変更後の建物図面及び各階平面図並びに附属建物についての所有権者の所有権証明情報（添付ハ）

2:5:4:5 登記手続

この変更登記の手続は，次のとおりである。
① 登記官は，変更登記に係る区分建物について新たに登記記録を作成し，その表題部に規則140条1項の規定により登記を移記した旨を記録

する（なお，3項により従前の登記記録の閉鎖手続をする。）。
② 登記官は，新たに作成した登記記録の権利部の相当区に，変更前の建物の記録から権利に関する登記を移記し，登記の年月日及び規則140条2項の規定により登記を移記した旨を記録する。
③ 規則140条1項ないし3項は，区分建物が区分建物でない建物になったときに準用される（2：10：3）。

【記録例174】

2：5：5 一棟の建物及び区分建物の表題部の更正

　一棟の建物又は区分建物の表題部の登記事項が登記したときから誤っていた場合又は登記すべき事項を遺漏していた場合，所有権者は，表題部の更正登記をすることができる（不登法53条1項，2項）。ただし，申請義務はない。

　旧不登法は，建物の表示の更正登記については，添付書面のみを定めていたが（旧不登法93条ノ10・93条ノ5第2項），不登法は，更正登記を申請できる者及び更正登記事項を明らかにしている。

　更正登記の対象となるのは，登記原因及びその日付（不登法27条1号），登記の年月日（同条2号）若しくは規則90条で定める不動産番号（同条4号）又は不登法44条1項各号（同条2号及び6号を除く。）に掲げる登記事項である。除外されているのは，表題部所有者の氏名等（不登法27条3号），同法27条4号のうち規則で定めるもの以外のもの，登記官が職権で付ける家屋番号（同法44条1項2号）のほか，（団地）共用部分であること（同項6号）である。表題部所有者の氏名等の更正及び（団地）共用部分の更正については，別に不登法31条及び58条5項で定めている。

　なお，敷地権の登記に関して区分建物の表題部の更正登記をする場合については，後述する（2：5：12）。

2　区分建物に関する表示の登記

2:5:6　敷地権の発生・消滅・変更・不存在

　区分建物とその敷地について一体性の原則を導入し，そのことを公示するために敷地権の内容を登記事項としたことにより，敷地権の発生・消滅・変更・不存在に伴う建物の表題部の変更・更正登記をする必要がある（2:5:7～2:5:10）。敷地権の内容は，区分建物と敷地の分離処分の禁止という実体法上の効果を左右する重要な登記事項である。

　敷地権の変更があったときは，所有権者は，変更があった日から1月以内に建物の表題部の変更登記を申請しなければならない（不登法51条，基本通達第五の一の1，第六の一の1）。

2:5:7　敷地権が生じた場合

2:5:7:1 敷地権が生ずる事由

　区分建物に敷地権が生ずるのは，次の場合である。
　a　規約敷地を定める規約が設定されたとき（法5条1項）。
　b　分離処分可能規約が廃止されたとき。
　c　区分建物の表題登記後に敷地権の目的である土地の登記名義を取得したとき。
　d　その他一体化の障害となっていた事由が消滅したとき。

　cについては，例えば，土地の所有者Aが提供した土地に建築業者Bが建物を建築し，建物の表題登記をした後に，Bが所有する区分建物の一部をAに移転し，AがBの所有する区分建物の敷地利用権に見合う価格の土地所有権の一部をBに移転し，等価交換をすると敷地権が生ずる。

　dについては，例えば，区分建物の表題登記をするときは，これに対応する敷地利用権について第三者を権利者とする所有権移転の仮登記がされていたため敷地権として認定できなかったが，その後，仮登記が抹消されたことにより，一体化の要件が満たされると敷地権が生ずる。

> 【Q16】 敷地権発生の日
> 登記した賃借権が敷地権となっている土地の所有権を賃借権者が取得した後，解除を原因として賃借権を抹消し，所有権を敷地権とする場合の敷地権発生の日は，賃借権を解除した日と解して差し支えないか。
>
> 【A】 意見のとおり（質疑59－22）。
> （参考）借地権付きマンションについて地主から土地共有持分を取得して，区分建物の表題部変更登記（敷地権の表示）をした事例（川本光範・登情653－4）

2:5:7:2 登記の申請

　区分建物の表題登記をした後に敷地権が生じた場合，所有権者は，建物の表題部の変更登記の申請をしなければならない（不登法51条1項）。

　建物の表題登記の場合（不登法48条1項）と異なり，一括申請の規定はないから，区分建物ごとに個別に申請する（質疑58－53イ）。もっとも，この変更登記について一括申請を義務付けなかった理由は，変更登記は，表題登記と異なり，その原因が個別に発生すること，建物の表題部の変更登記の申請義務者を登記官が審査，把握することが困難であることによると解される。したがって，例えば，分離処分可能規約の廃止により敷地権が生じた場合（2:5:7:1 b）のように，区分建物全部について敷地権が生じたときは，登記官は，他の区分建物の所有者についても表題部の変更登記の申請をするよう指導するのが相当である（質疑59－23）。この変更登記が未了のうちに権利の登記が提出された場合は，これを受理するほかはない（質疑58－53ハ）。

2:5:7:3 申請情報

　申請情報は，通則的な事項のほか敷地権の表示である（令別表15申請イロハ，基本通達第五の一の1）。

　敷地権の発生を原因とする建物の表題部の変更登記（又は敷地権の存在

を原因とする建物の表題部の更正登記）を申請する場合は，その申請によって登記することになる敷地権の表示を申請情報の内容とする。

なお，敷地権の消滅を原因とする建物の表題部の変更登記及び敷地権の不存在を原因とする建物の表題部の更正登記の申請においては，現在登記されている敷地権の表示を申請情報の内容とする。

2:5:7:4 添付情報

この登記を申請する場合は，通則的な情報（2:3:6）のほか，敷地権が生じた事由（2:5:7:1）ごとに，次の情報を添付する（令別表15添付イ，ニ，ホ）。

　a　規約敷地の規約を設定したことにより敷地権が生じたときは，当該規約を設定したことを証する情報（添付イ，基本通達第五の一の2）

　b　分離処分可能の定めがある規約の変更その他の事由（例えば，敷地利用権であった未登記の地上権が消滅し，その土地の登記された所有権が敷地利用権となった場合）により敷地権が生じたときは，その事由を証する情報（添付ニ，基本通達第五の一の3）

　c　敷地権が生じた場合（a，bの場合）には，敷地権割合の規約を設定したことを証する情報及び他の登記所の管轄区域内にある敷地に関する登記事項証明書（添付ホ，基本通達第五の一の4）

なお，区分建物の表題登記をする時には，敷地である土地の所有権の登記名義をもっていたが，その土地が未登記の賃借権の目的となっていたため敷地権とならなかった場合において，その後土地賃貸借契約が解約されて所有権が敷地権となったときは，賃貸借契約の解約を証する情報を添付情報とする。

また，区分建物の表題登記をした時には，敷地利用権が未登記の賃借権であったため敷地権がなかったが，その後，その賃借権の設定登記をしたことにより敷地権を生じた場合は，その事実は，登記記録上明らかであるから，これを証する情報は不要である。

2:5 区分建物の表題部の変更又は更正の登記

2:5:7:5 敷地権の登記

　区分建物の表題部の変更登記が申請された場合は，建物の表題登記のときにする敷地権の登記に準じて敷地権を登記する（規則118条）。

　敷地権の登記原因及びその日付は，「平成何年何月何日敷地権」とする（基本通達第五の二）。

　敷地権の登記原因及びその日付については，2:3:5。

【記録例138】

2:5:7:6 敷地権である旨の登記

　敷地権を登記したときは，登記官は，職権により，敷地権の目的である土地の登記記録の権利部の相当区（甲区又は乙区）に敷地権である旨の登記をする（不登法46条，規則119条，基本通達第五の三，2:4:3）。

2:5:7:7 建物のみに関する旨の付記登記

　建物の表題部の登記事項に関する変更・更正登記により，新たに敷地権の登記をした場合において，建物について所有権又は（特定）担保権に係る権利に関する登記（所有権，特別の先取特権及び賃借権以外の権利に関する登記をいう。）があるときは，所有権の登記を除き，その権利に関する登記についてする付記登記によって，「建物のみに関する旨」を記録する（規則123条1項，基本通達第五の四の1，2）。具体的には，次のとおりである(注)。

① 建物についての所有権に係る権利に関する登記（所有権の登記以外の所有権に関する登記）がある場合

　　建物の登記記録の甲区に，例えば，所有権に関する仮登記，買戻しの特約の付記登記，差押えの登記，仮差押えの登記，仮処分の登記等があるときは，その登記に建物のみに関する旨を記録する。

　　区分建物とその敷地が一体化して敷地権の登記をしたときは，その後に建物についてする所有権に関する登記は，原則として，敷地権について同一の登記原因による相当の登記としての効力があるから（不登法73条1項），建物について所有権の登記をする前に登記したものであっ

2 区分建物に関する表示の登記

ても、あたかも敷地権についても同一の登記原因による相当の登記としての効力があるような外観を生ずる。そこで、そのような効力はないことを明らかにするために「建物のみに関する」旨を記録する。

　なお、敷地利用権が所有権であるときは、所有権の登記をしていることが敷地権の要件であり、この場合は、建物についてされた所有権の登記が建物のみに関する旨は明らかであるから、記録しない。

② 建物についての（特定）担保権に係る権利に関する登記がある場合

　（特定）担保権に係る権利に関する登記については、登記の抹消（2:5:7:8）と表裏一体の関係にある。すなわち、これらの登記で敷地権についてした登記と登記の目的等（登記の目的、受付年月日及び受付番号並びに登記原因及びその日付）が同一のものは、敷地である土地の登記記録にされたこれらの登記記録を抹消し（規則123条2項、基本通達第五の五の1）、以後、建物の登記簿のみをもってこれを公示する一方、これらの要件を欠くものについては、「建物のみに関する」旨を記録する。

　なお、特別の先取特権及び賃借権を除いているのは（基本通達第五の四の3）、その性質上、いずれも土地、建物につきそれぞれ別個に保存又は設定の登記がされることが明らかであり、あえて建物のみに関する旨を記録する必要がないからである。

③ 建物のみに関する旨の付記をするときは、「何番登記は建物のみに関する」のようにし、登記年月日を記録する（基本通達第五の四の2）。

【記録例139】，【記録例140】

（注）旧不登法93条ノ15第2項と趣旨は同一であるが、対象となる登記と対象とならない登記を、逆から表記している。

【Q17】 建物のみに関する旨の登記をすべき場合

　敷地権の登記がある建物に関する登記申請において、敷地権をその目的とせず、建物のみに関する旨の登記をすべき場合とは、どのよう

2：5　区分建物の表題部の変更又は更正の登記

な場合か。

【A】　①　建物の所有権に係る仮登記でその登記原因が敷地権発生前に生じたもの（不登法73条2項ただし書）。

　　ただし，敷地権発生前に，建物とその建物に係る敷地利用権を共に目的として仮登記の原因である法律行為をしたが，仮登記をしないうちに，その敷地利用権が敷地権となった場合（例えば，分離処分可能規約が廃止された場合）には，仮登記は，建物については建物の登記記録にし，敷地権については土地の登記記録にすることも可能であるが（不登法73条2項ただし書），建物に関する仮登記で敷地権についての仮登記としての効力があるもの（同条1項2号）をすることもできると解すべきである。そうであるとすれば，この仮登記を申請する場合には，敷地権の表示を記載すべきことになる。

②　敷地権のある建物についてされた所有権保存登記の抹消登記

　　ただし，敷地権のある建物についてした転得者保存登記（不登法74条2項）は，敷地権の移転登記としての効力があり，その抹消登記は，敷地権の移転登記の抹消登記としての効力があるから，その登記を申請する場合には，敷地権の表示を記載すべきである。

③　建物の所有権に関する仮登記で敷地権発生前にされたものに基づく本登記

　　ただし，この仮登記に基づく本登記は，建物の登記記録に敷地権の登記がされたままでは，することができない（不登法73条3項）。仮登記に基づく本登記の要件を具備したということは，建物の所有者と敷地権の権利者が異なって，敷地権が敷地権でなくなったということであるから，建物の表題部の変更登記により，敷地権を抹消した上（規則91条），建物の登記記録にすべきである。

④　敷地権発生前にされた建物の所有権に関する登記の抹消登記

　　ただし，所有権に関する仮登記，買戻特約の登記等の所有権の登記以外のものの抹消登記は，建物に所有権の登記がされたままの状態でして差し支えないが，所有権の登記の抹消登記は，建物の登記記録に敷地権の登記がされたままの状態ではすることはできない（不登法73条3項前段）。所有権の登記の抹消登記をするということは，③のただし書と同様，建物の所有者と敷地権の権利者が異なって，敷地権が敷地権でなくなったということであるから，建物の表題部の変更登

197

記により，敷地権を抹消した上建物の登記記録にすべきである。
⑤　その他次のような場合がある。
　a　建物の質権又は抵当権の設定登記でその登記原因が敷地権発生前に生じたもの（不登法73条1項3号）。
　b　建物を目的とする特別の先取特権の保存登記
　c　建物の賃借権の設定登記
　d　敷地権が賃借権である場合における建物の抵当権の設定登記

2:5:7:8　(特定) 担保権の登記の抹消

　区分建物について（特定）担保権に係る権利に関する登記で敷地権についてした登記の目的等が同一のものがあるときは，建物のみに関する旨を記録しない（規則123条1項ただし書）。敷地権について区分建物にした登記と同一の登記原因による相当の登記としての効力がある（不登法73条1項）からである。したがって，この場合は，敷地権についての区分建物についてした登記と同一の登記記録を抹消しなければならない（規則123条2項，基本通達第五の五の1）。この登記を抹消しないと，敷地について二重登記の状態（外観）を生じてしまうからである。

　これにより登記を抹消するときは，「何番の登記を規則123条2項の規定により抹消する」旨及び登記の年月日を記録し，登記を抹消する（基本通達第五の五の2）。この場合に敷地権の目的である数筆の土地のうち1筆について抹消できないときは，その土地に建物のみに関する旨を記録することになる（質疑58-54）。

　なお，敷地権を目的として抵当権が追加設定された場合は，「登記の抹消」の要件を欠く（受付番号が異なる。）から，その抵当権は抹消されず，区分建物の抵当権には建物のみに関する旨を記録する。

【記録例142】

2:5:8　敷地権が消滅した場合

①　敷地権の登記を抹消するのは，敷地権そのものが消滅した場合及び敷

地権が敷地権でない権利となった場合（規則124条）のほか，敷地権が初めから存在しなかった場合である（規則126条）。現行法令（令別表15登記事項欄，規則124条）は，旧不登法93条ノ16第1項（前段は敷地権が敷地権でない権利となった場合，後段は敷地権が消滅した場合）と同じ規定の仕方をしていない。旧不登法93条ノ16の2項以下の手続は，前段の「敷地権ガ敷地権タラザル権利」となった場合の手続である。後段の「敷地権ガ消滅」した場合は，敷地権の目的である土地の登記記録に権利及び権利者を表示したり，登記を転写する等の手続を必要としないから，同条2項以下（規則124条2項以下）の手続は不要である(注)。敷地権が消滅したことによる建物の表題部に関する変更登記は，後述のとおり，敷地権である地上権又は賃借権の抹消登記がされていることを前提にしているのである。ただし，規則124条1項の規定振りからすると，建物の表題部の変更登記を先に申請してきた場合は，これを却下することなく，敷地権でなくなった場合と同様の手続をしても差し支えないであろう。

② 敷地権が消滅するのは，敷地権である地上権（3:7:7）又は賃借権（3:11:6）の契約を解除した場合等である。敷地権の消滅による建物の表題部の変更登記は，敷地権そのものの消滅の登記（地上権又は賃借権の抹消登記）を経た上でなければすることができない（質疑58－58）。すなわち，地上権又は賃借権の抹消登記がされていることが前提となる（反対・書式解説190）。したがって，敷地権が消滅していることは登記記録により明らかであるから，敷地権の消滅を証する情報を添付情報とする必要はない（要覧上192）。

③ 敷地権付き区分建物について，敷地権の消滅を原因とする建物の表題部に関する変更登記をしたときは，区分建物の表題部の敷地権の表示欄中の原因及びその日付欄に「年月日敷地権消滅」と記録する（基本通達第六の二の1，質疑58－21）。

④ このほか，敷地権が不存在であった場合（規則126条）も同様の手続

2 区分建物に関する表示の登記

が必要である（2：5：10）。

【記録例157】

(注) 規則124条が「敷地権でない権利となったとき」と「敷地権であった権利が消滅したとき」を区別していないのは，疑問がある。ここでいう「消滅」には，敷地権でなくなった場合を含むという趣旨であろうか。しかも同項は，「敷地権の『変更』の登記により敷地権を抹消する旨」と規定しているが，「変更」に「消滅」はストレートには含まれないと考えるが。

2：5：9 敷地権でなくなった場合

敷地権が敷地権でない権利となった場合としては，分離処分を可能とする規約が設定されたとき及び規約敷地についてその規約が廃止されたときなどがある。

このほか，敷地権付き区分建物が合体又は合併によって，非区分建物になった場合もこれに該当する。合体による場合は規則120条7項で（2：7：3①），合併による場合は規則134条3項（2：6：5：5）で，それぞれ準用する規則124条に基づき，敷地権が敷地権でない権利となった場合に準じて，所要の手続をする（新Q5－374）。

【記録例147】～【記録例149】

2：5：9：1 建物の表題部の変更登記の申請情報及び添付情報

敷地権が敷地権でなくなったときは，申請権者が1月以内に建物の表題部の変更登記を申請する（不登法51条1項）。申請情報の内容（令3条13号関係）は，通則的な事項のほか，現在登記されている敷地権の表示である（令別表15申請）。

添付情報等（令7条1項6号関係）は，通則的な事項（2：3：6）のほか，次のとおりである（令別表15添付ロ，ハ，基本通達第六の一の2，3及び5）。

① 規約敷地の規約を廃止したことにより，敷地利用権の分離処分が可能になった場合は，規約を廃止したことを証する情報（添付ロ，基本通達

第五の一の３）

　規約敷地を定めた規約を廃止すると敷地利用権の分離処分が可能となる。区分建物と一体化した敷地の一部が分割によって建物が所在する土地以外の土地となったときは，その土地は，規約敷地とみなされるから，分筆（分割）した土地のみを処分するため区分建物との一体化をはずすには，その「みなし規約」を廃止することが必要となるが，その場合もこれに属する。

　また，建物が所在する土地が建物の一部の滅失により建物が所在する土地以外の土地となった場合で，その土地を一体化からはずすときも同様である。

② 分離処分可能の定めがあることなど次の事由により，敷地利用権の分離処分が可能になった場合は，その事由を証する情報（添付ハ）

　a 分離処分可能規約が設定されたとき。

　b 敷地権の登記前に設定された抵当権が実行されて第三者が敷地の所有権を取得したとき。

　　一体化前に設定された抵当権等は，分離処分の禁止に当たらないから，実行することができる。その結果，区分建物の所有者とその敷地の所有者は別になり，敷地権が敷地権でなくなる（3:15:2）。

　c 土地収用法等により収用裁決がされ，土地の所有権のみが起業者に移転したとき（3:3:3:7）及び売却の許可により土地の所有権のみが買受人に移転したとき（民執法82条，3:14:6）。

　　分離処分の禁止に当たらない。

　d 規約敷地である土地を第三者が，時効により，実体上その所有権を取得したとき。

　　法定敷地の一部について取得時効が成立したときも同様である。この場合は，移転登記の前提として，分筆登記が必要となる。区分建物とその敷地の一部の帰属を異にする場合であるから，「みなし規約敷地」に関する法５条２項の規定は，区分建物と帰属を異にするに至っ

た「敷地」の部分についても形式的には適用があるが，実体上所有者を異にするから一体性はないと解する。
③　敷地のみにしていた所有権に関する仮登記に基づき本登記をする場合は，利害関係人の承諾証明情報（3:13:1:5）。

2:5:9:2 建物の表題部の変更登記手続

敷地権が敷地権でなくなったことを原因とする建物の表題部の変更登記手続は，次のとおりである。

①　一棟の建物に属する全区分建物につき，後に分離処分可能規約が設定された場合のように一棟の建物の表題部の敷地権の目的である土地の表示欄に記録した土地を目的とする敷地権の登記を「全部」抹消したときは，登記の日付欄に「年月日敷地権の登記全部抹消」と記録し，登記の年月日を記録する（基本通達第六の二の2）。

　この手続は，各区分建物についてした各敷地権の登記のすべてを抹消した場合に限られる。これは，一棟の建物の表題部に記録した敷地権の目的である土地の表示は，全区分建物に共通するものとして記録するから，一部の区分建物の敷地権の登記のみが抹消され，その他の区分建物について敷地権の登記が存在している場合は，これを抹消すべきでないからである。

②　区分建物の表題部の敷地権の表示欄中の「原因及びその日付欄」に「年月日非敷地権」と記録し，「登記の日付欄」に登記の年月日を記録する（基本通達第六の二の1，質疑58-61），【記録例147】。

③　非区分建物の附属建物に係る敷地権が敷地権でなくなった場合は，附属建物の表示欄の次に，変更に係る附属建物の変更後の種類，構造及び床面積の全部を記録し，従前の表示（符号を除く。）を全部抹消する（準則94条1項，基本通達第六の二の3）。

【Q18】　敷地権の変更登記の要否

　敷地権の登記のない区分建物の所有者の一部の者が敷地の所有権の

一部を取得した上分離処分可能規約を設定した場合，敷地権の変更登記を申請することになるか。
【A】 敷地権の登記をする実益はないので，変更登記の申請は必要でない。
　分離処分可能規約を設定して一体性の原則の適用を除外した場合は，「非敷地権」の登記による変更登記（敷地権の抹消）をするが（規則124条1項），敷地権の登記がされていない場合は，その登記の方法がない。仮に，「非敷地権」の登記をするために，さかのぼって敷地権の登記及び職権による敷地権の目的である土地に敷地権である旨の登記等を申請することは，煩雑なだけで実益はない（1:6:7:2）。

2:5:9:3 敷地権である旨の登記の抹消

　区分建物の表題部の変更登記をした場合（規則124条1項前段），登記官は，敷地権の目的であった土地の登記記録の権利部の相当区に敷地権の変更登記により敷地権を抹消する旨及びその年月日を記録し，同区の敷地権である旨の登記の抹消をする（同項中段，後段，基本通達第六の三）。
　なお，敷地権の一部が敷地権でなくなったときは，敷地権である旨の登記は，その全部を抹消するのではなく，変更登記をすることになる。
【記録例160】権利部（乙区）2番，3番

2:5:9:4 権利及び権利者の表示

① 前項の土地の登記記録の権利部の相当区に，敷地権であった権利，その権利の登記名義人の氏名又は名称及び住所（並びに登記名義人が二人以上であるときは，その権利の登記名義人ごとの持分）を記録し，敷地権である旨の登記を抹消したことにより登記をする旨及び登記の年月日を記録する（規則124条2項，基本通達第六の四前段）。
　これは，一体化がはずれたことによって，これまで建物の登記記録により公示していた内容を，土地の登記記録に独立の登記として記録するためである。
　その意味では，記録すべき内容は，一体化がはずれるまでに建物の登

2　区分建物に関する表示の登記

記記録にした所有権の移転等の登記事項のすべてをそのまま転写することも考えられる。しかし，土地に関するその後の物権変動を登記するのに必要なのは，現在における権利の内容と権利者の表示である。そこで，記録事項を権利と権利者の表示に限定している。

したがって，現在の権利者に至るまでの敷地権の移転の経緯を知りたいときは，その土地と対応している区分建物の登記記録（滅失閉鎖されている場合は閉鎖登記簿）の証明書の交付を請求する必要がある。

② 「権利及び権利者の表示」は，敷地権が所有権であるときは，主登記による。敷地権が地上権又は賃借権であるときは，地上権又は賃借権の各設定登記に対する付記登記による。その登記事項は，次のとおりである（基本通達第六の四後段）。

　a　敷地権である旨の登記の抹消により所有権の登記をする旨又は地上権者若しくは賃借権者及びその持分の登記をする旨
　b　所有者又は地上権者若しくは賃借権者の住所及び氏名並びに登記の年月日

【記録例148】，【記録例149】

2:5:9:5 特定登記の転写

敷地権の目的でなくなった土地の登記記録に権利及び権利者の表示をする場合に，その土地の登記記録に転写すべき第三者の権利に関する登記すなわち敷地権の登記後に区分建物についてされた所有権の取得の登記以外の第三者の権利に関する登記で不登法73条1項の規定により敷地権についてもされた効力があるもの（その権利を目的とする第三者の権利の登記を含む。）（これを「特定登記」という。1:7:7）があるときは，その登記を土地の登記記録中権利部の相当区に転写し（規則124条3項），その末尾に「不動産登記規則124条3項の規定により家屋番号何番（の建物の登記記録）から転写した」旨及びその年月日を記録する（同条5項，基本通達第六の五の1）。

ただし，その登記名義人がその権利の消滅を承諾したことを証する情報

を提供すれば，その権利の登記を敷地権の目的である土地の登記記録に転写する必要はない（規則125条2項）。

【記録例152】

2:5:9:6 後れる登記

土地の登記記録の権利部の相当区に前項により転写すべき登記に後れる登記（規則2条2項）があるときは，新たにその土地の登記記録を作成した上，その登記記録の表題部に従前の登記記録の表題部にされていた登記を移記するとともに，権利部に，権利の順序に従って，転写すべき登記を転写し，かつ，従前の登記記録の権利部にされていた登記を移記する（規則124条4項前段，基本通達第六の六の1前段）(注)。

例えば，区分建物と一体化した土地であっても，その敷地である土地に対して区分地上権を設定することは，分離処分の禁止に反しないから，一体化した時点でした敷地権である旨の登記の後でも設定登記ができる。しかし，この場合，前項の「登記の転写」をすると，後順位のものが先順位のものより前に登記されたような外観を示すことになってしまう。そこで，登記の権利の順序を整理する必要上，新たに作成された相当区へ移記するのである。この場合，表示に関する登記及び所有権の登記であって現に効力を有しないものも移記することができる（同条10項・6条後段）。

次に，従前の登記記録の表題部及び権利部に4項の規定により登記を移記した旨及びその年月日を記録し，従前の登記記録を閉鎖する（同条4項後段）。

【記録例155】

(注) 規則124条4項は，いったん取扱いを変更する通知（平22.5.25民総・民二1151号民事二課長通知）があった後，平成23年省令第5号により改正され，また，同条10項（第6条後段の規定は，第4項の規定により登記を移記する場合について準用する。）が追加されているので，注意を要する。

2:5:9:7 その後の手続

① 土地の登記記録の権利部の相当区に登記を転写し，又は移記したとき

2　区分建物に関する表示の登記

　　は，登記官は，その登記の末尾に規則124条3項又は4項の規定により転写し，又は移記した旨を記録する（規則124条5項）。
② 　転写すべき特定登記が（特定）担保権の登記であるときは，登記官は，共同担保目録を作成する。この場合には，建物及び土地の各登記記録の転写された権利に係る登記の末尾に，新たに作成した共同担保目録の記号及び目録番号を記録する（同条6項）。
③ 　②の手続は，転写すべき登記に係る権利について既に共同担保目録が作成されていた場合には必要がない。この場合は，その共同担保目録の従前の敷地権付き区分建物を目的とする権利を抹消する記号を記録し，敷地権がなくなった後の建物及び土地を目的とする権利を記録して，土地の登記記録の権利の登記の末尾に共同担保目録の記号及び目録番号を記録する（同条7項）。
④ 　建物の表題部の変更登記（同条1項）をした場合において，敷地権の目的である土地が他の登記所の管轄区域内にあるときは，登記官は，遅滞なく，他の登記所に同項の登記をした旨及び2項又は3項の規定により記録し，又は転写すべき事項を通知する（同条8項）。
⑤ 　④の通知を受けた登記所の登記官は，遅滞なく，規則124条1項から7項までに定める手続をする（同条9項）。

2：5：10　敷地権でなかった場合

　敷地権として登記されていた権利が敷地権でなかった（不存在）場合に区分建物の表題部の更正登記（敷地権の登記の抹消）をしたときは，登記官は，次の登記手続をする（規則126条，2：5：12：2）。
① 　その権利の目的である土地の登記記録の相当区に敷地権の更正登記により敷地権を抹消する旨及びその年月日を記録し，敷地権である旨の登記を抹消する。
② 　区分建物についてされた所有権の移転登記で敷地権の移転登記としての効力がある登記（不登法73条1項本文）があるときは，土地の登記

記録の権利部の相当区にその登記の全部を転写する。
③　その他，前項後段（2：5：9：5〜7）に準じた手続をする。
【記録例158】〜【記録例160】

2：5：11　敷地権の目的である土地の表示に変更が生じた場合
2：5：11：1　登記の申請
①　敷地権の目的となっている土地の表題部の変更・更正登記又は分筆登記（合筆登記はできない（不登法41条6号，質疑58-112）。）をしたことにより，一棟の建物の表題部中敷地権の目的である土地の表示に変更が生じた場合は，登記官は，その変更登記を職権でする（不登法28条，基本通達第七の二の1）。もちろん申請によることは差し支えない（質疑58-64）。
②　不登法44条1項に掲げる事項に変更があった場合は，所有権者は，1月以内に建物の表題部の変更登記を申請しなければならない（不登法51条1項）。これには，不登法44条1項9号の敷地権の表示に変更があったときも含まれる。
③　敷地権が生じたが，その敷地権を表示するための区分建物の表題部の変更登記をしないうちに所有権の移転があった場合は，新所有者は，移転登記をした日から1月以内に建物の表題部の変更登記を申請しなければならない（不登法51条2項）。この場合，新所有者が移転登記をしたが，敷地利用権取得の登記をしていないときは，敷地権の登記ができないから，1月の期間は，敷地利用権取得の登記の日から起算すべきである。
④　敷地権の一部の分離処分は無効であるから，敷地権割合の一部が他に移転することはあり得ない。敷地権の共同相続の場合も，敷地権割合は変更しないし，敷地権の一部が処分以外の事由により移転することはない。したがって，敷地権の一部の分離処分可能規約設定の場合を除いては，敷地権割合の変更登記をする意味の区分建物の表題部の変更登記は

2 区分建物に関する表示の登記

ない。

　例えば，土地の所有権の持分6分の3について敷地権である旨の登記がされた後，その土地の持分6分の1を取得し，その持分についても区分建物と一体的処分をしたい場合は，変更登記ではなく，新たに敷地権である旨の登記をすることになる（質疑58－70）。

2:5:11:2 建物の表題部の変更登記

　敷地権の目的である土地の表題部の変更・更正登記をした場合の建物の表題部の変更登記は，次のようにする（規則の別表三「敷地権の目的である土地の表示欄」，基本通達第七の二）。

① 敷地権の目的である土地の所在，地番，地目又は地積の変更・更正登記をした場合

　a　敷地権の目的である土地の表題部の変更・更正前の事項を抹消する記号を記録し（規則91条），変更に係る敷地権の目的である土地の符号並びに変更後の所在及び地番並びに地目及び地積の全部を記録する。

　b　登記の日付欄に登記原因及びその日付を「年月日地番変更」のように記録した上登記の年月日を記録し，従前の表示（符号を除く。）の全部を抹消する記号を記録する。符号を残すのは，敷地権の目的である土地の同一性を表わすためである。②bも同様である（質疑58－67）。

② 敷地権の目的である土地の分筆の登記をした場合

　a　敷地権の目的である土地の表題部の最後に記録されている敷地権の目的である土地の表題部の変更・更正前の事項を抹消する記号を記録し，分筆後の各土地ごとに1行を用い，各土地の所在，地番，地目及び地積並びに土地の符号を記録する。

　b　登記の日付欄に登記原因及びその日付として，それぞれ「年月日何番を分筆」のように記録した上，登記の年月日を記録し，従前の表示（符号を除く。）の全部を抹消する記号を記録する。土地の符号は，分

筆後の土地の1筆については従前の土地の符号と同一の符号を，その他の土地については新たに付した符号を用いる。
　c　区分建物の表題部の敷地権の表示欄の最後に記録されている敷地権の表示を抹消する記号を記録し，分筆後の土地（従前の土地の符号を用いたものを除く。）の符号，その土地を目的とする敷地権の表示を記録する。

【記録例144】

2：5：12　敷地権の登記に関する更正登記

　敷地権の登記に関して区分建物の表題部の更正登記をするのは，次の場合である。ただし，申請義務はない。
　なお，その敷地権の目的である土地に敷地権が生じた日以後の原因による権利の登記がされていても更正登記をすることができる（質疑58－69）。

2:5:12:1　敷地権の登記をしていなかった場合

　敷地権の登記をすべきであったのにしていない場合は，所有権者が区分建物の表題部の更正登記を申請する（不登法53条1項，基本通達第八の一の1）。この場合，敷地権の登記をすることになるが，区分建物の表題部の敷地権の表示欄中「原因及びその日付欄」には，「錯誤　年月日敷地権」のように記録する（基本通達第八の一の2）。

2:5:12:2　敷地権の登記をすべきでなかった場合

　敷地利用権が登記されていなかったとき又は敷地権について分離処分可能規約があるときなど，登記すべきでないにもかかわらず敷地権の登記をしていた場合（敷地権の不存在の場合，2：5：10）も，所有権者が区分建物の表題部の更正登記を申請する（基本通達第八の二の1）。
　敷地権の登記を抹消するために区分建物の表題部の更正登記をしたときは，登記官は，その権利の目的である土地の登記記録の権利部の相当区に敷地権の更正登記により敷地権を抹消する旨及びその年月日を記録し，同

区の敷地権である旨の登記を抹消しなければならない（規則126条1項）。

　この表題部の更正登記は，敷地利用権の登記を抹消しなければ申請できないものではないが，敷地利用権の不存在又は無効を理由として敷地権の登記の抹消ができないわけではない。そこで，区分建物の表題部の更正登記が申請される前に敷地利用権の登記が抹消された場合，登記官は，敷地権の登記を職権で抹消するのである。

　この場合，不登法73条1項本文の規定により敷地権の移転登記としての効力がある登記があるときは，登記官は，土地の登記記録の権利部の相当区に当該登記の全部を転写しなければならない（同条2項，基本通達第八の二の4）。全部を転写するのは，実体法上無効な登記の抹消登記を土地の登記記録にするため，その対象となる登記事項を明らかにしておくという趣旨からである。

2:5:12:3 敷地権である旨の登記をしていない場合

　区分建物に敷地権の登記をしたが，土地の登記記録に敷地権である旨の登記を遺漏した場合について，不登法は，明文の規定を欠く。しかし，敷地権である旨の登記には対抗要件としての効力はなく，仮に敷地権である旨の登記を遺漏しても，土地の所有権者は，原則として，土地と建物を分離して処分することはできないし，その登記の順位も問題にならない。区分建物の敷地である土地の登記記録に登記上利害関係のある第三者の登記がされている場合は，その承諾があれば，敷地権である旨の登記の遺漏について，法務局又は地方法務局の長の許可を得て登記の更正をすることができる（不登法67条2項）。

2:5:12:4 土地の表題部の更正登記による場合

① 敷地権の登記をしたときは，土地の登記記録の表示と一致していたが，その後，土地の表題部の更正登記をしたために一致しなくなった場合は，登記官が職権で敷地権の更正登記をする。また，敷地権の登記をしたとき既に誤りがあった場合は，登記官がこれを発見したときに，職権でその更正登記をする。

【記録例145】

② 敷地権の目的である土地の表示に錯誤があったことにより，建物の表題部の更正登記をするときは，登記原因を「錯誤」とするほか，2:5:11:2①に準じて取り扱う（基本通達第八の三）。

③ 敷地権割合が土地の登記記録の敷地利用権の持分と一致していない場合は，申請又は職権によって更正登記をすべきであるが，土地の登記記録の敷地利用権の登記に誤りがあったために敷地権割合を誤った場合は，土地の表題部の更正登記をした上で，登記官が，職権で敷地権割合の更正登記をする（2:5:13）。

なお，Aが土地の共有持分3分の1を所有し，区分建物数個を所有している場合，各区分建物ごとの敷地権割合は，合計を3分の1とすれば，更正登記ができる。ただし，区分建物に抵当権等の登記がされていて敷地利用権も共同担保の目的となっている場合に，抵当権者等の不利益となる更正登記をするときは，その者の承諾証明情報の提供が必要である。

2:5:13 敷地権割合の更正
2:5:13:1 更正登記の方法

敷地権割合の表示が，敷地権の目的である土地の敷地利用権の持分と一致していない場合の更正登記については，特に問題はない。しかし，敷地権の目的である土地の敷地利用権の持分と区分建物の敷地権の表示の敷地権割合は一致するが，土地の敷地利用権の持分が間違っていた場合，例えば，敷地利用権の割合が区分建物の床面積の割合によっている場合に，床面積の算定を誤り，その割合で登記しているときなどは問題がある。

床面積については，錯誤を登記原因として更正登記をすることができるが，敷地権割合は，実質的には敷地権の目的である土地の敷地利用権の持分である。したがって，その持分を更正するためには，区分建物と一体化している敷地権を分離するために，

2　区分建物に関する表示の登記

　　a　いったん，敷地権の登記及び敷地権の目的である土地の登記記録にされている敷地権である旨の登記を抹消する。
　　b　次に，敷地利用権の持分を更正する。
　　c　その後改めて，敷地権の登記をする。
　しかしこれでは，登記手続及び更正登記の内容が極めて煩雑になってしまう。そうかといって，区分建物の表題部の更正登記のみによってすると，次のことが問題となる。
①　区分建物の表題部の敷地権割合の更正登記は，形式的には権利に関する登記ではないから，その登記をしたからといって，敷地権の持分の更正登記としての効力があるといえないのではないか。
②　仮に，①を積極に解すると，敷地権のみの持分の更正であるから，分離処分禁止の趣旨に反することにならないか。
　これについては，区分建物の表題部の敷地権割合の更正登記は，形式的には表示に関する登記であるが，実質的には敷地権として登記がされた権利の持分割合の更正登記としての効力がある登記と解することができる。
　床面積の算定を誤り，敷地権割合を間違って登記したとしても，その更正により，実体的な敷地権の割合に変動（移転）を来すものではないから，分離処分の禁止の趣旨に反することにはならない。
　したがって，敷地権の登記を抹消してからでないと更正登記はできないとまでいうことはない。
　そこで，現在の登記実務は，敷地権割合の更正登記手続及びこの登記をすることについての承諾を命ずる判決を提供して，区分建物の所有者から区分建物の表題部の更正（敷地権割合の更正）の登記申請をすれば，便宜，敷地権の登記を抹消することなく，区分建物の表題部の更正（敷地権割合の更正）登記をすることができるとする（平8．3．18民三563号民事局長通達，新Q5-236）。
　それまでの実務は，区分建物と一体化されている敷地権を分離するために敷地権の登記の全部又は更正を要する敷地権割合のみを抹消した上で更

正登記を行うのを原則とし，ただし，区分建物について所有権の保存登記等がない場合又は敷地権の登記をした後，更正登記をすべき建物について敷地権につき相当の登記としての効力がある登記がされていない場合は，分離処分禁止の趣旨に反しないことなどから，便宜，区分建物の表題部の敷地権割合の更正登記によって行うことができるとしていた（区分登記問答 159）。

2:5:13:2 通達の射程距離

① この通達は，当初から敷地権割合に誤りがある場合にする更正登記にのみ適用される。敷地利用権の処分（権利の移転）を原因とする敷地権割合の変更登記は，分離処分及びその登記が禁止されているから（法22条1項本文，不登法73条1項），認められない。

② この通達は，敷地権割合の更正登記手続及びその登記をすることについての承諾を命ずる判決に基づく場合に関するものであるが，この登記手続は，判決による場合に限られるものではない。

③ 敷地権割合が規約によって定められた場合において，その登記が規約で定めた割合と異なっているときも同様に解して差し支えない。

2:5:13:3 申請人

この登記は，形式的には区分建物の敷地権割合の更正登記（表示に関する登記）であるから，所有権者が申請人となる（不登法53条1項）。しかし，実質的には敷地権の持分割合の更正登記（権利に関する登記）と同視できるから，敷地権割合が増加する者（権利の登記に関する登記権利者に相当する者）及びその割合が減少する者（権利の登記に関する登記義務者に相当する者）の全員が申請人となるべきである。

2:5:13:4 添付情報

① この登記は，実質的には敷地権割合の更正登記（権利に関する登記）と同視できるから，その登記申請の真正を担保するために敷地権割合が減少する区分建物の所有権者の敷地権に係る権利の登記識別情報及び敷地権が所有権である場合は，その者の承諾証明情報を提供する。

2 区分建物に関する表示の登記

② 敷地権割合が減少する区分建物の敷地権について第三者の権利に関する登記がされている場合（敷地権割合を減少する登記について登記上利害の関係のある第三者がいる場合）は，その者の承諾証明情報を提供する（令7条1項5号ハ）。

③ 敷地権割合が規約によって定められた場合において，その登記を誤り，規約によって定められた割合と異なる割合で登記されているときは，その規約を証する情報を提供する（令別表15添付ホ(1)）。

2:5:13:5 登記事項

表題部（敷地権の表示欄）の「原因及びその日付」欄に「③錯誤」を登記原因として正しい敷地権の割合を登記し，表題部の登記の日付欄に登記の日付に続いて，括弧書きで申請受付の年月日及び受付番号を記録する。

この登記をした場合は，敷地権について同一の登記原因による相当の登記としての効力があるから（不登法73条1項），この登記をした後に敷地権が敷地権でなくなり，敷地権の登記の抹消をする場合にする敷地権割合の更正登記は，敷地利用権の持分の更正登記に引き直して登記（転写）する。

【判例14】 マンションの1区分建物の床面積が過誤により，約10平方メートル少なく申請し，登記されたため，所有者が錯誤を原因としてその更正登記を請求し，床面積は更正登記された。しかし，敷地権割合については，他の所有者の同意が得られないため，その更正登記手続の承諾請求をした。

判決は，登記実務の取扱いを前提として，請求を認容した。すなわち，敷地権割合を更正することは，実質上敷地権である権利の一部移転の登記にほかならないが，敷地権である旨の登記がある限り，その土地の登記記録には所有権の移転登記ができないから，いったん一体化をはずして，敷地権割合について更正登記をし，割合を超過する部分について敷地権である旨の登記を抹消し，不足分については，追加して敷地権の登記をする（神戸地判平4．10．6判時1456－131）。

2:5 区分建物の表題部の変更又は更正の登記

【記録例146】

2:5:14 特定登記に係る権利消滅の登記

① 敷地権の登記がある建物の所有権又は担保権についてされた権利に関する登記は，原則として，敷地権である旨の登記をした土地の敷地権についてされた登記としての効力がある（不登法73条1項）。特定登記（不登法55条1項）とは，このような効力がある登記のうち，所有権等の登記以外の権利に関する登記を指す（1:7:7）。

② 建物の登記記録の特定登記は，同時に土地の登記記録の敷地権についての登記としての効力があるから，土地の登記記録に同一内容の登記をする必要はない。しかし，敷地権であった権利が敷地権でなくなったときは，建物の登記記録により土地の敷地権の権利関係を公示することはできなくなるので，建物の登記記録の特定登記を土地の登記記録に転写する登記手続が必要である（規則124条3項，1:7:7:2，2:5:9:5）。

　この場合に特定登記に関する権利を消滅させることについて登記名義人の承諾があるときは，いったん登記を転写してから抹消の登記の申請をするよりも，表示に関する登記をする際に，同時に特定登記を消滅させた方が，申請人にとって便利であり，登記手続上も効率的である。そこで，不登法55条は，特定登記に係る権利者の承諾証明情報の提供を要件に，その権利が消滅したことを登記する手続を認めたのである（1:7:7:3）。

③ 不登法55条により権利が消滅した旨を登記をすることができるのは，次の場合であり，いずれも旧不登法と変更はない。

　a 敷地権であった権利が後で敷地権でなくなったことによる表題部の変更登記をする場合（同条1項，旧不登法93条ノ16第5項）

　b 敷地権として登記された権利が当初から敷地権でなかったこと（不存在）による表題部の更正登記をする場合（同条2項，旧不登法93条ノ17第3項）

c　特定登記がある建物の合体又は合併により敷地権のない建物となる場合（同条3項，旧不登法93条ノ12ノ2第4項，98条第6項）
　　　d　特定登記がある建物が滅失した場合（同条4項，旧不登法99条ノ2）
④　特定登記に係る権利が消滅した場合の登記は，表題部の変更登記の申請情報と併せて次に掲げる情報が提供されたときにする（規則125条1項）。
　　　a　権利の登記名義人がその権利を消滅させることの承諾証明情報（1号）
　　　b　aの権利を目的とする第三者の権利に関する登記があるときは，その第三者の承諾証明情報（2号）
⑤　特定登記に係る権利が土地について消滅した旨の登記は，付記登記によってする。この場合には，消滅した権利に係る権利に関する登記を土地の登記記録に転写する必要はない（同条2項）。
⑥　特定登記に係る権利が建物について消滅した旨の登記は，付記登記によってする。この場合には，登記の年月日及び当該権利に関する登記を抹消する記号を記録しなければならない（同条3項）。
⑦　④ないし⑥は，③のbないしd（不登法55条2項～4項）による特定登記に係る権利が消滅した場合の登記について準用する（同条4項）。

2：5：15　区分建物の表題部の変更・更正登記の申請情報及び添付情報

　区分建物の表題部の変更・更正登記を申請する場合は，次に掲げる情報を提供する（令3条）。

2:5:15:1 登記の目的

　登記の目的（令3条5号）は，次のように記載する。
　　　a　一棟の建物の表題部の変更，区分建物の表題部の変更又は附属建物の表題部の変更若しくは附属建物の新築等による変更の場合
　　　　「区分建物の表題部の変更登記」

b　敷地権の登記をする場合又は追加する場合
　　　「敷地権の表示の区分建物（又は附属建物）表題部の変更登記」
　　c　敷地権の登記を抹消する場合
　　　「敷地権抹消の区分建物（又は附属建物）表題部の変更登記」
　　d　敷地権の表示の変更の場合
　　　「敷地権の表示変更の区分建物（又は附属建物）表題部の変更登記」
　　e　非区分建物が増築等により区分建物となった場合
　　　「区分建物への表題部の変更登記」
　　f　一棟の建物若しくは区分建物の表題部又は附属建物の表題部に誤り又は遺漏がある場合
　　　「区分建物の表題部の更正登記」
　　g　誤って敷地権の登記をした場合又は遺漏した場合
　　　「敷地権抹消（又は追加）の区分建物（又は附属建物）表題部の更正登記」
　　h　敷地権の表示に遺漏又は錯誤がある場合
　　　「敷地権の表示の更正登記」

2:5:15:2 代位申請人と代位原因

　非区分建物（甲）に接続して増築又は合棟等をしたことにより，甲建物が区分建物となった場合の建物の表題部の変更登記につき他の建物（乙）の表題登記又は建物の表題部の変更登記を申請する者が代位して申請する場合は，本来の申請人のほか，代位申請人及び代位原因を記載する（令3条4号）。

2:5:15:3 建物の表示

①　変更・更正前の建物の表示

　登記記録上の区分建物の表題部の登記事項，すなわちその属する一棟の建物の表題部及び区分建物の表題部の登記事項を記載する（令3条8号）。一棟の建物の名称が登記されている場合は，その名称を申請情報の内容とすれば，一棟の建物の構造，床面積を記載する必要はない（同

2　区分建物に関する表示の登記

号への括弧書き)。

　また，不動産識別情報としての不動産番号（規則34条2項）を申請情報の内容としたときは，令3条8号（及び11号ヘ(1)）に掲げる事項を記載する必要はない（令6条1項）。

② 変更・更正後の建物の表示

　次のように変更・更正後の事項又は追加登記する附属建物の表示事項のみを記載する（令別表14申請イ）。

　a　建物の敷地の地番又は建物の名称の変更・更正のときは，敷地の新地番又は建物の新名称

　b　建物の家屋番号の変更・更正のときは，変更・更正後の家屋番号（規則116条2項）

　c　種類又は構造の変更・更正のときは，新しい種類又は構造

　d　床面積の増減のときは，その増減後の床面積

　e　附属建物の新築のときは，その種類，構造，床面積

③ 敷地権の登記をする場合

　変更・更正後の事項として「敷地権の登記」と記載して，敷地権の表示を申請情報の内容とする（令別表15申請）。

④ 敷地権の登記を抹消する場合

　変更後の事項として「敷地権の登記抹消」と記載する。

⑤ 非区分建物が区分建物となった場合

　変更後の事項としてその区分建物の属した一棟の建物の表題部及び区分建物の表題部を記載する。敷地権があるときは，その内容を記載する。

⑥ 一棟の建物，区分建物又は附属建物の表題部の更正

　a　更正後の事項として更正後の事項のみを記載する。

　b　敷地権の登記を誤ってした場合は，「敷地権の登記抹消」と記載する。

　c　敷地権の登記を遺漏した場合は，「敷地権の登記追加更正」と記載

して，敷地権の表示を記載する。

2:5:15:4 登記原因及びその日付

 a 一棟の建物又は区分建物の表題部の変更

  「所在（又は所在地番）変更」，「種類変更」，「構造変更」，「増築」，「一部取壊し」，「一部滅失」，「附属建物新築」，「附属建物取壊し（又は一部取壊し）」，「建物の名称変更」

 b 表題部の変更の原因が2以上同時に生じたとき

  「一部取壊し及び増築」，「増築及び構造変更」，「増築並びに種類及び構造変更」

 c 敷地権の登記

  「敷地権成立」

 d 敷地権の表示事項の変更

  「地番変更」，「地目（又は地積）変更」，「敷地権割合変更」

 e 敷地権の登記の抹消

  「敷地権消滅」とし，その日付は，実体上敷地権である敷地利用権が消滅した日又は規約敷地の規約廃止の日若しくは分離処分可能規約設定の日（規約の成立した日）を記載する。

 f 表題部の更正

  「錯誤」，「遺漏」とし，その日付は記載しない。

2:5:15:5 添付情報及び図面

 区分建物の表題部の変更更正の登記の申請情報に添付すべき情報（2:3:6の通則的な事項のほか）及び図面は，次のとおりである。

① 建物図面及び各階平面図（令別表14 添付イロ(1)）(注)

 一棟の建物又は区分建物の床面積の増減，附属建物の新築又はその床面積の増減の変更登記の申請情報に，変更後の建物図面及び各階平面図を添付する。ただし，区分建物の床面積に増減がなく，一棟の建物の床面積のみに増減がある場合は，必要でない。

 なお，附属建物の新築の場合は，その附属建物の各階平面図のみを添

付すれば足りる。

② 所有権証明情報（令別表14添付ロ(2)，ハ）

床面積の増加又は附属建物の新築の登記を申請する場合は，増加後の建物又はその附属建物が申請人の所有であることを証する情報を添付する。

③ 敷地権に関する規約を証する情報（令別表15添付イないしホ）

　a　敷地権が規約敷地を定める規約の設定によるものであるときは，その規約を設定し，又は廃止したことを証する情報（イ，ロ）

　b　敷地権の発生又は消滅が分離処分可能規約の廃止又は設定によるものであるときは，その規約を廃止し，又は設定したことを証する情報（ハ，ニ）

　　地上権又は賃借権を敷地利用権として区分建物を所有していた者が，土地の所有者に区分建物の所有権を譲渡したことにより，地上権又は賃借権が混同により消滅し，かつ，分離処分可能規約がないときは，地上権又は賃借権の消滅を証する情報（ニ）を提供して，所有権又は共有持分につき敷地権の登記をする。

　c　敷地権の登記をする場合に，敷地権割合が規約で定めたものであるときは，その規約を設定したことを証する情報（ホ(1)）

　d　敷地権の登記をする場合に，敷地権の目的である土地（規約敷地を含む。）が他の登記所の管轄に属するときは，その登記事項証明書（ホ(2)）

　e　敷地権の目的である土地が時効取得又は収用により第三者の所有となった場合は，敷地権又は敷地権の目的土地の第三者取得の証明書（ハ）を添付して，敷地権の登記を抹消する。

　f　敷地権の登記をし，又は抹消する更正登記をする場合は，aからeまでに準じた所要の情報

④ 敷地権消滅の承諾証明情報

敷地権が敷地権でなくなり，又は消滅したことによる区分建物の表題

2：5　区分建物の表題部の変更又は更正の登記

部の変更登記を申請する場合，敷地権の目的である土地の登記記録に転写すべき第三者の権利に関する登記すなわち敷地権の登記後に区分建物についてされた所有権の取得の登記以外の第三者の権利に関する登記で不登法73条1項の規定により敷地権についてもされた効力があるもの（その権利を目的とする第三者の権利の登記を含む。）（特定登記）の登記名義人が区分建物又は敷地権についてその権利の消滅を承諾したことを証する情報を添付（規則125条1項）すれば，その権利の登記を敷地権の目的である土地の登記記録に転写しなくてもよいし，区分建物の登記記録の第三者の権利の登記を抹消し，敷地権の目的である土地の登記記録にその権利の登記を転写しなくてもよい（同条2項）。

　したがって，消滅についての第三者の承諾証明情報を添付すれば，別途，その権利の登記の抹消を申請する必要はない（2：5：14）。

（注）　建物図面及び各階平面図の様式（規則別記第2号）には，建物の名称の欄がないが，「建物の所在」欄に記載して差し支えない（質疑59－11）。

【Q19】　敷地権付き区分建物の敷地の建物が所在しない部分の分筆登記の代位申請

　敷地権付き区分建物（専有部分が60戸）の敷地（区分所有者全員の共有）の一部（建物が所在しない部分）について，分離処分可能規約を設定した上で土地区画整理事業の施行者である東京都から売買契約を締結した区分所有者59名を被代位者として次の手続により分筆登記の嘱託がされました（整理法82条）。

① 区分所有者及び議決権の各4分の3以上の多数による集会の決議（法21条・17条）により区画決定行為としての建物の敷地の範囲変更

② 代位原因を証する情報として，売買契約書並びに当該区画決定行為及び分離処分可能規約の設定に係る決議が記載された管理組合臨時総会議事録（地積測量図が添付され，敷地のどの部分について区画決定をし，分離処分を可能としたのかが明らかにされている。）の添付

2　区分建物に関する表示の登記

　　　　この分筆登記の嘱託は受理して差し支えないと考えますが，共有者の一部の者に代位してする共有土地の分筆登記の申請を受理すべきではないとする回答（昭37．3．13民事三発214号民事局第三課長電報回答）もありますので照会します。
　　　　なお，分筆登記に伴い，被代位者59名の代位により区分建物の表題部（敷地権の目的である土地の表示欄及び敷地権の表示欄）の変更登記の嘱託もされているところ，被代位者とされていない1名が所有する区分建物については，登記官が変更登記をして差し支えないと考えますので（昭58．11．10民三6400号民事局長通達記第七の二，2：5：11：2②），併せて照会します。
【A】　いずれも貴見のとおり取り扱われて差し支えありません（平29．3．23民二171号民事第二課長通知）。
　　なお，整理法82条の規定（五十嵐・区画整理2：3：1）と同様の規定は，第一種市街地再開発事業にもあります（都再法131条，五十嵐・まちづくり3：4：2：1）
　　この代位登記は，民法423条の債権者代位権に基づく一般の代位登記とは異なるものです。
　　また，施行者が登記の申請をする時期は，事業施行までにしなければならない土地の分筆及び合筆の登記と換地処分又は権利変換処分の登記前までに申請すべき登記（整理登記令2条，都再登記令2条）とは異なります。

2：5：16　区分建物に関する変更・更正登記の効力

①　建物が区分建物である場合，建物の所在地番（不登法44条1項1号）又は一棟の建物の構造及び床面積，名称並びに敷地権（同項7号ないし9号）に関する変更登記は，その登記に係る区分建物と同じ一棟の建物に属する他の区分建物についてされた変更登記としての効力がある（不登法51条5項）。それらに関する変更登記がされたときは，登記官は，職権で，一棟の建物に属する他の区分建物について，その登記事項に関する変更登記をしなければならない（同条6項）。
②　登記官は，区分建物である建物の登記記録の表題部に敷地権の表示を

記録するときは，a敷地権の登記原因及びその日付，b敷地権の目的である土地に関するた符号，不動産所在事項，地目及び地積，c敷地権の種類，d敷地権の割合を記録しなければならない（規則118条）。
③　区分建物の表題部の変更登記の場合は，このうち，a，b（土地の符号を除く。），cについて他の区分建物についてされた変更登記としての効力があるとされる（不登法51条5項，規則122条1項）。
④　これに対して，区分建物に関する更正登記の場合（不登法53条2項・51条5項，6項）は，表題部に敷地権の表示を記録するときと同様に，敷地権の登記原因及びその日付についても記録するものとされている（規則122条2項）。敷地権の登記が遺漏していた場合等がこれに当たる。

2：6　建物の区分割等の登記

2：6：1　意義

建物の区分並びに区分建物の分割，区分及び合併等（以下「区分割等」という。）は，いずれも建物の個数に変動をもたらす登記であり，その登記を成立要件とするいわゆる形成的登記である。これらは，次のように，建物の観念的な個数が変更されるだけで，建物の物理的状況に変更はない。

2:6:1:1 建物の分割

建物の分割登記（不登法54条1項1号）とは，表題登記がある甲建物の附属建物を登記記録上別の乙建物とする登記をいう。旧不登法94条1項の「甲建物ヨリ其附属建物ヲ分割シテ之ヲ乙建物ト為ス場合」に相当する。

2:6:1:2 建物の区分

建物の区分登記（不登法54条1項2号）とは，表題登記がある甲建物又は附属建物の部分であって区分建物に該当するものを登記記録上乙区分建物とする登記をいう。旧不登法の「甲建物ヲ区分シテ之ヲ乙建物ト為ス

2　区分建物に関する表示の登記

場合」(94条ノ2第1項)のほか，附属建物を区分して2個の附属建物とする場合を含む(2:6:5:2)。

数棟の建物を登記上それぞれ別の建物とするのは，建物の分割に当たることはあるが，建物の区分ではない。

2:6:1:3 建物の合併

建物の合併登記（不登法54条1項3号）には，次の3つの場合がある。

① 表題登記がある甲建物を登記記録上他の表題登記がある乙建物の附属建物とする登記
② 表題登記がある甲区分建物を登記記録上これと接続する表題登記がある乙区分建物と合併する登記
③ 表題登記がある甲区分建物を登記記録上これと接続する乙建物の附属建物（区分建物）と合併する登記

①は，旧不登法の「甲建物ヲ…乙建物ノ附属建物ト為ス場合」（98条1項）に相当し，②③は，「甲建物ヲ…乙建物又ハ其附属建物ニ合併」する場合（95条第2項）に相当する。いずれも，独立の建物として表題登記がある建物について，物理的変更を加えることなく(注)，登記記録上，他の表題登記がある建物の一部とするものであり，旧不登法における建物の合併登記と同じ意味である。したがって，独立の建物ではなく附属建物として登記されている建物を登記記録上他の登記がある建物の附属建物とする場合には，建物の分割登記の申請と建物の合併登記の申請を連続してする必要がある。旧不登法95条1項の附属建物の分合の登記と同様の手続は，規則136条が規定している。

また，附属建物として登記された建物を区分し，区分した附属建物のうちの1個をこれと接続する他の登記がある建物又はその附属建物に合併する場合にも，いったん建物の分割登記を経る必要があるが，このための特別の手続は，設けられていない。（附属建物の）区分登記，分割登記及び合併登記を順に行うことになろう。

次の④⑤も広義の建物の合併である。

④ 「附属合併」は，甲区分建物から附属建物を分割して乙建物の附属建物に合併することである（規則135条）。

「附属合併」には，甲建物を乙建物の附属建物とする合併（規則132条，2:6:5:3）と甲建物の附属建物を分割して乙建物の附属建物とする分割合併（規則135条，2:6:5:6）とがある。

⑤ 「区分合併」は，甲区分建物を区分して乙建物又はその附属建物に合併することである（規則133条）。この場合，乙建物又はその附属建物が，甲建物と共に一棟の建物に属する区分建物で，甲建物と接続していることが必要である。

(注) 合体は，物理的変更をが加えられた場合である（2:7:1:1）。

2:6:1:4 建物の分棟及び合棟

分棟は，一棟の建物を物理的に分離して，二棟又はそれ以上の建物とすることであり，合棟は，二棟又はそれ以上の建物を物理的に接合し，全体で一棟の建物とすることである。区分割等が建物の物理的な状況に変動がないのに対して，これらは，物理的な状況に変更があるものである。後述（2：7）の「区分建物の合体」（不登法49条）は，合棟の一類型である。

2:6:2 分割・区分と合併の一の申請情報による申請

甲建物の登記記録から甲建物の附属建物を分割する建物の分割登記の申請と，その分割した建物を乙建物の附属建物とする建物の合併登記の申請とをそれぞれ個別にする場合は，登記申請の原則からすれば，2件の申請となる。しかし，建物の分割登記により設けられた甲建物の附属建物の登記記録は，建物の合併登記をすることにより直ちに閉鎖される。これは，登記手続的に無駄な処理をすることになる。

旧法は，このような場合は，一括して登記の申請をし，①甲建物の附属建物を直接乙建物の附属建物とするいわゆる建物の分割合併登記手続を認めていた（旧不登法95条1項）。また，②区分建物である甲建物を区分して，その一部を乙建物（乙建物がその一部と接続する区分建物である場合

に限る。）に合併する区分合併登記及び③区分建物である甲建物を区分して，その一部を乙建物の附属建物（乙建物の附属建物がその一部と接続する区分建物である場合に限る。）に合併する区分合併登記についても一括して申請することを認めていた（旧不登法95条2項，3項）。

このほか，同様の効果が得られる類型として，例えば，甲建物を区分して，その一部を乙建物の附属建物とする登記の手続などもあるが，旧不登法に規定がないため，登記申請の原則どおり，各別に登記を申請し，いったん区分建物として登記した後に，これを閉鎖して，乙建物の附属建物とする登記等をするしかなかった。

そこで，不登法は，建物の分割と合併及び区分と合併の手続を類型的に整理し，想定される類型についての一括申請を可能とした。ただし，甲建物の附属建物を区分して，これを乙建物又はその附属建物に合併する手続は設けていない。これは，そのような事例は余り多くないと考えられたからであろう（小宮山385）。

申請の構造としては，旧不登法のように建物の分割合併及び建物の区分合併という特殊な申請形態を規定するのではなく，建物の分割登記，建物の区分登記及び建物の合併登記の3類型の登記手続のみを規定し（不登法54条1項各号），その上で，一の申請情報によって申請することができる場合として，次のとおり7種類の類型の登記手続を設けている（規則35条2号〜5号，7号）。

① 甲建物の登記記録から甲建物の附属建物を分割して，これを乙建物の附属建物としようとする場合において，建物の分割登記及び建物の合併登記を申請するとき（規則35条2号，旧不登法95条1項）。

② 甲建物の登記記録から甲建物の附属建物（区分建物に限る。）を分割して，これを乙建物に合併しようとする場合（乙建物が甲建物の附属建物と接続する区分建物である場合に限る。）において，建物の分割登記及び建物の合併登記を申請するとき（同条3号）。

③ 甲建物の登記記録から甲建物の附属建物（区分建物に限る。）を分割

して，これを乙建物の附属建物に合併しようとする場合（乙建物の附属建物が甲建物の附属建物と接続する区分建物である場合に限る。）において，建物の分割登記及び建物の合併登記を申請するとき（同条同号）。
④　甲建物を区分して，その一部を乙建物の附属建物としようとする場合において，建物の区分登記及び建物の合併登記を申請するとき（同条4号）。
⑤　甲建物を区分して，その一部を乙建物に合併しようとする場合（乙建物がその一部と接続する区分建物である場合に限る。）において，建物の区分登記及び建物の合併登記を申請するとき（同条5号，旧不登法95条2項）。
⑥　甲建物を区分して，その一部を乙建物の附属建物に合併しようとする場合（乙建物の附属建物がその一部と接続する区分建物である場合に限る。）において，建物の区分登記及び建物の合併登記を申請するとき（同条同号，旧不登法95条3項）。
⑦　同一の建物について申請する2以上の登記が，表題部の登記事項に関する変更・更正登記及び建物の分割登記，区分登記若しくは合併登記であるとき（同条7号，平18．4．3民二第799号民事第二課長通知）。

2：6：3　申請情報
2：6：3：1 申請人

　区分割等の登記は，所有権者以外の者は申請することができない（不登法54条1項）。

　また，この登記は，創設的登記であるから，登記官が職権によってすることはない。

　債権者が代位申請することはあり得る。ただし，合併登記については，代位原因がないから，債権者が代位して申請することはない。

　債権者が代位して申請する場合には，被代位者として所有権者を表示し，申請人として債権者を表示すると共に，代位原因を記載する（令3条

2　区分建物に関する表示の登記

4号)。

2:6:3:2 登記の目的

「建物区分登記」,「区分建物分割登記」,「区分建物区分登記」,「区分建物合併登記」等と記載する。区分割等は,その登記によって効力が生ずるから,登記原因はない。

2:6:3:3 建物の表示

① 非区分建物の区分登記の場合
 a　非区分建物の表示(及び附属建物の表示)
  附属建物を別の1個の建物とする場合は,区分登記の申請前に附属建物を分割する登記を申請する。
 b　一棟の建物の表示及び区分後の区分建物の表示(及び附属建物の表示)
② 区分建物の区分割等の登記の場合
 a　区分割等前の一棟の建物及び区分建物の表示(及び非区分建物の表示)
  一棟の建物の表示は,区分割等の前の一棟の建物の表示を援用する。ただし,区分割等後の建物が非区分建物のときは,その建物の所在,地番を記載する。
 b　区分割等後の区分建物の表示

2:6:3:4 敷地権の表示

① 非区分建物の区分の場合
 区分後の区分建物又は区分建物となる附属建物について敷地権となるべき敷地利用権があるときは,その敷地権の表示を申請情報の内容とする(令別表16申請ロ,基本通達第九の一の2)。
 敷地権は,区分登記により区分建物となったときに生ずるから,登記原因は,「区分により成立」と記載する。その日付は記載しない。
② 区分建物の区分(再区分)の場合
 区分後の各区分建物についての敷地権の表示を申請情報の内容とする

（令別表16申請ロ，基本通達第九の二）。
③ 区分建物の合併の場合
　合併後の建物が区分建物であるときは，合併後の建物についての敷地権の表示を申請情報の内容とする（基本通達第十の1）。
　敷地権付き区分建物が合併により非区分建物となった場合は，当然，敷地権は消滅するから，不登法55条3項が適用される。
④ 敷地権割合
　その割合が規約によって定められるときは問題ないが，定めのないときは，法22条2項本文により法14条1項から3項までに定める割合によらざるを得ない。
　床面積は，再区分の場合は減少し，合併の場合は増加するから，一棟の建物に属する区分建物の全部の敷地権割合が変動する。そこで，再区分前の当該区分建物の敷地権割合を再区分後の各区分建物の床面積の割合で配分し，又は合併する区分建物の敷地権割合を合計して，それを合併後の各区分建物の敷地権割合とする敷地権の変更登記をすることになる。

2:6:4　添付情報

　添付情報は，通則的な事項（2:3:6）のほか，次のとおりである。
2:6:4:1 登記識別情報
　区分建物の合併の場合の所有権に関する登記識別情報（令8条1項3号）は，合併前のいずれか1個の区分建物の所有権の登記のものを提供すれば足りる（同条2項3号，3:1:6:2）。それによって，合併する建物の登記名義人が申請人となっていると推認できるからである。
2:6:4:2 共同担保目録
　共同担保目録は，登記官が作成する（不登法83条2項，規則166条，3:1:8）。
① 分割又は区分後の建物について担保権消滅の承諾がないため，担保権

が分割又は区分後の数個の建物及び敷地権に存続するときは，登記官は，その権利について共同担保目録が作成されているときを除き，共同担保目録を作成し，転写した権利の末尾にその共同担保目録の記号及び目録番号を記録する（不登法54条3項・40条，規則128条・102条，130条2項・102条）。

② 敷地権の登記がある区分建物に担保権の登記があるが，それが合併の認められる担保権（登記の目的，申請の受付年月日及び受付番号並びに登記原因及びその日付が同一なもの）（規則131条，基本通達第十九の一の1）である場合に，合併後の建物を非区分建物とする登記申請があったときは，合併後も非区分建物と敷地権であった敷地利用権（所有権，地上権に限る。）に担保権が存続するので，登記官は，これら担保権の目的である権利を表示した共同担保目録を作成する（基本通達第十の2）。

2:6:4:3 権利消滅の承諾証明情報

所有権等の登記以外の権利に関する登記がある1個の建物について建物の分割登記又は区分登記をすることによって複数の建物とするときは，土地の分筆の場合と同様，分割又は区分の機会に，分割又は区分後のいずれかの建物について，権利に関する登記を消滅させる登記手続を認めることが合理的である。そこで，不登法54条3項は，土地の分筆に伴い権利を消滅させる登記手続を定めた不登法40条の規定を準用している。

甲区分建物を分割又は区分してその一部を乙建物とする分割又は区分登記を申請する場合に，甲建物にCを権利者とする抵当権その他の担保権の登記，所有権移転の仮登記その他所有権以外の権利に関する登記（仮登記を含む。）がされているときは，Cがその権利の消滅若しくは不存在を承諾する情報又はCに対抗できる裁判があったことを証する情報（以下「権利消滅の承諾証明情報」という。）を提供すれば，甲建物の登記記録にその旨を記録して，その登記を抹消するか，又はその登記を乙建物の登記記録に転写しない（規則128条1項・104条2項，130条・104条2項）。こ

のとき，消滅又は不存在の承諾に係る権利について，更に第三者の権利に関する登記があれば，第三者の権利消滅の承諾証明情報も提供する（不登法54条3項・40条）。

2:6:4:4 敷地権に関する規約設定証明情報
① 建物の区分の場合
 a　建物の区分登記を申請する場合において，区分後の建物について敷地権が存在するときは，規約敷地の規約を設定したことを証する情報（令別表16添付ハ(1)），敷地権割合の規約を設定したことを証する情報（同添付ハ(2)）又は他の登記所の管轄区域内にある敷地に関する登記事項証明書（同添付ハ(3)）が添付情報となる。

  (1)(3)の情報は，規約を設定した公正証書の謄本，その規約の決議の議事録又は区分所有者全員の合意書である。議事録又は合意書に公証人の認証がある場合を除き，署名した者の印鑑証明書を提供する。

 b　区分所有者が法定敷地について登記した所有権，地上権又は賃借権をもっている場合に，これらの権利が敷地権でないものとしてその事項を申請情報の内容としない場合は，これらの権利が敷地権でないことを証する情報（分離処分可能規約等）を提供する（基本通達第九の一の1・第二の五の3）。

② 区分建物の再区分の場合
 区分建物を区分するいわゆる再区分登記の申請においては，規約敷地の規約を設定したことを証する情報（同添付ハ(1)）及び他の登記所の管轄区域内にある敷地に関する登記事項証明書（同添付ハ(3)）を改めて求める意味はない。そのため，区分建物である建物についてする建物の区分登記の申請については，同添付ハの括弧書きで，これらは必要でないとしている。

2:6:5　記録方法
建物の区分割等の場合に表題部及び権利部に登記官がする記録方法は，

2　区分建物に関する表示の登記

次のとおりである。

2:6:5:1 建物の分割登記

① 甲建物からその附属建物を分割して乙建物とする建物の分割登記をするときは，乙建物について新たに登記記録を作成し，その表題部（原因及び日付欄）に「何番から分割」した旨を記録（準則96条2項）する（規則127条1項）。

② 甲建物の登記記録の表題部（附属建物の表示）の原因及び日付欄に「何番の何に分割」と記録し，分割した附属建物を抹消する記号を記録（準則96条1項）する（規則127条2項）。

【記録例113】

③ 分割により不動産所在事項に変更が生じたときは，変更後の不動産所在事項，分割により変更した旨及び変更前の不動産所在事項を抹消する記号を記録する（規則127条3項）。

④ 乙建物の登記記録の権利部の相当区に甲建物の登記記録から権利に関する登記を転写し，かつ，分割登記に係る申請の受付年月日及び受付番号を記録する。所有権及び担保権以外の権利については，分割後の甲建物が共にその権利の目的である旨を記録し，担保権については，その権利についての共同担保目録が作成されているときを除き，共同担保目録を作成し，転写した権利の登記の末尾にその共同担保目顔の記号及び目録番号を記録する（規則128条1項・102条1項）。

【記録例114】，【記録例115】

⑤ ④の場合に転写する権利が担保権であり，かつ，その権利について共同担保目録が作成されているときは，転写された乙建物に関する権利を共同担保目録に記録する（規則128条1項・102条2項）。

⑥ 甲建物の登記記録から乙建物の登記記録に所有権以外の権利に関する登記を転写したときは，分割後の甲建物の登記記録の権利に関する登記に担保権以外の権利については乙建物が共にその権利の目的である旨を，担保権についてはその権利についての共同担保目録が作成されてい

るときを除き，⑤により作成した共同担保目録の記号及び目録番号を記録する（規則128条1項・102条3項）。
⑦ 権利が消滅した旨の登記（不登法40条）は，分割登記の申請情報と併せて，その権利の登記名義人の権利消滅の承諾証明情報及びその権利を目的とする第三者の権利消滅の承諾証明情報が提供された場合にする（規則128条1項・104条1項）。
⑧ 乙建物について権利が消滅した旨の登記をするときは，分割後の甲建物の登記記録の権利に関する登記についてする付記登記によって，乙建物について権利が消滅した旨を記録する。この場合には，⑤にかかわらず，消滅した権利に係る権利に関する登記を乙建物の登記記録に転写する必要はない（規則128条1項・104条2項）。
⑨ 甲建物について権利が消滅した旨の登記をするときは，分割後の甲建物の登記記録の権利に関する登記についてする付記登記によって分割後の甲建物について権利が消滅した旨を記録し，権利に関する登記を抹消する記号を記録する（規則128条1項・104条3項）。
⑩ 分割前の建物について現に効力がある所有権の登記がされた後，分割に係る附属建物の新築による分割前の建物の表題部の登記事項に関する変更の登記がされていたときは，所有権の登記を転写することに代えて，乙建物の登記記録の甲区に次に掲げる事項を記録する（規則128条2項）。
　a　分割による所有権の登記をする旨
　b　所有権の登記名義人の氏名又は名称及び住所並びに登記名義人が2人以上であるときは登記名義人ごとの持分
　c　登記の年月日

2:6:5:2 建物の区分登記

一棟の建物に構造上及び利用上の独立性のある部分がある場合は，その部分を独立した所有権の対象とすることができる（法1条，1:3:1）。そして，このような一棟の建物が1個の建物として登記されている場合，

2 区分建物に関する表示の登記

建物所有者は，各建物部分を区分建物とする旨の登記，すなわち区分登記をすることができる（不登法54条1項2号，3項，規則129条）。このとき，一棟の建物全体を対象とする賃借権設定登記があれば，各区分建物の登記に移記する（規則130条1項）。

そして，一般に，一棟の非区分建物として登記されている建物のうち，構造上及び利用上の独立性のある建物部分（すなわち区分所有権の対象となり得る部分）を譲り受けた者は，その部分につき所有権を主張して，その建物部分についての所有権移転登記手続を請求することができる。この場合，譲受人は，区分登記がされていないときは，建物所有者に代位して，自ら区分登記を申請することができる（不登法59条7号）。判決の主文としては，区分登記後に区分建物となる部分を特定した上，その部分について所有権移転登記手続を命ずれば足りる。区分登記手続をすることを命ずる必要はない。

① 区分建物でない甲建物を区分して甲建物と乙建物とする建物の区分登記をするときは，区分後の各建物について新たに登記記録を作成し，各登記記録の表題部に「何番（の建物）から区分」した旨を記録する（規則129条1項）。

　この場合，乙建物の原因及びその日付欄に「何番から区分」と甲建物の原因及び日付欄に「何番の何に区分」のように記録する（準則97条・96条）。

② 区分前の甲建物の登記記録の表題部に「区分により何番及び何番の登記記録に移記」した旨並びに従前の建物の表題部の登記事項を抹消する記号を記録し，登記記録を閉鎖する（規則129条2項）。

③ 甲区分建物を区分して甲建物と乙建物とする建物の区分登記をするときは，乙建物について新たに登記記録を作成し，これに「何番（の建物）から区分」した旨を記録する（同条3項）。

④ ③の場合には，甲建物の登記記録の表題部に残余部分の建物の表題部の登記事項，家屋番号何番の建物を区分した旨及び従前の建物の表題部

の登記事項の変更部分を抹消する記号を記録する（同条4項）。

⑤ ①の場合には，区分後の各建物についての新登記記録の権利部の相当区に，区分前の建物の登記記録から権利に関する登記を移記し，かつ，建物の区分登記に係る申請の受付の年月日及び受付番号を記録する。この場合の記録方法は，建物の分割登記（2:6:5:1④後段ないし⑨）の記録方法と同様とする（規則130条1項）。

⑥ ③の場合の権利に関する登記についての記録方法も建物の分割登記（2:6:5:1④後段ないし⑨）と同様とする（同条2項）。

⑦ ①により建物の区分登記をした場合に区分後の建物が敷地権付き区分建物となるときの記録方法は，建物のみに関する旨の付記登記等をする場合（2:5:7:7，規則123条）と同様とする（同条3項）。

【記録例161】～【記録例163】

2:6:5:3 建物の附属合併登記

① 甲建物を乙建物の附属建物とする建物の合併（「附属合併」2:6:1:3④）に係る建物の合併登記をするときは，乙建物の登記記録の表題部に附属合併後の建物の表題部の登記事項及び家屋番号何番の建物を合併した旨を記録し（規則132条1項），原因及び日付欄に「何番を合併」のように記録する（準則98条2項）。

② ①の場合において，附属合併により不動産所在事項に変更が生じた場合は，変更後の不動産所在事項，「合併により変更」した旨及び変更前の不動産所在事項を抹消する記号を記録する（規則132条2項）。

③ ①の場合には，甲建物の登記記録の表題部に「何番（の建物）に合併」した旨及び従前の建物の表題部の登記事項を抹消する記号を記録し，原因及び日付欄に「何番に合併」のように記録（準則98条1項）して，登記記録を閉鎖する（規則132条3項）。

【記録例177】

2:6:5:4 建物の区分合併登記

① 区分建物である甲建物を乙建物又は乙建物の附属建物に合併する建物

2 区分建物に関する表示の登記

の合併（乙建物又は乙建物の附属建物が甲建物と接続する区分建物である場合に限る。「区分合併」2:6:1:3⑤）に係る建物の合併登記をするときは、乙建物の登記記録の表題部に区分合併後の建物の表題部の登記事項、家屋番号何番の建物を合併した旨及び従前の建物の表題部の登記

【判例15】 一棟の建物（5階建て）のうち2階を除く部分に賃借権が設定されたにもかかわらず、建物全部について賃借権設定登記がされている場合、この登記の抹消登記手続請求は、2階部分に関する限度において認容すべきであるとする判例がある（最一小判平7．1．19判タ871－300）。

判例は、その理由として、「右登記は右建物部分に関する限り有効であるから登記全部の抹消登記手続を請求することは許されないが、右一棟の建物を右建物部分と残余の部分とに区分する登記を経た上、残余の部分のみについて賃借権設定登記の抹消登記手続をすることができるからである」という。

本件建物の区分登記により、2階部分のうち区分所有の目的となり得る部分とそれ以外の階の部分は、それぞれ区分建物として登記される。しかし、廊下や階段など性質・構造上当然に共用部分となる部分は、区分所有権の目的にはならないから、2階部分のうち区分登記後に専有部分となる部分を特定して、その部分に関する限度で賃借権設定登記の抹消登記手続請求を認容することになる。

この判例の基本的な考え方は、すでに土地分筆の場合（大判昭10．3．9）や、主建物と附属建物の場合（注）について明らかにされていた。本判決は、区分所有権の目的となり得る建物部分について同様の判断を示したもので、実務に与える影響も大きいと考えられる。

（注） 甲建物・乙建物が主建物・附属建物として登記されている場合において、主建物の登記部分のみが実体を欠く無効のものであるときは、主建物と附属建物とを分割する登記手続を履行した上で、主建物のみの所有権の保存登記の抹消をすれば十分であり、附属建物を含めた全部の登記の抹消は許されない（最二小判昭38．5．31民集17－4－588）。

事項の変更部分を抹消する記号を記録する(規則133条1項)。
② ①の場合には，甲建物の登記記録の表題部に家屋番号何番の建物に合併した旨及び従前の建物の表題部の登記事項を抹消する記号を記録し，登記記録を閉鎖する(同条2項)。

【記録例165】
③ 区分合併(甲建物を乙建物の附属建物に合併する場合を除く。)に係る建物の合併登記をする場合において，区分合併後の建物が区分建物でないときは，区分合併後の乙建物について新たに登記記録を作成し，登記記録の表題部に区分合併後の建物の表題部の登記事項及び合併により家屋番号何番の建物の登記記録から移記した旨を記録する(同条3項)。
④ ③の場合は，区分合併前の乙建物の登記記録の表題部に何番(の建物)を合併した旨，合併により何番(の建物)の登記記録に移記した旨及び乙建物についての建物の表題部の登記事項を抹消する記号を記録し，かつ，その表題部の原因及びその日付欄に「合併」と記録(準則99条)，乙建物の登記記録を閉鎖する(規則133条4項)。

2:6:5:5 建物の合併登記
① 合併前の甲建物及び乙建物が所有権の登記がある建物であるときは，乙建物の登記記録の甲区に次に掲げる事項を記録する(規則134条1項・107条1項)。
   a 合併による所有権の登記をする旨
   b 所有権の登記名義人の氏名又は名称及び住所並びに登記名義人が2人以上であるときは当該所有権の登記名義人ごとの持分
   c 合併登記に係る申請の受付の年月日及び受付番号
② 甲建物及び乙建物の登記記録に登記の目的，申請の受付の年月日及び受付番号並びに登記原因及びその日付が同一の担保権の登記があるときは，乙建物の登記記録に登記が合併後の建物の全部に関する旨を付記登記によって記録する(規則134条1項・107条5項)。
③ ②の場合に，区分合併前のすべての建物に合併後の建物の登記記録に

登記することができる担保権の登記（規則131条）があるときは，区分合併後の建物について新たに作成した登記記録の乙区にその登記を移記し，その登記が合併後の建物の全部に関する旨を付記登記によって記録する（規則134条2項）。

④　区分合併に係る建物の合併登記をする場合において，区分合併後の建物が敷地権のない建物となるときの記録方法は，敷地権の登記の抹消手続（規則124条，2:5:9:3）と同様とする（規則134条3項）。

【記録例166】，【記録例177】

2:6:5:6 附属建物の分割合併登記

①　甲建物の登記記録から附属建物を分割して，これを乙建物の附属建物としようとする場合において，建物の分割登記及び建物の合併登記をするときは，乙建物の登記記録の表題部に，附属合併後の建物の表題部の登記事項及び何番（の建物）から合併した旨を記録し，当該登記記録の附属建物の表示欄の原因及びその日付欄に「何番から合併」のように記録（準則100条2項）する。この場合，附属合併（規則132条1項，3項，2:6:5:3）の規定は，適用しない（規則135条1項）。

②　甲建物の登記記録の表題部の分割に係る附属建物について，何番（の建物）に合併した旨及び従前の建物の表題部の登記事項の変更部分を抹消する記号を記録し，その登記記録の附属建物の表示欄の原因及びその日付欄に「何番に合併」のように記録（準則100条1項）する。この場合，分割登記（規則127条1項，2項，2:6:5:1）の規定は，適用しない（規則135条2項）。

【記録例178】

2:6:5:7 附属建物（区分建物）の分割合併登記

①　甲建物の登記記録から附属建物（区分建物に限る。）を分割して，これを乙建物又は乙建物の附属建物に合併しようとする場合（乙建物又は乙建物の附属建物が甲建物の附属建物と接続する区分建物である場合に限る。）において，建物の分割登記及び建物の合併登記をするときは，

乙建物の登記記録の表題部に合併後の建物の表題部の登記事項，何番の（建物の）一部を合併した旨及び従前の建物の表題部の登記事項の変更部分を抹消する記号を記録する。この場合，区分合併（規則133条1項，2項，2:6:5:4）の規定は，適用しない（規則136条1項）。
② 甲建物の登記記録の表題部の記録方法は，前項（2:6:5:6）②と同様とする（同条2項）。
③ ①の場合（甲建物の附属建物を分割して乙建物の附属建物に合併しようとする場合を除く。）に区分合併後の乙建物が区分建物でないときの記録方法は，区分合併後の建物が区分建物でない建物になるとき（規則133条3項，4項，2:6:5:4③④）と同様とする（規則136条3項）。

2:6:5:8 建物の区分及び附属合併登記

① 甲建物を区分してその一部を乙建物の附属建物としようとする場合において，建物の区分登記及び附属合併登記をするときにおける乙建物の表題部の記録方法は，附属建物の分割合併登記（規則135条1項，2:6:5:6）の規定を準用する（規則137条1項）。
② ①の場合に，区分前の甲建物が区分建物でないときは，区分後の甲建物について新たに登記記録を作成し，その表題部に何番（の建物）から区分した旨を記録するとともに，区分前の甲建物の登記記録に区分及び合併によって何番及び何番の建物の登記記録に移記した旨並びに従前の建物の表題部の登記事項を抹消する記号を記録し，登記記録を閉鎖する（同条2項前段）。
③ 区分前の甲建物が区分建物であったときは，甲建物の登記記録の表題部に残余部分の建物の表題部の登記事項，区分した（建物の）一部を何番に合併した旨及び従前の建物の表題部の登記事項の変更部分を抹消する記号を記録する（同条3項前段）。
④ ②③の場合，区分登記（規則129条1項ないし4項，2:6:5:2）の規定は，適用しない（規則137条2項後段，3項後段）。

2:6:5:9 建物の区分及び区分合併登記

① 甲建物を区分して，その一部を乙建物又は乙建物の附属建物に合併しようとする場合（乙建物又は乙建物の附属建物がその一部と接続する区分建物である場合に限る。）に建物の区分登記及び合併登記をするときの乙建物の表題部の記録方法は，附属建物（区分建物）の分割合併登記（規則136条1項，2:6:5:7）と同様とする（規則138条1項）。

② 区分前の甲建物が区分建物であった場合の甲建物の登記記録の表題部の記録方法は，前項③と同様とする（同条2項）。

2:6:5:10 建物の分割及び附属合併登記等

建物の分割及び附属合併登記等における権利部の記録方法（規則135条ないし138条）は，分割に伴う権利の消滅の登記（規則128条1項・規則104条1項ないし3項，2:6:5:1⑦ないし⑨）及び分割登記における権利部の記録方法（規則139条・107条1項，5項，2:6:5:5①②）と同様とする（規則139条）。

2:6:6 建物の合併制限

建物の合併登記は，原則として，所有者の意思により申請されるが，法令上及び解釈上の制約がある。次の場合には，原則として，合併登記はできない（不登法56条）。

なお，「効用上一体として利用される状態にある数棟の建物」は，1個の建物として取り扱うが（準則78条1項），それぞれ独立した住宅として利用されている建物は，1個の建物として登記することはできない（同条2項）。

  a （団地）共用部分である旨の登記がある建物（1号）
  b 所有権者の異なる建物（2号）
  c 所有権者の共有持分の異なる建物（3号）
  d 所有権の登記がない建物と所有権の登記がある建物（4号）
  e 所有権等の登記以外の権利に関する登記がある建物（5号）。ただ

し，担保権の登記であって，その登記と登記の目的，申請受付年月日及び受付番号並びに登記原因及びその日付が同一のものは登記することができる（5号括弧書き，規則131条）。
f　附属合併にあっては，主建物と附属建物の関係にない建物（準則86条1号）
g　区分合併にあっては，接続していない数個の区分建物（同条2号）

【Q20】　区分建物の合併登記
　一棟の建物のうち階層を異にして上下に接続する2個の区分建物を合併し，1個の区分建物とすることができるか。
【A】　区分建物の場合は，主建物と附属建物という関係にない場合であっても，所有者が同一人であれば，その所有者の意思に反しない限り，隣接する数個の建物を1個の建物として取り扱うことになる（準則78条2項）。
　したがって，区分建物の所有者が同一人で，合併禁止条項（不登法56条）に抵触しない限り，合併登記をすることができる。

2：7　区分建物の合体登記等

2：7：1　意義

2：7：1：1　合体

　合体とは，主従の関係にない数個の建物に増築等の物理的な変更が加えられたことにより，構造上1個の建物となることをいう。すなわち，建物の合体は，甲建物を曳行して乙建物に接着させ，又は甲建物と乙建物の間を増築して甲乙間の隔壁を取り除いて一棟の建物とし，又は2以上の区分建物の隔壁を取り除き，1個の区分建物とすることである。
　合体があった場合は，合体後の建物についての建物の表題部の登記と合体前の建物の表題部の抹消登記（以下「合体登記等」という。）をする

（不登法49条1項）。

　建物が合体したときは，動産の付合に関する民法244条が類推適用され，合体前の各建物の所有者は，付合の時点における各建物の価格割合に応じて合体後の建物を共有し，合体前の建物を目的とする抵当権などの権利があるときは，これらの権利は，合体前の建物に対応する合体後の建物の各共有持分上に存続すると解されている（最三小判平6・1・25民集48-1-18）。

　したがって，権利に関する登記のある建物が合体した場合は，合体後の建物の登記記録に所有権（持分権）の登記をした上で，合体後の建物の持分上に存続することになる合体前の各建物の権利に関する登記を移記することになる（規則120条4項）。

2:7:1:2 合体に伴う権利の消滅

　この場合，申請人が合体前の建物に存在していた抵当権など所有権等の登記以外の権利を合体後の建物について消滅させたいときには，合体による登記の申請に併せて権利の消滅に関する登記をすることができれば，申請人にとって便利であり，登記手続上も効率的である。

　そこで，不登法50条は，申請人が合体登記等の申請をする場合に，申請情報と併せて消滅した権利の登記名義人の承諾証明情報（規則120条5項1号）を提供したときは，登記官が権利が消滅した旨の付記登記をする。この場合には，合体後の建物の登記記録に移記することは要しない（同条6項）という方法を定めた。ただし，「所有権等（所有権，地上権，永小作権，地役権及び採石権）」は除外されている。所有権については，消滅することはあり得ないし，地上権，永小作権，地役権及び採石権については，建物の上には存在しない権利だからである。

2:7:1:3 合体する建物

　合体する甲建物乙建物は，各1個とは限らない。平成5年の不登法改正前は，2棟（以上）の建物を1棟の建物とする場合を「合棟」，2（以上の）建物を1建物とする場合を「合体」といい，区別していた（2:6:1:

4)。

　すなわち，前者の場合は，「合棟」を登記原因とする建物の滅失登記をした上で，合棟後の建物について「合棟」を登記原因とする建物の表題登記をし，後者が区分建物の場合は，合体前の各区分建物について「区分所有の消滅」を登記原因とする建物の滅失登記をした上で，合体後の建物について「区分建物の合体」を登記原因とする建物の表題登記をしていたのである。

　なお，主建物又は附属建物と附属建物が合体した場合における従前の登記原因（合棟）を合体に改める必要はないとされている（合体通達第六の十一(6)）。

2:7:1:4 附属建物の合体

　主建物又は附属建物と附属建物を合体するのは，「建物の表題部の変更」（不登法51条1項）であり，ここでいう建物の合体には該当しない（準則95条，合体通達第六の十）。

① 附属建物として登記されている建物は，分割登記がされるまでは，独立の建物として取り扱われないから，附属建物が他の建物と合体したときは，分割登記をした上で，合体登記をするのが原則である。

② 同一の登記記録に登記された主建物とその附属建物が合体したときは，登記手続上は，主従関係にある建物が合体したものとして，建物の表題部の変更登記をすればよい。同一の登記記録に登記された附属建物同士が合体した場合も同様である（準則第95条後段）。

③ 附属建物と他の建物（附属建物と表題登記がない他の建物又は附属建物と他の登記記録に登記されている表題登記がある建物）が合体したときは，これを附属建物の属する建物の表題部の変更登記として同じように処理すると，二重登記の問題が生ずるおそれがある。この場合は，附属建物を分割し，独立の建物として登記した上で，合体登記をすべきであろう。

2:7:2　合体登記申請手続

　区分建物の合体登記等の申請手続は，非区分建物と基本的に変わりはない。

2:7:2:1 申請人

　建物の合体があった場合は，不登法49条1項各号に定める者が，建物の合体後1月以内に合体登記等を申請しなければならない。合体前の建物の所有者等が異なる場合には，そのいずれの者も申請することができる。

2:7:2:2 一の申請情報による申請

　相接する区分建物の隔壁を取り除いたことにより区分建物の合体があったときは，いずれの建物も区分建物でなくなるから，合体の日から1月以内に合体による建物の表題登記と合体前の区分建物について建物の表題部の登記の抹消を併せて一の申請情報によってしなければならない（不登法49条1項，令5条1項前段）(注)。

　この場合に，合体前の建物の一方に所有権の登記があり，他方にないときは，合体による登記を申請するに当たり，合体後の建物についての所有権の登記を併せて一の申請情報によってしなければならない（不登法49条1項後段，令5条1項後段）。権利に関する登記は，当事者の申請によってするのが原則だからである（山野目220）。

(注)　不登法48条1項及び3項の「併せてしなければならない」場合並びに令4条ただし書及び規則35条は，一の申請情報によって「申請することができる」場合である。

2:7:2:3 申請情報

　合体登記等の申請情報は，通則的な事項のほかは，次のとおりである（令別表13申請）。

　なお，所有権の保存登記を併せて申請する場合であっても，所有権の保存登記の根拠規定を申請情報の内容とすることは必要でない。

　　a　合体後の建物について敷地権があるときは，敷地権の表示（申請イ）

b　合体前の建物に所有権の登記がある建物があるときは，所有権の登記を特定するために必要な事項（申請ロ）

　　c　合体前の建物についてされた所有権の登記以外の所有権に関する登記（買戻しの登記や所有権の処分制限の登記等）又は担保権に関する登記で，合体後の建物について存続することとなるもの（「存続登記」という。）があるときは，その存続登記を特定するために必要な事項（申請ハ）

　　d　存続登記がある場合のみなし持分（申請ニ）

2:7:2:4 添付情報

　合体登記等の申請には，登記識別情報（令8条1項2号，2項2号，3:1:6:2）及び添付情報（令別表13添付）として，通則的な添付情報（2:3:6）及び建物図面（添付イ），各階平面図（添付ロ），表題部所有者となる者の所有権証明（添付ハ）及び住所証明（添付ニ）のほか，敷地権の存否等に関連して，次の情報を提供する。

① 非敷地権証明情報（添付ホ）

　　合体後の建物が区分建物である場合に，区分建物が属する一棟の建物の敷地に登記された所有権等の登記名義人が区分建物の所有者であり，かつ，分離処分可能規約がある場合その他の事由により所有権等が区分建物の敷地権とならないときは，非敷地権証明情報を提供する。

　　合体前の2以上の建物がいずれも敷地権の登記がない区分建物であり，かつ，合体後の建物も敷地権の登記がない区分建物となるときは，合体前の建物の表題登記を申請した際の添付情報で敷地権がないことの証明はされているので，非敷地権証明情報を提供する必要はない（添付ホ括弧書き，合体通達第六の四の(8)後段）。

② 敷地権関連情報（添付ヘ）

　　合体後の建物について敷地権がある場合は，次のとおりである。

　　a　敷地権の目的である土地が規約敷地であるときは，その規約設定証明情報(1)

b　敷地権割合に関する規約があるときは、その規約設定証明情報(2)
　　c　敷地権の目的である土地が他の登記所の管轄区域内にあるときは、土地の登記事項証明書(3)

なお、次のような条件を備えている場合は、合体の前後で敷地権について変更がないから、上記 a、b、c の情報は必要でない（へ括弧書き、合体通達第六の四の(8)前段）。

　　a　合体前の 2 以上の建物がいずれも敷地権付き区分建物であること。
　　b　合体後の建物も敷地権付き区分建物となること。
　　c　合体前の建物のすべての敷地権割合を合算した敷地権の数値が合体後の建物の敷地権割合となること。

例えば、甲土地を敷地権とする A マンションの 1 号室（敷地権割合 100 分の 1）と隣接する 2 号室（敷地権割合 100 分の 2）の間の障壁が取り除かれて合体して 1 個の敷地権付き区分建物になり、合体後の区分建物の敷地権割合が 100 分の 3 となった場合がこれに当たる。

③　存続登記承諾証明情報等（添付ト）

　　合体後の建物の持分について存続登記と同一の登記をするとき（規則 120 条 4 項）は、存続登記に係る権利の登記名義人の承諾証明情報

④　権利消滅承諾証明情報

　　権利が消滅した旨の登記（不登法 50 条）は、合体登記等の申請情報と併せて、その権利の登記名義人の権利消滅の承諾証明情報及びその権利を目的とする第三者の権利消滅の承諾証明情報が提供された場合にするにする（規則 120 条 5 項 1 号、2 号、合体通達第六の四の(6)）。この場合、登記官は、付記登記により、権利消滅登記をし、合体後の建物の登記記録への移記をしなくてもよいこととしている（同条 6 項）。

⑤　第三者の承諾証明情報

　　例えば、相接する区分建物の間の隔壁を除去することにより合体が行われた場合において、その隔壁が共用部分であったときは、その変更について所要の決議（法 17 条、18 条）があったことを証する情報（令 7

条 1 項 5 号ハ）

2:7:3　登記手続

　敷地権の存否その他に関しては，次の点に留意する必要がある。
① 　敷地権付き区分建物が合体した場合に，合体後の建物が区分建物でなくなったとき及び合体後の区分建物について分離処分可能規約が設定されたとき。

　　合体後の区分建物については，敷地権は登記されないから，敷地権の目的であった土地の登記記録にされていた敷地権である旨の登記を抹消すると共に，区分建物の登記記録にされている登記で敷地権に関する登記としての効力があるもの（不登法 73 条 1 項）があれば，それを土地の登記記録中の権利部の相当区に転写する等の措置をする必要がある。そこでこの場合には，敷地権が敷地権でない権利となった場合の登記手続を定める規則 124 条を準用することにしている（規則 120 条 7 項，合体通達第六の五の(6)）。
② 　敷地権付き区分建物が合体し，合体後の建物も区分建物である場合に，合体後の建物について敷地権があるとき。

　　合体後の建物の表題登記の際に，敷地権の登記がされる（不登法 44 条 1 項 9 号）と共に，敷地権の目的である土地の登記記録に敷地権である旨の登記がされることとなっているが（不登法 46 条，規則 119 条），合体前の建物についても敷地権の登記がされていた場合は，土地の登記記録には，既に敷地権である旨の登記がされているので，この場合は，不登法 46 条（規則 119 条）の規定は適用されない（規則 120 条 8 項，合体通達第六の五の(7)）。

　　合体後の建物に敷地権を登記する場合の登記原因及びその日付は，「平成何年何月何日敷地権（合体）」と記録する。登記原因の日付は，合体があった日である。すなわち，合体前の各建物の敷地権は，合体後の建物の敷地権に転化するから，その権利を登記する必要がある（令別表

2 区分建物に関する表示の登記

12申請イ)。この場合に，合体前の建物に抵当権等所有権等の登記以外の権利の登記があるときは，これらの権利は，合体後の建物の共有持分の上に存続することとなるように敷地権の上にも存続するものと解される（書式上462以下）。ただし，抵当権等の登記に関して権利消滅の承諾証明情報等を提供した場合（2:7:2:4④）は，合体前の建物の当該登記の登記原因を「消滅承諾」と記載し，権利が消滅した旨を登記する（合体通達第六の五の(4)）。

【記録例95】
③ ②の場合に，合体後の建物につき合体前の各建物の敷地権割合と異なる比率の持分割合を定めようとするとき。

合体後の区分建物の敷地権割合は，合体前の各区分建物の敷地権割合を合算したものであるから，合体前の各建物の所有者が合体後の建物にもつことになる持分の割合（同一所有者の〔あ〕〔い〕の場合を含む。）は，合体前の各建物の敷地権割合と同一の比率となる。その敷地権割合を変更したいときは，次のいずれかの方法によることになろう。

　a　いったん合体後の建物の持分割合を敷地権のそれに合わせ，合体による建物の登記完了後に持分を移転する。

　b　いったん合体前の建物につき分離処分可能規約を作成して一体化をはずし，敷地利用権の持分移転をして，敷地権割合を合体後の建物の持分割合に合わせた後，合体による建物の登記をする。

④ 主建物と附属建物の合体による建物の表題部の登記事項に関する変更登記をするとき（準則95条）。

　a　表題部に登記原因及びその日付を記録するときは，主建物の床面積の変更については，原因及びその日付欄に登記原因及びその日付の記録に床面積欄の番号を冠記して，「③平成何年何月何日附属建物合体（又は「増築及び附属建物合体」）」のように記録する。

　b　附属建物の表題部を抹消するときは，「平成何年何月何日主（である）建物に合体」と記録する。

２以上の附属建物の合体による建物の表題部の登記事項に関する変更の登記をする場合についても，同様とする(注)。

　なお，合体による登記等をした場合は，建物所在図に記録されている合体前の建物の記録を削除し，合体後の建物を記録する（準則16条2項(6)）。

【記録例89】

（注）　ただし，主建物又は附属建物と附属建物を合体することは，建物の表題部の変更であり，「建物の合体」には該当しない（2:7:1:3）。

【Q21】　合体による登記と賃借権の登記

　　　合体による登記をする場合に合体後の建物に抵当権の登記は移記され，賃借権の登記は移記されないのはなぜか。

【A】　①　抵当権は，合体後の建物について存続することになるもの（存続登記）」（令別表13申請ハ）として，合体後の登記記録に移記される（規則120条4項）。ただし，合体後の建物の各所有者の持分割合は，当事者間で任意に定めることもできるが，合体前の価格割合より少ない持分割合を定めると抵当権者に不利益となるので，存続登記をするときは，その者の承諾が必要であるとされている（令別表の13添付ト）。承諾の内容は，建物の合体を承諾するということではなく，合体後の持分割合を承諾するということである。

　　　なお，抵当権者（その抵当権を目的とする権利の第三者を含む。以下同じ。）の権利消滅承諾情報又は抵当権者に対抗することができる裁判があったことを証する情報を提供した場合は，その登記は移記されない（不登法50条，規則120条5項，合体通達第六の四の（6），五の（4））。

　②　これに対して，建物の賃借権の登記は，存続登記の対象となっておらず，合体後の建物の登記記録に移記する必要はないとされている（合体通達第六の五の（5））。また，この場合は，建物の合体による登記の申請情報に賃借権の消滅承諾情報を提供する必要もない。

　③　共有持分の上に賃借権が成立するかということについては，賃借

権は，土地の使用収益を目的とするものであるから，共有者のうちの一人から賃借権の設定を受けても単独で使用収益することはできない。したがって，共有持分の上の賃借権は成立し得ない，とする考え方もある。しかし，共有者は，共有物の全部について持分に応じて使用収益をする権限はあるが（民法249条），そのような制約下にある使用収益権限を賃借権として設定することは，少なくとも実体法上は肯定すべきであろう。

　しかし，土地の使用収益権能を制約された賃借権は，債権契約としては有効であっても，用益権としては不完全なものである。したがって，登記による排他的効力を付与することはできないから，登記の対象としての適格はない（昭48.10.13民三7694号民事局長回答）。

④　しかも，合体前の建物を目的とする賃借権が，合体によってその範囲が変更するという理由はないから，賃借権は，合体後の建物のうち合体前の建物部分についてのみ成立しているといわざるを得ない。これは，合体後の建物の一部について賃借権が成立していることを意味するが，そのような範囲不明確な権利の登記は，到底認められない（昭30.5.21民事甲972号民事局長通達）。

　したがって，合体前の建物を目的とする賃借権の登記がされていても，これを合体後の建物について登記することはできない。賃借人が，借法上の対抗要件を具備することにより，その権利を第三者に対抗することができることは別問題である（借法31条）。

2:8　（団地）共用部分である旨の登記

2:8:1　意義

① 共用部分については，民法177条の適用がないから（法11条3項，1:4:9），所有権その他の権利の得喪変更については，登記がなくても第三者に対抗することができる。本法の成立前は，共用部分のうち廊下や階段室など一定の床面積を有するものを権利に関する登記の対象としていた。しかし，この登記を認めたことにより，それが独立して取引

の対象になるかのような印象を与え，単独で他人に譲渡したり，抵当権の目的としたりすることがあった。そこで法は，区分所有者でない者又は管理者でない者が共用部分を所有することを認めず，共用部分が区分所有者の共有に属する場合は，その共有持分は，区分建物の処分に従うことにした。

　しかし，その共用部分が規約により共用部分とされたものであるときは，「共用部分である旨の登記」をしなければ第三者に対抗することができない（法4条2項後段，1:4:5:3，不登法58条）。構造上・利用上の独立性を備える建物の部分等については，取引の安全を図る必要があるので，共用部分である旨の登記がない限り，第三者に対抗することはできないとしているのである。

② 一団地内の附属施設である建物（区分建物を含む。）も団地規約（法66条・30条1項）により団地共用部分とすることができる（法67条1項前段）。一団地内の数棟の建物の全部を所有する者も公正証書によって附属施設である建物を団地共用部分とする規約を設定することができる（同条2項）。団地共用部分であることを第三者に対抗するためには，「団地共用部分である旨の登記」をしなければならない（同条1項後段，基本通達第十八の1後段，1:8:6:5）。

　団地共用部分についての共有者の持分については，団地建物所有者の建物又は区分建物と一体となっており，権利関係の公示は，その建物又は区分建物の登記によってされているから，団地共用部分である旨の登記がされていれば，民法177条は適用されない（同条3項・11条3項）。

【判例16】規約共用部分（規約共用部分である旨の登記がない洗濯室，倉庫）を取得（競落）した者が背信的悪意者とされて専用部分としての登記をもって管理組合に対抗することができないとされた事例（平21．8．6東京高判・判タ1314-211）

2　区分建物に関する表示の登記

2:8:2　登記の性質

　（団地）共用部分である旨の登記（以下2:8において「その旨の登記」という。）は，権利に関する登記か，表示に関する登記か。実質的には，（団地）共用部分としたこと，すなわち民法177条の適用がなく，共有者がもっている専有部分の処分に従い，独立して共有持分を処分できないことを第三者に対抗することができるものであるから，権利に関する登記といえる。しかし，不登法は，建物の表示に関する登記の一つとして規定し，表題部に登記をするし（規則4条3項別表3），また，その旨の登記をした建物は，権利に関する登記ができないことを公示し，その建物を共用する区分建物の従属的な建物としての性格を持つから，どちらかといえば，不動産の表示に関する登記というべきであろう（川島・解説542）(注)。

　もっとも，この登記は，（団地）共用部分であることを第三者に対抗するための一種特別の登記であって，本来の建物の表示に関する登記ではないから，不動産の表示に関する規定（不登法28条等）は，適用されない。

(注)　幾代439は，形式的には表示に関する登記であるが，実質的には，実体法上の一種の権利処分行為を前提とする一種の権利に関する登記であるというべきであろう，という。

2:8:3　申請手続

2:8:3:1　申請人

　その旨の登記は，共用すべき区分所有者全員が申請するのではなく，共用部分とされた建物の所有権者が申請する（不登法58条2項）。すなわち，共用部分とされた建物について，まず建物としての表題登記をすることが必要である(注)。そして，表題登記のみをして所有権の登記をしていない場合は表題部所有者が，所有権の登記をしている場合は所有権の登記名義人が申請する。

　一団地内の建物の全部を所有する者が公正証書により団地共用部分を定

める規約を設定する場合を除いて，団地建物所有者の集会の決議によりその規約を定める場合は，団地共用部分とすべき建物の所有者は，団地建物所有者全員であるから，全員で申請するのが原則である。

しかし，団地の管理者がいるときは，管理者が全員を代理して（法66条・26条2項後段），登記申請をすることができる。団地管理組合法人の場合は，理事が申請することができる。その旨の登記の申請は，団地の管理対象物の広義の（保存行為を含む。）管理に関する事項であるから，その申請を集会の決議でしたとき（法66条・18条1項本文）は，管理者が全員を代理してすることができるのである（法66条・26条1項，2項前段）。

なお，申請が保存行為に当たると解すれば，集会の決議がなくても申請をすることができるし，各団地建物所有者も単独でその申請をすることができるとすることも可能である（法66条・18条1項ただし書）。

(注)　表題登記との一括申請はできる（1:4:5:3，質疑59-20）。

2:8:3:2 第三者の承諾

その旨の登記は，（団地）共用部分である建物に所有権等の登記以外の権利に関する登記があるときは，その権利の登記名義人の承諾があるとき（その権利を目的とする第三者の権利に関する登記がある場合にあっては，第三者の承諾も得たときに限る。）でなければ，申請することができない（不登法58条3項）。

2:8:3:3 申請情報

その旨の登記の申請情報は，通則的な事項のほか，次のとおりである（不登法58条1項1号，2号）。

① 共用部分である旨の申請情報は，共用部分である建物が別棟の建物の区分所有者の共用に供されるものであるときは，その区分所有者が所有する建物の家屋番号（令別表18申請）

② 団地共用部分である旨の申請情報は，建物の家屋番号等（令別表19申請）

2 区分建物に関する表示の登記

 a 団地共用部分を共用すべき者の所有する建物が区分建物でないときは，その建物の所在及び家屋番号（申請イ）
 b 団地共用部分を共用すべき者の所有する建物が区分建物であるときは，その建物が属する一棟の建物の所在，構造及び床面積又はその名称（申請ロ）

（団地）共用部分が，他の登記記録に登記した建物の区分所有者の共用に供される場合は，建物の家屋番号等を申請情報とする。これは，その旨の登記をした建物が従属するのは，建物ないしはその所有権についてであるからである。つまり，人に対する関係ではなく物に対する関係であるから，その旨の登記は，共用すべき所有者名ではなく，その建物を登記するのである。

なお，共用部分が同一の登記記録に登記されている他の区分建物の所有者が共用すべきものであるときは，その所有者を記録しない。

2:8:3:4 添付情報

その旨の登記の申請の添付情報は，通則的な添付情報（2:3:6）のほか，次の情報である（令別表18添付，19添付）(注1)。

① （団地）共用部分である「建物の所有者を証する情報」は，その旨を定めた規約を設定したことを証する情報（添付イ）又は区分所有者若しくは建物の所有者の全部若しくは一部の者が証明した情報（準則87条2項）(注2)
② 所有権以外の権利に関する登記がある場合にあっては，その登記名義人の承諾証明情報（添付ロ）
③ ②の権利を目的とする第三者の権利に関する登記があるときは，その第三者の承諾証明情報（添付ハ）

(注1) 別表18（共用部分である旨の登記）の添付情報と19（団地共用部分である旨）の添付情報は，「（団地）共用部分である旨の登記」とまとめれば，1項目で足りる。

 ちなみに，共用部分又は団地共用部分である旨の登記は不登法58条（各項）

2：8 （団地）共用部分である旨の登記

で，その建物の所有者情報は準則87条2項で，それぞれまとめて規定している。
（注2） 建物の表題部の変更更正登記（法51条1項〜4項，53条1項），建物の分割・区分・合併の登記，（団地）共用部分である旨の登記がある建物の滅失登記，（団地）共用部分である旨の登記に係る建物の表示に関する登記お変更更正登記（法58条5項）については，「所有者を証する情報（所有者証明情報）」を添付しなければならない（令別表14添付ニ，16添付ロ，17，20添付ロ）。これらは，所有者の顔ぶれを確認することに主眼が置かれ，表題登記申請に必要な建築確認に係る検査済証のような厳格さは求められていない。法が「所有権を有することを証する情報（所有権証明情報）」（令別表12添付ハ，21添付ロ，3：2：5：3）と区別して規定しているのである（山野目236）。

2：8：3：5 登記手続
① 登記の目的は，「（団地）共用部分である旨の登記」と記録する。
② 登記原因は，その建物を共用部分とする規約の設定であり，その日付は，規約の成立した日である。「平成何年何月何日規約設定」と記録する。
③ 建物の家屋番号等を記録する（2：8：3：3）。
④ 「その旨」は，（団地）共用部分となる建物の表題部の「原因及びその日付欄」に次のように記録する（準則103条1項，2項，通達記載例23〜27）。
　a 共用部分である旨の登記をするときは，「平成何年何月何日規約設定」及び「共用部分」のように記録する。
　b 共用部分が別棟の1個の建物を共用部分にしたときは（不登法58条1項1号），「平成何年何月何日規約設定」及び「家屋番号何番，何番の共用部分」のように記録する。
　c 別棟の区分建物を団地共用部分としたときは，その団地共用部分を共用すべき者の所有する建物の所在及び家屋番号又はその建物が属する一棟の建物の所在並びに構造及び床面積若しくはその名称を記録した上，「平成何年何月何日団地規約設定」及び「団地共用部分」のよ

2 区分建物に関する表示の登記

うに記録する。

⑤ 登記官は，その旨の登記をするときは，職権で，所有権の登記がない建物については表題部所有者に関する登記事項を抹消する記号を記録し，所有権の登記がある建物については権利に関する登記を抹消する（不登法58条4項，規則141条）。権利に関する登記を抹消する場合は，「平成何年何月何日不動産登記法第58条第4項の規定により抹消」のように記録する（準則103条3項）。

このように表題部に記載した所有者の表示を抹消し，又は所有権その他の権利に関する登記を抹消するのは，規約により共用部分とした建物については，民法177条の適用がなく，しかも，法11条により，共用部分の共有者の持分は，専有部分の処分に従うものとされ，したがって，共用部分とした建物の権利関係は，それを共用する区分所有者の区分所有権の目的である建物の権利関係と同一であり，表題部に所有者を記録し，又は所有権その他の権利に関する登記を存置し，又はその記録若しくは登記をする意味がないからである。

そこで，所有権の登記がない不動産についての建物の表示に関する登記をする場合，所有者の氏名又は名称及び住所並びに所有者が2人以上であるときは，その所有者ごとの持分が登記事項とされているが，その旨の登記がある建物については，除いているのである（不登法27条3号括弧書き）。

【記録例169】，【記録例170】，【記録例173】

【Q22】 敷地権付き区分建物を規約共用部分とした場合
　　敷地権付き区分建物を規約共用部分として登記した場合，敷地権の登記及び敷地権である旨の登記はどうなるか。その区分建物の敷地権割合が「0」のときと「0」でないときでは，違いがあるか。
【A】 規約共用部分の登記に伴ってその区分建物の所有権その他の権利の登記を抹消しても，共用部分となった区分建物に関する敷地利用権の

帰属に変動を来すことはないから，敷地利用権の存否又は割合等についてこれを変更する理由はないものと考える。

① 最初に区分建物全部を所有する者が公正証書によって規約共用部分とする区分建物について，その敷地権割合を「0」として区分建物の表題登記を一括申請し，後件で規約共用部分とする登記を申請することがある（規約通達の文例）。敷地権割合を「0」として登記する理由について浜崎氏は，「…，将来規約共用部分たることを廃止することを予定するのでない限り，これに敷地利用権を割り当てる実益はないし，その割当てをすると，専有部分の処分に伴って当該規約共用部分の持分が移転し，その移転と一体的に当該規約共用部分に係る敷地利用権のうち当該区分所有者に帰属する部分を処分しなければならないという複雑な法律関係を生じるから」（浜崎260）と説明している。

　しかし，規約共用部分は，専有部分としての性質を失うわけではないから，将来，規約共用部分を廃止して1個の専有部分（区分建物）として利用することは十分あり得る。そうなった場合は，浜崎氏の指摘したことが逆目に出て，複雑な法律関係を生じてしまう。

② 法2条6項は，「敷地利用権」とは，専有部分を所有するための建物の敷地に関する権利をいうとし，同条3項は，「専有部分」とは，区分所有権の目的たる建物の部分をいうとし，同条1項は，「区分所有権」とは，前条に規定する建物の部分（法4条2項の規定により共用部分とされたものを除く。）を目的とする所有権をいうとしている。

　したがって，法の規定の仕方からいえば，規約共用部分は専有部分ではなく，その用益する土地を敷地利用権ということはできない。規約共用部分は，区分所有権の目的である専有部分を共用部分とするものであり，その結果として，専有部分や区分所有権に関する法の規定が適用されないことになるだけである（香川・登情422-29）。

　いずれにしても，規約共用部分の登記をした場合，仮に敷地権割合を「0」とした敷地権の登記を抹消したとしても，各区分所有者の共有持分割合に増減を及ぼすことはないし，権利に関する登記も生じることはないと考える。

③ しかし，敷地権割合が「0」でない場合に敷地権の登記を抹消し，敷地権である旨の登記を抹消すると，登記記録上は，一体化からはずれた敷地利用権である共有持分が生じ，不登法73条の制限が働かな

くなり，共用部分と分離して共有持分のみを処分することが可能となる等の問題を生ずる。そこで，この場合は，区分建物を規約共用部分としたことによって，区分建物と一体化していた敷地利用権の実体が当然になくなるわけではなく，「潜在的」な敷地利用権として，規約共用部分と一体化して存続していると考えるのが合理的である。

しかも，区分建物を規約共用部分とした後，共用部分の規約を廃止した場合は，区分建物として表題登記をすることになるから（不登法58条6項），敷地権の登記を抹消しないでおくのが相当と考える（反対　書式上352，香川・諸問題33）。

④　この問題が生じた原因は，規約共用部分とする区分建物（管理人室，集会室）の敷地権割合を規約通達文例のように「0」と定め，表示することにある。そこで，規約共用部分の敷地については，敷地利用権が潜在的に存続していることを理解して，敷地権割合の一部を実質的に付与し，その数値を「－」（非該当（システム欠損値を意味する概念））と表示しておくことによって解消できるのではないかと考える。ただし，規約共用部分のある一棟の区分建物の敷地権割合のトータル表示は，100分の100でないことになる。

2：8：4　（団地）共用部分である旨の登記がされている建物の変更・更正登記

2：8：4：1 申請人

（団地）共用部分に関する登記事項についての変更・更正登記は，その（団地）共用部分である旨の登記がある建物の所有者以外の者は，申請することができない（不登法58条5項）。

①　不登法44条1項各号（2号及び6号を除く。）に掲げる登記事項について変更があったときは，その旨の登記がある建物の所有者は，変更があった日から1月以内に，登記事項に関する変更登記を申請しなければならない（不登法51条1項）。

②　①の登記事項について変更があった後にその旨の登記があったときは，所有者は，（団地）共用部分である旨の登記がされた日から1月以

内に，変更登記を申請しなければならない（同条3項）。
③　その旨の登記がある建物について①の登記事項について変更があった後に所有権を取得した者は，その所有権の取得の日から1月以内に，変更登記を申請しなければならない（同条4項）。

2:8:4:2 申請情報
変更後又は更正後の登記事項である（令別表20申請）。

2:8:4:3 添付情報
添付情報は，通則的な事項（2:3:6）のほか，次のとおりである。
①　変更又は錯誤若しくは遺漏があったことを証する情報（令別表20添付イ）
②　建物の所有者についての所有者証明情報（令別表14添付ニ，別表20添付ロ）

　共用部分である旨の登記がある建物について，表題部の変更・更正登記等を申請するときは，その建物の「所有者を証する情報」として規約の写しなどを添付すれば足りることになっており（令別表16添付ロ，17添付），「所有権証明情報」（例えば，令別表12添付ハ，21添付ロ）のような厳格な証明は求められていない（2:8:3:4 (注2)）。

【記録例171】

2:8:5　（団地）共用部分である旨の登記がある建物の分割・区分登記
2:8:5:1 意義
　（団地）共用部分である旨の登記がある建物の合併登記は認められない（不登法56条1号）。その旨の登記がされた建物は，独立の取引対象とはなり得ないので，これらの登記を認める実益は乏しいといえる。これに対して，分割・区分登記については，1個の建物を分割した上で，分割後の建物について共用部分等である旨の規約を廃止し，独立の不動産として処分することはあるので，これを認める実益がある。

　（団地）共用部分である旨の登記がある建物の分割・区分登記は，所有

者以外の者は申請することができない（不登法54条2項）。

2:8:5:2 登記手続

① 甲建物を分割し，又は区分してこれを乙建物とする登記をする場合に，甲建物にその旨の登記（不登法58条1項各号）があるときは，乙建物の登記記録の表題部の原因及び日付欄に登記事項を転写する（規則142条）。

② 甲建物の附属建物を分割して乙建物とする登記をする場合は，

  a 乙建物について新たな登記記録を作成し，その表題部に甲建物の登記記録から分割した旨を記録する（規則127条1項）。

  b 甲建物の登記記録の表題部に「家屋番号何番の建物に分割」と記録し，附属建物を抹消する記号を記録する（同条2項）。

  c 甲建物（及びその附属建物）がその旨の登記をした建物であるときは，その旨の登記は，分割後の乙建物の表題登記と同時にする。

③ 区分建物である甲建物を区分して甲建物と乙建物とする建物の区分登記をする場合は，乙建物について新たに登記記録を作成し，これに「家屋番号何番の建物から区分した」旨を記録する（規則129条3項）。

④ このとき登記官は，甲建物の登記記録の表題部に，残余部分の建物の表題部の登記事項，家屋番号何番の建物を区分した旨及び従前の建物の表題部の登記事項の変更部分を抹消する記号を記録し（同条4項），乙建物の登記記録にその旨の登記事項を転写する（規則142条）。甲建物の前の表示を抹消するときは，その旨の記録は抹消しない。

【記録例164】

2:8:6 （団地）共用部分である旨を定めた規約の廃止による建物の表題登記

2:8:6:1 意義

その旨の登記がされている建物について，（団地）共用部分とした規約を廃止すると，その建物は，民法177条の適用を受け，法11条が適用さ

れない建物となる。この場合の登記手続は，建物を新築した場合の建物の表題登記と同一の手続による。ただし，共用部分は，単独の任意処分を禁止されているから，この登記が対抗要件としての意味をもつ場合は，ほとんど考えることができない（川島・解説545）。しかし，規約の廃止によって規約共用部分を共用部分でない状態に戻した後に処分する場合は，処分について対抗要件を備える前提として，この登記が必要であることはいうまでもない。

なお，規約共用部分が共用部分でない状態に戻るということは，附属建物でない限り，専有部分（区分建物）が復活するということであるから，通常は，敷地利用権・敷地権を必要とする。当初から敷地権割合を「０」としている場合は，通常はそのまま，又は各専有部分の一部の分離処分可能規約を定めた上敷地権を取得させて敷地権の登記をする。また，敷地権割合を「－」としている場合は，その専有部分のために留保されている数字を記録することになろう（Q 22）。

2:8:6:2 申請人

建物の所有者は，規約廃止の日から１月以内に建物の表題登記を申請しなければならない（不登法58条6項）。規約を廃止した当時の所有者が登記を申請しないうちに所有権が移転した場合は，新所有者が所有権を取得した日から１月以内に，建物の表題登記を申請しなければならない（同条7項，1:4:5:5）。

2:8:6:3 申請情報

申請情報の内容は，通則的な事項のほか，建物又は附属建物に敷地権があるときは，その敷地権の表示である（令別表21申請）。

2:8:6:4 添付情報

添付情報の内容は，通則的な事項（2:3:6）のほか，次のとおりである（令別表21添付）。

① その旨を定めた規約を廃止したことを証する情報（添付イ）
② 表題部所有者となる者の所有権証明情報（添付ロ）(注)

2　区分建物に関する表示の登記

③　表題部所有者となる者の住所証明情報（添付ハ）

　この情報の作成者については，令別表2添付情報ロと同様の制限がある。

④　非敷地権証明情報

　建物又は附属建物が区分建物である場合に，区分建物が属する一棟の建物の敷地について登記された所有権者が区分建物の所有者であり，かつ，分離処分可能規約があるなどの事由により所有権等が区分建物の敷地権とならないときに必要である（添付ニ）。

⑤　敷地権関連情報

　建物又は附属建物について敷地権があるときは，次の情報が添付情報となる（添付ホ）。

　a　敷地権の目的である土地がいわゆる規約敷地であるときは，その規約設定証明情報

　b　敷地権割合に関する規約があるときは，その規約設定証明情報

　c　敷地権の目的である土地が他の登記所の管轄区域内にあるときは，土地の登記事項証明書

　　なお，建物図面（令別表12添付情報イ）及び各階平面図（同ロ）は，その旨の登記をする前にされていた表題登記を申請するときに提供されているので必要はない。

（注）所有者証明情報との違いについては，2:8:3:4 (注2)。

2:8:6:5 登記手続

①　その建物については，既に登記記録の表題部が設けられており，表題部には，所有者以外の表示に関する事項が記録されているので，登記手続としては，単に表題部に所有者を記録するだけで足りる。

　表題部に所有者の氏名又は名称及び住所並びに所有者が2人以上いる場合に所有者ごとの持分及び敷地権があるときは，その内容を申請情報の内容とする。このときには，その旨の登記記録を抹消する記号を記録する（規則143条）。

② その旨を定めた規約を廃止したことによる建物の表題登記をする場合には、原因及びその日付欄に「平成何年何月何日（団地）共用部分の規約廃止」のように記録し、その旨の登記を抹消するときは、登記原因及びその日付を記録する必要はない（準則103条4項）。
【記録例172】

2：8：7　（団地）共用部分である旨の登記がある建物の滅失登記
　その旨の登記がある建物の滅失登記は、所有者が滅失の日から1月以内に申請しなければならない（不登法57条括弧書き）。そのため、所有者についての所有者証明情報が添付情報となる（令別表17添付）。

2：9　仮換地又は換地上に区分建物を新築した場合の登記手続

2：9：1　仮換地の指定
　土地区画整理事業の施行者は、換地処分を行う前に必要がある場合は、施行地区内の宅地について仮換地を指定することができる（整理法98条1項）。仮換地の指定は、その仮換地となるべき土地の所有者及び従前の宅地の所有者に対し、仮換地の位置及び地積並びに仮換地の指定の効力発生の日を通知してする（同条4項）。
　仮換地が指定されると、換地処分があった旨の公告がある日（整理法103条4項）まで、仮換地を使用又は収益をすることができるものとされ、従前の土地を使用又は収益することはできないことになる（整理法99条1項）。

2：9：2　仮換地上の区分建物の表題登記
　仮換地上に建物の表題登記をするときの留意点は、次のとおりである（五十嵐・区画整理40）。
①　建物の所在地番は、建物が新築された区画整理前の土地の地番（底地）を記録する（昭34.7.10建設計発第374号建設省計画局長通達、

法務省と協議済み）と共に，換地の予定地番等を括弧書きで記録する。「○市○町○番地（仮換地○土地区画整理事業地区内○街区○画地）」の例による。この場合，従前の土地の表示及び換地である旨の記録は必要でない（昭43.2.14民事甲第170号民事局長回答）。

　保留地（整理法96条）の場合は，現実に建物の所在する土地の地番，すなわち，指定された保留地（底地）の地番を記録する。「○市○町○番地（保留地○土地区画整理事業地区内○街区○画地）」の例による。

② 建物図面の敷地の表示は，仮換地の形状及び仮換地の予定地番等並びに建物の位置を実線で記録する。保留地の場合は，底地の形状を点線で記録し，保留地の形状及び保留地の予定地番並びに建物の位置を実線で記録する（昭40.4.10民事甲第837号民事局長回答）。

③ 敷地権の目的である土地の表示は，従前の土地の所在・地番等を記録する。したがって，敷地権である旨の登記は，従前の土地の登記記録にする。従前の土地数筆に対して数筆の仮換地が与えられているときの法定敷地か規約敷地かは，仮換地上の建物の位置により判断する。この場合，一棟の建物の所在と敷地権の目的である土地の所在が異なることになる（質疑58-20）。

　保留地については，従前の土地という概念がないから，その権利を登記することができない。敷地権はないものとして取り扱われる(注)。

④ 建物の所在する底地の地番に対応する仮換地についての施行者の証明情報（いわゆる重ね図付き）を添付情報とする。

(注)　保留地は，換地処分の公告があった日の翌日に施行者が取得した上（整理法104条11項），処分される（同法108条）。

2:9:3　換地処分に伴う敷地権付き区分建物の登記手続

　換地処分の登記は，原則として，事業区域内にある登記すべきすべての土地について一の申請情報によってしなければならない（整理登記令10条）。

2:9　仮換地又は換地上に区分建物を新築した場合の登記手続

　換地計画において定められた換地は、その公告があった日の翌日から従前の土地とみなされ（整理法104条1項）、換地に照応して定められている従前の土地上の権利関係は、従前の土地の表題登記を利用して、そのまま換地の登記記録とすることによって、新たに区画された換地の上に移行する。

2:9:3:1 合筆換地の場合

　換地計画において従前の数個の土地に照応して1個の換地が定められた場合（整理登記令11条、12条）については、次の点に留意する（五十嵐・区画整理181）。

① 　合筆の登記で禁止されている要件が適用されるから（不登法41条、規則105条）、敷地権である旨の登記がある土地と敷地権である旨の登記のない土地及び敷地権である旨の登記がある土地で敷地権割合が同一でない土地については、合筆換地をすることができない。従前の各土地が隣接した土地であることは必要でない。

② 　合筆換地がされた場合において、従前の土地のすべてについて同一内容の敷地権（地上権及び賃借権の場合には、同日付けで設定されている場合に限る。）についての敷地権である旨の登記があるときは、1個の換地として取り扱って差し支えない。この場合、

　　a 　敷地権が共有持分の全部又は所有権の一部であるときは、区分建物の表題部中敷地権の表示欄にし、併せて、換地の表示をした土地の登記記録中権利部甲区欄に主登記により敷地権である旨の登記（3番の登記）が「3番登記は換地の全部に関する」旨の登記をする。

　　b 　敷地権が地上権又は賃借権であるときは、換地の表示をした土地の登記記録中権利部乙区の地上権又は賃借権の（1番）登記に、「1番登記は換地の全部に関する」旨を付記すると共に、主登記により敷地権である旨の登記（2番の登記）が「2番登記は換地の全部に関する」旨の登記をする（平6.12.21民三第8669号民事局長回答）。

2 区分建物に関する表示の登記

2:9:3:2 分割換地の場合

換地計画において従前の1個の土地に照応して数個の換地が定められた場合については，次の点に留意する。

① 換地処分により一筆対数筆換地（分割型）がされた結果，建物の所在しない土地となった換地は，換地処分によりみなし規約敷地となったものとして取り扱う（1:5:4:2，質疑59-1）。

② 敷地権の目的である土地が換地処分により変更されたときは，施行者が土地の表題部の変更登記を申請するのではなく，分筆の場合に準じて，職権でするのが相当である（質疑59-27）。

2:9:3:3 立体換地の場合

市街地における過小宅地（面積の小さい宅地）又は過小借地に対して適正規模の宅地を換地として与えることが困難である場合は，換地を定めないで，又はその借地権の目的となる宅地若しくはその部分を定めないで，施行者に処分権限がある建築物の一部及びその建築物の存する土地の共有持分を与えることができる（整理法93条）。土地と建物の権利変換の一つである（五十嵐・区画整理44, 140）(注)。

① 施行者に処分権限があるものとは，施行者が所有権を有し，いつでも処分することができる既存の建築物及び区画整理事業として新たに施行者が建築する建築物である。この建築物は，「建築物の一部（その建築物の共用部分の共有持分を含む）」と規定しており（同条1項），また，主要構造物が耐火構造のものでなければならないから（同条6項），集合住宅つまり区分建物を前提としているといえる。

これら宅地の所有者又は借地人の所有権又は借地権は消滅して，施行者の所有する区分建物及び敷地の共有持分を取得することになる（整理法104条7項）。

② この場合の登記の申請は，換地処分による土地の登記の申請と併せてしなければならない（整理登記令15条，17条・10条）。

建物が未登記の場合は，敷地権の表示を記載し，施行者名義で建物の

2・9　仮換地又は換地上に区分建物を新築した場合の登記手続

表題登記（整理登記令18条・不登法75条）をした上で，建築物の一部（区分建物）及び土地の共有持分を与えられた者のために敷地権付き区分建物の所有権の保存登記を申請しなければならない（整理登記令16条）。

③　建物が施行者のため表題登記がされている場合は，施行者ではなく所有者が（整理登記令20条括弧書き）建物の表題部の変更登記をした上で，敷地権付き区分建物の所有権保存登記を申請しなければならない。

（注）　整理法は，「立体換地」という用語は使用していない。93条は，「宅地の立体化」の規定である。この制度は，都市再開発法による地区全体の権利変換事業と比較され，あまり活用されていないようである。

【Q23】　仮換地上の区分建物のみに抵当権設定登記をした場合
　　　仮換地上に建築された区分建物で，従前の土地に登記した敷地利用権があるのに敷地権の登記をせず，区分建物に抵当権設定の登記をした後に敷地利用権があることが判明した場合は，抵当権設定登記を抹消し，敷地権の更正登記をした上で再度抵当権設定の登記をすべきと考えるが，いかがか。
【A】　区分建物の抵当権設定登記に建物のみに関する旨の付記をするので，抵当権を抹消する必要はない（質疑59-31）。

【Q24】　分割換地と敷地権の登記
　　　甲が仮換地に賃貸マンションを建築する目的で土地（従前地）の所有者乙から持分2分の1の所有権を取得してマンションを建て，敷地権の登記も完了した。
　　　その後，換地処分により，この土地は，マンション敷地（1番）とその他の土地（2番）に分割換地がされた。この場合，1番の土地を甲（又は区分所有者）所有に，2番の土地を乙所有にするには，どうしたらよいか。
【A】　1番及び2番の土地について分離処分可能規約を設定し，建物の表題部の変更登記により敷地権を抹消した後，それぞれ共有物分割の登

記を行い，その上で改めてマンションの敷地について敷地権の登記をする。具体的には，次のような登記手続をすることになる（新Q5－390）。
① 1番の土地の表題部に換地後の地番，地積等を記録する。そして，2番の土地の登記記録の表題部に1番の土地に登記されている区分建物と一体化した敷地権である旨の登記（所有権2分の1）等を転写する。
② 一棟の建物の表題部中「敷地権の目的である土地の表示欄」及び区分建物の表題部中「敷地権の表示欄」に土地の分筆の登記の例（通達記載例17）により記録する。これによって2番の土地は，みなし規約敷地として取り扱われる（2:9:3:2①）。
　なお，区分建物の所在地番の変更は，換地処分による土地の登記の申請と併せて施行者が申請し（整理法107条2項，整理登記令15条），表題部の登記記録に記録する。
③ 1番2番の土地には，「敷地権である旨」の登記があるから，土地の所有権を移転するために，公正証書により分離処分可能規約を作成し，甲がこの規約設定証明情報を提供して（令別表15添付ハ），建物の表題部の変更登記を申請する（不登法51条1項）。これにより，一棟の建物の表題部中「敷地権の目的である土地の表示」及び区分建物の表題部中「敷地権の表示」を抹消し，敷地権の目的である土地についてした敷地権である旨の登記を抹消する（規則124条1項）。
④ 共有物分割を登記原因として，1番の土地の乙の持分2分の1を甲に移転し，2番の土地の甲の持分2分の1を乙に移転して，各土地を単独所有とする。
⑤ 甲は，分離処分可能規約を廃止したことを証する情報を提供して（令別表15添付ニ），建物の表題部の変更登記を申請する（不登法51条1項）。この申請により，敷地権の登記がされる（2:5:7）。

2：10　区分建物の滅失登記

2:10:1　意義

区分建物の滅失登記は，登記されている区分建物の全部が取り壊され，

又は焼失し，その建物の登記記録を存置する必要がなくなった場合に，建物が滅失したことを登記簿上明らかにして登記記録を閉鎖するためにする建物の抹消登記である。

　ここでいう区分建物の滅失は，区分建物の属する一棟の建物の全部が滅失したときであるから，区分建物の属する一棟の建物の滅失登記をすれば足りる。

　なお，区分建物が不存在，二重登記又は管轄違いの場合など，原始的に無効な表題登記がされている場合は，滅失登記に準じて登記をし，その登記記録を閉鎖する。

　非区分建物が区分建物として登記されている場合は，「錯誤」を登記原因として，申請又は職権により，その抹消登記をし（昭38．9．28民事甲2658号民事局長通達），非区分建物として表題登記をする。

2：10：2　申請人

　区分建物が滅失したときは，その所有権者は，滅失の日から1月以内に建物の滅失登記を申請しなければならない（不登法57条）。したがって，一棟の建物の全部が滅失したときは，その一棟の建物の滅失登記をすることになるが，その登記は，区分建物の所有権者の一人で申請することができる（昭38．8．1民三426号民事局第三課長通知，質疑58－71）。

2：10：3　登記手続

① 登記の目的は，「一棟の建物の滅失登記　区分建物」とする。登記原因は「焼失」，「取壊し」等であり，その事由の発生した日を登記原因の日付として記載する。
② 敷地権付き区分建物が滅失したときは，その滅失した建物と一体化していた敷地権は敷地権でなくなり，以後その権利についての登記を建物の登記記録にすることはできなくなる。そこで，敷地権が敷地権でなくなったことによる建物の表題部に関する変更登記（2：5：9）と同様，

2 　区分建物に関する表示の登記

次の手続をする（不登法55条4項・1項，規則145条1項・124条1項ないし5項及び8項ないし10項）(注)。
- a 　敷地権の目的であった土地の登記記録の権利部の相当区に敷地権を抹消する旨及びその年月日を記録し，同区の敷地権である旨の登記を抹消する（規則124条1項前段）。
- b 　土地の登記記録の権利部の相当区に敷地権であった権利，その権利の登記名義人の氏名又は名称及び住所並びに登記名義人が2人以上であるときは当該権利の登記名義人ごとの持分を記録し，敷地権である旨の登記を抹消したことにより登記をする旨及び登記の年月日を記録する（同条2項）。
- c 　bの登記をすべき場合に敷地権付き区分建物の登記記録に特定登記があるときは，敷地権付き区分建物の登記記録からaの土地の登記記録の権利部の相当区にこれを転写する（同条3項）。
- d 　cの場合に，aの土地の登記記録の権利部の相当区にcにより転写すべき登記に後れる登記があるときは，新たに土地の登記記録を作成し，権利の順序に従って，cにより転写すべき登記を転写し，かつ，従前の登記記録の権利部にされていた登記を移記する。この場合，従前の登記記録の表題部及び権利部に規則145条1項・124条4項の規定により登記を移記した旨及びその年月日を記録し，従前の登記記録の権利部の相当区を閉鎖する（同条4項）。この登記を移記した場合，表示に関する登記及び所有権の登記であって現に効力を有しないものも移記することができる（同条10項・6条後段）。
- e 　c，dにより土地の登記記録の権利部の相当区に登記を転写し，又は移記したときは，その登記の末尾に規則124条3項又は4項の規定により転写し，又は移記した旨を記録する（同条5項）。
- f 　aの登記をした場合に，敷地権の目的である土地が他の登記所の管轄区域内にあるときは，登記官は，遅滞なく，その登記所にaの登記をした旨及びb又はcにより記録し，又は転写すべき事項を通知する

　　　　　　　　　　　　　　　　　　　　2：10　区分建物の滅失登記

　　（同条8項）。
　　g　fの通知を受けた登記所の登記官は，遅滞なく，aからeまでに定
　　　める手続をする（同条9項）。
　　h　敷地権付き区分建物の敷地権の目的であった土地が2筆以上ある場
　　　合にcにより転写すべき登記が担保権の登記であるときは，登記官
　　　は，共同担保目録を作成し，建物及び土地の各登記記録の転写された
　　　権利に係る登記の末尾に新たに作成した共同担保目録の記号及び目録
　　　番号を記録する（規則145条2項・124条6項）。
　　i　hの手続は，転写すべき登記に係る権利について既に共同担保目録
　　　が作成されていた場合には適用しない。登記官は，共同担保目録の従
　　　前の敷地権付き区分建物を目的とする権利を抹消する記号を記録し，
　　　敷地権の消滅後の建物及び土地を目的とする権利を記録して，土地の
　　　登記記録の権利の登記の末尾に共同担保目録の記号及び目録番号を記
　　　録する（規則145条2項・124条7項）。
③　②c，dの場合において，特定登記（1：7：7）に係る権利の登記名
　　義人が変更登記後の敷地権の目的であった土地について特定登記に係る
　　権利消滅の承諾証明情報が提供されたとき（特定登記に係る権利を目的
　　とする第三者の権利に関する登記がある場合は，第三者の承諾証明情報
　　が併せて提供されたときに限る。）は，登記官は，土地について特定登
　　記に係る権利が消滅した旨を登記する（不登法55条4項・1項）。
④　建物に附属建物があっても，その附属建物の表示欄の原因及び日付欄
　　には，なんらの記録も必要でない（準則101条）。
⑤　登記官は，建物の滅失登記をするときは，建物の登記記録の表題部の
　　登記事項を抹消する記号を記録し，登記記録を閉鎖する。滅失した建物
　　が他の不動産と共に所有権以外の権利の目的であったとき又は他の不動
　　産と共に担保権の目的であったときは，土地の滅失登記に関する規則
　　110条の規定を準用する（規則144条2項）。
（注）　aないしg「同条何項」は，規則145条1項が準用する規則124条の各項の規定

2　区分建物に関する表示の登記

である。

2:10:4　一棟の建物の一部の区分建物の滅失登記
2:10:4:1 意義
① 一棟の建物のうちの一部の区分建物が滅失したときは，区分建物の属する一棟の建物の表示事項（構造，床面積等）に変更を生ずるから，滅失した建物の所有者又は残存する他の区分建物の所有者のいずれかが滅失の日から1月以内に一棟の建物の表題部の変更登記を申請しなければならない（不登法51条1項，2:5:3:2）。すなわち，区分所有者は，区分建物の滅失登記と同時にその一棟の建物の床面積の減少の登記をすることになる。

仮に区分建物として登記されている建物が当初から区分建物でなかった場合は，滅失登記に準じて，その抹消登記をし（2:10:1），非区分建物として表題登記をする。登記原因は，「一棟の建物の床面積減少の登記　区分建物の滅失」と併記して差し支えないであろう。

② 一棟の建物に属する区分建物が2個だけの場合に，そのうちの1個の建物の滅失登記をしたときは，残存する建物は区分建物ではなくなり，非区分建物として存続することになる（規則140条4項・1項～3項）。

2:10:4:2 区分建物の登記記録の閉鎖
区分建物の登記記録の閉鎖手続は，次のとおりである（規則117条）。
① 登記官は，区分建物である建物の登記記録を閉鎖する場合にその登記記録を閉鎖後も閉鎖建物が属する一棟の建物に他の建物（附属建物として登記されているものを除く。）があるときは，規則8条後段の規定にかかわらず，閉鎖建物の登記記録に記録された次に掲げる事項を抹消する記号を記録する必要はない（1項）。

　　a　一棟の建物の所在する市，区，郡，町，村，字及び土地の地番
　　b　一棟の建物の構造及び床面積
　　c　一棟の建物の名称があるときは，その名称

d　他の区分建物の家屋番号
② 　登記官は，①の場合には，閉鎖建物が属する一棟の建物に属する他の建物の登記記録に記録されている閉鎖建物の家屋番号を抹消する記号を記録する（２項）。
③ 　登記官は，①以外の場合に区分建物である建物の登記記録を閉鎖するときは，閉鎖建物の登記記録及びその閉鎖建物が属する一棟の建物に属する他の建物の登記記録（閉鎖されたものも含む。）の①各号に掲げる事項を抹消する記号を記録する（３項）。
④ 　②の場合は，
　　　a　一棟の建物の表題部の原因及び日付欄に規則140条４項により移記する旨，登記の日付欄に登記した年月日，同日閉鎖と記録し，
　　　b　取り壊した区分建物の表題部の原因及びその日付欄に原因（「焼失」など）及びその日付を記録し，
　　　c　存続する非区分建物の表題部の登記事項は，非区分建物として新たな登記記録を作成し，表題部の登記事項，権利部の相当区の登記記録を移記して，
　　　d　区分建物の表題部の登記事項を抹消して閉鎖する。
【記録例175】

3 区分建物及びその敷地に関する権利の登記

3：1 登記の構造

　民法177条によれば，不動産に関する「物権の得喪及び変更」は，登記に関する法律の定めるところにより登記することにより対抗力が与えられるとされ，旧不登法1条は，「登記ハ…不動産ニ関スル権利ノ設定，保存，移転，変更，処分ノ制限若クハ消滅ニ付キ之ヲ為ス」と規定していた。これは，民法の「物権の得喪及び変更」（実体法上の物権変動）を具体的に表現したものである。不登法3条は，「登記は，不動産の表示又は不動産についての…権利の保存等（保存，設定，移転，変更，処分の制限又は消滅をいう。…）についてする。」と規定しているが，実質的な変更はない。しかし，これは，必ずしも登記の形式を網羅的に表現していたものとはいえない。例えば，文言上「更正」は含まれていないが，更正の登記を否定するものではない(注)。

(注)　「更正の登記」とは，登記事項に錯誤又は遺漏があった場合にその事項を訂正する登記（不登法2条16号）をいう。更正の登記が認められるためには，更正の前後を通じて登記に同一性が認められることが必要である。その登記は，当初から更正された内容で有効な登記としての効力がある（最一小判昭30.9.8裁民19－377）。

　これに対して「登記の更正」とは，登記官の過誤による登記を是正するための登記手続を意味し，「更正の登記」よりも広い概念である。例えば，登記事項の全部に遺漏があった場合や，申請していない不動産について誤って登記をした場合は，登記の前後の同一性は認められないが，登記官の過誤によるものであるから，申請の有無にかかわらず認める必要がある。そこで，実務は，従来から，当事者が申請しても認められない類型の更正の登記であっても職権によればすることができると解している。不登法67条は，この実務の取扱いを明文化したものである（清水・Q&A 30，181）。

3 区分建物及びその敷地に関する権利の登記

　なお，本書においては，他の登記の表記例に合わせて「更正の登記」を「更正登記」と表記する。

3:1:1　一体性の公示
　一体性の原則（1:6:4）の下においては，区分建物の所有権移転その他の権利変動に伴って，敷地利用権である土地の所有権，地上権又は賃借権の権利も変動する。したがって，区分建物と敷地利用権に関する権利変動を区分建物の登記記録に一体として登記しておけば，土地の登記記録には，敷地利用権に関する権利変動の登記をしなくてもよい。
　しかし，登記記録に次の事項を記録しておかないと，取引の安全が害されるおそれがある。
　　a　どの土地が区分建物の敷地か。
　　b　どのような権利が敷地利用権となっているか。
　　c　区分建物とその敷地利用権に一体性の原則は適用されるか。
　　d　それとも区分建物とその敷地利用権を分離して処分することができるか。
　また，登記官は，権利に関する登記については，形式的審査権しかないから，申請が区分建物と敷地に関する権利変動を区分建物の登記記録にする登記のみによって一体的に公示すべき場合に当たるかどうかを判断することができない。
　そこで，一体性の原則の適用があり，かつ，敷地利用権の登記をしている場合，区分建物と分離して処分することができない敷地利用権を「敷地権」（1:7:1）とし，区分建物の表題部に「敷地権の表示」（2:3:4）を登記し，かつ，区分建物の敷地（土地）の登記記録に「敷地権である旨の登記」（1:7:4，2:4:3）を公示する。これにより，区分建物又はその敷地について取引をしようとする第三者は，一体性の存在を知り，安全に取引することができることになる。

3:1:2 敷地権付き区分建物についての権利に関する登記

　敷地権付き区分建物についてされた所有権又は担保権に係る権利に関する登記は，敷地権である旨の登記をした土地の敷地権についてされた登記としての効力がある（不登法73条1項本文，1:7:6表3）。区分建物に関する敷地権の登記がされることの意味は，敷地権の目的である土地の登記記録の敷地権についての物権変動が区分建物の登記記録によって公示されることにある（1:7:5）(注)。

　また，区分建物に敷地権の登記（土地については敷地権である旨の登記）がされた後は，区分建物のみを目的とする権利に関する登記又は敷地権（土地）を目的とする権利に関する登記をすることが制限される（同条2項，3項）。これは，実体法上，専有部分（区分建物）とその敷地利用権が分離処分禁止となっていることを前提としている。

　分離処分禁止となっていない場合は，敷地権の登記（及び敷地権である旨の登記）がされた後であっても，建物のみについて効力がある登記や敷地権を目的とする権利に関する登記を認める必要がある（同条1項4号括弧書き，2項ただし書，3項ただし書）。すなわち，「分離処分禁止の場合」とは，建物と土地を一体として処分することが要求されている場合を指し，「分離処分禁止の場合を除く。」とは，建物と土地が分離して処分される結果となっても区分所有法上の分離処分禁止に該当しない場合という趣旨である。

　したがって，分離処分されずに一体的に処分される場合は，原則どおり，区分建物の登記記録に敷地権の物権変動を公示して差し支えないし，敷地権の登記がされた後に分離処分された場合であっても，それが分離処分禁止の趣旨に反しない処分であれば，区分建物又は土地の登記記録のみに処分を公示することができる（1:6:4:2）。

(注)　登録免許税は，敷地権の目的である土地も課税対象となる（平9．1．29民三153号民事局第三課長通知）。

3 区分建物及びその敷地に関する権利の登記

3:1:3 敷地権付き区分建物についての権利に関する登記の効力
3:1:3:1 意義
　敷地権付き区分建物についての所有権又は担保権に係る権利に関する登記は，敷地権である旨の登記（不登法46条）をした土地の敷地権についてされた登記としての効力がある（不登法73条1項本文，基本通達第十五の四の1，2前段）。例えば，建物の所有権の移転登記をした場合，その登記は，敷地権の移転，すなわち「（地上権，賃借権）持分移転」登記としての効力があるということである。ただし，
① 特別の先取特権，賃借権に関する登記の効力は，権利の性質上，敷地権に及ばない。
② 抵当権に関する登記であっても，敷地権が賃借権である場合は，その登記の効力は，これに及ばない。賃借権は，抵当権の目的となり得ない（民法369条2項）からである。
③ 担保権に係る権利に関する登記で建物のみに関する旨の付記のないものは，敷地権の登記をする前に登記したものであっても，敷地権についてされた登記としての効力がある（基本通達第十五の四の2後段）。
④ 区分建物にした登記で，敷地権についてされた登記としての効力があるものと敷地権の目的となっている土地の登記記録の権利部にした登記の前後は，受付番号による（規則2条2項，基本通達第十五の四の3）。

3:1:3:2 敷地権についてされた登記としての効力がないもの
　次の登記は，例外として，土地の敷地権についてされた登記としての効力はないものとされる。
① 敷地権付き区分建物についての所有権又は担保権に係る権利に関する登記で敷地権の登記をする前に登記されたもの（不登法73条1項1号）。
　ただし，担保権に係る権利に関する登記にあっては，その登記の目的等（登記の目的，申請の受付の年月日及び受付番号並びに登記原因及びその日付）が敷地権となった土地の権利についてされた担保権の登記の

目的等と同一であるものは，建物の登記記録によって公示することとしても不都合はなく，むしろ合理的であるので，建物についての担保権に係る権利に関する登記が敷地権についてされた登記としての効力があるとされている（同号括弧書き）。

② 敷地権付き区分建物についての所有権に係る仮登記であって，敷地権の登記をした後に登記されたものであり，かつ，その登記原因が敷地権の生ずる前に生じたもの（同項2号）。

　所有権に係る本登記については，建物のみについて所有権の移転がされると，区分建物の所有権とその敷地権とが分離されることになるので，登記記録上，区分建物に関する敷地権の登記をしたままでは，所有権の移転登記をすることはできない。しかし，敷地権発生前に登記原因が生じた所有権に係る仮登記については，敷地権の登記後に登記することを認めても，建物と敷地との一体的な公示方法と直ちに矛盾するわけでなく，順位保全の必要性もある。そこで，敷地権発生前に登記原因が生じた所有権に係る仮登記は，建物についてのみ効力がある登記として認めている（同条3項ただし書後段）。

③ 敷地権付き区分建物についての質権又は抵当権（担保権のうち一般の先取特権は除かれている。）に係る権利に関する登記であって，敷地権の登記をした後に登記されたものであり，かつ，その登記原因が敷地権の生ずる前に生じたもの（同条1項3号）。

　これも建物についてのみ効力がある登記として認めている（同条3項ただし書後段）。

④ 敷地権付き区分建物についての所有権又は質権若しくは抵当権（担保権のうち一般の先取特権は除かれている。）に係る権利に関する登記であって，敷地権の登記をした後に登記されたものであり，かつ，その登記原因が敷地権の生じた後に生じたもの（同項4号）。

　ただし，「分離処分禁止の場合」は，土地の敷地権についてされた登記としての効力がある（同号括弧書き）。

敷地権発生後は，分離処分禁止となるから，建物についてしたこれらの登記は，敷地権についてされた登記としての効力があるとして問題はない。しかし，分離処分禁止でない例外的な場合において，建物についてのみ処分がされたとき（例えば，建物についてのみの処分禁止の仮処分の登記）は，建物についてのみ効力がある登記として認める必要がある（基本通達第十四の一の5）。

3:1:3:3 敷地権の表示

① 敷地権付き区分建物についての所有権又は担保権に係る権利に関する登記を申請する場合（不登法73条1項）は，敷地権の表示を記載しなければならない（令3条11号へ，基本通達第十五の一の1）。敷地権が目的となっている処分制限の登記を嘱託する場合（規則157条3項）も同様である。申請が敷地権についても登記としての効力があることを明らかにするためである。

② 申請が敷地権についての登記として効力がないもの，例えば，特別の先取特権又は賃借権に関する登記，不登法74条2項による場合以外の所有権保存の登記などを申請する場合には，敷地権の表示を記載しない（令3条11号へ括弧書，基本通達第十五の一の5）。

③ 登記原因証明情報には，敷地権の表示を記載する（基本通達第十五の一の2）。

3:1:4 敷地権である旨の登記をした土地についての権利に関する登記

3:1:4:1 意義

敷地権である旨の登記をした土地には，敷地権の移転登記又は敷地権を目的とする担保権に係る権利に関する登記をすることができない（不登法73条2項，基本通達第十四の二の1，一の1，6）。敷地権のみを移転することは一体性の原則に反するから，その移転登記ができないのは当然である(注)。敷地権が建物と一体として移転する場合には，建物について所有権移転を登記原因とする所有権の登記をすれば足りる（1:7:6）。

敷地権の移転が一体性の原則に反しない場合，例えば，敷地権の目的となっている土地を時効又は収用によって取得した場合であっても，敷地権である旨の登記がされているときは，その移転登記をすることはできない。敷地権の登記をしていることと矛盾するからである。

この場合には，まず，敷地権が敷地権でなくなったことによる建物の表題部の変更登記をし，敷地権である旨の登記を抹消してから（規則124条1項），その土地について移転登記をする。敷地権に関する仮登記の本登記をする場合も同様である（基本通達第十四の一の4）。

(注) 仮に敷地権の目的である所有権のみを処分する登記がされた場合は，不登法71条の手続によって職権抹消をする（質疑58-93）。

3:1:4:2 敷地権のみについての登記

次の登記は，敷地権である土地のみについて登記をすることができる。

① 土地が敷地権の目的となった後にその登記原因が生じたもの（不登法73条2項ただし書前段，基本通達第十四の一の3）。

ただし，分離処分禁止の場合は，登記をすることができない（同項ただし書前段括弧書き）。

敷地権である旨の登記をした土地が敷地権の目的となった以上，分離処分禁止の効果として，敷地権である旨の登記をした土地について敷地権の移転登記又は敷地権を目的とする担保権に関する登記をすることができないのが原則である。しかし，分離処分禁止に当たらない場合において，敷地権についてのみ処分がされたとき（例えば，敷地権が生ずる前に土地のみについて設定された抵当権の実行による差押えの登記）には，敷地権である旨を登記した土地について敷地権の移転登記又は敷地権を目的とする担保権に関する登記を制限することができないので，これを認めている（基本通達第十四の一の5）。

② 敷地権についての仮登記若しくは担保権に係る権利に関する登記であって，その土地が敷地権の目的となる前に登記原因が生じたもの（同項ただし書後段，基本通達第十四の一の3，6，二の3）。

3 区分建物及びその敷地に関する権利の登記

　これらは，いずれも，一体性の原則が適用される前にした処分についての登記であるからである。本登記については，登記原因日付が敷地権発生後の場合は，一体化をはずしてからでなければすることができない（質疑59-41）。
　土地が敷地権の目的となる前の登記原因に基づくものは，敷地権についての仮登記又は担保権に係る権利に関する登記であっても，敷地権である旨を登記した土地について登記を認める必要がある。本登記が除外されているのは，敷地権である旨を登記した土地のみについて敷地権の移転（例えば，土地の一部が時効取得された場合）がされると，結局，区分建物の所有権とその敷地権が分離されることになり，登記記録上，区分建物に関する敷地権の登記をしたままでは，敷地権の移転登記自体がされることはないからである。
③　このほか，土地のみについてすることができる登記とその理由は，次のとおりである（基本通達第十四の二の4）。一般の先取特権は，法律上債務者の一般財産すべてについて生ずるので，土地のみに設定されるということはあり得ないので，除外されている（3:1:3:2④，Q 25）。
　a　特別の先取特権は，法定担保物権として土地のみの上に成立し得る。
　b　土地の所有権が敷地権である場合，その土地に地上権，賃借権等の用益権を設定することは，一体性の原則に反しない。
　c　敷地権のみを目的とする処分制限の登記は，それが一体性の原則に反するものでない限り登記できる。

3:1:5　建物のみについての権利に関する登記
3:1:5:1 意義
　敷地権付き区分建物には，建物のみの所有権の移転を登記原因とする所有権の登記又は建物のみを目的とする担保権に係る権利に関する登記をすることができない（不登法73条3項本文，基本通達第十四の一の2，二

の2)。これらの処分(所有権移転等)が一体性の原則に反していれば,その登記ができないのは当然である。もしもこれらの処分を敷地権と一体としてしたのであれば,敷地権の登記としての効力がある登記(不登法46条)として公示すべきだからである。

　所有権の移転を登記原因とする所有権の登記には,所有権の移転登記のほか,不登法74条2項による所有権の保存登記が含まれる。

3:1:5:2 建物のみについての登記

　次の登記は,建物のみについてすることができる。

① 敷地権が生じた後にその登記原因が生じたもの(不登法73条3項ただし書前段)。

　　ただし,分離処分禁止の場合は,登記をすることができない(同項ただし書前段括弧書き)。

② 建物のみの所有権についての仮登記若しくは建物のみを目的とする担保権に係る権利に関する登記であって敷地権が生ずる前にその登記原因が生じたもの(同項ただし書後段,基本通達第十四の一の3前段,二の3前段)。

　　一体性の原則が適用される前にした処分についての登記であるからである。敷地権が生ずる前にその登記原因が生じたかどうかは,登記原因の日付と建物の表題部に記載されている敷地権の登記原因の日付によって判断する(基本通達第十四の一の3後段,二の3後段)。

③ このほか,建物のみについてすることができる登記とその理由は,次のとおりである(基本通達第十四の二の4)。一般の先取特権は,法律上債務者の一般財産すべてに生じるから,建物のみに設定されるということはあり得ないので,除外されている(3:1:3:2④,Q 25)。

　a 特別の先取特権は,法定担保物権として建物のみの上に成立し得る。

　b 建物のみを目的とする賃借権の登記は,その性質上,当然である。

　c 建物のみを目的とする処分制限の登記,例えば,建物のみの所有権

3 区分建物及びその敷地に関する権利の登記

が自己に属することを理由とする処分禁止の仮処分の登記及び敷地権が生ずる前に建物について設定した質権又は抵当権の実行としての差押えの登記（基本通達第十四の一の5）などは，一体性の原則に反しない。

3:1:5:3 敷地権の表示

① 敷地権の表示は，記載しない（令3条11号ヘ括弧書き・法73条3条ただし書，基本通達第十五の一の5）。建物のみを目的とする処分制限の登記を嘱託する場合も同様である（令別表32申請）(注)。また，建物のみに関する旨及び登記の年月日も記録する必要はない（質疑58－106）。

② この申請によって登記官は，建物のみに関する旨を記録し（規則156条，基本通達第十五の三），その登記が敷地権について登記としての効力がないことを明らかにする。ただし，特別の先取特権又は賃借権に関する登記のように，性質上建物のみについて成立している権利に関する登記には，付記する必要はない（規則123条1項）。

③ 不登法74条2項による場合以外の所有権の保存登記，敷地権が賃借権である場合の抵当権に関する登記のように，敷地権にその効力が及ぶことのない登記についても，同様である。

④ 建物のみについて所有権に関する仮登記をした後に，敷地権の登記がされているときは，その本登記を申請することはできない（不登法73条3項本文）。本登記をするためには，まず，建物の表題部の変更登記手続により，敷地権の登記及び敷地権である旨の登記を抹消しなければならない（基本通達第十四の一の4）。

（注） 令別表32（表題登記がない建物についてする所有権の処分の制限登記）の申請事項中「ハ　敷地権の登記原因及びその日付」は，令の改正（平27年政令262号）によって削除されている（令3条11号ヘ参照）。規則157条1項3号が「敷地権の登記原因及びその日付（法76条第3項において準用する法75条の場合を除く。）」と規定し，登記する必要はないとしていることとの不一致に気付いたためと推測さ

れる。

> **【Q25】 一般の先取特権と敷地権付き区分建物**
> 不登法73条1項ただし書により同項3号及び4号が一般の先取特権を除外している理由は何ですか。
> **【A】** 一般の先取特権は，当事者の意思表示によらず，法律の規定によって当然に生ずる法定担保物権であるから，その成立等は，法22条1項による分離処分の禁止に触れる性質のものではない。しかし，一般の先取特権は，特別の先取特権と異なり，債務者の一般財産の上に成立するので，債務者が敷地権付き区分建物を所有している場合は，建物のみならず，敷地権にも生ずることになる。したがって，一般の先取特権は，債務者の一般財産である建物とその敷地権の上に成立している以上，敷地権付き区分建物についてする一般の先取特権の登記によって建物とその敷地権とを一体的に公示するのが相当であるから，一般の先取特権は，建物についてのみ効力がある登記は認められないことになる（基本通達第十四の二の1ないし3）。

3:1:6 登記識別情報
3:1:6:1 意義

登記官は，申請人自らが登記名義人となる場合において，その登記を完了したときは，速やかに，申請人に対し，その登記に係る「登記識別情報」を通知しなければならない（不登法21条本文，準則37条）。登記識別情報とは，「不登法22条本文の規定により登記名義人が登記を申請する場合において，登記名義人自らが登記を申請していることを確認するために用いられる符号その他の情報であって，登記名義人を識別することができるものをいう」（不登法2条14号）。

これは，権利に関する登記について共同申請により登記を申請する場合において，登記名義人自らが登記を申請していることを確認するために用いられる符号その他の情報であって，登記義務者の権利に関する登記済証（旧不登法35条1項3号）に代わるものである。

3　区分建物及びその敷地に関する権利の登記

　本人確認手段としては，このほかに電子署名（令12条）及び電子証明書（令14条，規則43条）又は印鑑及び印鑑証明書（令16条2項）が用いられることになる。
　登記識別情報は，単に本人であることを確認するためのものか，あるいは，申請に係る登記義務者としての登記意思を確認するためのものかによって，その取扱いは，大きく異なってくる（5:6:2，5:6:3）。

3:1:6:2 登記識別情報の提供

　登記識別情報は，物件と登記名義人ごとに通知されることになるから，例えば，所有権移転登記の登記権利者が複数の場合には，登記識別情報は，登記権利者ごとに登記識別情報が通知される（法21条，規則62条〜63条の2，準則37条）。
　共同申請により権利に関する登記の申請をする場合には，原則として，登記義務者の登記識別情報を提供しなければならない（不登法22条，3:3:2:3）。また，表示に関する登記であっても次の場合は，旧不登法の取扱いと同様に登記名義人が登記識別情報を提供しなければならない（令8条）。

　　a　所有権の登記がある建物の合体の登記（同条1項2号，ただし，2項2号，2:7:2:4）

　　b　所有権の登記がある建物の合併の登記（同条1項3号，ただし，2項3号，2:6:4:1）

　なお，登記済証がもっていた登記が完了したことを証明する機能を代替するものとして，登記完了証が設けられた（規則181条）(注)。

（注）　この登記完了証の様式の問題点については，本書3版はじめにの1の1：6②で指摘したが，電子申請により登記の嘱託をしたときも，書面により交付することができる旨の規則改正（平23年省令5号）の際に，様式の改正も行われた。

3:1:6:3 登記識別情報を提供できない場合

　登記識別情報を提供できない場合であっても，次のときは，事前通知（不登法23条1項）をしないで登記することができる（同条4項各号）。

a 申請が登記の申請の代理を業とすることができる代理人によってされた場合であって，登記官が代理人から申請人が登記義務者等であることを確認するために必要な情報の提供を受け，かつ，その内容を相当と認めるとき（1号）。

b 申請に係る申請情報を記載し，若しくは記録した書面若しくは電磁的記録について，公証人から当該申請人が登記義務者であることを確認するために必要な認証がされ（公証人法58条，62条ノ6），かつ，登記官がその内容を相当と認めるとき（2号，5:6:3:1）。

3:1:7　登記原因証明情報の提供

権利に関する登記を申請する場合には，申請人は，法令に別段の定めがある場合を除き，登記原因を証する情報を提供しなければならない（不登法61条）。登記の内容の正確性を確保するためである（山野目293以下）。

登記原因証明情報とは，登記の原因となる事実又は法律行為（不登法5条2項）の存在を証明する情報である。すなわち，物権変動の原因行為とこれに基づく物権の変動という二つの要素を証明する情報である（3:3:2:2）。法律行為に基づかない物権変動（例えば取得時効）の場合には，その要件事実が登記原因証明情報の内容になる。

登記原因を証する書面が提出不能のときは，一般に申請書副本により代替することができること（旧不登法40条）を改めたものである。旧不登法の登記原因を証する書面には，登記済証作成機能（旧不登法60条1項）があったが，この機能は，申請書副本でも代替可能であったため，登記原因の証明機能は後退していたのである。

「法令に別段の定めがある場合」（令7条3項）は，登記原因証明情報の提供は不要である。例えば，所有権の保存登記をする場合，敷地権付き区分建物について表題部所有者から所有権を取得した者が申請する場合を除き（不登法76条1項ただし書），登記原因は登記事項ではないので，登記原因証明情報の提供は不要となる（3:2:3:1）。

3 区分建物及びその敷地に関する権利の登記

3：1：8　共同担保目録

共同担保目録は，登記官が作成する（不登法83条2項，規則166条〜170条，準則113条，114条）。旧不登法も，電子情報処理組織を用いて登記をするときは，登記官が共同担保目録を作成するとしていた（旧不登法151条ノ7，施行細則88条）。ただし，共同担保目録の作成方法については，特に限定はされていなかったから，申請人から提出された共同担保目録を利用して登記官が共同担保目録を作成することもできた。旧不登法上，申請人が共同担保目録を提出すべき場合としては，旧不登法122条及び123条に規定するもののほか，次の二つがあった。

　　a　担保権の登記がある土地の分筆，建物の区分又は分割により，共同担保関係が生ずる場合（旧不登法81条ノ4第2項；93条ノ8第6項）

　　b　敷地権の登記がある建物が敷地権の登記のない建物になったことにより，登記記録上，共同担保関係が生ずる場合（旧不登法81条ノ4第2項；93条ノ6第5項，93条ノ8第7項，93条ノ10第2項，93条ノ12第1項）

不登法は，申請人は，共同担保関係にある不動産について登記の申請をするときは，共同担保関係にある不動産を特定するに足りる事項を申請情報の内容として提供すれば足りるとした。

3：2　所有権の保存登記

3：2：1　意義

建物の表題登記は，原始取得者が申請する（不登法74条1項）。表題部所有者は，原則として，その原始取得者である。区分建物については，このほか，次のような手続・効果が認められている。

① 表題部所有者から所有権を直接取得した者も，表題部所有者から所有権を取得した旨の証明情報を提供して，直接，自己名義で表題登記を申請することができる（同条2項）。これは，区分建物のみに認められて

いるものであり，土地及び非区分建物については認められていない。
② 区分建物の表題部所有者は，所有権の保存登記をしなくても，区分建物の所有権の取得を第三者に対抗することができるが，転得者（法定相続人を除く。）は，所有権の保存登記をしなければ，第三者にその所有権の取得を対抗することができない。
③ 区分建物の表題登記は，通常，一棟の建物に属する他のすべての区分建物の表題登記の申請と併せてしなければならないが（不登法48条1項），確定判決により自己の所有権を証する者又は収用裁決により所有権を取得した者は，建物の表題登記をしないで，直接，区分建物の所有権の保存登記を申請することができる（不登法74条1項2号，3号）。
④ 所有権の登記がない区分建物について所有権の処分制限の登記の嘱託があった場合は，登記官は，処分制限の登記の前提として，職権で所有権の保存登記をする（不登法76条2項）。
⑤ 表題登記のない区分建物について所有権の処分制限の登記の嘱託があった場合は，登記官は，この嘱託によって，職権で区分建物の表題登記をする（同条3項）。
⑥ 区分建物の敷地利用権は，分離処分可能規約がない限り，区分建物と分離して処分をすることができない。この規約がなければ，敷地利用権は，当然に敷地権となる（不登法44条1項9号）。この敷地権がある区分建物と敷地権がない区分建物（3:2:6）とでは，所有権の保存登記の申請手続を異にする。

3:2:2　申請人
3:2:2:1 表題部所有者
区分建物についても，不登法74条1項が適用される。同条2項は，区分建物の所有権の保存登記の申請者を同項所定の者に限定する趣旨ではなく，区分建物のみについての追加的特例である。

原始取得者として表題部所有者（不登法2条10号）が当初から所有者

でなかった場合は，真正な所有者は，その者の承諾を得て，更正登記（不登法33条2項）を申請することができる。

3:2:2:2 表題部所有者の相続人

表題部所有者が死亡し，相続人が区分建物を取得した場合，相続人は，直接自己の所有名義による所有権の保存登記を申請することができる（不登法74条1項1号）。

表題部所有者Aが死亡し，Bが相続したが登記をしないうちに死亡してCが相続した場合，Cは，数次相続による現在の相続人として，所有権の保存登記を申請することができる。包括遺贈の場合の包括受遺者は，相続人と同一の権利義務があるが（民法990条），相続人ではないから，直接，所有権の保存登記を申請することはできない。

なお，登記権利者又は登記義務者について相続その他の一般承継があったときは，相続人その他の一般承継人が登記を申請することができる（不登法62条）。旧不登法42条は，このような登記申請ができることを前提にして申請書の添付書類を定めていたが，不登法62条は，申請権者に関する規定として，この申請が可能であることを明確にした。

また，旧不登法42条は，登記権利者又は登記義務者についてしか規定していなかったが，登記名義人が権利に関する登記の申請人となるべき場合（不登法64条1項，65条，77条など）に登記名義人について相続その他の一般承継があったときも，同様に考えるべきである。そこで，不登法62条は，「登記名義人」についても規定した。

3:2:2:3 表題部所有者の一般承継法人

表題部所有者A社がB社と合併した場合，存続会社B社又は新設会社C社は，B社又はC社の名義で所有権の保存登記を申請することができる（不登法74条1項1号）。

3:2:2:4 確定判決により所有権を証明する者

表題登記のない区分建物について，確定判決により自己の所有権を証明する者は，建物の表題登記の申請を経由しないで，所有権の保存登記を申

請することができる（不登法74条1項2号，75条）。この場合，登記官は，確定判決に記載された建物の表示どおりに職権で建物の表題登記をした上で，申請に係る所有権の保存登記をする。一括申請の規定は適用されない（2:2:7）。

敷地権付き区分建物の場合に，判決が区分建物の所有権移転を確認しているときは，敷地権と一体として移転していなければならない。

3:2:2:5 収用により所有権を取得した者

土地収用法による収用裁決によって区分建物の所有権を取得した者は，所有権の保存登記を申請することができる（不登法74条1項3号）。表題登記のない区分建物についても，直接，所有権の保存登記を申請することができる（不登法75条）。一括申請の規定は適用されない（2:2:7）。

なお，敷地権付き区分建物の場合は，区分建物と敷地権が一体として収用されたものでなければならない。

3:2:2:6 共有者の一人

区分建物が共有の場合は，民法252条ただし書の保存行為として，その共有者のうちの1名が，全員のために所有権保存の登記を申請することができる。

3:2:2:7 民法423条による債権者

債権者（例えば，抵当権者）は，債務者（表題部所有者など）に代位して，所有権の保存登記を申請することができる。

債権者が債務者の区分建物につき仮差押え又は差押えの命令を得たときは，裁判所書記官の登記の嘱託により，登記官が職権で債務者名義の所有権の保存登記をした上で仮差押え又は差押えの登記をするから（不登法76条2項），債権者代位により所有権の保存登記を申請する必要はない。仮処分債権者についても，同様である。

3:2:2:8 表題部所有者からの転得者

① 敷地権付き区分建物について表題部所有者から直接所有権を取得した者は，所有権の保存登記を申請することができる。この場合は，敷地権

3 区分建物及びその敷地に関する権利の登記

の登記名義人の承諾証明情報が必要である（不登法74条2項，基本通達第十二の一）(注1)。

この2項の規定は，表題部所有者から売買等により所有権を特定承継した者は，確定判決又は収用裁決による場合を除き，自ら所有権の保存登記を申請することはできないとする原則に対する例外である(注2)。

② 非区分建物については，転得者にも建物の表題登記の申請義務を課している（不登法47条1項）のに対して，区分建物については，転得者に建物の表題登記の申請義務を課さず，原始取得者に申請義務を課している。登記官が職権で区分建物の表題登記をする場合も，原始取得者を所有者として登記をする。

しかし，例えば，マンションを建築した者が所有権を取得し，それを分譲する場合，原始取得者がすべての区分建物について所有権の保存登記もしなければならないとすると，転得者は，原始取得者から所有権の移転登記を受けることとなり，その手数や経費（登録免許税を含む。）は，馬鹿にならない。

そこで，分譲を受けた者が直接自己の所有名義で所有権の保存登記をすることができるようにする（義務ではない。）と共に，原始取得者を所有者とする区分建物の表題登記を一棟の建物に属するすべての区分建物について早期に，かつ，同時にすることを容易にしたのである。

③ この場合の転得者は，表題部所有者から直接所有権を取得した者であって，転得者からさらに転得した者は含まれない(注3)。ただし，直接の転得者の相続人は含まれる。

④ 転得者が所有権の保存登記を申請する場合，原始取得者の氏名・住所の変更・更正登記は省略することができる（質疑58-73）。

【記録例188】

（注1） 不登法74条2項は，旧不登法100条2項と同趣旨の規定である。旧不登法101条5項は，敷地権付き区分建物について旧不登法100条2項の規定による申請をする場合は，申請書に敷地権の登記名義人の承諾書の添付が必要である旨規

定していたが，本項は，敷地権の登記名義人の承諾を必要とする旨の規定とし，申請情報と併せて提供すべき承諾証明情報については，令別表29添付ロとして規定している。
（注2） 実務上「冒頭省略による所有権保存登記」といわれている。このような取扱いは，新住宅登記令9条2項及び11条（首都圏の近郊整備地帯及び都市開発区域の整備に関する法律等による不動産登記の特例）などにもある。
（注3） 転得者が申請しない場合は，再転得者は，転得者に代位して申請することができるが，そのためには，原始取得者から転得者への所有権取得証明情報が必要である。

【Q26】 抵当権設定登記請求権を代位原因とする所有権の保存登記
　　　Aが敷地権付き区分建物をBに売り渡し，その売渡代金について抵当権を設定した場合に，Bが不登法74条2項の所有権の保存登記を申請しないときは，Aが，抵当権設定登記請求権を代位原因として，Bに代位して，所有権の保存登記を申請できるか。
【A】　Aは，自分名義の所有権の保存登記をした上でBへの所有権の移転登記をすることができる。したがって，Aの登記請求権保全の必要性を欠くから，代位申請はできない。この場合の登記名義をBとするAの請求は，登記引取請求になろう（昭63.1.19民三325号第三課長回答，登研482－169の解説）。

【Q27】 敷地権付き区分建物の表題部所有者が会社分割をした場合の所有権の保存登記
　　　敷地権付き区分建物の表題部所有者A社が会社分割をした場合，承継会社（設立会社）B社の名義で所有権の保存登記をすることができるか。
【A】　B社は，不登法74条2項の「表題部所有者から所有権を取得した者」として，A社（敷地権の登記名義人）の承諾証明情報を提供して，所有権の保存登記を申請することができると解する。
　① 会社分割には，分割をする会社がその権利義務の全部又は一部を他

3 区分建物及びその敷地に関する権利の登記

の会社（承継会社）に承継させる吸収分割（会社法2条29号，757条）と分割をする会社がその権利義務の全部又は一部を分割により設立する会社（設立会社）に承継させる新設分割（同条30号，762条）がある。

　会社分割の制度が創設された商法改正時（会社法制定前）の通達（平13．3．30民三867号民事局長通達第1の3，4）によれば，「会社分割は，設立会社又は承継会社が設立登記又は変更登記（分割の登記）をすることによって効力を生じ，設立会社又は承継会社は，分割計画書又は分割契約書の記載に従って分割会社の権利義務を承継するものとされた。この権利義務の承継は，合併の場合と同様に，分割の効力発生時において法律上当然に生ずる包括的な承継の性質を有するものとされている。したがって，会社分割（効力発生日（会社法759条又は新会社成立の日（会社法764条））により，不動産に関する所有権及び所有権以外の権利も，分割会社から設立会社又は承継会社へ承継されることになる。」という。「この権利義務の承継は，当該権利義務に関する分割会社の地位を承継する一般承継（包括承継）である」（江頭賢治郎・株式会社法第3版839）という意味では，「一般承継」であることは否定しない。

　しかし，会社合併の場合（会社法2条27号，28号）は，A社が消滅してすべてA'社に引き継がれるのに対し，分割会社の場合は，A社が義務者B社が権利者となるなど両者は存続し，しかも権利義務の全部を承継するということはない。したがって，「一般承継」という概念を使うのは必ずしも適切ではない。「包括承継」であるという説明も同様である。相続や合併の場合に，基本的には対抗要件が問題とならないのとも異なる。

② 表題部所有者又はその相続人その他の一般承継人は，所有権の保存登記を申請できる（不登法74条1項1号）。会社合併の場合は，前述のとおり，被合併会社の権利義務がすべて合併会社に承継され，被合併会社は消滅するため，相続の場合と同様に扱うことができるのである。しかし，会社分割の場合は，A社の権利義務がすべてB社に承継されるとは限らず，しかも，第三者に二重譲渡されることもあり得る。そのため，会社分割による権利の移転登記は，B社が登記権利者，A社が登記義務者となって申請することとされている（前記通達

> 第2の1(1))。すなわち，一般的な登記手続としては，A社名義で所有権の保存登記をした上，会社分割を登記原因としてB社への移転登記をすることになる。
> ③ 本問は，登記の対象が敷地権付き区分建物であるから，B社が「表題部所有者から所有権を取得した者」に該当すれば，B社は，A社（敷地権の登記名義人）の承諾証明情報を提供して，所有権の保存登記をすることができる（不登法74条2項）。これは，仮に会社分割による所有権の移転が会社合併の場合と同じく「一般承継」又は「包括承継」に該当するとし，2項は，「特定承継」（転得者）のみを対象にした規定であると解した場合には適用がないということになりかねないが，その結論が不当であることはいうまでもないであろう（登研703-219）。

3:2:2:9 表題部所有者からの一部転得者

　非区分建物の場合は，表題部所有者から所有権全部を転得した者であっても，確定判決又は収用裁決の場合を除き，所有権の保存登記を申請することはできないから，その所有権の一部を転得した者は，表題部所有者と共有の所有権の保存登記の申請をすることができないことはいうまでもない。しかし，区分建物の場合は，直接の転得者は，所有権の保存登記の申請をすることができるから，所有権の一部転得者も，原始取得者と共有の所有権の保存登記の申請をすることができると解すべきである。

　また，一部転得者は，共有の場合の保存行為（民法252条ただし書）として，単独で共有者全員のために申請できると解して差し支えないであろうし，また，表題部所有者が単独で申請することも，一部転得者の所有権の一部を転得した旨を証する情報を提供して申請することを認めて差し支えないであろう。

3:2:3　登記原因及びその日付

　表題登記がない不動産について，不登法74条1項2号又は3号に掲げ

3 区分建物及びその敷地に関する権利の登記

る者の申請に基づいて所有権の保存登記をする場合（不登法75条，3:2:2:4，5）は，その前提として，目的不動産を特定する必要がある。そこで，この場合は，登記官が，登記記録の表題部に不動産に関する表示のうち表題部所有者に関する登記事項，登記原因及びその日付並びに敷地権の登記原因及びその日付以外の事項を登記しなければならないとしている（規則157条1項）。

すなわち，権利に関する登記の通則規定は，「登記原因及びその日付」を登記事項としているが（不登法59条3号），所有権の保存登記は，最初にされる権利に関する登記であって，前主の権利に関する登記があるわけでなく，物権変動を公示するものではない。したがって，所有権の保存登記については，次のような場合を除き，「登記原因及びその日付」を登記事項としていないのである。

3:2:3:1 転得者が申請する場合

一般に所有権の保存登記については，登記原因及びその日付（令3条6号）を登記する必要はないから（不登法76条1項本文），登記原因証明情報の提供（3:1:7）は不要である（令7条3項1号本文）。

しかし，敷地権付き区分建物の保存登記の場合は，表題部所有者Aが敷地権の登記名義人Aでなければならない。表題部所有者以外のB名義で所有権の保存登記をするときに，敷地権をもっている者がA又はCであると，区分建物の所有権の登記名義人と敷地権の登記名義人とが異なってしまう。そもそも区分建物の所有権の移転登記は，敷地権と一括してしなければ無効である。

そこで，敷地権付き区分建物の所有権を取得した者が所有権の保存登記を申請する場合は，その敷地権の表示と共に所有権の取得原因（登記原因）とその日付を記載するのである（不登法76条1項ただし書，基本通達第十二の二，3:2:5）。この場合は，登記原因証明情報（売買契約書等）の提供が必要となる（令7条3項1号括弧書き）。

これによって，敷地権についても同一の登記原因による移転登記の効力

が生ずる（不登法73条1項）。ただし、区分建物の所有権移転が敷地についての権利が敷地権となる前に生じたものである場合は、所有権保存の本登記はできないから、仮登記を申請することになる（同条2項ただし書）。

3:2:3:2 相続人が申請する場合

敷地権付き区分建物について相続人が所有権の保存登記を申請する場合、法文上は、不登法74条1項1号によるから、不登法76条1項により登記原因及びその日付は必要ないことになる。しかし、遺産分割又は寄与分によって区分建物及びその敷地権を相続する場合は、相続による登記（区分建物については所有権の保存登記、敷地権についてはその移転登記）が第三者対抗要件となるので、転得者の区分建物の所有権の保存登記の申請（不登法74条2項）と同じく、登記原因及びその日付を記載するのが相当であろう。

3:2:3:3 確定判決又は収用により取得した者が申請する場合

確定判決又は収用による所有権の保存登記を申請する場合も、相続人の場合と同様に解すべきである。判決により所有権を証する者が実は原始取得者であったとき（表題部所有者が原始取得者でないとき）又は表題部所有者から直接承継取得した者でないときは、登記原因を「真正な所有（登記）名義の回復」とし、直接の転得者であるときは、「売買」等の移転原因を記載する。その登記による敷地権についての移転登記の登記原因も「真正な所有（登記）名義の回復」又は「売買」等とする。

3:2:3:4 未登記の区分建物につき敷地権がある場合

敷地権付き区分建物について不登法74条2項の規定により表題部所有者から売買等により区分建物を取得した者が所有権の保存登記を申請する場合は、建物の登記記録によって土地に関する権利変動を公示するという仕組み（不登法73条）の適用があるから、区分建物についての所有権の保存登記は、これにより敷地権の移転を公示する権能を持っている。したがって、この場合には、登記原因及びその日付は、登記事項となる（不登法76条1項ただし書）。

3 区分建物及びその敷地に関する権利の登記

　確定判決又は収用裁決による所有権の保存登記を申請する場合及び所有権の処分制限の登記を嘱託する場合は，敷地権の表示を記載する（令別表12申請イ）。この嘱託があったときは，登記官は，職権により建物の表題登記をすることに伴い敷地権の表示を記録し，かつ，敷地権の目的である土地の登記記録の相当区に敷地権である旨の登記をする（不登法46条，規則119条，基本通達第十三の二）。敷地権割合が実地調査の結果と符合しないときは，登記官は，職権により更正登記をすることができる（質疑58-91）。

　なお，この嘱託による登記は，権利に関する登記であるから，一括申請（不登法48条1項）の義務はない。これ以外の区分建物の表題登記については，適用がある（基本通達第十三の三）。

3:2:4　敷地権の表示

① 区分建物について敷地権の登記をしている場合は，敷地権の表示及び土地の符号を記載する（令3条11号ヘ，規則34条1項5号・118条1号イ，表題登記については2:3:4）。ただし，表題部所有者が申請する場合は，必要がない。

　また，転得者その他の承継取得者が敷地権の生ずる前に区分建物のみを取得した場合は，所有権保存の仮登記を申請することになるから（不登法73条3項ただし書），敷地権の表示は記載しないで申請し（令3条11号ヘ括弧書き），登記官が建物のみに関する旨及び登記の年月日を記録する（規則156条）。

② 未登記の区分建物について不登法74条1項2号又は3号により所有権の保存登記を申請する場合に敷地権があるときは，その敷地権の表示を申請情報の内容とする（令別表28申請ロ）。

③ 確定判決により未登記の区分建物の所有権の保存登記を申請する場合に申請人が敷地の登記名義人でないときは，敷地権の表示を記載しないで申請し，その登記をした後に敷地利用権の移転登記を得た上で，区分

建物の表題部の変更登記として敷地権の登記を申請するか又は敷地権の表示を申請情報の内容として，確定判決による所有権の保存登記を申請する。

④　区分建物に敷地利用権が生じているが，区分建物の表題登記に敷地権の登記がされていない場合は，表題部所有者（その相続人を含む。）がその登記を申請しなければならない（不登法51条1項）。このときは，区分建物の表題部の変更登記を申請して敷地権の登記をした上，所有権の保存登記を申請するのが相当である。

⑤　不登法74条1項2号若しくは3号又は2項により所有権の保存登記を申請する場合，申請人は，表題部所有者でないから，敷地権の登記を申請することができない。債権者代位による申請もできない。したがって，表題部所有者がその申請をしないときは，所有権の保存登記を申請した上で，所有権の登記名義人として敷地権の登記を申請し，同時に敷地利用権の移転登記も申請する。この場合は，敷地権の登記名義人の承諾を得なければならない（不登法74条2項後段）。

3:2:5　添付情報

保存登記を申請する場合は，登記原因及びその日付を登記しないので（不登法76条1項本文），登記原因証明情報は必要としないが（令7条3項1号）。しかし，敷地権付き区分建物の転得者による所有権の保存登記については，登記原因及びその日付を登記するので（不登法76条1項ただし書，3:2:3:1），添付情報として登記原因証明情報（売買契約書など）の提供が必要となる（令7条3項1号括弧書き）。その他の添付情報は，通則的事項（2:3:6）のほか，令別表28添付及び29添付のとおりである。

3:2:5:1　確定判決

敷地権付き区分建物について，確定判決により，表題部所有者から直接転得した者又はその他の特定承継人が所有権の保存登記を申請するとき

は，確定判決（令別表28添付ロ）中に区分建物と敷地権を一体としてもっていることが確認されていなければならない。

判決により所有権を証する者が表題部所有者の直接又は間接の承継取得者でない場合（表題部所有者が所有者でなかった場合）は，判決中にその敷地権の真正な登記名義の回復を原因とする移転登記を命じているものでなければならない。

3:2:5:2 収用裁決

収用により敷地権付き区分建物を取得した場合は，区分建物と敷地権が一体として収用されたことが明らかな収用裁決書等（令別表28添付ハ）を提供しなければならない。

3:2:5:3 所有権取得証明情報

敷地権のない区分建物の表題部所有者から転得した者が申請する場合は，申請人の申請適格（直接の転得者であること）を証するため，申請人が区分建物の表題部所有者から直接所有権を取得したことを証明する情報（令別表29添付イ）を添付する(注)。

(注) 所有権取得証明情報は，「何某は，後記物件の所有権を何某に直接譲渡したことを証明する。」のように記載する（様式（権利）通達(1)）。

所有者証明情報との違いについては，2:8:3:4 (注2) 参照。

【Q28】 所有権取得証明情報の交付請求
　　区分建物の所有者（原始取得者）Aから所有権を取得したB（転得者）は，原始取得者に対して，所有権取得証明情報（不登法74条2項）の交付を請求できるか。
【A】　Bは，Aに対して，所有権の移転登記をするよう請求することはできるが，B名義の所有権の保存登記をするために必要な証明書の請求をすることはできない。Bが直接保存登記をしてしまうと，A名義の保存登記をすることができなくなり，したがって，Aを登記義務者とする各種の登記ができなくなるからである。不登法74条2項は，AがBに対して任意に証明書を交付したときは，Bが直接登記できると

> したもので，Aに証明書を交付する義務を課したものではないと解する。
>
> 　なお，AがBに対して証明書を交付する約束をしても，Aが任意にそれを履行しないときは，Bは，Aのために所有権の保存登記がされることを前提として，所有権の移転登記をすべき旨を請求するほかはない（青山・民事322）。

3:2:5:4 承諾証明情報

　敷地権付き区分建物の表題部所有者から転得した者が申請する場合は，登記原因情報のほか敷地権の登記名義人の承諾証明情報（令別表29添付ロ）を提供する（不登法74条2項後段）。この情報は，形式的には，申請人が転得した区分建物の所有権の保存登記を申請することを承諾するものであるが，不登法73条1項本文により敷地権付き区分建物の所有権に関する登記で建物のみに関するものであることの付記のないものは，敷地権について同一の登記原因による相当の登記（区分建物の所有権の保存登記が所有権の移転によるものであるときは，敷地権の移転登記）としての効力があり，しかも敷地権については，その権利移転の登記をしない（できない）から（不登法73条2項本文），敷地権の移転登記の登記義務者である敷地権の登記名義人の承諾証明情報を提供する。その内容等は，次のとおりである。

　a　登記原因及びその日付も記載する（質疑58-84）。
　b　敷地権について移転登記の効力のある所有権保存登記である旨を明示し，敷地権を表示する（質疑58-85）。
　c　敷地権の登記がある区分建物の転得者から，不登法74条2項の規定による所有権保存登記申請をする場合に提供する敷地権の登記名義人の承諾証明情報には，その作成者の印鑑証明書の添付が必要であるが（令19条2項），この場合同項の証明情報添付の印鑑証明書を援用することができる（質疑58-86）。

3 区分建物及びその敷地に関する権利の登記

　　d　区分建物の原始取得者と敷地権の登記名義人が同一人で，区分建物の所有権と敷地権が同時に移転した旨の登記原因証明情報を提供していても，不登法76条1項ただし書の承諾証明情報を提供する必要がある（質疑58-87）。
　　e　敷地権の登記名義人の権利に関する登記識別情報は不要である。敷地権の登記名義人は，所有権の保存登記申請の登記義務者（当事者）ではなく，この登記により敷地権が移転することへの同意を求められている者だからである。
　　f　敷地権が賃借権又は転借権である場合は，賃借権の登記名義人の承諾のほか，賃借権の登記に譲渡転貸ができる旨の登記がないときは，賃貸人の承諾証明情報も必要であろう（令別表39及び40添付ロ）。

3:2:5:5　規約設定証明情報

　表題登記のない区分建物について，確定判決により所有権を証する者又は収用裁決により所有権を取得した者が所有権の保存登記を申請する場合に敷地権があるとき（3:2:3:4）は，次の情報（令別表28添付チ）を提供する。

　　a　敷地権の目的である土地が規約敷地であるときは，その規約を証する情報
　　b　敷地権割合が規約によって定められたものであるときは，その規約を証する情報
　　c　敷地権の目的である土地に他の登記所の管轄に属するものがあるときは，その土地の登記事項証明書

　なお，建物の敷地について，区分建物の所有者が所有権，地上権又は賃借権の登記名義人であるが，この権利が敷地権でないときは，非敷地権証明情報を提供する（令別表12添付ホ）。

【Q29】　賃貸人・賃借人の承諾証明情報
　　敷地権付き区分建物の表題部所有者から転得した者が所有権の保存

登記を申請する場合に，敷地権が賃借権（又は転借権）であるときは，賃借人の承諾のほか，賃貸人の承諾が必要か。
【A】　敷地権（賃借権）の表示を記載するが，これは，賃借権の移転登記の申請を含んでいるから，令別表39添付ロが適用されるものと解される。したがって，賃借権の登記に譲渡を承諾する旨の登記がされていない場合は，賃貸人の承諾証明情報も提供すべきであろう（3:2:5:4⑥）。

3:2:6　敷地権のない区分建物の所有権の保存登記

敷地権のない区分建物の所有権の保存登記を申請する場合（不登法74条2項），敷地権付き区分建物の場合に必要な添付情報等は，ほとんど必要としない（不登法76条1項）。登記原因及びその日付は必要でないし（令7条3項1号，3:2:5），登記原因証明情報の提供（不登法61条）も必要でない。ただし，表題部所有者又はその承継人が作成した所有権取得証明情報（令別表29添付イ，3:2:5:3）及び非敷地権証明情報（令別表28添付ト）を提供する必要がある。

なお，一部転得者については，原始取得者との共有名義により，不登法74条2項による登記を申請することはできない（質疑58-75）。

3:2:7　敷地権付き附属建物がある非区分建物の所有権の保存登記

表題登記のない非区分建物で区分建物である附属建物があるものについて，確定判決により所有権を証する者又は収用裁決により建物の所有権を取得した者が所有権の保存登記を申請する場合に，附属の区分建物に敷地権があるときは，規約設定証明情報を提供する（令別表28添付チ，3:2:5:5 a b c）。

附属の区分建物の属する一棟の建物の敷地について，附属の区分建物の所有者が所有権，地上権又は賃借権の登記を受けている場合に，これらの権利が敷地権でないときは，非敷地権証明情報（分離処分可能規約）を提供する（令別表12添付ホ，28添付ト）。

3　区分建物及びその敷地に関する権利の登記

【Q30】　一棟の建物の一部（区分建物）について所有権を請求する場合
　　　　数個の区分建物となり得る一棟の建物全部をBが1個の非区分建物として所有権の保存登記をしている場合，その一部（区分建物）につき所有権を主張するAは，どのような登記請求をすればよいか。
【A】　Aの区分建物部分を特定し，この部分につきBの所有権の保存登記の抹消とAの所有権の確認を請求する。一般に所有権の保存登記を抹消した場合は，登記記録を閉鎖するのが実務の取扱いである。
　　　この取扱いに従うと，Bの所有権の保存登記が抹消されると同時に，A所有の区分建物部分についてもその登記記録は閉鎖されてしまう。しかし，Aが勝訴判決を得た場合を考えると，この取扱いは，いかにも不都合である。
　　　したがって，この場合は，所有権の保存登記の抹消後も直ちに登記記録を閉鎖しないでおくか，あるいは，所有権確認の訴えと同時に所有権の保存登記の抹消を請求する訴えを提起して勝訴判決を得た場合は，その判決を認定資料として表題部の所有者欄に真実の所有者を記録することにし，登記記録を閉鎖しないことが求められるであろう（青山・民事107）。実際にも，従来は，登記記録は閉鎖していなかったようである。
　　　Aが所有権の登記名義人になるためには，まず，Bに代位して建物の区分登記を申請する。敷地権があるときは，敷地権の表示を記載し，必要な情報を提供しなければならない。
　　　なお，この請求に代えて，Aの区分建物部分につき真正な登記名義の回復を原因とする所有権の移転登記を請求することもできる。ただしこの場合は，建物の区分登記がされた後にBからAに所有権の移転登記がされることになり，所有権の原始取得者であるAを所有者とする所有権の保存登記はされないことになる。

3：3　所有権の移転登記

3：3：1　相続又は法人の合併による移転登記

　相続は，死亡によって開始し（民法882条），相続人は，相続開始の時

から被相続人の財産に属した一切の権利義務を承継する（民法896条）。相続は，被相続人の死亡という事実に基づき，法律が一定の効果を付与したものであって，法律行為によるものではないから，一体性の原則の適用はないのが原則である。

　相続又は法人の合併による所有権の移転登記は，登記権利者（一般承継人）が単独で申請することができる（不登法63条2項）。

3:3:1:1 法定相続による場合

　相続人が複数の場合，その相続分は，各相続人が相続財産についてもっている権利義務の割合（民法900条）によるから，敷地権付き区分建物については，区分建物と敷地権についてそれぞれ法定相続分により所有権を取得する。

3:3:1:2 遺産分割による場合

① 　共同相続人間の遺産分割（民法907条1項）は，当事者の意思表示による法律行為であるから，一体性の原則が適用される。したがって，遺産分割協議により，区分建物の所有権を共同相続人の一人に帰属させるときは，敷地権も同一人に帰属させなければならない。また，被相続人が一棟の建物を所有し，1個の建物として登記していた場合に，区分建物となる各部分を各相続人にそれぞれ帰属させるときは，その一棟の建物の敷地の所有権等の（準）共有持分を併せて帰属させなければならない。

② 　区分建物と敷地権を別々の相続人に帰属させる協議は，意思表示による権利変動に当たるから，一体性の原則に反し，無効である。家庭裁判所がする遺産分割の審判それ自体は，一体性の原則が禁止する「処分」には当たらないが，家庭裁判所が区分建物と敷地権を別々の相続人に帰属させる審判をするとは考えられない。そこで，相続（寄与分として取得する場合を含む。）を登記原因として敷地権付き区分建物についてする所有権の移転登記は，敷地権の表示を記載した登記申請に基づき，区分建物の登記記録に敷地権の移転としての効力がある登記としてするこ

とになる。
③　敷地権である旨の登記をした土地の敷地権については，相続による所有権の移転登記をすることができない。その所有する区分建物について相続登記をすれば，敷地権についても相続による移転登記をしたことになる（不登法73条2項本文）。

3:3:1:3 遺贈による場合

遺贈（民法964条）は，遺言者による単独行為であり，一体性の原則が適用されるから，敷地権付き区分建物についてその一方のみを目的とする遺贈をすることはできない。

3:3:2　売買等による移転登記

3:3:2:1 一括移転

区分建物又は敷地利用権につき遺贈，贈与又は売買などの処分（以下「売買等」という。）をする場合は，分離処分可能規約がない限り，区分建物とその敷地利用権を一括してしなければならない。また，敷地権である旨の登記をした土地の敷地権については，売買等による権利の移転登記をすることができない。敷地権付き区分建物について売買等を原因として所有権の移転登記をすると，敷地権についても同一の登記原因による移転登記の効力が生ずる（不登法73条1項本文）。すなわち，売買等による登記は，区分建物のみについて申請すれば足りる。敷地権の表示を記載する（令3条11号ヘ）。区分建物の所有権の一部（持分）の売買についても同様である。

3:3:2:2 登記原因証明情報

登記原因証明情報とは，登記の原因となる事実又は法律行為（不登法5条2項）の存在を証明する情報である（3:1:7）。

敷地権付き区分建物を売却するなどの登記を申請する場合に提供する登記原因証明情報（不登法61条）は，区分建物とその敷地権が一体として処分されたことを証明するものでなければならない。区分建物のみの処分

は無効であるから,そのような証明情報は登記原因証明情報にならず,申請は,不登法25条8号により却下される。

　すなわち,敷地権付き区分建物を敷地権と分離してする処分は無効であるから,区分建物のみの処分による登記,例えば,売買による所有権の移転登記又は抵当権の設定登記をすることはできないし(不登法73条3項本文),敷地権である旨の登記がされた敷地権についても,敷地権のみの処分の登記(移転登記,担保権設定登記)はすることができない(同条2項本文)。

　もっとも,区分建物と敷地権が一体として処分されたことを証明する情報は,1通でなくても,その処分が同一(登記原因及びその日付が同一)である場合は,登記原因証明情報として認められる。分離処分の禁止が同一の登記原因及びその日付であることが必要であるかについては,不登法73条1項括弧書きの趣旨から,「登記の目的が同一」のものでなければならないと解する。

3:3:2:3 登記識別情報

　区分建物とその敷地権を一括して売買等をした場合は,区分建物のみについてその登記をすれば,敷地権についても同一の登記原因による登記がされたのと同一の効力が生ずる(不登法73条1項本文)。その反面,敷地権である旨の登記のされた敷地権(不登法46条)については,その売買等の登記はできない(不登法73条2項本文)。提供すべき登記識別情報(3:1:6)は,次のとおりである。

① 敷地権付き区分建物の場合

　　敷地権付き区分建物について売買等(実質は敷地権と一体としての処分である。)を原因とする所有権の移転登記の申請は,形式的には,区分建物についての申請であるが,実質的には,敷地権の移転登記の申請でもある。したがって,区分建物についての売買等の登記の申請には,区分建物と敷地権についての登記義務者の登記識別情報を提供しなければならない(基本通達第十五の一の3)。

3　区分建物及びその敷地に関する権利の登記

② 敷地権の登記をした後に区分建物と敷地権を一体として処分し，その登記がされた場合

　区分建物のほか敷地権の表示も登記原因証明情報とされている（令3条11号ヘ）。したがって，この登記原因証明情報により作成された登記識別情報は，区分建物と敷地権の双方の権利の取得の登記識別情報であるから，区分建物と敷地権を売買等をした場合の登記の申請には，この情報を提供すれば足りる。その後一体化がはずれた場合であっても，土地の登記識別情報は，これでよい（質疑58-105）。

3:3:3　その他の原因による移転登記
3:3:3:1 譲渡担保
　譲渡担保による区分建物の所有権移転についても，分離処分禁止規定の適用があるか。譲渡担保は，建物の所有権は完全に債権者に移転するとしても，敷地権が賃借権である場合，あらかじめ賃貸人の承諾を得て賃借権と一体として譲渡することは，通常，行われていない。譲渡担保権が実行されて所有権が担保提供者へ復帰しなくなったときに，新所有者が賃貸人の承諾を得れば足りるからである。したがって，譲渡担保を登記原因とする所有権の移転登記は，法22条1項又は3項及び不登法73条3項ただし書の趣旨から，建物のみの登記を認めてもよいのではないだろうか。

3:3:3:2 共有物の分割
　区分建物と敷地利用権が共有の場合に，分離処分が禁止されているときは，共有物分割（民法256条）も処分であるから，区分建物とその敷地利用権の帰属者を異にする分割をすることはできない。
　一棟の建物を数個の区分建物となり得る部分に区分することができる場合は，現物分割が可能であるが，区分できない場合又は一部が区分できても他の部分が区分できない場合は，代金分割又は現物分割と代金分割の併用となろう。

3:3:3:3 共有持分の放棄

　共有者の一人がその共有持分を放棄した場合，その持分は，他の共有者に帰属する（民法255条，264条）。しかし，これを区分建物の共有関係に適用すると，一体性の原則がくずれてしまう。そこで，法24条は，法22条1項本文の場合は，民法255条は敷地利用権には適用しないとした（1：6：9）。

　区分建物のための敷地利用権が共有である場合，その敷地利用権の共有者の一人の持分のみの放棄は，分離処分可能規約のない限り，無効である。

　区分建物と敷地利用権の一方のみを放棄することも，分離処分に当たるから，そのような放棄をすることはできない。というより，不動産の所有者が所有権を放棄することができるかが問題であろう（五十嵐清・注釈民法(7)273）。

3:3:3:4 相続人不存在

① 　前項のとおり，法24条は，法22条1項本文の場合は民法255条を適用しないとしているから，共有者の一人が相続人がなく死亡すると，単独所有の区分建物は，特別縁故者（民法958条の3）がいなければ，国庫に帰属する（民法959条）。ただし，区分建物が共有で敷地利用権も区分建物の共有となっているときは，例外として，区分建物及び敷地利

【判例17】　6階建ビルについて，敷地利用権を一体として分割した事例
　　　　　（東京地判平4．5．6判タ801-175，判時1453-137）
　　　　　　縦割りの区分建物と敷地の共有持分については，法22条に定める一体性の原則の適用はないが，土地・建物の位置関係及び共有物分割請求がされたことにより，部屋ごとに分割することが相当である場合は，法22条3項を類推適用し，当該土地を当該建物の敷地とし，種類を所有権とする敷地権を設定し，これと当該建物の各室を一体のものとして扱い，その上で，当該各室及びそれに付随する敷地利用権を一体とした区分所有権に分割するのが相当である。

用権の持分が他の共有者に帰属すると解することができる。
② 敷地の共有持分については，民法255条が958条の3に優先して適用されるとすれば，敷地の共有持分は他の共有者に帰属し，区分建物とその敷地利用権の一体化がくずれてしまう。従来の登記実務は，民法255条が優先するとしていた（昭37.8.22民事甲2359号民事局長通達）。法24条は，この問題について分離処分が禁止されている場合に限って立法上解決したものである（1:6:9）。
③ しかし，その後，最高裁は，「共有者の一人が死亡し，相続人の不存在が確定し，相続債権者や受遺者に対する清算手続が終了したときは，その持分は，民法958条の3に基づく特別縁故者に対する財産分与の対象となり，右財産分与がされないときに，同法255条により他の共有者に帰属する」（最二小判平元.11.24民集43-10-1220）とし，上記登記先例もその趣旨に従い変更された（平元.11.30民三4913号民事局長通達）。
④ なお，特別縁故者への分与（民法958条の3）は，遺言・遺贈の制度を補い，死者の遺志の実現を家庭裁判所の審判により行うもので，法22条1項本文の「処分」に当たると解されるから，区分建物と敷地利用権の一方のみを処分することはできない。
⑤ 民法255条と958条の3との関係については，分離して処分できる場合及び敷地利用権以外の共有持分一般の場合は，本条の反対解釈により特別縁故者に対する分与ができなくなったと解すべきではない。本条は，民法255条の適用に関する規定であり，同条と958条の3の適用に関する規定ではないからである。

3:3:3:5 仮登記担保

敷地権付き区分建物についての仮登記担保契約による仮登記（建物のみに関する旨の付記のないもの）は，敷地権についても同一の仮登記をした効力があるから（不登法73条1項本文），区分建物の仮登記に基づく本登記をしたときは，敷地権についても仮登記に基づく本登記をした効力を生

ずる。したがって，区分建物についての申請は，実質的には敷地権を含んでいる。

　敷地権付き区分建物についての所有権移転の仮登記（建物のみに関する旨の付記のないもの）に基づく本登記の申請の場合は，区分建物と敷地権の目的である土地の敷地権についての登記上の利害関係人の承諾証明情報（又は清算金債権に対する差押え及び清算金の供託を証する情報（仮登記担保法7条））を提供する。

3:3:3:6 取得時効

　時効による取得は，当事者の意思表示による法律行為によるものではなく，一定の事実に基づき法律の規定によって生ずる権利変動であるから，「処分」に当たらない。

① 　区分建物についての時効取得

　区分建物についての時効が完成したということは，区分建物の所有者以外の者が所有の意思をもって平穏かつ公然に法定の期間（善意10年悪意20年）区分建物の占有をしたということであるから（民法162条），その者は，同時に，平穏かつ公然に法定の期間その区分建物に係る敷地権を行使したことになり，敷地権についても一体として取得時効が完成する（民法163条）。

　この場合には，区分建物のみについて所有権の移転登記をすることはできず，敷地権の表示を申請情報の内容とし，区分建物の登記記録に区分建物の所有権の移転登記で敷地権の移転登記としての効力がある登記をすべきである。

② 　分離しての時効取得

　時効取得については，分離処分禁止の適用はないが，分離しての取得時効の成立はまれであろう。しかし，敷地の一部（特に，法定敷地に隣接していない規約敷地）について取得時効が成立して敷地権である所有権が移転し，敷地権でなくなることはある。この場合は，建物の表題部の変更登記の手続に伴い，敷地権である旨の登記を抹消した上，土地の登

3 区分建物及びその敷地に関する権利の登記

記記録の権利部の担当区（甲区）に所有権及び所有者を記録する（規則124条1項，2項）。

3:3:3:7 収用

収用法101条による土地又は建物の取得は，法律の規定に基づく公用徴収によるものであり，一体性の原則は適用されない（2:5:9:1②c）。その登記は，起業者の単独申請による（不登法118条）。ただし，実際の手続は，あらかじめ収用の対象となる土地の部分を特定・分割し，敷地権でないものとした上で収用手続を開始している。

【Q31】 裁決手続の開始決定があった場合の起業者による敷地権の抹消登記の代位申請

敷地権である旨の登記がされている土地について，収用法による裁決手続の開始決定があった場合，起業者は，敷地権付き区分建物の所有権者に代位して，敷地権の登記の抹消を申請することができるか。

【A】 裁決手続開始の登記（収用法45条の2）があった後に不動産についてした処分行為は，原則として，起業者に対抗することができない（同条の3第1項，2項）。また，収用裁決により敷地権である旨の登記がされている土地の所有権を起業者が取得したときには，敷地権は，当然に敷地権でなくなるから（同法101条1項本文，基本通達第六の一の5），開始決定があった時点でその決定に基づき代位登記をする必要はないし，することはできない（登研681-249）。

3：4 所有権の抹消登記

所有権の登記の抹消は，所有権の移転登記がない限り，登記名義人が単独で申請することができる（不登法77条）。ただし，登記上の利害関係を有する第三者がいるときは，その承諾がなければすることができない（不登法68条）。「登記上の利害関係を有する第三者」とは，自己の権利を登記した者であって，登記の抹消によって権利上の損害を受け，又は受けるおそれがある者をいう。例えば，地上権の登記の抹消をする場合にその地

上権を目的とする抵当権を設定した抵当権者，抵当権の登記の抹消をする場合にその抵当権を目的とする抵当権を設定した抵当権者がこれに当たる。

3：4：1　所有権の保存登記の抹消

　所有権の保存登記は，表題部に自己又は被相続人が所有者として記録された者，確定判決により所有権を証する者及び収用裁決により所有権を取得した者（不登法74条１項各号）のほか，転得者がする（同条２項）。また，登記官が職権によりする場合もある（不登法76条２項，３項）。これらの保存登記が当初から無効であれば，その登記は，無効であり，抹消すべきである。

① 所有権の保存登記をした転得者の承継取得がなかったときはもちろん，表題部に所有者として記録された者が所有者でなかったため転得者の承継取得も無効であるときも，その所有権の保存登記は抹消される。

② 表題部所有者が承継取得者であったとしても，次の場合の保存登記は，有効である。ただし，区分建物について敷地権の登記をしているが，所有権の保存登記をした転得者が敷地権を取得していない場合は，その登記を抹消すべきである。

　　a　承継取得者から転得した者が所有権の保存登記をしたとき。
　　b　表題部所有者は所有権を取得しなかったが，その者から転得者として所有権の保存登記をした者が第三者から所有権を取得したとき。
　　c　所有権の保存登記をした者が原始取得者（表題部所有者）から直接転得した者ではないが，承継取得した者であるとき。

③ 敷地権付き区分建物について転得者がした所有権の保存登記（区分建物のみに関する旨の付記のないもの）を登記原因の無効，解除，取消し等により抹消する場合は，敷地権と共にしなければならない。区分建物の所有権の保存登記の抹消登記をすれば，敷地権についてもその移転登記が抹消されたのと同一の効力を生ずる（不登法73条１項本文）。

3 区分建物及びその敷地に関する権利の登記

> 【Q32】 敷地権付き区分建物の所有権の保存登記が抹消された場合
>   敷地権付き区分建物の所有権の保存登記が抹消された場合，登記記録は閉鎖すべきか。
> 【A】 不登法74条1項1号（自己所有）の所有権保存登記が抹消された場合は，建物の滅失に準じて一体化をはずし，改めて区分建物について所有者が表題登記を申請する（質疑59-36）。転得者がした保存登記が抹消された場合は，原始取得者が復活するから，表題部所有者の記録を回復することになる（昭59.2.25民三1085号民事局長通達）。
>   なお，一般の所有権の保存登記（不登法74条1項）については，表題部所有者を回復する規定がないことから，登記記録の全部を閉鎖するとしている（昭36.9.2民事甲2163号民事局長回答，松尾・先例百選42）。その理由は，表題部所有者の表示は既に抹消されており（規則158条），所有権の保存登記が抹消されたことにより，その登記記録の表題部は，法定の記録事項である所有者の表示を欠いた不適法なものになるからであるとする。

3:4:2　所有権の移転登記の抹消

　所有権の移転登記を抹消するのは，その移転登記の登記原因が不成立若しくは無効であった場合，又は取消し若しくは解除により遡及的に無効となった場合である。敷地権付き区分建物についてした所有権の移転登記（区分建物のみに関するものである旨の付記のされていないもの）の抹消登記は，敷地権と共にしなければならない。区分建物の所有権の移転登記が抹消されれば，敷地権についてもその移転登記が抹消されたのと同一の効力を生ずる（不登法73条1項本文）。

　敷地権付き区分建物については，その区分建物のみの所有権移転登記又は転得者保存登記（不登法74条2項の規定による所有権保存の登記）の抹消登記をすることはできない。この抹消登記は，所有権の移転を登記原因とする所有権の登記にほかならないからである。その登記原因が敷地権についてもあるなら，敷地権の移転登記の抹消登記としての効力がある登

記としてすべきである。

3：5　所有権の更正登記

　権利に関する登記の更正登記は，登記上の利害関係人がいる場合は，その者の承諾がある場合に限り，付記登記（不登法4条2項）によってすることができる（不登法66条）。また，権利に関する登記の錯誤又は遺漏が登記官の過誤によるものであるときは，登記官は，登記上の利害関係人がいる場合は，その者の承諾を得て，職権で登記の更正をすることができる（不登法67条2項ただし書，旧不登法64条1項前段，3：1 (注)）。

3：5：1　所有権の保存登記の更正登記
3：5：1：1 共有持分の更正
　区分建物の所有権の更正登記のうち，単有名義を共有名義に，共有名義を単有名義に，共有名義人の追加又は一部削除，共有持分の割合の変更などは，その実質は，いずれも所有権の一部移転を登記原因とする所有権の登記であるから，敷地権の登記がある限り，区分建物のみについてすることはできない。これらの登記は，敷地権についても同一の登記原因がある場合に，区分建物の登記記録に，敷地権についての登記としての効力があるものとしてすべきである。敷地権について同一の登記原因がない場合は，敷地権として登記した権利が敷地権でないということを意味するから，建物の表題部の更正登記により，敷地権の登記（及び土地についての敷地権である旨の登記）を抹消した上で更正登記をしなければならない。
3：5：1：2 登記名義人の表示更正
　区分建物の所有権の登記名義人の表示更正の登記は，敷地権の登記がある場合においても，区分建物のみについてすることができる。もっとも，同一の登記原因が敷地権についてもあるならば，区分建物については区分建物の登記記録にし，敷地権については土地の登記記録にするのではなく（そのように各別の登記の申請があったときは，これを却下することがで

きないが．），区分建物の登記記録に，敷地権についての登記としての効力がある登記としてすることが望ましい。

3:5:1:3 敷地権の更正

　敷地権付き区分建物についての敷地権である旨の登記をした土地については，敷地権の移転又は敷地権を目的とする担保権に係る権利に関する登記をすることができない（不登法73条2項本文）。この登記には，実質上，敷地権の一部の移転登記に相当する権利の更正登記を含んでいるから，敷地権の更正登記をすることもできない。

　この場合は，区分建物の所有権の更正登記をすることによって，敷地権についても同様の更正登記をしたこととなる。すなわち，A名義で敷地権の登記をし，A名義で区分建物の所有権の保存登記をした後に，その所有権の保存登記の更正登記をしてABの共有とする登記をした場合，その更正登記は，敷地権について同一の登記原因による更正登記（すなわち，敷地権をABの共有とする更正登記）としての効力がある（同条1項本文）。

　もっとも，この場合は，敷地権をABの共有にする更正登記が必要である。一の申請により登記をするか又は職権による建物の表題部の更正登記をすることになろう。

3:5:1:4 承諾証明情報

　所有権の保存登記の更正登記を申請する場合に登記上の利害関係人がいるときは，その者の承諾証明情報を提供する（令別表25添付ロ）。敷地権付き区分建物の場合は，敷地権の権利者（又は共有持分）の更正登記と同じ効力があるから，敷地権の更正について登記上の利害関係人がいれば，その者の承諾証明情報も提供しなければならない。

　例えば，A，B共有名義で敷地権付き区分建物の冒頭省略の保存登記をすべきところ，Aの単独名義で登記した場合，その所有権の更正登記の申請人はA，Bであり，添付情報は，敷地権の登記名義人の承諾証明情報（不登法74条2項，令別表29添付ロ）である（質疑59-35）。

> **【Q33】 敷地権とならない共有部分**
> 　　ABC 共有で敷地利用権を登記している場合に，共有者間の合意により，AB がそれぞれ区分建物を原始取得する場合，C の共有持分はどうなるか。
> **【A】** C の共有持分は敷地権とならないから，各区分建物の敷地権割合の合計は全体の3分の2となり，C の持分については敷地権である旨の登記がされない。
> 　　そのとき，A 所有の区分建物の保存登記について，これを更正して AB の共有とすると，A の敷地権の持分の一部を B に移転する登記をしたのと同じ効力が生ずる。これが AC の共有となっている場合は，A の敷地権の持分の一部が C に移転したのか，又は敷地権でなかった C の持分の全部又は一部が敷地権となったのかは，所有権の保存登記の更正登記では明らかにならない。したがって，この場合は，同時に敷地権の更正登記が必要となろう。

3:5:2　所有権の移転登記の更正登記
3:5:2:1 敷地権の更正
　敷地権付き区分建物の所有権の移転登記の更正登記（区分建物のみに関する旨の付記がされているものを除く。）は，敷地権の更正登記としての効力があるから，敷地権である旨が記録されている敷地利用権の更正登記はできない（不登法73条2項本文）。
3:5:2:2 登記識別情報
　敷地権付き区分建物の所有権の移転登記の更正登記をする場合，登記識別情報に敷地権の表示が記録されていないときは，区分建物の所有権の移転登記と敷地権の取得登記の登記識別情報を提供する。
3:5:2:3 承諾証明情報
　敷地権付き区分建物の所有権の移転登記の更正登記は，敷地権の更正登記としての効力があるから，敷地権の登記記録に登記上の利害関係人がいるときは，その者の承諾証明情報を提供する（令別表25添付ロ）。

3 区分建物及びその敷地に関する権利の登記

3：6　買戻権の登記

3：6：1　買戻しの特約

　敷地権付き区分建物とその敷地権は，分離処分が禁止されているから，区分建物は，その敷地権と一括して売買しなければならない。売買契約と同時に買戻しの特約をするとき（民法579条）も，区分建物及び敷地権を一括してする（質疑59-40）。

　買戻し特約の登記（民法581条）は，売買による所有権の移転登記の登記原因に付記してする。しかし，登記原因のない所有権の保存登記の申請と同時にする買戻し特約の登記申請は認められている（昭38.8.29民三2540号民事局長通達）。したがって，売買契約と同時にした買戻し特約について，不登法74条2項による所有権の保存登記をすると同時にその登記を申請することにより，買戻権を第三者に対抗することができる。

　敷地権付きの区分建物の不登法74条2項による所有権の保存登記の場合は，敷地権につき同一の登記原因による移転登記としての効力があるから，登記原因証明情報を申請情報とする。区分建物と敷地利用権は一体として処分しなければならないから，買戻し特約中の買戻し期間（民法580条）は，建物と敷地権とが同一でなければならない。

3：6：2　売買代金及び契約費用の登記

　敷地権付き区分建物とその敷地権を一括売買して買戻し特約をした場合は，区分建物の所有権の移転登記と買戻し特約の登記を同時に申請する。一の申請情報により申請することはできない。このとき，売買代金及び契約費用を区分建物のみについて登記をすると，敷地権についての代金及び費用が登記されない不都合を生ずる。そこで，敷地権についての売買代金及び契約費用を申請情報とし，区分建物の買戻し特約の中でこれを登記する。

　この場合，区分建物と敷地権の一括の売買代金及び契約費用を登記する

ことで足りるか，あるいは区分建物と敷地権の各別の代金及び費用を登記すべきか。各別に登記できるときは各別に登記をし，各別に登記できなければ一括して登記せざるを得ないであろう。

　一括して登記する場合は，「売買代金何番の土地と共に金何円」「契約費用何番の土地と共に金何円」のように記録する（昭35．8．1民事甲1934号民事局長通達）。なお，このような記録方法は，2筆以上の賃貸借設定契約における賃料の登記については認められない。

3：6：3　買戻権の一括移転登記

　敷地権付き区分建物と敷地権の一括の買戻しに関しては，買戻権の譲渡等の処分も区分建物と敷地権を一括してすべきであるから，区分建物のみの買戻権の移転登記はできない。

　一括移転した場合は，区分建物の買戻権の移転登記をすれば足りる。その登記は，敷地権の買戻権の移転登記としての効力を有する。

3:6:3:1 登記原因証明情報

　買戻権が区分建物と敷地権を一括しての買戻しの特約によるときは，区分建物の買戻権と敷地権の買戻権を一括する売買等でなければならない。したがって，登記原因証明情報も一括移転であることが明らかな情報とする。

3:6:3:2 登記識別情報

　登記義務者（現在の買戻権の登記名義人）が買戻権の取得の登記（買戻しの特約の登記又は買戻権の移転登記）をしたときの登記識別情報を提供する。敷地権付き区分建物について登記した買戻権の移転登記を申請する場合は，区分建物の買戻権の登記の登記識別情報には，敷地権も表示され，敷地権の買戻権の登記の登記識別情報を兼ねているから，これを提供する。

3：7　地上権の登記

　地上権の登記の登記事項は，権利に関する登記の通則的登記事項を定めた不登法59条のほか，78条に規定されている。

　地上権の登記がされている土地について，別の地上権の登記が申請された場合は，申請を却下するべきであるが（昭37．5．4民事甲1262号民事局長回答），範囲が抵触しない区分地上権の設定登記の申請は許容される。

3：7：1　区分地上権

　「土地の所有権は，法令の制限内において，その土地の上下に及ぶ」（民法207条）から，地上権も所有権の及ぶ範囲に及ぶ。地下に限定した地上権を設定し，一定範囲の地下のみを使用するにしても，地上権の効力は，土地の上下に及ぶ。しかしそうすると，地表上に別個の借地権を設定できないことになり，土地の立体的効率的利用を妨げる結果となる。そこで，民法269条の2は，地下又は空間の上下の範囲を定めて，これを工作物所有のための地上権の目的とすることを認めた。これを「区分地上権」という。

　区分地上権は，地下又は空間の上下の範囲が重複しない限り，原則として，1筆の土地に二つ以上の区分地上権を並存させることができるし，借地権が設定されている土地についても，その権利者の承諾を得れば，区分地上権を設定することができる。したがって，区分地上権の設定登記は，敷地のみを目的とするものであってもすることができる（基本通達第十四の二の4）(注1)。

　しかし，区分建物を所有するために区分地上権を設定することはできない(注2)。区分建物は，その属する一棟の建物の部分として，専有部分の占める空間又は地下の一部の用益権のみによっては設置所有することができず，しかも，共用部分の持分を所有するための用益権を必要とする。これは，一棟の建物の全体のための敷地利用権（共有持分）を必要とすると

いうことを意味する（1：6：2①c，d）。

　もっとも，この場合の敷地利用権が，例えば，地下街から成る一棟の建物を所有するためのものであるときは，地下の一定の範囲を目的とする区分地上権の共有持分でよいわけである(注3)。

(注1)　マンション建設に当たり，その敷地の地下部分に地下鉄駅の通路（階段など）を建築するため，平面が上下に傾斜する区分地上権を設定するにはどうすればよいか。例えば，その範囲を「東京湾平均海面の下，東側（南隅の地点から10メートルないし20メートル）50メートルから80メートルの間，西側（南隅の地点から10メートルないし20メートル）20メートルから50メートルの間」（斜め直方体のイメージ）と登記できるか。

　実務の取扱いでは，従来から，区分地上権の「範囲」は，平均海面に対して水平に画しなければならないとされていたようである（昭41.11.14民事甲1907号民事局長通達，【記録例255】，平松弘光・地下利用権概論33（平7．5））。しかも，地役権の場合（令別表35添付ロ，規則160条）と異なり，図面添付の規定がない。

　そこで，区分地上権についても斜行した平面の登記を認めるとともに図面を添付することにより，立体的な区分地上権が設定できるようにしては，という提案がある（濱野耕祐「マンション敷地における区分地上権の設定登記」市民と法67－44，マンション学36号にも同旨）。

(注2)　特定の階層の区分建物を所有するための区分地上権は設定できない（昭48.12.24民三9230号民事局長回答，質疑59－4）。階層的区分建物を所有するための地上権設定登記は，区分建物所有者全員による準共有の方法によるべきである（昭39.12.4民事甲3902号民事局長回答，塩崎111）。

(注3)　土地空間・地下の利用については，五十嵐・12章35以下。

3：7：2　自己地上権

　借法15条は，「借地権を設定する場合においては，他の者と共に有することとなるときに限り，借地権設定者が自らその借地権を有することを妨

げない。」「借地権が借地権設定者に帰した場合であっても，他の者と共に
その借地権を有するときは，その借地権は，消滅しない。」として，土地
所有権に他の者と準共有する地上権を設定することを認め，また，自己の
所有する土地に設定された地上権の準共有持分を取得した場合，地上権
は，土地所有者と準共有の状態で存続するとしている。

したがって，土地所有者が区分建物を建築して分譲する場合，土地所有
権を留保し，その所有権を目的とする地上権の準共有持分（敷地利用権）
を区分建物と共に分譲することができる。この場合は，分譲前に地上権を
設定する必要があるが，具体的には次の三つの方法が考えられる。いずれ
の場合も，地上権者Ａの準共有持分は，消滅しない。

① 土地所有者Ａが，ＡＢ共有の地上権（自己地上権）の設定登記をした上で，区分建物をＢに譲渡し，次に区分建物をＣに譲渡する。Ａは，自己地上権の準共有持分の一部と共に区分建物をＣに譲渡することになる。

② ＡがＢのために地上権を設定し，Ｂが区分建物を建築し，そのうちの１区分建物と敷地利用権（Ｂの地上権の共有持分）をＡが譲り受けて，自己の所有土地の地上権の準共有持分を取得する。

③ Ｂから区分建物と地上権の準共有持分を譲り受けたＣからＡが区分建物と敷地利用権を譲り受ける。

3 : 7 : 3　法定地上権の成否

区分建物とその敷地利用権について，法定地上権の規定（民法388条又は民執法81条）の適用の可否については問題がある。敷地利用権について分離処分可能規約がないと，区分建物とその敷地利用権の分離処分をすることができない。抵当権は，共に設定しなければならないし，担保権の実行としての競売又は強制執行としての強制競売についても，その差押え及び売却も一括してしなければならない。したがって，区分建物とその敷地利用権の所有者又は権利者が違うことはあり得ないから，区分建物の取

得者は，法定地上権の成立を必要としない。

　分離処分可能規約が設定されている場合（敷地権の登記がない場合）は，区分建物又はその敷地利用権のみについて，抵当権が設定され，又は担保権の実行としての競売若しくは強制執行としての強制競売による差押え及び売却のされることがあり得る。この場合は，区分建物とその敷地利用権の権利者が違うことになり，法定地上権の成否が問題となる。しかし，敷地利用権は，通常，所有権，地上権又は賃借権の「(準) 共有持分」であるから，地上権の成立を認めるわけにはいかない。そうはいっても，上記規定を類推適用して，法定賃借権又は法定転借権の成立を認める必要性があることは否定できない (注1, 2)。

(注1)　都再法88条は，「敷地建築物の敷地となるべき土地には，権利変換期日において，権利変換計画の定めるところに従い，施設建築物の所有を目的とする地上権が設定されたものとみなす。」と定め，第一種市街地再開発事業による権利関係の調整のための仕組みとして法定地上権を利用している（五十嵐・まちづくり3:3:3:4）。

(注2)　判例（東京地判平3．1．30判時1401 - 71，東京高判平3．1．17判タ768 - 159，東京地判平5．2．9判時1462 - 132）は，ほとんど一貫して，区分建物についての法定地上権の成立を認めていない。しかし，学説には，これを認めたからといって，他の区分所有者の使用権限を排斥するものではないなどとして，肯定する者が多い。

3:7:4　地上権設定の可否

　敷地権である旨の登記がされた土地所有権の移転登記は制限されているから（不登法73条2項本文），そのような土地の所有権（共有持分）に地上権を設定し，登記をすることはできない。ただし，区分建物と共に敷地権である土地所有権（共有持分）を一括譲渡するのに代えて，土地所有権を留保して，区分建物の譲受人のために用益権を設定することは，分離処分に当たらない。したがって，賃借権が用益権の場合は，なんら差し支え

3 区分建物及びその敷地に関する権利の登記

ないし，自己地上権を設定し，登記することもできる。

3：7：5 地上権の移転登記

　敷地権である旨の登記がされた地上権は，分離処分可能規約がない限り，区分建物と分離して処分することはできないから，敷地権である旨の登記を抹消しなければ，地上権の移転登記はできない。ただし，区分建物と一体として地上権についても売買等をした場合は，区分建物について所有権の移転登記をすれば，それによって地上権についても同一の登記原因による地上権の移転登記をしたのと同一の効力を生ずる（不登法73条1項本文）。

　なお，地上権の移転又は移転請求権の仮登記でその地上権が敷地権となる前に登記原因が生じたものについては，仮登記をすることができる（同条2項ただし書）。

　登記記録上存続期間が満了した地上権（又は賃借権）の移転登記の申請は，不登法25条2号によって却下される（昭35．5．18民事甲1132号民事局長通達）。しかし，（表示に関する登記である）敷地権の認定に当たっては，実体上は，区分所有者が敷地利用権をもっている場合もあり得るから，申請を却下するのは相当とはいえない。もっとも，そのような場合は，存続期間の更新による変更登記を促すことが望ましい。

3：7：6 地上権の変更・更正登記

　地上権が敷地権である旨の登記がされている地上権の変更・更正登記（目的，存続期間，地代又はその支払時期その他）をする場合は，次の点に留意しなければならない。

3:7:6:1 申請

　敷地権である旨の登記がされている地上権がその後区分建物と共に譲渡されて区分建物の所有権の移転登記がされている場合は，敷地権としての地上権の移転登記があったのと同一の効力が生じているから（不登法73

条1項本文），地上権の登記名義人は，区分建物の所有権の登記名義人と同一人となり，登記権利者又は登記義務者として申請人となる。

この場合に地上権者が登記義務者であるときは，敷地権（地上権）の表示が記録された区分建物の所有権取得の登記のときの登記識別情報を提供する。

3:7:6:2 承諾証明情報

地上権が敷地権である旨の登記がされている場合は，その区分建物を目的とする抵当権その他の担保権又は区分建物の所有権の移転若しくは移転請求権の仮登記等は，敷地権についてもされていることになるから，敷地権である旨の登記がされた地上権の登記名義人又は仮登記名義人も地上権の変更・更正登記に応じて登記上の利害関係人となる。したがって，その者の承諾証明情報を必要とする（令別表25添付ロ）。

3:7:7 地上権の抹消登記

敷地権である旨の登記がされている地上権を抹消すべき場合，その抹消登記は，敷地権である旨の登記がされたまますることができるか，あるいは敷地権が消滅したことによる敷地権の登記を抹消するための建物の表題部の変更登記により敷地権である旨の登記が職権で抹消された後に申請すべきか。規則124条1項の規定の趣旨から見れば，前者の手続によるべきであろう（書式中（一）105，書式解説（一）714）(注)。

(注) 引用文献の説明が賃借権の場合と食い違っていることについて後述（3:11:6）。

3：8　先取特権の登記

先取特権は，法定の債権について，債務者の財産から他の債権者に優先して弁済を受けることができる権利である（民法303条，不登法83条）。ただし，先取特権のうちの大部分は機能していないのが実体である（山野目482）。

3 区分建物及びその敷地に関する権利の登記

3：8：1　一般の先取特権の保存登記
3：8：1：1 所有権又は地上権の場合
　一般の先取特権（民法306条以下）は，債務者の総財産の上に成立する法定担保権であるから，所有権又は地上権についての保存登記は，分離処分禁止に違反しない。しかし，この登記を認めると，区分建物と敷地利用権が分離するおそれがあるので，認められていない（不登法73条2項本文，3項本文，基本通達第十四の二の1，2）。

　敷地権が生じた日より前の日を登記原因とする質権又は抵当権の設定登記は，土地又は建物のみを目的とするものであってもすることができるが（不登法73条1項ただし書，2項ただし書，基本通達第十四の二の3），一般の先取特権は，敷地権が生じた日より後の日を登記原因とする場合はもとより，敷地権が生じた日より前の日を登記原因とする場合であってもすることができない。不登法73条2項ただし書は，「質権若しくは抵当権」の設定登記は，この限りでないと定めている。

3：8：1：2 賃借権の場合
　賃借権については，通常，一般の先取特権の保存登記をすることができる。しかし，敷地権である旨の登記をした賃借権については，法定担保権である一般の先取特権が生じているので，区分建物について一般の先取特権の保存登記をすると，その登記と同一の登記原因による登記が賃借権についてもされたことになる（不登法73条1項）。そのため，賃借権については，それのみについての一般の先取特権の保存登記は認められていない（同条2項，3項）。

　なお，一般の先取特権が賃借権についても生ずるのは，処分によるものではないから，賃借権について一般の先取特権の保存登記がされても，分離処分禁止に反しない。しかし，賃借権のみについて一般の先取特権の保存登記を認めると，将来それが実行された場合，区分建物と敷地利用権である賃借権とが分離するおそれがある。

3:8:2　不動産の先取特権の保存登記

　不動産の先取特権（民法325条）は，土地のみ又は区分建物のみを目的とするものであるから，その保存登記をすることができる（基本通達第十四の二の4）。また，区分建物にする場合であっても「建物のみに関する」旨を記録しないのは当然である（規則123条1項本文）。

3:8:2:1 不動産売買の先取特権

　不動産売買の先取特権（民法328条）は，売買代金及び利息（遅延損害金を含む。）を担保するため，当然に成立する法定担保物権であり，売買による所有権の移転登記の申請と同時に申請をして，不動産の代価又はその利息が弁済されていない旨を登記しなければ，効力を生じない（民法340条）。

① 　不動産売買の先取特権は，土地の所有権が敷地権であるときは，不動産の売買が区分建物と敷地権（共有持分）を目的としてされ，土地それ自体（土地の所有権の全部）を目的として成立することはない。したがって，土地にその登記をする必要がない。

② 　地上権又は土地の賃借権が敷地権であるときは，土地それ自体を目的として売買が行われ，不動産売買の先取特権は，土地それ自体を目的として成立し，土地にその登記をする必要が生ずることがある。この場合には，敷地権である旨の登記があっても，土地にその登記をすることができる。

③ 　敷地権付き区分建物の場合は，建物とその敷地の所有権等を一括して売買し，代金も一括して約定する。不動産売買の先取特権は，土地及び建物を一括した売買代金及び利息を被担保債権とするものであり，共同担保となる。このことは，一体として使用収益される数個の土地又は建物を売買し，その売買代金を一括して定めた場合も，同様に解すべきである。不登法83条にいう先取特権は，一般の先取特権のみに限定していないから，不動産売買の先取特権においても共同担保となる（同条1項4号）。

④　この登記は，不動産の売買による所有権の移転登記と同時に申請しなければならないが，所有権の移転登記は，区分建物のみについて申請し，敷地権については申請しない。したがって，不動産売買の先取特権の保存登記は，区分建物に関しては同時に申請できるが，敷地権に関しては，同時にすべきその売買による移転登記の申請はしない。この場合は，区分建物と敷地権が共同担保として不動産売買の先取特権が成立し，その保存登記は，区分建物について申請すれば，敷地権についてもその登記がされたのと同様の効力が生ずるとするのが相当である（書式中366）。

3:8:2:2 不動産保存の先取特権及び不動産工事の先取特権

不動産保存の先取特権（民法326条）及び不動産工事の先取特権（民法327条）は，敷地権である権利が土地の所有権，地上権，賃借権のいずれであるかを問わず，土地それ自体を目的として成立することがある。その場合にも，敷地権である旨の登記があっても，土地にその登記をすることができる。

なお，不登法86条1項本文は，建物新築の場合における不動産工事の先取特権の保存登記（不登法85条，規則161条）の場合には，建物の所有者となるべき者を登記義務者とみなす旨規定している。これは，不登法2条13号の登記義務者の定義上，登記義務者は登記名義人である必要があるが，建物新築の場合には，建物はなく，したがって，建物の登記名義人も存在しないからである。

3:8:3　区分所有法による区分建物の先取特権

区分所有者は，共用部分，建物の敷地若しくは共用部分以外の一棟の建物の附属施設について，他の区分所有者に対してもっている債権又は規約若しくは集会の決議に基づき，他の区分所有者に対してもっている債権の担保として，債務者（他の区分所有者）の所有する区分建物及びその建物に備え付けた動産の上に先取特権を取得する（法7条1項前段）。

また，管理者又は管理組合法人がその職務又は業務を行うについて区分所有者に対してもっている債権についても，区分所有者の区分建物等及びその備付けの動産について先取特権を取得する（同条1項後段）。この先取特権は，優先権の順位及び効力について「共益費用の先取特権」とみなすものとされている（同条2項）。

　共益費用の一般の先取特権（民法307条）については，利息又は遅延損害金が担保される旨の規定がないから，担保されるのは，その元本のみである。

　この特別の先取特権の「優先権の順位及び効力」は，その先取特権の保存登記の前後によって優先順位が定まり，その登記をしないときは，民法の共益費用の一般の先取特権と同一の効力及び優先順位がある。

3：9　質権の設定

　敷地権付き区分建物について不動産質権を設定（転質及び根質の設定を含む。）する場合は，区分建物と敷地利用権を一括して設定しなければならない。この場合，区分建物の不動産質権の設定登記の申請においては，敷地権の表示を申請情報の内容とする（令3条11号ヘ）。区分建物について設定登記をすれば，敷地利用権についても同一の登記原因（質権設定契約）による相当の登記（敷地利用権が所有権のときは不動産質権の登記，地上権，賃借権のときは権利質の登記）をした効力を生ずる（不登法73条1項本文）。

　なお，敷地権付き区分建物については，その土地のみ又は区分建物のみを目的とする質権の設定登記を申請することはできない（同条2項本文，3項本文，基本通達第十四の二の1，2）。

　敷地権が生ずる前の質権設定は，抵当権設定（3：10：1③）と同様，土地のみ又は建物のみを目的としてすることができる。

3 区分建物及びその敷地に関する権利の登記

3：10 抵当権（根抵当権）の登記

3：10：1 抵当権の設定登記

　敷地権である旨の登記をした土地を目的とする抵当権の設定登記及び敷地権の登記をした区分建物のみを目的とする抵当権の設定登記は，その土地が敷地権の目的となる前に登記原因が生じているものに限り，することができる（不登法73条2項ただし書，3項ただし書，基本通達第十四の二の1，2，3）。設定できる場合とできない場合は，次のようになる。
① 　敷地権のみに対する抵当権設定
　　敷地権である旨の登記がされた土地の登記記録には，敷地権のみを目的とする抵当権設定登記をすることができない（同条2項本文，基本通達第十四の二の1）。
② 　敷地権付き区分建物のみに対する抵当権設定
　　敷地権の登記をした区分建物の登記記録には，区分建物のみを目的とする抵当権設定登記をすることができない（同条3項本文，基本通達第十四の二の2）。
③ 　敷地権が生ずる前の抵当権設定
　　敷地権が生じた日より前の日を登記原因の日とする抵当権設定登記は，土地のみ又は区分建物のみを目的としてすることができるし（同条2項ただし書，3項ただし書，基本通達第十四の二の3，3:8:1:1），土地と区分建物を併せて申請してもよい（質疑58-101）。
【記録例478】

3：10：2 抵当権の追加設定

　土地又は区分建物に抵当権の設定登記をした後，その土地に敷地権である旨の登記がされた場合，その区分建物又は土地のみについて抵当権の追加設定登記をすることができるか。
① 　土地に設定した抵当権と同一債権を担保するため，一体化後に区分建

330

物のみを目的とする共同抵当権の追加設定をすることは，法22条及び不登法73条3項の解釈としては認められないから，その場合には，区分建物と敷地権を共に目的とする抵当権を設定しなければならないとする見解も成り立ち得る。

しかしそうすると，土地（敷地権）について同一債権を担保するため抵当権を二重に設定せざるを得ないことになり，先に設定した抵当権の権利を減殺してしまう。むしろ，追加設定を認めることが区分建物と敷地権を一体的に処分したことになり，法22条1項本文の目的に合致するといえる。

すなわち，この場合の追加設定は，区分建物と敷地権の一体性の原則を適用したものであり，分離処分に当たらないし，不登法73条3項に反することはなく，登記申請をすることができると解する（昭59.9.1民三4675号民事局長通達）。

② この場合の抵当権追加設定登記の申請情報（令別表55申請ハ）としては，区分建物のみを不動産の表示とする（なお，既存の抵当権の目的である土地が他の登記所の管轄に属する場合には，抵当権の設定登記をしていることを証する情報を提供する。）。区分建物にする抵当権の設定登記には，建物のみに関する旨を付記する。

③ 敷地権の登記をする前に区分建物に抵当権設定登記をし，敷地権のみにする抵当権の追加設定の登記申請をする場合も同様である。

【記録例425】

【Q34】 新たに敷地権の登記がされた土地を目的とする根抵当権の追加設定登記
　　敷地権付き区分建物について根抵当権の設定登記がされている場合に，その後敷地権の目的となった土地を根抵当権の担保として追加したときの登記手続はどのようにするか。
【A】 次のように記録する（登研662-283）。

3　区分建物及びその敷地に関する権利の登記

　　　　a　土地の登記記録には，なんらの登記もしない。
　　　　b　区分建物の乙区1番の根抵当権設定登記にされた付記1号「1番登記は，土地の符号3の敷地権については建物のみに関する」旨の付記も抹消しない。
　　　　　　付記2号として，1番根抵当権の目的に土地の符号3の敷地権を加える旨の変更登記（平成何年何月何日受付第何号　原因平成何年何月何日金銭消費貸借同日設定）をする。
　　　　c　共同担保目録の担保の目的である権利の表示である区分建物の表示の予備欄に追加された敷地権の表示を記録する。

3：10：3　敷地権が賃借権である場合に区分建物のみにする抵当権設定

　一体化した区分建物と土地の処分は，一体としてするべきであり，敷地権を登記した区分建物の登記記録には，区分建物のみを目的とする抵当権設定の登記はすることができないのが原則である（不登法73条3項本文）。しかし，賃借権は，抵当権の目的とはなり得ない（民法369条）。分離処分禁止は，一体的処分が可能なものであることを前提とするから，一体化した敷地権が賃借権である場合は，その敷地権を登記した区分建物を目的とする抵当権設定は，区分建物のみを目的としてするほかないし，そもそも，一体的処分は不可能であるから，分離処分の禁止に抵触するとはいえない（質疑58－100）。

　一体化した敷地権が賃借権である場合は，区分建物と敷地権は，主物と従物の関係に相当し，従物は主物の処分に従う（民法87条2項）から，区分建物を取得すれば賃借権も取得し，また，区分建物にする抵当権の効力は，その換価の時点において一体化がはずれていない限り，敷地権にも及び（民法370条），区分建物と敷地権は，一体的処分に服する結果になる。ただし，分離処分が可能となって一体化がはずれても，土地の登記記録に区分建物の抵当権の登記を転写することはないから，抵当権の目的となっているわけではない。

3：10：4　極度額増額による根抵当権設定登記

　土地のみに設定した根抵当権について，敷地権である旨の登記をした後にする極度額増額による根抵当権の変更登記申請は，根抵当権の新設と解されるから，受理されない。この場合，区分建物と敷地権を一体として，増額部分を極度額とする根抵当権設定登記をすることはできる。

3：10：5　抵当権の効力の及ぶ目的物の範囲

　抵当権は，目的不動産のほか，不動産に「付加して一体となっている物」に及ぶ（民法370条本文）。したがって，通常，抵当権の目的である建物を増築した場合は，その増築部分は，従前の建物に付合して一体となるから（民法242条），抵当権の効力は，増築後の建物に存続する。しかし，増築部分が区分建物となり得るもので区分建物としての新築登記をした場合は，抵当権の効力は及ばないことになる。

3：10：6　敷地権の表示

　敷地権付きの区分建物を目的とする抵当権の設定登記を申請する場合は，敷地権の表示を申請情報の内容とする（令3条11号へ）。
　敷地権付区分建物を目的とする抵当権で区分建物のみに関するものである旨の付記のない抵当権の移転登記並びに抵当権の登記事項の変更・更正登記及び抹消登記を申請する場合も，敷地権の表示を申請情報の内容としなければならない。ただし，敷地権が賃借権である場合は，賃借権は抵当権の目的とならず，区分建物のみに抵当権を設定するから，敷地権である賃借権の内容は申請情報の内容としない（同号へ括弧書き）。

3：10：7　登記原因証明情報

　敷地権付区分建物について抵当権の設定登記を申請する場合，区分建物と敷地権を分離して各別に抵当権の設定をすることができないから，敷地権が土地の所有権又は地上権であるときは，区分建物と敷地権を目的と

して共同抵当として抵当権を設定しなければならない（不登法73条1項本文）。したがって，登記原因証明情報には，区分建物の敷地権の表示が記録されていること，すなわち区分建物と敷地権を共同担保として設定したことが明らかにされていなければならない（基本通達第十五の一の2）。

ただし，敷地権が賃借権である場合は，賃借権は抵当権の目的とすることができないから，その区分建物に抵当権を設定しようとするときは，敷地権と併せて設定することはできない（3:10:3）。区分建物に設定された抵当権は，従である権利である賃借権にもその効力が及ぶから，区分建物のみを目的とする抵当権設定契約であっても，敷地権にその効力を及ぼさない特約のない限り，登記原因証明情報となる。

3:10:8　登記識別情報

敷地権付き区分建物について抵当権の設定登記を申請する場合は，登記義務者の敷地権付き区分建物の所有権取得登記の登記識別情報を提供する。敷地権付きで区分建物を取得していなかったときは，登記義務者の敷地権取得のときの登記識別情報も提供しなければならない（基本通達第十五の一の3）。

3:10:9　共同担保目録

敷地権付き区分建物の抵当権の設定登記を申請すると，区分建物と敷地権（所有権又は地上権）を目的とする共同抵当権が設定されたことになる（不登法73条1項本文）。ただし，敷地権が敷地権でない権利となった場合の表題部の変更登記を申請する場合に，抵当権の登記で区分建物のみに関する旨の付記のないものがあるときは，土地及び区分建物の表示を記載し（令別表55申請ハ），登記官が共同担保目録を作成する（3:1:8，不登法83条2項，規則166条）。

申請人は，共同担保関係にある不動産について登記の申請をするときは，共同担保関係にある不動産を特定するに足りる事項を記載すれば足り

る。
　敷地権付き区分建物のほか他の物件を共同担保とするときは，区分建物，敷地権及び他の物件の表示を記載する。

3：10：10　一方のみの抵当権実行

　土地又は区分建物に抵当権を設定後，その土地に敷地権である旨の登記をした後に区分建物又は土地のみを目的とする抵当権の追加設定の登記をした場合（3：10：2），抵当権者は，土地又は区分建物の一方の抵当権を放棄して，他方のみの抵当権を実行することはできない（3：15：2末尾）。抵当権の追加設定の登記をした以上，一体性の原則に反するからである。ただし，分離処分可能規約を設定すれば，一方の抵当権を放棄することができる。
　これにより，土地及び区分建物に競売による売却を登記原因として所有権の移転登記をしようとするときに不登法73条2項本文及び3項本文を原則どおりに適用すると，分離処分可能規約を設定した後でなければできないことになる。しかし，それでは煩雑であるし，いかにもおかしい。したがって，この場合には，一体化の登記を分離処分可能の登記に改めることなく，競売開始決定に係る差押えの登記及び競売による売却を登記原因とする所有権の移転登記を嘱託できると解して差し支えないであろう。
　これらの登記を区分建物の登記記録にした後，土地及び区分建物の登記記録にされている抵当権の登記，区分建物の登記記録にされている競売開始決定に係る差押えの登記を「競売による売却」を登記原因として抹消する。
【記録例683】

3：11　賃借権の登記

　賃借権に関する登記事項は，通則的事項（不登法59条）のほか，不登法81条に掲げる事項である。添付情報は，通則的情報（令7条）のほか，

令別表38のとおりである。

　賃借権（転借権を含む。）が敷地利用権となり，区分建物の表題部に敷地権として登記された場合は，区分建物と分離してする処分は無効となる。敷地権である賃借権は，敷地権である旨の登記がされ，原則として，その移転登記をすることはできなくなる。

　また，区分建物とその賃借権（敷地権）を一括して処分する場合は，区分建物について登記の申請をし，その登記がされたときは，賃借権についても同一の登記原因による登記がされた効力を生ずる。

3:11:1　区分賃借権及び自己賃借権

　区分賃借権及び自己賃借権については，区分地上権（3:7:1）及び自己地上権（3:7:2）について述べたところと基本的に変わりはない（なお，1:6:4:5 ③）。

　地下，空間の賃借権（区分賃借権）についての登記に関する明文規定はないが，債権であり，かつ，その設定により不都合を生ずることはないから，区分地上権に準じて，その登記を認めるのが相当であろう（インター112-121）。

3:11:2　賃借権の設定登記

　敷地権である旨の登記をした敷地利用権（土地の所有権又は地上権）について賃借権（転借権を含む。）を設定し，その登記をすることはできる（不登法81条，敷地利用権としての賃借権については，1:6:4:5）。敷地権である旨の登記をした土地の所有権又は地上権についての移転登記又は担保権の設定登記は制限されているが（不登法73条2項本文），用益権の設定登記を制限する規定はない。したがって，区分建物を譲渡する場合，敷地権である土地所有権を譲渡する代わりに，区分建物所有のための用益権（自己借地権を含む。）を設定することは可能である。この場合の登記手続は，次のとおりである。

a　所有権（敷地利用権）を敷地権でないものとするため，敷地権の登記及び敷地権である旨の登記を抹消する。
　b　敷地利用権である土地の所有権又は地上権を目的として賃借権の設定登記をする。
　c　区分建物について賃借権者への所有権の移転登記をする。
　d　賃借権を敷地権とする敷地権の登記をする。
　e　賃借権について職権により敷地権である旨の登記をする。
　区分建物についての賃借権の設定登記の効力は，その性質上敷地権には及ばないから，敷地権付き区分建物の建物又は土地の一方にするその設定登記には，「建物のみに関する」旨の付記をする必要はない。
　なお，敷地権が所有権（持分）である場合，区分建物と共にその敷地権について賃借権設定の登記をすることはできない（質疑58-103）。

3：11：3　賃借権の移転登記

　敷地権である旨の登記をした賃借権（転借権を含む。）は，区分建物と分離して処分することはできない。したがって，敷地権である旨の登記をした賃借権は，原則として，その移転登記をすることはできないし，一般の先取特権又は質権（権利質）の保存又は設定の登記もできない（不登法73条2項本文）。
　その賃借権を区分建物と一体として処分（売買等）をした場合は，区分建物について所有権の移転登記をすれば，賃借権についても同一の登記原因による賃借権の移転登記をしたのと同一の効力がある（同条1項本文）。この場合，賃借権の登記に譲渡特約の登記がされていないときは，賃貸人の承諾証明情報を提供する（令別表40添付ロ）。

3：11：4　賃借権の転貸登記

　敷地権である賃借権の移転登記は禁止されているが（不登法73条1項本文），転貸の禁止規定はない。区分建物の譲受人に転借権を取得させる

場合は，次の登記手続をする（3:11:2）。
　a　賃借権（敷地利用権）を敷地権でないものとするため，敷地権の登記及び敷地権である旨の登記を抹消する。
　b　賃借権の転貸登記をする（不登法81条，令別表39）。
　c　区分建物の譲受人に所有権の移転登記をする。
　d　転借権を敷地権とする敷地権の登記をする。
　e　転借権について職権により敷地権である旨の登記をする。

3:11:5　賃借権・転借権の変更・更正登記

　敷地権である賃借権・転借権の変更・更正登記は，敷地権である旨の登記をした賃借人又は転借人が申請する場合は問題がない。しかし，その後，区分建物と共に賃借権又は転借権を譲渡した場合，区分建物の所有権の移転登記はするが，賃借権又は転借権の移転登記はしない（できない）（不登法73条1項本文）。したがって，賃借権又は転借権の登記名義人と区分建物の所有権の登記名義人とは異なることになる。しかし，その権利者は，区分建物の名義人であるから，その者が登記権利者又は登記義務者として変更・更正登記をする。

3:11:6　賃借権・転借権の抹消登記

　敷地権である旨の登記がされた土地の賃借権・転借権の移転登記は，原則として，することができない。区分建物の所有権の移転登記をすることにより賃借権・転借権についても同一の原因による移転登記としての効力を生じているからである。

　移転登記がされたものと観念された土地の賃借権・転借権が，契約違反を原因として解除された場合，敷地権である旨の登記がされた賃借権・転借権の抹消登記は，敷地権である旨の登記がされたまま申請できるか，あるいは敷地権が消滅したことによる敷地権の登記を抹消するための建物の表題部の変更登記により，敷地権である旨の登記が職権により抹消された

後に申請すべきか。後者の手続によるべきであるという見解もあるが（書式中2001（二），書式解説（一）962），同見解は，地上権については前者の手続によるべきであるとしている（3：7：7）。しかし，地上権と賃借権で異なる取扱いをすべき理由は見当たらない。

　敷地権の登記がされている土地の所有者又は転借権設定者は，建物の表題部の変更登記に関しては当事者ではなく，せいぜい利害関係者にすぎない。したがって，敷地権の登記及び敷地権である旨の各抹消登記をしてからでないと賃借権又は転借権の登記の抹消は認めないということにはならないはずである。登記の抹消は，次の手続による。ただし，建物の表題部の変更登記を先行しても，却下する必要はない（2：5：8①）。

① 賃貸借又は転貸借契約が解除された場合

　区分建物と一体として移転登記をしたとみなされていた賃借権又は転借権が，賃料不払，無断譲渡等により解除された場合は，次の手続をする。

　a 敷地権者（賃借権者又は転借権者）を登記義務者として，賃借権又は転借権の抹消登記をする。

　b 敷地権が消滅したことにより，建物の所有者が建物の表題部の変更登記を申請する（不登法51条1項）。この場合，敷地権が消滅したことは土地の登記記録により明らかであるから，これを証する添付情報は必要でない（総覧（上）192）。

　c 登記官は，敷地権の目的であった土地の登記記録の権利部の相当区に（敷地権の変更登記により）敷地権を抹消する旨及びその年月日を記録する。

　d その登記をしたことにより，登記官は，敷地権である旨の登記を抹消する。

② 賃借権又は転借権譲渡の承諾が得られなかった場合

　土地の所有者又は賃借権者AからBが賃借又は転借した賃借権又は転借権（敷地権）がBの所有する区分建物と一体としてCに譲渡され，C

への区分建物の所有権の移転登記をした後に，賃借権又は転借権の譲渡についてAの承諾がなかった場合は，Aが区分建物の所有権の移転登記によって同一の登記原因によりされたことになっている賃借権又は転借権の移転登記の抹消登記を申請すべきである。このときは，区分建物の移転登記のみがされており，土地についての賃借権又は転借権の移転登記はされていないから，分離処分（賃借権と共にしない処分）禁止違反として，Bが（又はAがBに代位して）Cへの区分建物の所有権の移転登記の抹消登記を申請すれば足りる。

この場合に，Cへの無断譲渡が原因で原賃借権も解除されて敷地権が消滅したときは，前項と同様の手続をする。

③　賃借権の転貸の承諾が得られなかった場合

区分建物の譲渡と共に賃借権を転貸し，区分建物について所有権の移転登記をした後，転貸について賃貸人の承諾がなかった場合は，転借権の抹消登記をし，区分建物の所有権の移転登記を抹消することになろう。

この場合に，無断転貸が原因で原賃借権も解除されて敷地権が消滅したときは，①と同様の手続をする。

3：12　仮登記

3：12：1　意義

敷地権の登記をし，敷地権である旨の登記をしていても，その土地が敷地権の目的となる前（一体化が生ずる前）に登記原因が生じていた区分建物のみ若しくは敷地権のみについての仮登記（不登法105条1号又は2号）は，その建物又は土地の登記記録にすることができる（不登法73条2項ただし書，3項ただし書）。

敷地権が生ずる前に登記原因の生じた場合に仮登記を認めるのは，一体化が生ずる前にしたこれらの登記原因となる処分は，その一方のみを目的とするものであっても順位保全の必要性があり，その効力を否定すること

はできないからである。しかも，それは対抗力を持たず，終局的な登記ではないからである(注)。

(注) 敷地権の生じた日より前に登記原因が生じたことを確定日付で証明する必要はない（質疑58-94）。

3：12：2 所有権保存の仮登記

　所有権保存の仮登記については，判例，通説共に積極に解しているし，先例も古くから認めている。この仮登記が問題となるのは，所有権の承継取得者についてである。区分建物の表題部所有者から承継取得の証明情報が得られない場合，所有権保存の仮登記をすることがある。

　しかし，所有権保存の仮登記の申請の真正を保証する方法は，仮登記仮処分命令による場合以外には講じられていないから，同命令がないと所有権の保存の仮登記はできないと解されている。敷地権付き区分建物については，仮登記仮処分命令（不登法108条）によっても区分建物のみの所有権移転を原因とする所有権の保存の仮登記はできない。

　なお，敷地権付き区分建物については，区分建物について所有権の取得を登記原因とする所有権保存の仮登記をした場合は，その登記原因による敷地利用権の移転の仮登記と同一の効力がある（不登法73条1項本文）。

3：12：3 所有権移転又は移転請求権の仮登記

　敷地権付き区分建物の登記記録には，原則として，建物のみの所有権の移転を登記原因とする所有権の仮登記をすることはできない（不登法73条3項本文）(注)。しかし，仮登記の原因である法律行為が建物について敷地権が生ずる前に（すなわち，建物の敷地を敷地権の目的とする前に）されたものであるときは，例外として，建物のみ又は土地のみの所有権の仮登記をすることができる（同項ただし書，3：12：1）。

　敷地権が生じた日と仮登記の登記原因の日との前後は，区分建物の表題部の「敷地権の表示欄」の「原因及びその日付欄」（敷地権が非区分建物

3　区分建物及びその敷地に関する権利の登記

に係るものであるときは，「附属建物の表示欄」の「構造欄」）に記録された日と仮登記の申請情報に登記原因の日付として記載された日により判定する（基本通達第十四の一の3後段）。

　所有権に関する仮登記とその本登記との関係は，次のとおりである。
① 　区分建物のみにする敷地権発生前の所有権に関する仮登記は，敷地権の表示を記録する必要がなく，その仮登記の後に「何番登記は建物のみに関する」のように付記登記をする（規則156条）。登記原因の日付は，区分建物の表題部の「敷地権の表示」中「原因及びその日付」に登記した敷地権の登記の登記原因の日付より前でなければならない（法73条1項2号）。
② 　この仮登記を本登記とする要件が充足されても，敷地権を登記した建物の登記記録に建物のみの所有権の移転登記をすることができない以上（不登法73条3項本文），直ちに本登記をすることはできない。仮登記を本登記とする要件が充足されたということは，実体上，区分建物の所有権が敷地権の権利者以外の者に移転し，その結果，それまで敷地権であった権利が敷地権でなくなったということであるから，建物の表題部の変更登記手続により，区分建物の表題部に登記した敷地権を抹消した上で，仮登記の本登記をすることになる。
③ 　土地に関する権利（例えば，賃借権）が敷地権となる前に区分建物とその土地の権利を目的として仮登記の原因となる法律行為があったが，その仮登記をする前にその土地の権利が敷地権として登記された場合は，区分建物の所有権に関する仮登記は，区分建物の登記記録に建物のみに関する旨の付記（不登法73条3項ただし書）をして，敷地権に関する仮登記は，土地の登記記録にするということは，法律上は可能である。区分建物と敷地権について各別に仮登記の申請をしても却下する事由はない。
④ 　しかし，この場合に区分建物の所有権に関する仮登記を申請するときは，敷地権の表示を申請情報の内容とし（令3条11号ヘ），建物のみに

関する旨の付記をしないで，敷地権に関する仮登記としての効力がある仮登記をするのがよいであろう。
⑤ この仮登記を本登記とする要件が充足されたときは，敷地権の登記をした区分建物の登記記録に，敷地権の移転登記としての効力がある登記として，本登記をすることができる。
【記録例572】，【記録例573】
(注) 所有権の移転を原因とする所有権の登記はできない。ここで「所有権の登記」とは，所有権の保存登記及び所有権の移転登記並びにそれらの仮登記を指すが，これに加えて，建物のみの所有権の移転登記の抹消及び建物のみの所有権の移転登記の抹消又は抹消請求権の仮登記も同様にできないと解する。

3:12:4　所有権以外の権利の移転又は移転請求権等の仮登記
3:12:4:1 敷地権である地上権・賃借権の移転又は移転請求権等の仮登記
　敷地権である旨の登記をした土地については，その敷地権である地上権・賃借権の移転登記又は移転登記の抹消をすることはできないから（不登法73条2項本文），これらの権利の移転若しくは移転請求権の仮登記又は移転登記の抹消若しくは抹消請求権の仮登記もすることはできない。ただし，地上権又は賃借権が敷地権となる前に登記原因の生じたその移転又は移転請求権の仮登記をすることはできる（同項ただし書，基本通達第十四の一の6，3前段）。

3:12:4:2 一般の先取特権等の仮登記
① 敷地権である旨の登記をした土地については，その敷地権である所有権，地上権又は賃借権のみを目的とする担保権の保存又は設定の登記をすることはできないから（不登法73条2項本文），これらの権利の保存又は設定若しくはその請求権の仮登記もすることはできない。ただし，これらの権利が敷地権となる前に登記原因が生じたものであるときは，その仮登記をすることができる（同項ただし書）。
② 敷地権付き区分建物については，区分建物のみを目的とする担保権の

保存又は設定の登記をすることはできないから（同条3項本文），これらの保存若しくは設定又はその設定請求権の仮登記もすることはできない。ただし，これらの権利が敷地権となる前に登記原因が生じたときは，その仮登記をすることができる（同項ただし書）。

3:12:4:3 不動産の先取特権の仮登記

① 不動産保存の先取特権（民法326条，337条）又は不動産工事の先取特権（民法327条，338条）は，敷地権付き区分建物の区分建物のみについて成立することもあるし，その敷地権のみについて成立することもあるから，これらの先取特権の保存登記は，区分建物又は敷地権のみについてすることができる。その保存の仮登記もすることができる。

② 敷地権付き区分建物は，一括して売買しなければならないが，その場合に生ずる不動産（敷地利用権を含む。）売買の先取特権（民法328条，340条）は，区分建物とその敷地権についてそれぞれ成立するのであって，区分建物と敷地権の上に1個の先取特権が成立するものではない。不動産売買の先取特権の保存の仮登記は，実益がないし，手続としてもすることはできない（書式下12）。

3:12:5 所有権移転等の仮登記の抹消等の仮登記

敷地権付き区分建物については，売買の無効等による所有権の移転登記の抹消を区分建物のみについてすることはできない（3:4:2）。したがって，その抹消又は抹消請求権の仮登記もできない。

もっとも，その所有権移転又は移転請求権の仮登記が区分建物のみに関するものである旨の付記がされている場合（不登法73条3項ただし書）は，その区分建物のみに関する所有権移転又は移転請求権の仮登記の抹消又は抹消請求権の仮登記をすることができる。これは，敷地権付き区分建物についての担保権の保存若しくは設定の登記の抹消の仮登記又は建物のみに関する旨の付記がある権利の抹消の仮登記についても，同様である。

3:12:6　抹消回復の仮登記

　登記の抹消が無効であったため，その登記を回復する場合，敷地権付き区分建物についてした所有権の移転登記又は担保権の保存若しくは設定の登記が抹消されたときは，敷地権の登記がある限り，区分建物のみについての回復の仮登記をすることはできない。

3:12:7　買戻し特約の仮登記

　敷地権付き区分建物について売買による所有権移転の仮登記又は売買予約等による移転請求権等の仮登記をし，それに付記する買戻し特約又はその請求権の仮登記をする場合，この売買は，区分建物とその敷地利用権を一体としてしたもので，その買戻し特約も分離処分禁止規定の適用があると解すべきであるから，区分建物のみの買戻し特約又はその請求権の仮登記をすることはできない。

　区分建物についてした売買による所有権移転の仮登記又は移転請求権の仮登記について付記された買戻し特約又はその請求権の仮登記は，敷地権の売買についての買戻し特約又はその請求権の仮登記としての効力がある（不登法73条1項本文）。

3:12:8　仮登記の登記原因情報

　敷地権付き区分建物についての所有権移転若しくは移転請求権又は質権，抵当権の設定若しくは設定請求権の仮登記の登記原因情報（仮登記仮処分命令によるときはその正本（令7条1項5号ロ(2)）は，区分建物とその敷地権（敷地権が賃借権である場合の抵当権のときを除く。）を共に処分したことを証明するものでなければならない。ただし，敷地権の生ずる前に区分建物について処分した場合は，区分建物のみに関する仮登記を申請することになるから，区分建物の処分を証明するもので足りる。

3 区分建物及びその敷地に関する権利の登記

3：12：9 承諾証明情報

　登記の抹消を申請する場合，抹消につき登記上利害の関係を有する第三者の承諾を証する情報を提供しなければならないが（不登法68条），登記の抹消又は抹消請求権の仮登記を申請する場合には，必要としない。承諾証明情報は，その仮登記に基づく本登記を申請するときに提供する（令別表69添付イ）。

　この点は，敷地権付き区分建物について登記された権利の登記の抹消に関する仮登記及び敷地権付き区分建物について所有権等の登記で抹消されたものの回復の仮登記を申請する場合の登記上の利害関係人についても，同様である。

3：12：10 仮登記の抹消

　仮登記の抹消は，仮登記の登記名義人の承諾がある場合は，仮登記の登記上の利害関係人も単独で申請することができる（不登法110条後段，令別表70）。

　敷地権付き区分建物の所有権に関する仮登記で建物のみに関する旨の付記のないものの抹消は，区分建物のみについてすることはできない（不登法73条3項本文）。

3：13 仮登記に基づく本登記

3：13：1 敷地権付き区分建物の所有権に関する本登記

　敷地権付き区分建物の所有権に関する仮登記（所有権の移転若しくは移転請求権の仮登記，所有権の移転の抹消の仮登記又は抹消された所有権の登記の回復の仮登記）が建物のみに関する旨の付記がされていない場合，その仮登記は，敷地権についての同一の（仮）登記原因による仮登記としての効力がある（不登法73条1項本文）。

　この敷地権が土地の所有権（共有持分）である場合に，区分建物の所有権に関する仮登記に基づく本登記（不登法109条）を申請するときは，敷

地権の目的となる土地の表示並びに敷地権の種類及び割合を申請情報の内容とする（令3条11号ヘ）。これによって，土地の所有権（共有持分）についても本登記をしたのと同様の効力を生ずる。

3:13:1:1 建物のみに関する旨の付記

敷地権付き区分建物についての担保権設定の本登記でその登記が建物のみに関するものであるとき，すなわち，敷地権の表示が申請情報の内容となっていなくて，仮登記に建物のみに関する旨の付記がされているときは，本登記に建物のみに関する旨の付記をしなければならない（規則123条1項）。

3:13:1:2 敷地権の表示

敷地権付き区分建物について所有権以外の権利（担保権の設定）の本登記の申請をする場合にも敷地権の表示を申請情報の内容としなければならないが（令3条11号ヘ），その登記が建物のみに関するものであるとき及び敷地権が賃借権である場合の抵当権設定の本登記をするときは，記載する必要はない（同号ヘ括弧書き）。

3:13:1:3 登記原因証明情報

敷地権付き区分建物についての本登記で建物のみに関するものでないものの登記原因証明情報は，区分建物と敷地権が一体として処分されたことを証明できるものでなければならない。

3:13:1:4 登記識別情報

敷地権の登記後所有権の移転登記がされていない区分建物についての仮登記に基づく本登記の場合で，その仮登記が建物のみに関するものでないときは，本登記の効力は敷地権についても生ずるから，敷地権の登記識別情報も提供する。既に所有権の移転登記がされているときは，その移転登記の登記識別情報は，敷地権の移転の情報を兼ねるから，その登記識別情報を提供する。

3:13:1:5 承諾証明情報

仮登記に基づく本登記は，敷地権である所有権についても効力があるか

ら，敷地権である土地の所有権に関する仮登記に基づく本登記の申請として，不登法109条が適用されるが，敷地権である土地の所有権について利害関係人である第三者の登記（仮登記を含む。）が存在することはあまりない。しかし，次のようなことは起こり得る。

   a　敷地権の登記をした後にした区分建物についての所有権に関する仮登記後に，敷地権の目的である土地（所有権）についてその土地が敷地権の目的となる前に仮登記原因の生じた所有権に関する第三者が仮登記をする（不登法73条2項ただし書）。
   b　その土地が敷地権（所有権）の目的となる前に仮登記原因の生じた質権又は抵当権の設定の仮登記をする（同項ただし書）。
   c　差押え等の処分制限の登記や用益権に関する登記をする。

したがって，これらの場合も，敷地権である所有権を目的とする第三者の権利に関する登記（その権利を目的とする権利に関する登記を含む。）について登記上の利害関係人に当たるかどうかを判断し，当たる場合は，その承諾証明情報を提供しなければならない（令別表69添付イ）。

登記上の利害関係人の承諾証明情報を提供したときは，その利害関係人の登記を職権で抹消する（不登法109条2項）。

3:13:2　敷地権付き区分建物の土地のみの所有権に関する本登記
3:13:2:1 土地のみについてした所有権に関する仮登記

敷地権である土地のみを目的として仮登記の原因となる法律行為（例えば，売買予約，停止条件付代物弁済契約）をしても無効であり，また，区分建物及び敷地権を目的とする仮登記の原因となる法律行為をしたときは，その仮登記は，建物の登記記録に敷地権に関する登記としての効力がある登記（不登法73条1項）としてするから，その土地のみについて所有権移転請求権仮登記（以下「仮登記」という。）がされることは，あまりない。しかし，次のような場合は，敷地権の目的である土地のみについてした所有権に関する仮登記も有効である。

a 土地について仮登記がされた後に、その土地の上に区分建物が建築され、その所有権が敷地権となった場合

b 土地の所有権が敷地権となる前に仮登記の原因となる法律行為をし、敷地権である旨の登記がされた後に土地についてその仮登記をする場合（同条2項ただし書）

3:13:2:2 登記義務者及び利害関係者

仮登記の本登記の要件が充足されれば、敷地権である旨の登記が抹消される前であっても、実体上、仮登記の本登記義務者は、本登記に協力すべき義務を負い、仮登記の本登記につき登記上利害の関係を有する第三者は、本登記について承諾すべき義務を負っていることはいうまでもない。

仮登記の本登記義務者は、仮登記当時の所有権の登記名義人である。仮登記の本登記承諾義務者（登記上利害の関係がある第三者）は、仮登記後にされた土地の権利に関する登記の権利者である。この第三者には、次の者が該当する。

a 仮登記後に土地の登記記録にした所有権に関する仮登記及び担保権の登記並びに区分地上権、賃借権等の登記の権利者

b 仮登記義務者の権利（敷地権である土地の所有権）について仮登記後に移転登記（不登法74条2項による所有権保存登記を含む。）をした場合におけるその権利の現在の登記名義人

c 区分建物の登記記録にされている敷地権に関する登記としての効力がある登記（不登法73条1項）で、敷地権の移転登記としての効力があるもの以外のものの権利者

3:13:2:3 本登記手続

① 敷地権の目的である土地のみにした仮登記の本登記の要件が充足されたということは、その土地の所有権が区分建物の所有者以外の者に帰属し、その結果、それまで敷地権であった権利が敷地権でなくなったということである。そこで、建物の表題部の変更登記をし、敷地権である旨の登記を抹消することによって、仮登記の本登記手続ができるようにな

る。
② 　敷地権が敷地権でなくなったことによる建物の表題部の変更登記の手続に伴い，3:13:2:2のｂに該当する権利及びその権利者は，土地の登記記録に表示され（規則124条2項），ｃに該当する者の権利の登記は，土地の登記記録に転写される（同条3項）。
　　仮登記の権利者は，敷地権である旨の登記が抹消されない限り，仮登記の本登記をすることができないから（不登法73条2項），代位原因を証する情報（令7条3号）及び敷地権が敷地権でなくなったことを証する情報（令別表15添付ハ）を提供して，建物の所有権の登記名義人に代位して，敷地権が敷地権でなくなったことによる建物の表題部の変更登記を申請し，その登記がされた後に，仮登記の本登記の申請をする（質疑58-95）。
③ 　土地の登記記録にされた権利及び権利者の表題登記並びに建物の登記記録から転写された登記は，仮登記の本登記に伴い，登記官が職権により抹消する（不登法109条2項，規則180条）。

3：14　強制競売に関する登記

3：14：1　意義

　強制競売は，一般債権者の債権の満足を図るため，裁判所が債務者に代わってその不動産を換価する手続である。債務者が所有する敷地権付き区分建物の強制競売の開始決定（民執法45条1項）は，区分建物及び敷地権を共に目的としてする。区分建物のみ又は敷地権のみについて開始決定をすることはあり得ない（注）。
　差押えの登記は，区分建物についての敷地権の表示を嘱託情報の内容とし（令23条・3条11号ヘ），その登記は，区分建物の登記記録にする。この登記は，敷地権についての差押えの登記としての効力がある（不登法73条1項本文）。
　もっとも，区分建物について敷地権がない間に強制競売が開始され，差

押えの登記がされた後に敷地権が生じたときは，敷地権のみについて追加的に強制競売を開始することは可能である。この場合には，敷地権である旨の登記がされた後であっても，敷地権についての差押えの登記の嘱託に基づき土地の登記記録にその登記をすることができる。また，敷地権がない間に一方のみを目的として競売開始決定がされたが，差押え登記の嘱託書が登記所に到達する前に敷地権が生じた場合は，これに基づく差押えの登記は受理することになろう。

なお，裁判所は，債務者自らがすることのできない不動産の換価をすることはできないから，差押えに係る債務者の財産である区分建物について敷地権が生じ，債務者が敷地権と共にしなければこれを処分することができなくなった以上，区分建物のみについて換価することはできない。債権者の申立てを待って，敷地権について追加的に強制競売を開始し，区分建物と敷地権とを一体的に換価しなければならないと解すべきである。

(注) 区分所有者の共同利益違反行為（法6条1項）に対しては，他の区分所有者全員又は管理組合法人は，集会の決議に基づき，その者（Y）の有する区分所有権（及び敷地利用権）の競売を請求することができるが（法59条），口頭弁論終結後にYから区分所有権等を譲り受けた者に対しては，確定判決の効力に基づく競売の申立てはできない（最三小判平23.10.11判タ1361-128）。ただし，裁判官の補足意見及び反対説がある（コンメ345）。

3：14：2　未登記区分建物の場合

強制競売の開始決定を求める区分建物の表題登記がされていなくても，その所有権に対する差押えの登記を嘱託することができる。

① 敷地権がある場合は，敷地権の表示を申請情報の内容とし（令別表32申請イ，ロ），所定の添付情報を提供する (注)。

② 登記官は，区分建物の表題登記手続においてその敷地権の登記をした上（不登法44条1項9号），敷地権の目的である土地の登記記録の相当区に敷地利用権が敷地権である旨の登記をする（不登法46条）。

3 区分建物及びその敷地に関する権利の登記

③ この登記をすることにより，区分建物に対してされた差押えの登記と同一の登記原因による差押えの登記がその敷地権についてもされた効力を生ずる（不登法73条1項本文）。

④ 区分建物の表題登記は，その属する一棟の建物に属する他の区分建物の全部の表題登記の申請と併せてしなければならないが（不登法48条1項），未登記の区分建物に対する差押えの登記の嘱託は，区分建物の表題登記の嘱託をするものではないから，同項は適用されない（2：2：9）。

したがって，例えば，区分建物でない建物に接続して建物を新築して区分建物となった場合，その区分建物の表題登記は，従前の建物が区分建物になったことによる建物の表題部の変更登記と併せて申請しなければならないが（同条3項），債権者は，新築の区分建物についてのみの差押え登記の申立てをして差し支えない。ただし，従前の建物を差し押さえる場合は，それは既に区分建物となっているので，債権者代位により，表題部の変更登記を申請し，その登記を経た上で申立てをすべきである。

⑤ 未登記の区分建物に対して差押えを嘱託する場合，債務者は，その区分建物の原始取得者でなければならないか。登記官は，差押えの登記の嘱託に基づいて職権で建物の表題登記をするが，区分建物の表題登記の嘱託に基づくものではないから，不登法47条1項の適用はない。しかも，同法74条2項により，表題部所有者から所有権を承継取得した者も，承継取得証明情報によって所有権の保存登記をすることができる。

したがって，強制競売の申立て時における所有者が転得者であってもその者が債務者と判断されるならば，その債務者の所有に属する区分建物として差押えの登記を嘱託することができると解する。

（注）　申請情報中「令別表32ハ　敷地権の登記原因及びその日付」は，削除された（平成27年政令262号）。関連通達（平27.10.23民二512号民事局長通達）には，その説明はない（3：1：5：3①（注））。

3:14:3　所有権未登記の区分建物の場合

強制競売の開始決定を求める区分建物につき所有権の登記がされていない場合も，その所有権に対する差押えの登記を嘱託することができる。

登記官は，嘱託情報（開始決定）に記載されている債務者名義で所有権の保存登記をする（不登法76条3項）。債務者が登記記録の表題部に記録されている所有者と異なっていても，登記官は，嘱託情報のとおり債務者名義に所有権の保存登記をする。

3:14:4　敷地権付き区分建物の場合
3:14:4:1 一括差押え

区分建物について敷地権の登記及び敷地権である旨の登記をした後にする分離処分は，無効である。分離処分禁止の「処分」には，強制競売の開始決定による差押えも含まれる。したがって，敷地権の登記をした区分建物又は敷地権についての強制競売の申立ては，区分建物とその敷地利用権を一括してしなければならない。執行裁判所は，これを一括して決定し，差し押さえることになる。しかし，次のようにいろいろな場合が考えられる。

① 敷地権の登記又は敷地権である旨の登記前に強制執行を保全するため仮差押えがされ，強制競売の申立て時には敷地権の登記及び敷地権である旨の登記はされているが，第三者に権利移転の登記がされていない場合は，区分建物と敷地利用権を一括して申立てをすべきである。

② 強制競売の申立て時には敷地権の登記又は敷地権である旨の登記はされていなかったが，裁判所の開始決定時にはこれらの登記がされている場合は，申立てを却下すべきである。しかし，裁判所は，この登記があることを知らないから，差押えの登記の嘱託をする。そこで，登記官は，その嘱託を却下することになる(注)。

③ 敷地権である旨の登記がされていない時の分離しての申立て又は開始決定は，申立人が悪意のときは，差押えは無効となるが，善意のとき

は，差押えの登記がされることになる。

(注) ただし，講座［松尾］150 は，強制競売開始決定正本の決定日付が，一体化の原因日付より前である場合は，決定は有効であるから，これに基づく差押えの登記の嘱託は受理せざるを得ないという。

3:14:4:2 敷地権が賃借権の場合

区分建物と敷地の所有権又は地上権の（準）共有持分については，いずれも同一の執行裁判所の不動産に対する強制競売の手続によるから問題はない。

ところが，不動産賃借権は，「その他の財産権」に対する強制執行の手続として，債権執行の例によることになる（民執法167条5項，48条）。しかし，賃借権だけを別に売却することはできないから，区分建物に対する強制競売の手続に基づき，賃借権を区分建物の従としての権利として一括売却することになろう。

3:14:4:3 一棟の建物の全部又は一部の差押え

同一の所有者に属する一棟の建物に区分建物となるべき数個の建物があるが，区分建物の表題登記をしていない場合は，一棟の建物全体を1個の建物として差押えをすることができる。また，一棟の建物に属する区分建物のうちいくつかの区分建物が同一の所有者に属し，その区分建物について表題登記をしていないときは，その数個の区分建物を併せて1個の区分建物として差押えをすることもできる。

3:14:4:4 敷地権の表示

区分建物とその敷地権を一括して差し押さえた場合には，不動産の表示として区分建物の表示のほか，敷地権の表示を申請情報の内容とする。

建物の表題登記をしていない区分建物を差し押さえる場合に敷地権があるときは，敷地権の表示を申請情報の内容とする（令別表32申請）ほか，次の敷地権情報を提供する（令別表32添付ニ）。

 a 敷地権の目的である土地が建物の所在する土地（いわゆる建物敷地）でなく，規約敷地である場合は，その規約設定証明情報(1)

b　敷地権割合が規約で定められている場合は，その規約設定証明情報
　　(2)
　　c　敷地権の目的である土地が他の登記所の管轄に属する場合は，その
　　土地の登記事項証明書(3)
　　d　区分建物の所有者が建物の敷地（法2条5項）についてもっている
　　登記をした所有権，地上権又は賃借権が敷地権とならない場合は，そ
　　の事由を証する情報（令別表32添付ハ）

債権者がa及びbの情報を調達するのは事実上困難である。民事執行規則23条が強制競売の申立書の添付書面としていないのも，債権者がこれらの書面を調達することが困難であるからであると思われる。本書2版において，「旧不登法104条2項が101条3項を準用していることに無理があるのかも知れない（書式中600）。」と述べたが，令別表32添付ハはともかく，ａｂ（添付ニ(1)(2)）についても処分制限の登記すべてについて規定しているのは無理があろう。

3：14：5　売却による権利移転の登記

①　敷地権付き区分建物が売却された場合は，区分建物について売却による所有権の移転登記を嘱託すれば足りる。その登記は，敷地権について同一の登記原因（売却）による権利の移転登記としての効力がある（不登法73条1項本文）。

②　敷地権が譲渡特約のない賃借権であるときは，賃貸人の承諾がなければ対抗できないから（民法612条1項），その移転登記を申請する場合は，賃貸人の承諾証明情報を添付情報（令別表40添付ロ）として提供しなければならない。しかし，強制競売手続においては，執行裁判所が譲渡の承諾を証する書面の提出を求める手続はないし，このような書面をあらかじめ提出しなければ買受人になれないとする規定もない。区分建物とその敷地権である賃借権は移転（譲渡）するが，賃貸人には対抗できないのである。しかし，賃貸人の承諾証明情報は，売却による登記

の嘱託についても準用されるから，執行裁判所は，敷地権である賃借権の内容を記載して，区分建物についての所有権の移転登記の嘱託をすることはできない。

　そこで，この場合は，従としての権利である賃借権も併せて区分建物を売却したことは事実であるから，敷地権（賃借権）の表示を記載して，区分建物の所有権の移転登記を嘱託することができると解すべきであろう。

③　買受人が賃貸人の承諾証明情報を提出した場合，裁判所書記官は，嘱託情報にその情報を添付して，区分建物の売却による所有権の移転登記を嘱託することになる。また，賃貸人の任意の承諾が得られない場合であっても，後日，買受人が裁判所から承諾に代わる許可（借法 20 条）を得ることもある。

3：14：6　売却により消滅した権利の抹消登記

　売却により消滅した権利や区分建物についてした差押え登記の抹消は，区分建物について嘱託すれば足りる。その抹消登記は，敷地権についてもしたものとされる（不登法 73 条 1 項本文）。区分建物のみ又は敷地権のみについてした登記で抹消すべきものは，区分建物のみ又は敷地権のみに関する抹消登記として嘱託する。この場合も，同一の嘱託情報により嘱託をし，その区分建物のみ又は敷地権のみに関する登記の抹消である旨を記録すればよい（2:5:9:1②ｃ）。

3：15　担保権実行としての競売に関する登記

3：15：1　一括競売の申立て

①　分離処分禁止の「処分」には，担保権の実行（民執法 181 条）による差押え及び売却も含まれるから，その担保権（一般の先取特権を除く。）が敷地利用権が敷地権となる前に成立したものである場合（登記されている担保権については，その登記が区分建物のみに関する旨の付記のあ

る場合）を除いて，区分建物とその敷地権に対して一括して競売の申立てをし，その開始決定は一括してする。差押えの登記は，区分建物のみについてする。
② 敷地権の登記をする前に区分建物のみを目的とする担保権を設定し，敷地権の登記をした後に担保権実行の申立てをする場合は，区分建物とその敷地権について一括してすべきか，あるいは区分建物のみについてできるか。基本通達（第十四の一の5）は，土地の所有権のみ又は建物の所有権のみを目的とするものでもすることができるとしている(注)。
③ 担保権の実行は，担保権の登記がなくても可能であるから，「競売開始決定」を登記原因として差押えの登記の嘱託があったときは，その土地について担保権の登記がなくても受理しなければならない（昭55．8．28民三5267号民事局長通達第五の一）。

(注) 一括してすべきであるとしても担保権の優先弁済権は，区分建物の売却代金についてしか行使できない。

3:15:2 一方のみの抵当権実行

土地の所有権が敷地権となる前（区分建物について敷地権が生ずる前）に土地（区分建物）のみを目的として設定した抵当権を実行した場合，土地（区分建物）の所有権は，区分建物（土地）と分離して他に移転する。これは，土地（区分建物）の権利のみの移転であるから，土地（区分建物）の登記記録にするほかはないが，敷地権である旨の登記（敷地権の登記）があるままでは，登記できない。そこで，次の手続をとることになる (2:5:9:2〜)。

　a　建物の表題部の変更登記の手続により，区分建物の表題部に登記した敷地権を抹消する（不登法51条1項，規則91条，質疑58-96）。
　b　土地の登記記録の敷地権である旨の登記の抹消登記をする。
　c　土地の登記記録の相当区に敷地権であった権利及びその権利者の表示を登記する（規則124条2項）。

3　区分建物及びその敷地に関する権利の登記

　　d　抵当権実行による所有権の移転登記をする。
　土地のみに設定した抵当権について敷地権が発生した後に建物に抵当権を追加設定した場合は，その一方のみの実行は認められないものと解する（3:10:10）。抵当権の実行は，裁判所が目的物を換価するものであるが，債務者が一体として処分しなければならない状態にある以上，区分建物と敷地権は，一括競売すべきである。
【記録例681】,【記録例682】

3：16　仮差押えの登記

　仮差押え（民保法20条）は，分離処分禁止の「処分」に当たる。仮差押えは，将来の強制執行を保全するためにするものであるから，強制競売の開始決定に係る差押えの登記の場合と同様，区分建物について敷地権があるときは，区分建物及び敷地権を共に目的としてする。
　この登記を嘱託する場合は，敷地権の表示を申請情報の内容とし（令23条，3条11号へ），その登記は，区分建物の登記記録にする。
　この登記は，敷地権についての仮差押えの登記としての効力がある（不登法73条1項本文）。ただし，強制競売の開始決定に係る差押えの登記の場合と同様，区分建物について敷地権が生ずる前に区分建物について仮差押えの登記をし，その後に敷地権が生じたときは，敷地権のみについて追加的に仮差押えをすることが可能である。その場合には，敷地権について仮差押えの登記の嘱託をし，土地の登記記録にその登記をする。
　なお，建物が未登記の区分建物である場合は，登記官が職権により所有権の保存登記をするが，令別表32添付ハニの規定は，仮差押えの登記の嘱託については，原則として，適用されないものと解する（3:14:4:4）。

3：17　処分禁止の仮処分の登記

　処分禁止の仮処分（民保法53条1項）の登記は，その命令の日が敷地権の生じた日の前後を問わずにすることができるが，被保全権利について

原告勝訴の判決が確定し、その登記をする前に敷地権の抹消登記を（債権者代位の手続により）申請すべきである（質疑58-97）。

3：17：1　敷地権付き区分建物の場合

①　処分禁止の仮処分も分離処分禁止の「処分」に当たるから、区分建物と敷地権を一括して買い受け、その移転登記請求権を保全するために処分禁止の仮処分を申請する場合（被保全権利の発生原因が敷地権の表題登記後に発生している場合）、仮処分の申立ては、区分建物とその敷地権について一括してする。そして、仮処分の執行としてする処分禁止の登記又は処分禁止の登記と保全仮登記（民保法53条2項）の嘱託は、区分建物のみについてすれば足りる。仮処分の効力は、その敷地権についても同一の効力を生ずる（不登法73条1項本文）。

②　建物の表題登記がされていない区分建物で敷地権のあるものに関して処分禁止の登記を嘱託する場合も、敷地権の表示を申請情報の内容としなければならない（令別表32申請）。処分禁止の登記の嘱託については、仮差押えの登記（3：16）と同様、令別表32添付ハニの適用はないものと解する。

3：17：2　一方のみの仮処分

被保全権利が区分建物のみ又は敷地権のみに係るものである場合は、その一方のみについて仮処分をすることができる。登記官がその有効無効を判断することはできないから、一方のみを目的とする仮処分の登記嘱託は、常に受理される（基本通達第十四の一の5、浜崎176, 191）(注)。

すなわち、被保全権利である登記請求権が区分建物のみ又は敷地権のみについてある場合、例えば、建物の表題部に敷地権として登記されている土地の所有権が実体上区分建物の所有者に帰属していない場合、土地の所有者は、敷地権の登記名義人である区分建物の所有権者に対して、土地の所有権移転登記の抹消登記請求権があるが、区分建物についてはなんの請

求権もない。そこで，この場合の仮処分手続は，次のようにする。

　a　土地の所有権のみに対する処分禁止の仮処分であるから，その登記は，土地の登記記録にする。

　b　仮処分権利者が本案勝訴の確定判決を得たときは，敷地権として登記した権利が敷地権でなかったことになるから，建物の表題部の更正登記手続により，区分建物の表題部に登記した敷地権を抹消する。

　c　土地の登記記録にした敷地権である旨の登記を抹消する等の手続をした上で，確定判決に係る抹消登記をする（規則126条1項）。

（注）　もっとも被保全権利が区分建物と敷地権の両者に係るものであるにもかかわらず，その一方のみにした仮処分は，実体上無効であり，その登記がされても第三者に対しては効力がない（浜崎176）。

3：17：3　所有権以外の権利を目的とする場合

　敷地権の登記及び敷地権である旨の登記がある場合にも所有権以外の権利を目的とする仮処分（民保法53条2項）は，土地のみ又は建物のみを目的としてすることができる（基本通達第十四の二の4）。

3：18　滞納処分による差押えに関する登記

　滞納処分の場合に代位登記をするときの旧不登法28条ノ2に相当する規定は，設けられていない。この規定がなくても民法423条の債権者代位権により代位嘱託できるのは当然であるとの考えからである（清水・解説102）。

3：18：1　敷地権付き区分建物の場合

　滞納処分による差押え（国徴法68条）も分離処分禁止の「処分」に当たるから，敷地権付き区分建物に対し滞納処分による差押えをする場合は，その敷地利用権（又は区分建物）を一括してしなければならない。その差押えの登記は，敷地権の表示を申請情報の内容として区分建物につい

て嘱託すれば足りる。

3:18:2　未登記の区分建物の場合

　建物の表題登記がされていない区分建物に対して滞納処分による差押えをした場合，区分建物に敷地権があるときでも，差押えの登記の嘱託をすることができる（2:2:9）。

　敷地権の登記は（したがって，敷地権である旨の登記も）されていないから，分離処分の無効を善意の第三者に対抗できないが，第三者が悪意のときは，この分離処分は（したがって区分建物又は敷地権のみの差押え，ひいては公売も）無効となる。したがって，敷地権の存在を知っている（悪意の）第三者は，区分建物と敷地権（附属建物の敷地権を含む。）を一括して差し押さえなければならない。

　この場合の差押えの登記の嘱託については，差押え及び仮差押えの場合と異なり，令別表32添付情報のすべての適用があると解すべきである（その詳細については，書式下593）。

　なお，区分建物でない建物に接続して建物を新築したことにより区分建物となった場合の新築未登記の区分建物の差押えの登記の嘱託については，不登法48条3項の適用はないから，従前の建物が区分建物となったことによる表題部の変更登記と併せて嘱託する必要はない。

3:18:3　区分建物が生じた場合

　土地について滞納処分による差押えの登記をした後その土地を敷地権とする区分建物についての滞納処分による差押えの登記嘱託は，受理できるか。

　区分建物については差押え，土地については参加差押え（国徴法86条）の登記嘱託をすると，分離処分になり，その嘱託を受理することはできない。この場合は，敷地権付き区分建物について差押えをすれば，差押えの対象を異にするし，二重差押えにもならないから，その嘱託は受理できる

3 区分建物及びその敷地に関する権利の登記

ことになる（昭61.5.7民三3914号民事局長通達）。

3:18:4　公売処分による権利の移転登記

　敷地権付き区分建物とその敷地権が一括して売却された場合は，区分建物について公売処分による所有権の移転登記（不登法115条1号）を嘱託すれば足りる。その登記は，敷地権について同一の登記原因（公売等）による権利の移転登記としての効力がある（不登法73条1項本文）。

　この場合，敷地権が譲渡特約の登記がされていない賃借権（持分）であるときは，売却（3:14:5）と同様の取扱いとなる。すなわち，その譲渡について賃貸人の承諾がなければ，賃貸人に対抗することができないから，移転登記の申請については，賃貸人の承諾証明情報を提供しなければならない。

3:18:5　売却により消滅した権利の抹消登記

① 不動産その他の不動産に関する権利が売却された場合，買受人が買受代金を納付した時（買受人に不動産の所有権その他の権利が移転した時）に，売却された不動産その他の権利の上に存した他の権利又は差押え等の処分制限は消滅する。

② 売却により消滅した権利の登記，売却により効力を失った権利の取得の登記又は仮処分若しくは差押え，仮差押えの登記で区分建物についてされたものであって，その登記が敷地権についてもされた効力があるものは，区分建物についてのこれらの登記の抹消を嘱託すれば（不登法115条2号，3号），その抹消の登記は，敷地権についてもされたものとしての効力がある。

③ 区分建物又は敷地権のみについてされている登記の抹消は，区分建物又は敷地権のみに関する抹消の登記として嘱託する。この場合も，一の嘱託情報で嘱託をし，その区分建物又は敷地権のみに関する登記の抹消である旨を記録する。

3：19　抹消回復登記

　権利の登記が抹消された場合に，登記上の利害関係がある第三者があるときは，その第三者が作成した承諾証明情報又は第三者に対抗することができる裁判があったことを証する情報（令別表27添付ロ）を提供して，権利の回復登記を申請することができる（不登法72条）。

　登記官は，回復の登記をした後，抹消に係る登記と同一の登記をする（規則155条）。

4　マンションの建替え及び敷地売却

① 我が国におけるマンションの供給は，昭和40年代後半から本格化し，都市における住居の形態として広く普及してきたが，建築から相当年数を経過したいわゆる老朽化マンションは，そのほとんどが専有面積の不足，エレベーターがないなどの問題を抱え，また，躯体及び設備の老朽化に伴って，耐震性の不安，海砂使用など資材の欠陥もクローズ・アップされてきた（五十嵐・12章166，169）。

　しかし，マンションの区分所有者は，それぞれが違う価値観やライフスタイルをもっているため，建替えや改修を行うための合意形成は，非常に難しく，しかも，権利関係・利用関係は経年とともに複雑化することもあって，その解決策には多くの困難が伴う。すなわち，老朽化マンションの問題点として，①建替えを行う団体の法的位置付けや運営ルールが不明確で，意思決定や契約行為等を円滑にすることができない。②マンションやその敷地に設定された抵当権などの関係権利を再建したマンションに円滑に移行させるための法的な仕組みがない。などが指摘されていた（前掲書172）。

　しかも，建替えを必要とするマンションの多くは，余剰容積を活用して保留床（前掲書107）を生み出して，これをデベロッパーに売り渡し，資金を調達するということができないため，区分所有者がすべての費用を負担し，事業の推進主体となって建替計画を作成し，事業を進める必要がある。区分所有者がマンションの問題意識を共有し，建替えの必要性を強く実感していないと建替えの合意を形成することは困難である。国土交通省の推計によれば，平成22年には，建替えが完了したマンションは，同年4月現在で149棟にすぎず (注1)，築年数が30年を超えるものが約93万戸に達するものと予測されていた (注2)。

② これらの事情から，区分所有者らが主体となってマンション建替事業を円滑に進めるための制度を整備することが急務となり，平成14年12

月18日，建替え等に関して区分所有法の改正を行うと共に「マンションの建替えの円滑化等に関する法律」(以下「建法」という。)が制定された (1:1:3:3)。

区分所有法は，区分所有者間の権利関係を調整する民事一般法であり，建法は，居住用マンションの建替事業について定めた事業法である。したがって，前者は，区分建物一般について，区分所有者による意思決定のルールまでを規定し，後者は，その対象を居住用マンションに限定し，区分所有者の意思決定後の建替事業を円滑に推進するための制度を規定している。

これにより，マンション建替事業（建法2条4号）の仕組みが明確になり，権利変換手法により関係権利の円滑な移行を進めることが可能となったのである。しかし，まだ法的にも行政的にも整備すべきことが多いといわざるを得ない。

③ この法律に基づくマンション建替事業者による登記申請，権利変換手法による権利関係の円滑な移行に伴う登記等については，一般の不動産登記とは異なる登記手続を必要とするため，不登法の特例を定める政令（建法93条）として，「建登記令」が施行され，その後，平成17年2月18日に不動産登記法の改正に伴う改正が行われた。

④ 平成26年には，耐震性不足のマンションの除却及び建替え等の円滑化を目的として，特別多数決によるマンション敷地売却制度を新設する改正（同年6月25日法律第80号）があり，法令名が「マンションの建替えの円滑化等に関する法律」(「等」は危険有害マンションの建替えの促進）から「マンションの建替え等の円滑化に関する法律」(「等」はマンション敷地売却）と改められた（同年12月24日施行。以下，この改正法を「平成26年改正法」という。1:1:3:5）。

改正の背景には，南海トラフ巨大地震や首都直下型地震等の大地震が将来相当な確率で発生することが懸念される中にあって，昭和56年以前に建築された全国のマンションストック戸数は，平成25年末現在で

106万戸存在しているとされた（国土交通省HP）(注2)。これらのマンションの耐震性は，関連法令の旧耐震基準(注3)によるものであり，その多くは，現行の耐震基準（耐震法2条2項に規定する耐震診断）に照らし，耐震性が不足しているとみられていた。そこで改正法では，昭和56年以前に建築されたものを含むマンションの管理組合が耐震診断（耐震法25条）を受けた後に，特定行政庁によって耐震性不足が認定された場合（建法102条2項）には，集会の特別多数決により，マンションと敷地を売却することができるものとした。

⑤　建法の実質的かつ具体的な目的は，第一にマンションの建替組合の設立及び権利変換手続の制度を設けることによって，マンション建替えの円滑化のための措置を講ずること（建法第2章），第二に地震によるマンションの倒壊その他の被害から国民の生命，身体及び財産の保護を図るために，除却する必要のあるマンションについてマンション敷地売却に係る制度を設け，その事業に係る特別の措置を講ずること（同法第3章及び第4章）にある。

⑥　このように建法は，マンションの「建替え」の「円滑化」のための措置と，耐震性不足のマンションの「除却」及びその「円滑化」のための措置という性格の異なる事項を定めている。建法は，マンションの建替えを一般的に「促進」するものではなく，マンションの区分所有者が建替え決議をした場合に，その後の建替事業を「円滑」に進めるための措置を講じ，また，耐震性不足のマンションについてのマンション敷地売却決議をした場合に，その後の除却のための売却事業を「円滑」に進めるための措置を講じたものである。

⑦　経年マンションを建て替えるか，修繕・改修をするかは，区分所有者の決定に委ねられている。また，耐震性不足マンションを除却するために売却するか，改修するかについても同様である。

（注1）　マンション建替えの実績は，平成25年4月時点で累計で183件約1万4千戸（29年4月時点で232件，約18,600戸）にとどまっており，巨大地震発生に備

4　マンションの建替え及び敷地売却

えるために耐震性不足のマンションの建替え等が喫緊の課題となっていた。

(注2)　平成30年には，185万戸に達すると想定されている。また，平成28年4月現在，建替え実績は232件（約8,300戸）にすぎず，築40年以上が63万戸となっている。この数字には，阪神・淡路大震災による被災マンションの建替え（109件）は，建法による建替え（1件）を除き含まれていない（後述）。

(注3)　「旧耐震基準」とは，建築確認において昭和56年5月31日まで用いられていた耐震基準である。中規模地震（震度5強程度）に対して，ほとんど損傷を生じない性能が求められていた。

　　同年6月1日から用いられている「新耐震基準」では，極めてまれにしか発生しない大規模の地震（震度6強から7に達する程度）に対しても，人命に危害を及ぼすような倒壊等の被害を生じない程度の性能の確保が求められている。中規模地震に対しては，建築物が損傷しないことを確認する，大規模地震に対しては，建築物が損傷しても，建築物が変形することなどにより地震エネルギーを吸収することを考慮して，建築物が倒壊・崩壊しないことを検証することとしている。

4：1　マンションの改修，復旧及び再建と建替え

　建法における「マンション」とは，「2以上の区分所有者が存する建物で人の居住の用に供する専有部分のあるもの」をいう（2条1号）。この「マンション」の定義は，マンションの管理の適正化の推進に関する法律（マンション管理法）における「マンション」の定義（同法2条1号）に類するが，同法では，建法でいう建物部分に加えて，立法上の目的から「並びにその敷地及び附属施設」としていることに注意する必要がある。

　建物の一部又は全部が老朽化し，又は滅失した場合，区分所有者は，区分所有権及び敷地利用権を処分しない限りは，建替えをするほか，そのままにしておくか，修繕若しくは改修で済ませるか，又は復旧をするなど，いろいろな選択をすることになる。

4:1:1　大規模修繕工事

　形状又は効用の著しい変更を伴わない共用部分の修繕（法17条1項括弧書き）については，工事の規模の大小，費用の多寡を問わず，過半数の決議で決することができ（法18条，39条1項），区分建物の適正な管理に必要不可欠な大規模修繕が円滑に行えるようになっている。

① 　平成14年の法改正までは，規約は，標準管理規約にならい，「共用部分等の変更（改良を目的とし，かつ，著しく多額の費用を要しないものを除く。）」（大規模修繕）については，4分の3以上の特別多数決で決するものとするのが通常であった。この規約の効力については，規約を改正しなくとも，改正法施行後は，普通決議で大規模修繕を実施できるものと考えられている（吉田QA 23）。

　　しかし，そのような規約は，改正しておくことが望ましいことはいうまでもない。すなわち，大規模修繕工事施工の決議と規約改正の決議の決議要件が4分の3以上であっても，各区分所有者の意思は必ずしも同一とはいえないから，規約を改正して集会の普通決議で足りるものとし，その上で大規模修繕の実施のついて区分所有者の意思を問い，集会において普通決議をすべきである（コンメ104）。

② 　平成25年に改正された耐震法は，行政庁によって耐震改修の必要性の認定を受けた区分所有建物（要耐震改修認定建築物）については，その「耐震改修が建物の区分所有等に関する法律第17条第1項に規定する『共用部分の変更』に該当する場合における同項の規定の適用については，同項中『区分所有者及び議決権の各4分の3以上の多数による集会の決議』とあるのは『集会の決議』とし，同項ただし書の規定は，適用しない」（同法25条3項）とした。すなわち，耐震改修が「共用部分の変更」に該当する場合であっても，集会における特別多数決議（区分所有者及び議決権の各4分の3以上の多数決議）を必要とせず，過半数決議によるものと定めている。

4 マンションの建替え及び敷地売却

4:1:2　復旧

　復旧とは，建物の滅失部分を滅失前の状態に回復することをいう。法は，建物の一部が滅失した場合，その滅失の程度により，小規模一部滅失と大規模一部滅失（全部滅失ではない。）に分けて定めている。建物が「朽廃」した場合も同様に取り扱って差し支えないであろう。

① 小規模一部滅失

　建物の価格の2分の1以下に相当する部分が滅失したときは，各区分所有者は，滅失した共用部分及び自己の専有部分を「復旧」することができる（法61条1項本文）。

② 大規模一部滅失

　「①の場合を除いて，建物の一部が滅失したとき」（同条5項）とは，建物の滅失部分の価格割合が2分の1を超える場合である。このままでは建物の効用を維持できないから，区分所有者は，復旧をするか，建替えをするか，あるいはそのままで利用を継続するかを決める必要がある。集会において，区分所有者及び議決権の各4分の3以上の多数で，滅失した共用部分を復旧する旨の決議をすることができる(注)。仮に各区分所有者が独自に滅失した共用部分の復旧をしても費用償還請求権（同条2項）はない。

　なお，専有部分の復旧は，滅失の程度を問わず，各区分所有者がすることができる。仮にA所有の専有部分全部が滅失しても（建物全部の滅失でない限り）復旧できる。Aは，形式上は「区分所有権を有する者」ではなくなるが，これにより共用部分の持分を失うことはなく，区分所有者として扱われるものと解される（浜崎371）。

（注）　規約の設定，変更又は廃止は，区分所有者及び議決権の各4分の3以上の多数による集会の決議によってするが（法31条1項），この場合は，規約によって5分の4以上の特別多数を要するものと定めることはできる（コンメ371）。

4：1：3　全部滅失

　建物の全部が滅失したとき（全壊）は，区分所有関係は解消し，敷地利用権の共有関係が残るだけであるから，法61条の適用はない (注)。

　本法には，建物全部が滅失した場合についての固有の規定はない。建物の全部が朽廃したときも同じである。したがって，この場合は，再建するか取壊しをするかは，民法上の原則（敷地利用権の共有者全員の合意）によって解決することになる。

① 　建物価格の2分の1を超える滅失の場合に関する法61条5項は，「建物の一部が滅失したとき」と規定しているので文理上適用の可能性はなく，類推適用ないし拡張適用の可否のみが問題となる。建替えについての法62条の規定は，元の建物が存在することが前提となっているから，元の建物が全部滅失した場合には適用されないことは明らかである（浜崎・解説370）。

　例えば，災害によって建物が全壊（全部滅失）した場合には，区分所有関係は解消して，管理組合法人は解散し（法55条1項1号），敷地又は敷地利用権の共有関係が残るだけである。したがって，建物を再建するためには，敷地利用権の共有者全員の合意が必要となる。建物が全部朽廃した場合についても，全部滅失の場合と同様に考えるべきであろう。

② 　建物の全部滅失の場合の①のような帰結は，区分所有者の団体が存在する限りで団体的拘束（多数決による決定）を肯定し，民法の規定の適用を排除する本法の論理構造に由来するものである。しかし，そのような帰結が大規模災害において区分所有建物の再建を著しく困難にすることもまた明らかである。

③ 　阪神・淡路大震災で被災したマンションのうちには，建物としての効用を企画的かつ確定的に失い，建物の全部が滅失したと見るべきものが少なくなかった。しかし，そのような被災マンションについては，本法の復旧及び建替えの規定を適用することができないので，マンションの

4　マンションの建替え及び敷地売却

建替えに準じた「再建」を多数決によって実現することができるようにするため，平成7年に被災法が制定された。

　被災法の適用を受ける被災マンション（区分所有建物）については，マンションの建替えに準じた多数決（敷地共有持分等の価格の割合による議決権の5分の4以上）による「再建」（被災法4条1項，4：1：4）及び「敷地売却」（同法5条1項，9条1項，4：6）の手続を設けている。

（注）　一般に建物の全部を取り壊し，その材料を用いて，同一場所に建物を再建築することを再築という（準則83条，2：5：1（注2））。それは，登記された建物とは別個の建物で，その間に物理的な同一性を肯定することはできない（最一小判昭62．7．9民集41－5－1145）から，建物の滅失登記をし，再築した建物の表題登記をすることになる。

　　なお，建物の一部取壊し及び増築をした場合は，建物の床面積の減少又は増加として取り扱われる（準則84条，新Q4－383）。

4：1：4　再建

　マンションが，全部滅失した場合において，その再建をするには，どうすればよいのか。

　法は，「一部滅失」した場合の処理のみを定めている。「全部滅失」すると，区分所有関係は消滅し，敷地利用権の共有又は準共有関係のみが存続する。したがって，マンションを再建することは，「共有物の変更」（民法251条）に当たり，敷地利用権を有する者全員の同意が必要となると解されるからである。建物の全部滅失は，管理組合法人の解散事由とされている（法55条1項1号，4：1：3）。

　このような問題点を踏まえ，①特別多数決制度の導入，②共有物等分割請求の禁止，③建物等の買取請求権の行使に関する特例を主な内容とする被災法が成立した。この法律は，区分所有建物（被災法2条1項，本書では，マンション又は区分建物という。）の全部が滅失した場合において大

4：1　マンションの改修，復旧及び再建と建替え

規模な災害で政令で定めるものに限って適用される（同条）。

平成25年改正法は，①ないし③に加えて，④ないし⑦の特例を追加したが，①及び④ないし⑦の各決議があった後の事業を円滑にするための建法の規定は用意されていない。

① 再建の決議

政令指定災害により全部が滅失したマンションの敷地利用権が数人で（準）共有する権利（「敷地共有持分等」という（被災法2条1項）。）であるときは，敷地共有持分等を有する者（「敷地共有者等」という（同条）。）の敷地共有持分等の価格の割合を基準とした議決権の5分の4以上の多数により，滅失した

a 建物の敷地

b 建物の敷地の一部の土地

c 建物の敷地とこれに隣接する土地

d 建物の敷地の一部の土地とこれに隣接する土地

に建物を建築する旨の決議（以下「再建決議」という。）を，政令施行日から起算して3年以内に限り，することができる（被災法4条1項）。

建替え決議では「区分所有者及び議決権の各5分の4の多数」の決議が必要とされている（法62条1項）のに対し，再建決議では「敷地共有者等」の議決権の5分の4以上の多数で（被災法4条1項），と定められているから，敷地利用権をもたない元の区分所有者は，構成員になれない(注)。

② 共有持分等の分割請求に関する特例

建物の全部が滅失した場合，敷地共有者等は，政令施行の日から1月を経過する日の翌日から3年を経過する日までの間は，一定の場合を除き，敷地共有持分等の分割を請求することができない（被災法6条1項本文）。

区分建物が全部滅失すると，元の区分所有者間には敷地利用権の（準）共有関係だけが残り，民法の原則によると，元の区分所有者は，

373

敷地利用権の分割を請求することができることになる（民法264条；256条）。しかし，そうすると「再建決議」をすることが事実上困難ないしは不可能になり，大規模災害時に区分建物の再建を容易にしようとする被災法の意図が害される。そこで，一定期間，共有持分等の分割を請求することはできないとした。

　しかし，共有物分割請求権は，財産権として憲法上保障されている権利であることから，その制限は，合理的な場合に限定されるべきである（最大判昭62．4．22民集41－3－408）。そのため，禁止期間内でも5分の1を超える議決権を有する敷地共有者等が分割請求する場合及びその他再建の決議をすることができないと認められる顕著な事由がある場合は，共有物等の分割を請求することは可能としている（被災法6条1項ただし書）。

③　建物等の買取請求権の行使に関する特例

　法は，建物の大規模な一部滅失があった場合において，建物の一部滅失の日から6月以内に復旧（法61条5項）又は建替え（法62条1項，70条1項）の決議がないときは，各区分所有者は，他の区分所有者に対し，建物及びその敷地に関する権利を時価で買い取るべきことを請求できるとしている（法61条12項）。

　ところが，大規模災害の場合，被災地が混乱している上，区分所有者の多くが避難するなどしているため「建物の一部滅失の日から6月以内」という短期間に建物の復旧・建替えといった重要決議をすることは困難である。そこで，被災法は，「政令施行の日から起算して1年以内」に延長する買取請求権の行使に関する特例を認めた（12条）。

④　区分建物の全部が滅失した場合，その敷地を集会の特別多数で売却決議をすることができること（5条）。

⑤　区分建物が大規模一部滅失した場合，その区分建物及び敷地を集会の特別多数で売却決議をすることができること（9条）。

⑥　⑤の場合に，その区分建物の取壊し及び敷地を集会の特別多数で売却

決議をすることができること（10条）。

⑦　⑤の場合に，その区分建物の取壊しを集会の特別多数で売却決議をすることができること（11条）。

(注)　敷地共有持分等の価格割合によるとしたのは，再建するかどうかは，共有物（土地）の変更に該当し（同一敷地に再建する場合は，共有物の管理に該当するという見解もあるが），敷地共有者等が最も利害関係をもつので，その権利の内容（大小）により決定することが合理的であると考えられたのである。なお，新たに建築できる土地（①aないしd）は，建替えの場合（法61条1項）と同じである。

4：1：5　建替え

①　建替えとは，「建物を取り壊し，かつ，当該建物の敷地若しくはその一部の土地又は当該建物の全部若しくは一部を含む土地の新たに建物を建築する」ことをいう（法62条1項）。ただし，建法におけるマンションの建替えは，これを限定し，現に存する1又は2以上の「施行マンション（建法2条6号）」を除却するとともに，当該マンションの敷地（これに隣接する土地を含む。）に新たに「再建マンション（同条3号）」を建築することをいい（同条2号），マンション建替事業により新たに建築された「施行再建マンション」（同条7号），マンション建替事業以外の任意の建替えにより建築された「マンション」及び「マンション敷地売却」（同条8号）の後に建築された「マンション」を含む。

②　区分建物は，堅固な構造物であり，物理的滅失はほとんど考えられないから，建物全体が朽廃した場合や滅失した場合には，一部滅失の場合に関する61条か，建替えに関する62条以下を類推適用するのが相当である，という考え方がある。

　しかし，マンション全部が滅失又は朽廃している場合は，建替え決議の対象とならないと考える。すなわち，建替えは，再築により建物を存続させ，その利用を効率的にするための制度であって，現に利用可能な建物が存続していることが前提となる。したがって，被災法（13条ほか）の適用がある場合を除いては，敷地利用権者としての合意を民法の

原則により成立させることが必要である。一部が滅失して復旧（法61条）の対象となる場合であっても差し支えない。建替えはしないで取壊しをするだけの決議（区分所有関係の解消，被災法11条）ができるかについては，否定に解する。

　建物の全部滅失の場合には，被災法の適用（政令による災害の指定）がある場合を除いては，敷地利用権者としての合意を民法の原則に従って成立させる以外ないであろう。

③　区分建物の全部滅失によって更地となった敷地を再建建物の敷地として利用するかどうかは，共有物の『管理』に関する事項として，共有者の過半数によって決することができる（民法252条本文）。これに反対する共有者は，共有地の分割を請求するか，自己の持分を譲渡して，共有関係から離脱することとするとの見解もある。しかし，共有地上の建物の築造を共有物の管理に関する事項と見ることは到底できず，この見解は支持できない（コンメ398）。

【記録例第二十五】施行マンションの当初の状態

4:1:6　マンション建替組合の設立

①　マンション建替事業の施行者は，マンション建替組合である（建法5条1項）。また，区分所有者又はその同意を得た者は，一人で，又は数人共同して，マンション建替事業の施行者となることができる（同条2項，45条1項）。

　建替え合意者は，5人以上共同して，定款及び事業計画を定め，都道府県知事の認可を受けてマンション建替組合を設立することができる（建法9条1項）。

　認可申請をする建替え合意者は，組合の設立について，建替え合意者の4分の3以上の同意（同意した者の区分所有法38条の議決権の合計が，建替え合意者の同条の議決権の合計の4分の3以上となる場合に限る。）を得なければならない（同条2項）。

すなわち，建替え合意者の頭数の4分の3以上の同意だけでは足りず，建替組合設立同意者の議決権が，建替え合意者の議決権の合計の4分の3以上とならなければならない。
② 都道府県知事の認可の基準として，マンション建替事業を施行する現に存するマンション（「施行マンション」（建法2条6号））及びマンション建替事業の施行により新たに建築されるマンション（「施行再建マンション」（同条7号））の住戸の数，施行再建マンションの規模，構造及び設備等が一定の基準に該当すること等が定められている（建法12条）。
③ 認可された建替組合は，建替え決議に賛成しなかった区分所有者に対し，区分所有権等を時価で売り渡すように請求することができる（建法15条）。この売渡請求権は，形成権であるので，請求の意思表示が相手方に到達した時に当然に区分所有権等は建替組合に移転する。
④ 建替組合には，建替え合意者以外の者も参加組合員として参加できる（建法17条）。これは，民間事業者を建替事業に参加させることによって，そのノウハウと資金力を活用できるようにするために設けられたものである。建替事業においては，このような民間事業者の参加が必要な場合が少なくない。

4：2　建替え決議と建替事業

建替え決議は，区分所有者の集会（法3条）において，区分所有者及び議決権の各5分の4以上の多数ですることができる（法62条1項）。

建替え決議が成立した後の手続は，次のとおりである。
① 集会招集者が，建替え決議があったときから，遅滞なく，建替え決議非賛成者に対して，参加の有無の回答を催告する（法63条1項）。
② 回答者が催告を受けたときから2箇月経過したときは，建替え参加者（買受指定者を含む）から建替え不参加者に対して，同期間の満了の日から2箇月以内に区分所有権等の売渡請求をすることが可能となる。こ

の売渡請求によって，区分所有建物及びその敷地に対するすべての権利が建替え参加者に帰属する（法63条2項～4項）。
③　建替え参加者は，建替え決議の内容により建替えを行う旨の合意をしたものとみなされる（法64条）。

　ここまでが区分所有法の定めるところである。マンションを実際に建て替えるためには，建替えを行う旨の合意に基づいて，現建物を取り壊し，その後に新たな建物を再建する「建替事業」が必要である。

　マンションの建替え（建法2条2号）は，管理組合が中心となり，建替え計画を策定しながら合意形成を行い，区分所有者の理解が最大限に得られた段階で，管理組合の集会において建替えの実施を決定（建替え決議）する。

4:2:1　一棟の区分建物の建替え

　一棟の区分建物の建替えについては，一定の要件を満たすときは，特別の多数決（区分所有者及び議決権の各5分の4以上の賛成）により建替え決議をすることができる（法62条1項）。

　この議決用件を規約によって「3分の2以上」のように緩和することはできないが，「10分の9以上」のように厳格化することはできると解する（コンメ406）。

①　建替え決議要件の緩和

　従前は，建替え決議の要件として，建物が老朽等していること（老朽要件），建物の効用の維持回復に建物価額等の建物の状況に照らして過分の費用を要すること（費用の過分性要件）等があったり，その具体的内容や判定基準が不明確で，しばしば争いの原因となっていた。

　平成14年の改正により，老朽要件，費用の過分性要件が撤廃され，区分所有者及び議決権の各5分の4以上の賛成で建替え決議ができるようになった。また，建替え決議を目的とする集会の開催に至る手続規定が整備された。

② 敷地の同一性の緩和

　従前は，建替え決議を行うには，建替えの前後で敷地が同一でなければならなかった。例えば，既存不適格マンション（五十嵐・12章172）の建替えでは，隣接敷地を取得し，敷地面積を拡大する必要性が大きいが，このような場合には建替え決議ではできず，全員合意により建替えをしなければならなかった。

　改正により，敷地の同一要件が緩和され，隣接地を購入し，又は規約敷地とし，あるいは敷地の一部処分による建替えについて，建替え決議を行うことができることになった。ただし，現在の建物の敷地と全く重ならない土地を購入して，再建建物を建築することは認められない。

③ 使用目的の無制約

　従前は，建替え決議を行うには，「主たる使用目的を同一とする建物」でなければならなかった。例えば，商業・業務施設が大部分を占め，上部に一部住居があるマンションを住民のみのマンションに建て替えるには，建替え決議ができず，全員合意が必要であった。

　改正により，「主たる目的を同一とする建物」という要件が撤廃され，主要用途の異なるマンションへの建替えについても，建替え決議を行うことができるようになった。その結果，建替え費用の負担を軽くするために隣接地と共同開発をして，一部を商業フロアとして貸し出すことができるようになった。

④ 敷地利用権の割合の変更

　建替えに伴い，敷地利用権の一部移転が必要になるが，決議事項とされていない。決議とは別に参加者間の合意によってすることになる。もっとも，建替え決議と併せて合意形成することを否定するものではないであろう（浜崎392）。

⑤ 売渡請求権の行使

　分離処分可能規約があること等により敷地利用権はもっているが区分所有者でない者は，建替え決議に拘束されない。したがって，その者に

対しては，売渡請求権を行使することができない（法63条4項）。ただし，同決議があった後に敷地利用権のみを取得した者に対しては，売渡請求権を行使できる（同項後段）。不参加者による売渡請求の妨害を防止するためである。

⑥ マンション
　建法の対象となる建物は，「マンション」（2以上の区分所有者が存する建物で人の居住の用に供する専有部分のあるもの。建法2条1号）である。賃貸マンションや商業専用ビルは対象とならないが，居住用と商業用のある複合型マンションは対象となる。

4:2:2　団地内建物の建替え

　平成14年の法改正前は，数棟の建物が敷地を共通にする団地において，その中の一棟の建物を建て替える場合の手続規定がなかったため，各建物の敷地全体が全建物の区分所有者の（準）共有に属する場合は，民法の共有の規定によらざるを得なかった。その場合，建物を取り壊して，その敷地を新たな建物の敷地として利用することは，共有土地の利用方法の変更に当たるため，敷地共有者全員の合意が必要であった（民法251条）。
　そこで，①敷地を（準）共有する団地内の特定の一棟（「特定建物」という。）の建替えは，その棟の建替え決議（区分所有者及び議決権の各5分の4の賛成（法62条1項））のほか団地集会の4分の3以上の承認決議

【判例18】売渡請求権の行使
　　　法63条4項で売渡請求権を行使しても，借地権設定者による譲渡の承諾に代わる許可を得る方法がないとすると，法の趣旨が没却されるし，借法20条の類推適用を認めても，借地権設定者の地位を不安定にするものではない。したがって，売渡し請求権行使により賃借権を取得した者は，借法20条の類推適用により，譲渡の承諾に代わる許可を求めることができる（東京地判平17．7．19判時1918-22）。

があればよいとし（法69条1項），②団地内の棟の一括建替えは，敷地を（準）共有する団地集会の特別多数決議（5分の4以上の賛成）があり，かつ，各棟の3分の2以上の賛成で決議できるようにした（法70条1項）。

なお，団地の敷地を共有する団地内のすべての建物が非区分建物である場合は，民法の規定により，敷地を共有する建物所有者全員の合意がない限り，建替えをすることができない。

4:2:3　再建建物の敷地及び敷地利用権の割合

① 新たに建築する建物（「再建建物」という。法62条2項1号）の敷地は，従前のようにその同一性は必要でないが，次のいずれかでなければならない（法62条1項）。現在の建物の敷地を全く含まない土地に再建することはできない。

　　a　現在の建物の敷地若しくはその一部の土地
　　b　aの土地を含む土地（新たな土地を含む。）

② 通常は，建替えに伴い敷地利用権の割合を変更する必要が生ずるが，

【表5】　団地内建物の建替えの承認決議及び一括建替え決議

	1棟（69条1項）	数棟（69条7項）	全棟（70条1項）
決　議	建替え承認	一括建替え承認	一括建替え決議
建　物	1棟は区分建物	1棟は区分建物	区分建物に限る
建替決議	区分建物 　その棟の区分所有者及び議決権数4／5以上（62条1項）又は全員の同意（69条1項1号）		各棟ごとに区分所有者及び議決権数2／3以上
	非区分建物 　その所有者の同意（69条1項2号）		
集会決議	議決権数3／4以上（69条1項本文）		区分所有者及び議決権数4／5以上

建替え決議事項（同条2項）となっていない。しかし，区分建物の帰属の決定が敷地利用権の変更を必要とする場合には，建替え決議において定めておくべきであろう（コンメ417）。

4：2：4　一括建替え決議の要件

団地内建物の一括建替え決議の要件は，次のとおりである（法70条）。ただし，被災法2条の政令で定める災害により団地内の全部又は一部の建物が滅失したときの要件については，被災法18条が法70条の規定に準じて定めている。

① 団地内建物の全部が専有部分のある建物であること。
② 団地内建物の敷地（特定建物が所在する土地及び規約敷地をいい，これに関する権利を含む。）が当該団地内建物所有者の（準）共有に属すること。
③ 団地管理組合規約が定められていること。

【判例19】　再建建物の区分所有権の帰属に関する事項は，建替え決議における決議事項として，敷地利用権である借地権の内容・価格を定める必要はない。

「再建建物の区分所有権の帰属に関する事項」（法62条2項4号）については，できる限り具体的に定められていることが望ましいが，建替え決議の後に，一定の手続を経て，現実の建替え参加者が定まる仕組みになっていることから，建替え決議において，再建建物のどの専有部分を誰が取得するか，あるいはその場合の清算価格がいくらになるかなどについて具体的に定めることは不可能である。

「再建建物の区分所有権の帰属に関する事項」については，現建物の区分所有権が再建建物においていかなる扱いを受けるのか，すなわち，現建物の区分所有者が，どのようにして再建建物の区分所有権を取得することになり，また，清算額が定まることになるのか等についての基準ないしルールが定められていることが必要であり，かつ，それをもって足りると解すべきである（東京地判平24．9．25判時2226-1459）。

④　団地管理組合（法人を含む。）の集会で区分所有者及びその議決権の各5分の4以上の多数で一括の建替え決議を行うこと。

⑤　各団地内建物の区分所有者及びその議決権の3分の2以上の賛成があること。

⑥　「再建団地内敷地」の権利が所有権であること（借地権でないこと）は，要件ではない。「……，これに関する権利を含む。」と規定している。

　①と②は，全部の棟を合わせて1個の建物に擬する前提であり，また，組織としても1個の団地管理組合が成立する要件である。このように既に団地管理組合が成立している以上，③の要件を必要とする理由は不明であるが，おそらく管理組合組織が現実に機能してることを要求する趣旨であろう。しかし，法62条では必要としていない要件を必要とする理由は不明である。規約制定決議とともに建替え決議をすれば足りるように思われる。

　④は，①と②で擬せられた管理組合による事実上の同条に基づく建替え決議に相当する。

　⑤は，一括建替え決議における少数者保護規定である。個人の保護は法64条の準用によるが，一棟に擬制したといっても実際は複数棟の集合体であり，全体で5分の4という要件だけでは，一棟が仮に全員反対でも全部を合算すれば要件を満たすということもあり得る。そうすると，多数による少数者抑圧の規定となってしまう。そこで，各棟でも3分の2（ただし，議決権は建物共用部分の割合による。）が必要とされ，3分の1を超える反対があると一括建替え決議は不成立ということになる(注)。

　法70条1項の定めは，法62条1項が5分の4以上の多数で建替え決議ができると定めているのに比べて，より少数であっても建替え決議が可能となっている。最高裁は，団地全体では法62条1項の議決要件と同一の議決要件（5分の4以上）を定め，各建物単位では区分所有者の過半数を相当超える議決要件（3分の2以上）を定めているのであり，法70条1

項の定めは，なお合理性を失うものではないから，憲法29条に違反するものではないという（最一小判平21．4．23集民230-435，判タ1299-121，判時2045-116）。

しかし，法は，a共用部分の変更（法17条1項），b規約の設定変更（法31条1項）及びc義務違反者に対する専有部分の使用禁止請求（法58条2項）等については，4分の3の多数決を要求している。特に，cについては，裁判所の判断（「訴えをもって請求」同条1項）を前提としており，多数決のみでは決まらない。これと比較すると，本条項が3分の2以上とすることは均衡を欠くものといわざるを得ない（鎌野ら135）。

⑥については，法70条1項は，団地内建物の一括建替え決議ができる敷地については，「当該団地内建物の敷地（……これに関する権利を含む。……）」と定め，区分所有者が所有権を共有している場合のほか，地上権又は賃借権を準共有している場合であってもよいとしている。ところが，新たに建物を建築する土地については，「当該団地内建物につき一括して，その全部を取り壊し，かつ，当該団地内建物の敷地（これに関する権利を除く。）……（第3項第1号においてこれらの土地を「再建団地内敷地」という。）」と定め，「再建団地内敷地」については，これに関する権利は含まないとしている。

これは，借地権は，現在の建物が滅失すれば消滅する可能性があるので（借法7条，8条），他人の土地上に計画することはできないことを前提にするものと思われる。しかし，それは法62条のみならず法69条（1項の「……の所在する土地（これに関する権利を含む。）」はこの趣旨である。）においても同様であり，別途，土地所有者との間で解決できる問題である。新たに借地権を設定し，又は既存の契約の更新した場合でも一括建替え決議はできないとするのは疑義がある。

敷地利用権の一部が所有権で一部が借地権の場合は，特に問題を複雑化する。もっとも建法は，権利変換により与えられる敷地利用権について，権利変換により失われる敷地利用権等と同じ種類の権利を与えることを求

めていない。異なる種類の権利が与えられることもある（4:5:3:1①）。

この問題点については，次項（4:2:5）で改めて検討する。

(注)　この建替え決議での議決権は，法69条2項の準用により建物の共用部分の持分割合ではなく，敷地の持分割合とされている。しかし，民法上は，建物の建替えは，既存建物の所有者による建物所有権の滅失行為（解体）と土地利用権者（所有者又は借地権者）による建物の新築行為の複合行為といえるところ，法62条は，それらを一括して建物所有者（土地利用権者でもあるが。）に授権し，議決権は，建物共有部分の持分を基準としているのである。したがって，複数の区分建物群を1棟のものに擬した法70条が，土地持分による議決権とするのは，法62条の立場と矛盾するのではないかと考える。

4:2:5　団地内建物の一括建替えをする場合の敷地

法70条1項において，「当該団地内建物の敷地（これに関する権利を除く。以下この項において同じ。）」とされている部分の括弧書きは，ここでいう「敷地」が，物理的な意味での敷地である旨を明確にした趣旨の記載であるとする考え方がある。すなわち，同項においては，この部分よりも前に，「団地内建物の敷地」について「これ（敷地）に関する権利を含む。」旨の定義がされているので，『敷地に関する権利に建物を建築する』と読まれないように，注意的に「敷地に関する権利を除く。…）」という括弧書きを付したものと思われる，と説明する。これと同様の見解としては，コンメ(513)がある。しかし，この見解には大きな疑義がある。

「敷地」（法2条5項）は，「当然に，物理的な意味での敷地である」（浜崎15）。それ以外の用法は考えられない。この「敷地」を使用する権原となるのが敷地利用権（同条6項）であり，通常は，当該敷地（土地）の所有権，地上権又は賃借権がこれに当たる。

そして，法文上（21条から新設の69条及び70条まで），頻繁に出てくる『これ（ら）に関する権利』(注)とは，いずれも建物の敷地の地上権及び賃借権等の権利をいうとすることにも異論はない（コンメ125, 452,

490, 510 など, 浜崎 441, 吉田ＱＡ 104)。被災法 5 条の「敷地共有持分等に係る土地（これに関する権利を含む。）も同様である。敷地（土地）についての担保権等（の権利）を指すものではない。

　しかも, 建物を取り壊し, 新たに建物を建築する敷地（土地）に関して, 法 69 条は「当該土地又はこれと一体として管理若しくは使用する団地内の土地（……。）に」について, 法 70 条 1 項のように,「当該建物の敷地（これに関する権利を除く。……。）」とはしていない。法 62 条の「当該建物の敷地……土地に」も同様である。

　そうだとすると法は,「これに関する権利を含む。」という旨の規定があるために「敷地に関する権利に建物を建築する」と読まれるおそれのあることを気付かずに来て, 立案作業の段階になって新設（平成 14 年の改正法案要綱には含まれていなかった。）された法 70 条（一括建替え）の場合についてのみ「これに関する権利を除く。」と付加したことになるのか。それにはどういう意味があるのか。理解できない。

　そうかといって, 団地内建物（施行マンション）の敷地は地上権又は賃借権であってもよいが, 一括建替えの施行再建マンションの敷地については, 所有権に限るという解釈は, 制度としても正しいはずがない。

　そのため, 実務（建替事業及びその登記）としては, 再建団地内敷地について「これに関する権利を除く。」とする規定を無視して取り扱っているようである。

（注）　条文の定め方としては, 定義規定を置くなどして, 繰り返し「これらに関する権利を含む。」と括弧書きで挿入するのは避けるべきであると考える。

4：3　マンション建替事業

　建替え決議に賛成した各区分所有者ら（「建替え合意者」という（建法 9 条)。) は, 決議の内容によって建替えを行う旨の合意をしたものとみなされ（法 64 条), 建替事業を実施する。しかし, 区分所有法が建替えに関して規定するのは, 合意形成の段階までである。

4：3　マンション建替事業

　従来，建替事業の実施主体について具体的な定めがなかったため，建替えを実施する団体のルールや構成員の権利義務は不明確であった。また，建替えの実施手続について何も規定されておらず，建替え期間中の権利関係は不安定なものであったため，老朽化マンションの増加が懸念されていた。そこで，マンションの建替えを円滑にするための各種の措置を講じた建法が制定されたのである(注1)。

　なお，法64条は，被災マンションの再建について準用される（被災法4条9項）。

　マンション建替え事業は，次のとおりに行われる。

① 　建替え決議（法62条1項）がされた場合，建替え合意者又は一括建替合意者が，都道府県知事等の認可を受けて，法人格のあるマンション建替組合（以下「組合」という。）を設立し（建法9条），権利変換手続開始の登記をする（建法55条1項）。

② 　組合は，建替え決議に反対した区分所有者に対して，区分所有権等を時価で売り渡すべきことを請求することができる（建法15条）(注2)。

③ 　組合の役員，総会，審査委員等組合の管理に関する規定を設け，運営・意思決定ルールを明確化する（建法16条から43条まで）。施行者には，組合のほか，区分所有者又はその同意を得た者もなることができる（建法5条2項）。

④ 　総会は，権利変換計画等を議決し（建法27条，30条）都道府県知事等の認可を受ける（建法57条1項）。

⑤ 　認可を受けた権利変換計画に従い，区分所有権，抵当権等の権利関係は，施行再建マンション（建法2条1項7号）に円滑に移行することができる（建法70条各項，71条2項，3項）。

⑥ 　権利変換の登記をする（建法74条）。

⑦ 　施行マンションと土地を明け渡し（建法80条），施行マンションの除却と施行再建マンションの建設をする。

⑧ 　施行再建マンションに関する登記をする（建法82条）。

387

⑨ 都道府県知事等の認可を受け，組合を解散する（建法38条1項2号，4項）。

(注1) もっとも，建替え合意者は，建法によらず，その性質に反しない限り，民法の組合の規定の類推適用により，建替えの共同事業をすることもできる（浜崎410）。

(注2) マンション建替え組合の団地内建物の一括建替え決議（法77条1項）に反対し，「建替えに参加しない旨を回答した区分所有者」に対する売渡し請求（建法15条1項）が認められた事例（東京地判平24.12.27判タ1394－340），条件付きの回答をしたことが「建替えに参加しない旨を回答した区分所有者」と判断された事例（東京地判平27.1.26判時2253－94）。

4：4　権利変換手続

マンションの建替えをする場合，建物と土地に関する大量の権利の処理を必要とするが，かつては，それらの権利を個別的に処理するしか方法がなかった。建法は，都再法に基づく市街地再開発事業の権利変換（五十嵐・まちづくり3：3）に準じた手法を採用し，建物の取壊し後も区分所有権，敷地利用権，抵当権，借家権等の権利を消滅させることなく，新建物に移行させることを可能にした。

4:4:1　権利変換計画

① 施行者（建法2条1項5号）は，権利変換計画を定めなければならない（建法57条1項）。権利変換計画は，従前の施行マンション（建法2条1項6号）に係る区分所有権等の権利に対応して，関係者に与えられる施行再建マンション（同項7号）に係る権利の内容や権利変換の期日等を定めるもので（建法58条1項），関係権利者間の利害の衡平に考慮を払うとともに（建法59条），建替え決議に適合した内容を定める必要がある。

② 組合が権利変換計画を決定するためには，総会において組合員の議決

権及び持分割合の各5分の4以上の賛成が必要である（建法27条7号，57条2項，30条3項）。また，施行者が権利変換計画（又はその変更（建法66条））について，担保権者など組合員以外の関係権利者（「団地建物所有者」（法65条）を除く。）の同意を得た上で都道府県知事の認可を受けたときは（建法57条1項，2項），施行者は，その旨を公告し，関係権利者に関係事項を書面で通知しなければならない（建法68条1項）。

③ 決議に賛成しなかった組合員は，組合に対して，区分所有権等を時価で買い取ることを請求することができる（建法64条）。組合が買い取った権利は，権利変換後，保留床として事業費に充当できる。都再法にはない制度である。

4：4：2　権利の変換

権利変換期日における敷地に関する権利の変換，施行マンションに関する権利の変換及び担保権等の移行は，次のとおりである。その登記手続については，後述（4：5：3）する。

4:4:2:1 敷地に関する権利の変換

① 施行マンションの敷地利用権は失われ，施行再建マンションの敷地利用権は新たに敷地利用権を与えられるべき者，具体的には，区分所有者（58条1項2号），参加組合員（同項12号）及び施行者（同項13号）が取得する（建法70条1項）。

② 隣接施行敷地（マンションの敷地に隣接する土地で合わせて施行再建マンションの敷地とする土地（建法11条1項））の所有権又は借地権は失われ，又はその上に施行再建マンションの敷地利用権（所有権又は借地権）が設定される（同条2項）。そして，隣接施行敷地の権利者は，その権利を失い，又は権利の制限を受け，それに見合った補償金の給付を受けることになる。

③ 施行者は，保留敷地（施行マンションの敷地であった土地で施行再建

4　マンションの建替え及び敷地売却

マンションの敷地とならない土地（建法58条1項14号））についての従前の施行マンションの敷地利用権が所有権であるときはその所有権を，借地権であるときはその借地権を取得する（同条3項）。保留床（4：冒頭参照）の場合と同様，施行者は，保留敷地に関する権利を取得し，第三者に譲渡することにより，譲渡代金を事業費に充当するのである。

④　権利変換の対象となる土地に関する権利は，敷地利用権及び敷地利用権の上の担保権等のみである。それ以外の権利（例えば，底地権や地役権）は，強制的に消滅させられることはなく，権利変換によって権利の変動は生じない（同条4項前段）。これは，都再法（87条1項）の権利変換が，従前の土地に関する権利は，所有権及び担保権等を除き，強制的に消滅させ，補償金を給付することとしているのと異なる。

⑤　地役権又は地上権の登記に係る権利が存していた敷地利用権が担保権等の登記に係る権利の目的になっていたときは，権利変換期日以後においても，地役権又は地上権の登記に係る権利と担保権等の登記に係る権利との順位は変わらないものとする（同項後段）。この場合，権利変換期日以後は，担保権等の登記に係る権利は，権利変換計画の定めるところに従い，施行再建マンションの区分所有権又は敷地利用権の上に存することになり（建法73条），この権利の変動は，法定設定（4:5:6:2）と解され，従前の担保権等登記の移記ではなく，設定の登記として処理される。

　なお，施行マンションの敷地に存していた地役権等については，権利変換の対象とはならず，権利変換後も従前の土地の部分に存することになる（同条4項前段）。

4:4:2:2 施行マンションに関する権利の変換

①　施行マンションは，権利変換期日において施行者に帰属し，施行マンションを目的とする区分所有権以外の権利は消滅する（建法71条1項）。

② 施行再建マンションの区分所有権は，建築工事完了の公告の日（建法81条）に，新たに施行再建マンションの区分所有権を与えられるべき者が取得する（同条2項）。
③ 施行マンションについて借家権を有していた者は，建築工事完了の公告の日に，施行再建マンションの部分について借家権を取得する（同条3項）。
④ 施行マンションの区分所有権又は敷地利用権について存する担保権等の登記（建法58条1項5号）に係る権利は，権利変換期日以後は，「施行再建マンションの区分所有権又は敷地利用権の上に存するものとする」（建法61条1項，73条）。

4:4:2:3 権利変換を希望しない旨の申出

施行マンションの区分所有者又は借家人は，組合設立認可の公告等の日から30日以内に，施行者に対して，権利変換を希望せず，それらの権利に代えて金銭の給付を希望する旨を申し出ることができる（建法56条1項，3項）。

4:4:2:4 担保権等の登記に係る権利

権利変換期日以後も敷地は存在するから，敷地についての権利変換の登記はできる。しかし，区分建物は取り壊されるから，本来，区分建物についての担保権等の権利は消滅するはずである。ここで施行再建マンションの区分所有権の上に「存するものとする」（4:4:2:2④）という意味は，権利の存在を擬制して法律上の保障を与えたものか，あるいは，施行再建マンションの完成により従前と同一の権利を新たに設定することを法律上保障したものか。登記の仕組みからいえば後者であろう。すなわち，施行マンション上の権利の登記をいったん抹消し，施行再建マンション上に，登記の順位を変更することなく，同一の権利を「法的設定」するということである（4:4:2:1⑤，4:5:6:2①，五十嵐・まちづくり3:3:3:3:5）。

4　マンションの建替え及び敷地売却

【図】マンション建替え事業

　　　　　　　　　（注）数字は建法の条数　ただし，法は区分法

建替え決議，合意・法62, 64
- 区分所有者の5分の4以上

マンション建替組合の設立認可9・成立13・公告14
- 法人格6・個人施行者45
- 建替え合意者・議決権の4分の3以上の同意で申請9
- 売渡し請求15
- 権利変換を希望しない旨の申出56

権利変換計画の総会決議27
- 5分の4以上の賛成30
- 関係権利者の同意57
- 審査委員の過半数の同意67

反対組合員への売渡請求，買取請求64
- 時価で買取り

権利変換手続開始の登記55

権利変換計画の決定・認可57
- 区分所有権・敷地利用権60

権利変換期日における権利の変換
- 敷地利用権は権利変換計画で定める者に帰属70
- 施行マンションは組合に帰属71
- 担保権等の移行73
- 補償金の支払い75・供託76

権利変換の登記74

施行マンション及び敷地の明渡し80

施行マンションの除却・施行再建マンションの建設

建築工事完了公告等81

- 区分所有権・借家権の取得 71

施行再建マンションに関する登記 82

組合の解散 38～43

4：5　登記手続

4：5：1　代位登記

　権利変換計画に記録される不動産の表示や権利者の氏名又は名称及び住所等は，権利変換の登記（建法74条1項，82条1項）の前提として，登記記録の不動産の表示等と一致している必要がある。これが一致していない場合に，その変更・更正登記等の手続を不登法に規定する申請権者による個別の申請にゆだねると，建替事業に支障を来すおそれがある。そこで，建替事業を施行するために必要があるときは，施行者に代位登記の申請（2：2：4，5）権限を与えている（建登記令2条，建通達第1）。

4:5:1:1 分合筆登記

　建替事業を施行する場合，次のように土地の分筆又は合筆の登記（不登法39条）を必要とすることが多い。

　　a　施行マンションの敷地の一部を保留敷地（建法58条1項14号）として権利変換期日に施行者が取得し，その後売却して事業費の一部に充てる。

　　b　施行マンションの敷地に隣接施行敷地（建法11条1項）がある。

　　c　数筆に分かれている施行マンションの敷地を施行再建マンションの敷地として一筆にする。

　これらの場合，施行者は，権利変換の登記の前に，施行マンションの敷地及びその隣接施行敷地の所有者に代わって，分割（分筆）又は合併（合筆）の登記の申請をすることができる（建法92条）。

4;5:1:2 変更更正登記

　権利変換手続開始の登記等を申請する場合には，分合筆の登記のほか，

権利変換計画に記載された不動産の表題部や権利者の氏名又は名称及び住所等が登記記録と一致しないときは，あらかじめこれらの変更・更正登記を申請しなければならない（2:5:2, 3）。このとき施行者は，マンション建替事業を円滑に進めるために，これらの登記の申請権者に代わって，一定の登記を申請することができる（建登記令2条各号）。

　a　不動産の表題登記（同条1号）　施行再建マンションの敷地予定地内に表題登記がない土地がある場合又は未登記の建物（集会所等）で施行再建マンションの附属建物とするものがある場合，施行者は，土地又は建物の表題登記を代位申請することができる。

　b　不動産の表題部の変更・更正登記（同条2号）

　c　登記名義人の表示の変更・更正登記（同条3号）

　d　所有権の保存登記（同条4号）
　　表題部所有者が死亡した場合，施行者は，相続人のために所有権の保存登記を申請することができる。また，表題部所有者が死亡していない場合であっても，所有権の登記がない不動産については，権利変換手続開始の登記をすることはできないので，施行者は，その者のために所有権の保存登記を代位申請することができる。

　e　相続その他の一般承継による所有権「その他の権利」の移転登記（同条5号）
　　平成26年の建登記令の改正により，施行者も一般承継人に代わって申請することができるようになった。したがって，抵当権等について一般承継があった場合にも，建替事業の施行に必要があるときは，施行者は，代位登記することができる。

4:5:1:3 代位登記の申請

施行者がする代位登記の申請は，次の公告（建法55条1項各号）があった日からすることができる（建通達第1の2）。公告又はその写しは，代位原因を証する情報となる（建通達第1の4）。

　a　組合が施行する建替え事業にあっては，設立認可の公告又は新たな

施行マンションの追加に係る事業計画変更の認可の公告（同項１号）
　ｂ　個人施行者（建法５条２項）が施行する建替え事業にあっては，施行認可の公告又は新たな施行マンションの追加に係る事業計画変更の認可の公告（建法55条１項２号）

4:5:1:4 一の申請情報によってする代位登記

　建登記令２条１号なし３号の登記（4:5:1:2 ａないしｃ）は，令４条本文の規定にかかわらず，登記の目的又は登記原因が同一（令４条）でないときでも，各号の登記ごとに，一の申請情報ですることができる（特例省令17条，2:3:3）。建登記令２条４号及び５号の登記（4:5:1:2 ｄｅ）については，登記識別情報活用との関連から，一の申請情報による登記は認められていない。

4:5:1:5 登記識別情報

① 　登記官は，代位登記の申請に基づいて，建登記令２条４号又は５号の登記（4:5:1:2 ｄｅ）を完了したときは，速やかに，登記識別情報を申請人に通知しなければならない（建登記令３条１項）。
② 　①により登記識別情報の通知を受けた申請人は，遅滞なく，これを登記権利者に通知しなければならない（同条２項）。

4:5:2　権利変換手続開始の登記及びその抹消

4:5:2:1 権利変換手続開始の登記

　権利変換手続開始の登記は，権利変換計画作成のため当事者を確定する手段であるが，第三者の不動産の取引の安全を図るなどの目的から，施行者に申請を義務付けている。
① 　施行者は，設立認可等の公告の後，遅滞なく，公告があったことを証する情報（公告が掲載されている官報若しくは公報又はそれらの写し）を提供して（建登記令４条１項，建通達第２の2(1)），権利変換手続開始の登記を申請しなければならない（建法55条１項，建通達第２の１(1)）。

② 不動産の表示は，敷地権の登記がない場合は，施行マンションの敷地利用権の種類（所有権，地上権又は賃借権）及びその権利が（準）共有持分権のときは，その登記を特定する事項を「何番甲持分地上権」のように記載する。敷地権の登記がある場合は，敷地権の表示も記載する（通知様式１（注４，５）。

③ 権利変換手続開始の登記は，施行マンションの区分所有権及び敷地利用権（所有権）についてする場合は権利部（甲区）に，敷地利用権（賃借権又は地上権）についてする場合は権利部（乙区）に記録する。

④ 権利変換手続開始の登記には，権利者の処分を制限する効力がある。すなわち，権利変換手続開始の登記がされると，施行マンションの区分所有権若しくは敷地利用権（組合が施行する建替事業については組合員がもっているものに限る。）又は隣接施行敷地の所有権若しくは借地権を処分するためには，施行者の承認を要し，承認を得ないでした処分は，施行者に対抗することができない（建法55条２項，４項）。ただし，未登記の借地権の処分については，施行者の承認は必要でない（五十嵐・まちづくり3:4:3:5）。

【記録例805】

4:5:2:2 権利変換手続開始の登記の抹消

　権利変換期日前に組合の設立認可が取り消されるなどして建替事業を進めることができなくなった後に権利変換手続開始の登記が残っていることは望ましくない。そこで，施行者（組合施行の場合は清算人）は，次の場合には，遅滞なく，公告があったことを証する情報（公告が掲載されている官報若しくは公報又はそれらの写し）を提供して（建登記令４条２項，建通達第２の２(2)），権利変換手続開始の登記の抹消を申請しなければならない（建法55条５項，建通達第２の１(2)）。

　　a　組合の設立認可の取消し若しくは解散の公告（建法38条６項）
　　b　個人施行者による建替事業の廃止認可の公告（建法54条３項・49条１項）

c　個人施行者の施行認可の取消しの公告（建法99条3項）
　このほか，施行再建マンションの敷地について権利変換の登記をする場合（建法74条1項）にも権利変換手続開始の登記を抹消しなければならない（4：5：4）ことはいうまでもない。
【記録例806】

4：5：3　権利変換の登記
　権利変換期日以後，施行再建マンションの敷地（保留敷地を含む。）については，権利変換後の土地に関する権利について「必要な登記」をするまで，他の登記をすることができない（建法74条1項，2項）。この間に，他の登記申請があった場合，登記官は，その申請を不登法25条13号により却下する。そのため施行者は，権利変換計画の認可があったときは，施行マンション所在地の登記所に対して，権利変換期日等を通知することになっている（建法69条）。
　なお，権利変換期日における敷地に関する権利の変換（建法70条），施行マンションに関する権利の変換（建法71条）及び担保権等の移行（建法73条）の概要は，4：4：2で述べたとおりである。
4:5:3:1　施行再建マンションの敷地についての権利変換の登記
　施行者は，権利変換期日後遅滞なく，施行再建マンションの敷地（保留敷地を含む。）について，権利変換後の土地に関する権利について「必要な登記」を1筆の土地ごとに一の申請情報で（建登記令5条1項）申請しなければならない（建法74条1項）(注)。
① 必要な登記
　　施行マンションの敷地利用権及び隣接施行敷地の敷地所有権又は借地権は，権利変換期日に失われ，施行再建マンションの敷地利用権は，権利変換計画の定めるところに従い，施行再建マンションの敷地利用権を与えられるべき者が取得する（建法70条1，2項）。ただし，建法は，権利変換により与えられる敷地利用権について，権利変換により失われ

る敷地利用権等と同じ種類の権利を与えることを求めていない。異なる種類の権利が与えられることもある。

　権利変換により施行再建マンションの敷地利用権を取得することは，実体法的には原始取得であるが，登記手続上は，「移転」登記の形式を採っている。

　一の申請情報でしなければならない権利変換後の土地に関する権利について「必要な登記」は，次のとおりである（建登記令5条2項，建通達第3の1）。

a　施行再建マンションの敷地の所有権の移転登記
b　施行再建マンションの敷地の地上権又は賃借権の設定又は移転登記
c　保留敷地の所有権の移転登記
d　保留敷地の地上権又は賃借権の設定又は移転登記
e　施行再建マンションの敷地利用権についての担保権等登記

　従前の敷地利用権と権利変換後の敷地利用権が変わらない場合，すなわち，所有権が所有権に，地上権が地上権に又は賃借権が賃借権に権利変換される場合は，それぞれ所有権の移転登記（a），地上権の移転又は賃借権の移転登記（b）をする。権利の種類が変わる場合，すなわち賃借権が地上権に，地上権が賃借権に権利変換される場合は，それぞれ賃借権の抹消及び地上権の設定登記（b）又は地上権の抹消及び賃借権の設定登記（b）をする。

　施行マンションの敷地であった土地に保留敷地がある場合は，従前の施行マンションの保留敷地に係る敷地利用権は施行者が取得するから（建法70条3項），保留敷地については，施行者への所有権の移転登記（c）又は地上権若しくは賃借権の設定若しくは移転登記（d）をする。

　施行マンションの敷地利用権について存する担保権等の登記に係る権利は，施行再建マンションの敷地利用権の上に存するから（建法73条），この担保権等の登記に係る権利については，設定その他の登記（e）をする。

② 担保権等の登記と担保権等登記

「担保権等の登記」（建法58条1項5号）は，施行マンションの区分所有権又は敷地利用権の上に存する抵当権などの権利に関する登記で権利変換前の権利に係るものであり，「担保権等登記」（建登記令5条2項）は，建法73条の規定により存するものとされた権利変換期日以後の権利に係るものである。

①eの担保権等登記には，担保権等の登記に係る権利であって，建法73条の規定により，権利変換期日以後は，権利変換計画の定めるところに従い，施行再建マンションの区分所有権又は敷地利用権の上に存するものとして定められた（建法61条1項）権利の保存，設定等の登記のほか，施行マンションの敷地利用権について担保権等の登記があるとき（施行マンションが敷地権の登記のない建物であるとき）は，その登記の抹消（いったん抹消する。）も含まれる（建通達第3の1(5)）。

すなわち，敷地利用権については，権利変換期日に権利の変換が生じ，従前の施行マンションの敷地利用権は失われ（建法70条1項），権利変換前に施行マンションの敷地利用権の上にあった担保権等の登記に係る権利も権利変換後の敷地利用権の上に移行する（建法73条）。したがって，権利変換の前後において担保権等の登記に係る権利と担保権等登記に係る権利とは，それぞれ目的とする権利を異にするから，登記手続上は，担保権等の登記に係る権利の登記をいったん抹消し，権利変換の登記により施行再建マンションの敷地利用権として登記された権利について改めて担保権等登記をするのである。

例えば，施行マンションの敷地所有権の持分について設定されていた抵当権が，権利変換計画によって，施行再建マンションの敷地所有権の持分について設定され，その抵当権の移行を登記する場合は，抵当権の目的となる敷地利用権が異なるので，施行マンションの敷地所有権の持分に対する抵当権の登記を抹消し，施行再建マンションの敷地所有権の持分について抵当権の設定登記をすることになる。

4　マンションの建替え及び敷地売却

(注)　マンション建替事業では，従前の土地の表題登記の抹消及び新たな土地の表題登記を行わず，従前の登記記録に登記することとし（ただし，4:5:3:4），第一種市街地再開発（都再法90条）のように敷地である1筆の土地の区画・形質を変更する場合と異なり，従前の土地の表題登記の抹消及び新たな土地の表示の登記との同時申請を定めていない。

　市街地再開発事業における権利変換の場合は，土地に関するすべての権利を権利変換期日において一斉に変動させ，権利返還後の土地は，法律的には全く別の土地と観念されるため，登記に当たっても，その表示の登記自体をやり直すこととしている（都再登記令5条1項）。

　これに対して，マンション建替事業の場合は，①基本的には土地の形状，利用関係の変更を伴わない。②敷地利用権が土地の所有権でない場合にも土地の表題登記を抹消してしまうと，新たに底地権について所有権の保存登記をする必要があり，底地権者に対して，無意味な登記を強いることになる。③登記実務としても，土地の形状や利用関係に変更がない建替えについては，従前の表題登記を抹消して，建替えと関係のない権利についても全て新たに登記をし直すことは避けることが望ましい。などの理由から，従前の土地の表題登記を必ず行うとはしていないのである（建法解説157）。

4:5:3:2 施行マンションの敷地権消滅による建物表題部の変更登記

　一般に区分建物の敷地利用権が敷地権である場合は，区分建物の表題部に敷地権の登記をし，その敷地である土地の登記記録には敷地権である旨の登記をする。これらの登記がされた場合，建物についてされた権利に関する登記は，建物のみに関する旨の付記がない限り，敷地権について同一の効力があり，敷地である土地の登記記録には，所有権の移転登記や敷地権である地上権又は賃借権の移転登記ができない（不登法73条1項本文，2項本文，1:7:5，1:7:6）。

① 申請人

　敷地権の登記がある施行マンションについて権利変換の処分（建法68条2項）がされると，権利変換計画の定めに従い，その敷地利用権

は失われ，施行再建マンションの敷地利用権は，新たにその敷地利用権を与えられるべき者が取得する（建法70条1項）とともに，施行マンションは，施行者に帰属する（建法71条1項）。そうすると，施行マンションの区分所有権者とその敷地に関する権利の所有者が異なることになって，分離処分禁止の原則の適用が排除され，施行マンションの敷地権は消滅し，建物の表題部の変更登記が必要となる。

建物の表題部の変更登記の申請人は，本来，その区分建物の表題部の所有者又は所有権の登記名義人である（不登法51条）。しかし，この登記は，権利変換による登記の一つとしてするものであるから，これらの申請権者らにまかせておいては，円滑な権利変換に関する登記が期待できない。そこで，権利変換期日において，施行マンションの所有権が帰属する施行者に権利変換の登記（施行者が申請義務を負っている。建法74条）と同時に敷地権の消滅による不動産の表題部の変更登記の申請をさせることにしている（建登記令5条4項）。

② 登記原因及びその日付

登記原因の日付は，権利変換期日を記載し，「年月日非敷地権」とする。

③ 敷地権である旨の登記の抹消

土地の権利変換の登記は，土地の登記記録にするから，登記官は，職権により，権利変換の登記の前に土地の登記記録にされている敷地権である旨の登記を抹消しておく必要がある。したがって，敷地権である旨の登記の抹消（2:5:9:3）は，土地の権利変換の登記の前にする（4:5:3:5の甲区5番の登記）。

④ 規則の適用除外

規則は，敷地権の消滅による建物の表題部の変更登記をしたときは，建物によって公示されていた土地の登記記録の権利部の相当区に効力を有する登記（敷地権であった権利及びその登記名義人）を記録し（124条2項），特定登記があるときは，転写することとしている（同条3

項)。

　しかし，権利変換前の施行マンションに登記されている敷地利用権や担保権等の登記を土地の登記記録に記録するとしても，施行再建マンションの敷地利用権は，権利変換計画に定めるところに従って，新たにその敷地利用権を与えられる者が取得し，また，移行前の担保権等の登記に係る権利はいったん消滅する。したがって，土地の登記記録にこれらの権利を登記しても建物の表題部の変更登記と同時にする権利変換の登記において抹消されてしまう。そこで，公示の分かりやすさ及び登記手続の負担軽減の観点から，特例省令は，これらの登記をする必要はないとしている（特例省令18条2項による規則124条及び125条の適用除外，建通達第3の7(2)）。

4:5:3:3 土地についての権利変換の登記

① 申請情報

　土地の権利変換の登記は，建登記令によって特別に認められたものであるため，これを明らかにする趣旨で，「建法第74条第1項の規定により登記の申請をする旨」を申請情報の内容とする（建登記令5条3項前段）。

　登記原因は，「建法による権利変換」とし，登記原因の日付は，権利変換期日を記載する（建法70条，73条）。

　担保権等登記を申請する場合には，そのほか，権利変換前の建法73条に規定する担保権等の登記の登記原因及びその日付並びに建法による権利変換があった旨及びその日付を記載する（建登記令8条，建通達第3の5(2)）。

　なお，施行マンションの敷地について登記されている担保権等の登記の抹消を申請する場合，抹消の対象となる登記事項を特定する事項としては，権利変換前の担保権等の登記の受付の年月日及び受付番号を記載すれば足りる。

② 申請情報の順序

権利変換の登記の申請情報の内容には，担保権等登記の対象となる敷地利用権を特定するため，敷地利用権の登記の後に次の順序に従って登記事項に順序を付する（建登記令5条2項前段）。
  a 所有権の移転登記
  b 地上権又は賃借権の設定又は移転登記
  c 担保権等登記

この場合に施行マンションの敷地に抵当権が複数設定されているなど目的を同一とする2以上の担保権等登記をすべきときは，権利変換計画等に基づき，それぞれ権利の順序に従って登記をする必要があるから，担保権等登記の中でも登記をすべき順序に従って登記事項に順序を付する（同項後段）。

③ 添付情報

施行再建マンションの敷地に関する権利は，権利変換計画の定めるところに従って決定される（建法70条）から，建法74条1項の規定により登記の申請をする旨を申請情報の内容とし，添付情報として権利変換計画及びその認可を証する情報（建法57条1項）を提供する（建登記令5条3項）。

④ 受付番号

権利変換後の土地に関する権利についてする登記（建登記令5条1項）には，権利変換計画に定められた順序等に基づき，登記すべき順序に従って登記事項が記録されているから，その記録の順序に従って受付番号を付する（建登記令11条）。

⑤ 登記識別情報の通知

権利変換後の土地に関する権利についてする登記が完了したときは，登記官は，速やかに，登記識別情報を申請人に通知し，申請人は，遅滞なく，これを登記権利者に通知しなければならない（建登記令12条）。

4:5:3:4 担保権等の登記と地役権又は地上権の登記との先後関係

マンション建替事業の権利変換においては，土地の区画や形質の変更を

4　マンションの建替え及び敷地売却

伴わないため，土地の表題登記は抹消しないで，従前の土地の登記記録を使用するのが原則である。しかし，権利変換の対象とならない地役権又は地上権（建法70条4項前段）と権利変換の対象となる担保権等の登記に係る権利（同項後段）との先後関係を登記記録上反映させる必要がある場合には，新登記記録を使用する（特例省令18条1項）。

① 土地に関する権利のうち権利変換の対象となるのは，敷地利用権（建法70条1項ないし3項）及び敷地利用権の上に存する担保権等の登記に係る権利（建法73条）であり，それ以外の権利（例えば，送電線のための地役権や地下鉄敷設のための区分地上権など）は，権利変動を生じない。

　すなわち，担保権等の登記に係る権利は，権利変換期日以後は，権利変換計画の定めるところに従い，施行再建マンションの区分所有権又は敷地利用権の上に存することになり，登記手続上は，権利変換期日前の権利の抹消登記とともに，権利変換期日以後の権利として設定登記がされる。その実体は，権利の移行といえる。

② これに対して，施行マンションの敷地に登記されていた地役権等は，権利変換の対象とならず，権利変換期日以後も従前の土地の部分に存するから，登記手続上も，そのまま権利の順位が維持される。

　この場合，地役権又は地上権の登記に係る権利が存していた敷地利用権が担保権等の登記に係る権利の目的となっていたときは，実体法上，権利変換期日以後においても，その地役権又は地上権の登記に係る権利と担保権等の登記に係る権利との順位は変わらない（建法70条4項後段）。

③ しかし，先に担保権等の登記に係る権利が登記され，その後に地役権又は地上権の登記がされていた場合において，権利変換に係る担保権等登記を同一の登記記録に登記しようとしても，従前の担保権等の登記は抹消されているため，新たにその設定等の登記をすると，地役権又は地上権の登記の後順位になってしまう。その結果，権利変換後の担保権等

登記が地役権又は地上権の登記に劣後するような外観を与えてしまい，登記の公示の明確性から相当でないといえる。

④ そこで，権利変換期日前において，担保権等の登記に係る権利が地上権又は地役権の登記に係る権利に優先し，しかも，優先する担保権等の登記の全部又は一部が権利部（乙区）に記録されている場合は，権利の順序に従い，新登記記録の権利部（乙区）に担保権等登記をする。そして，権利変換によって変換されない権利の登記（地上権又は地役権の登記のほか，施行マンションの敷地利用権が借地権である場合におけるその敷地の所有権を目的する抵当権の登記等）を移記することにしている（特例省令18条1項前段）。この場合，移記前の権利部（乙区）の記録は閉鎖した登記記録とみなされる（同項後段）。

4:5:3:5 施行再建マンションの敷地についての登記記録例

施行再建マンションの敷地についての権利変換の登記記録例は，次のとおりである（建通達第6別紙記載例三1（一）(1)）。これは，1施行マンションに関して敷地権の登記がされ，（一）権利変換の対象とならない地上権の登記があり，(1)敷地利用権が所有権である場合である。

【記録例807】

【甲区】	
1番	所有権保存
2番	所有権移転
3番	所有権敷地権　　一棟の建物の名称　何マンション (注1)
4番	権利変換手続開始　　施行者　何マンション建替組合
5番	3番登記抹消　敷地権表示変更により
6番	共有者全員持分全部移転　　原因　権利変換　共有者　甲乙 (注2)
何番	4番権利変換手続開始登記抹消　　建登記令5条5項により
何番	共有者全員持分全部敷地権　　一棟の建物の名称　何マンション

4 マンションの建替え及び敷地売却

旧登記記録
【乙区】
1番　抵当権設定（注3）
2番　地上権設定
何番　特例省令18条1項により移記閉鎖
　　不動産の表示　何番の土地
新登記記録
【乙区】
1番　抵当権設定　　特例省令18条1項により順位1番の登記を移記
2番　甲持分抵当権設定　　原因　金銭消費貸借・設定（権利変換）
　　　　　　（注4）
3番　乙持分抵当権設定　　原因　金銭消費貸借・設定（権利変換）
　　　　　　（注4）
4番　地上権設定　　特例省令18条1項により順位2番の登記を移記
5番　2番，3番抵当権抹消　　規則123条2項により登記

（注1）　権利変換手続開始の登記及びその抹消登記は，施行マンションにされている。

（注2）　施行再建マンションの敷地利用権の取得登記の形式は，移転登記による。登記記録上は，本来転写すべき施行マンションの共有者の登記が省略されているので（4:5:3:2④）分かりにくいかもしれない。この登記の申請者は，登記権利者として施行再建マンションの敷地利用権者，登記義務者として施行マンションの敷地利用権者を表示する（通知様式3の（注4））。

（注3）　敷地権発生前に設定されたもの。

（注4）　敷地権付き区分建物に公示されていたもの。登記の優先順位を明らかにするため，権利変換前の受付年月日及び受付番号並びに登記原因及びその日付を表示し，更に権利変換による旨及びその日付を括弧書きにより表示する。

　　　この後，施行再建マンションに担保権等登記をする場合（4:5:6:2）において，

建登記令8条1項の規定により登記事項とされた権利変換前の担保権等の登記の目的等が施行再建マンションの敷地権に登記された担保権等登記のそれと同一であるときは，登記官は，これらの記録部分を不登規則123条1項ただし書の登記の目的等とみなして，同条2項の規定により，敷地権にされた登記は職権により抹消する（4：5：7）。

4：5：4　権利変換手続開始の登記の抹消

①　権利変換期日等は，事前に施行マンション所在の登記所に通知される（建法69条）。権利変換期日以後は，施行再建マンションの敷地に関しては，「必要な登記」がされるまでの間，他の登記をすることができない（建法74条2項）。この間に申請された他の登記は，不登法25条2号により却下される。

施行マンションの敷地利用権等について処分を制限するためにされた権利変換手続開始の登記は，権利変換期日以後は，当然にその効力を失う。そこで，登記官は，「必要な登記」をするときは，職権で権利変換手続開始の登記を抹消しなければならない（建登記令5条5項，建通達第3の8）。

②　権利変換期日前に組合の解散等により事業が終結（目的不到達）した場合は，施行者は，解散等の公告後，遅滞なく，本登記の抹消を申請しなければならない（建法55条5項，建登記令4条2項）。

【記録例806】

③　敷地権の登記のある施行マンションについてした権利変換手続開始の登記は，建物の登記をもって土地についても同一の登記原因による相当の登記としての効力があるから（不登法73条1項本文），土地の登記には記録されていないので，抹消の手続を必要としない。

4：5：5　施行マンションの滅失登記

施行マンションは，権利変換期日に施行者に帰属する（建法71条1

項)。施行マンションには，権利変換手続開始の登記がされており，この登記後は，施行者の承諾を得ないでした施行マンションに関する権利の処分は，施行者に対抗することができない。また，施行マンションは，マンション建替事業により取り壊されるから，権利変換期日後に，施行マンションの所有権を施行者名義に移転登記をしなくても，建替事業に影響はない。

4:5:5:1 滅失登記の申請人

　施行マンションが滅失したときは，その滅失登記をすることになるが，建物の滅失登記は，原則として，その建物の表題部所有者又は所有権の登記名義人に申請義務が課されている（不登法 57 条）。施行マンションは，権利変換期日に施行者に帰属する（建法 71 条 1 項）から，滅失時の施行マンションの所有者は施行者である。

　したがって，施行マンションの滅失登記は，施行マンションの表題部所有者若しくは所有権の登記名義人が申請するか，又は滅失時の所有者である施行者への所有権の移転登記を経由した上で，施行者が申請するのが原則的な取扱いである。

　しかし，施行マンションの表題部所有者又は所有権の登記名義人からの申請を待っていては，円滑な事業の遂行が期待できないし，施行者への所有権の移転登記を義務付けることは，滅失登記のためだけに施行者への所有権の移転登記を強いることになり，手続が煩雑になる。そこで，施行マンションの所有権の移転登記をしていない場合であっても，実体上の所有者であることが明らかな施行者に，滅失登記の申請権限を与えると同時に，その登記申請を義務付けている（建登記令 6 条 1 項）。

4:5:5:2 添付情報

　施行マンションは，権利変換期日に施行者に帰属する。その権利変換期日は，権利変換計画に記録されるので（建法 58 条 1 項 16 号），滅失登記の申請をする場合には，申請人である施行者に施行マンションが帰属したことを明らかにするため，権利変換計画とその認可（建法 57 条 1 項参照）

証明情報を提供しなければならない（建登記令6条2項）。

なお，所有権の登記名義人ではない施行者が滅失登記の申請をする場合は，権利変換手続開始の登記に記録されている施行者の表示と照合することによって，申請権限のある者かどうかを審査することになるが，権利変換手続開始後に施行者について一般承継等があった（建法51条）ときは，その承継証明情報の提供も必要である（不登法42条）。

4:5:6 施行再建マンションに関する登記

施行再建マンションの区分所有権は，建築工事完了の公告の日に，権利変換計画の定めるところに従い，新たに施行再建マンションの区分所有権を与えられるべき者が取得する（建法71条2項）。

施行再建マンションの敷地利用権は，原則として，その建物の専有部分と分離して処分することのできない権利であるから，一般的には，敷地権付き区分建物として登記することになる。

4:5:6:1 登記の申請

施行者は，施行再建マンションの建築工事が完了したときは，遅滞なく，施行再建マンション及び施行再建マンションに関する権利について必要な次の登記を申請しなければならない（建法82条1項，建登記令7条2項各号）。

 a 建物の表題登記
 b 規約により建物を共用部分としたときは共用部分である旨の登記
 c 所有権の保存登記
 d 清算金を徴収する権利保全に必要がある場合は，建法88条1項の先取特権の保存登記
 e 施行マンションの区分所有権について存していた担保権等の登記に係る権利がある場合は，担保権等登記（4:5:3:1②）

a及びbは，「施行再建マンションについて必要な登記」であり，cないしeは，「施行再建マンションに関する権利について必要な登記」であ

る。
① 一の申請情報

施行再建マンション及び施行再建マンションに関する権利について必要な登記の申請は，一棟の建物及び一棟の建物に属する区分建物の全部について一の申請情報でしなければならない（建登記令7条1項）。

この登記がされるまでの間，施行再建マンションに関する権利に関しては，他の登記をすることができない（建法82条2項）。個別に登記申請をすることは，公示上も登記手続上も適当でないからである。

② 申請の順序

2以上の登記の登記事項を申請情報の内容とするには，登記所の事務処理上の便宜を考慮し，さらに，区分建物ごとに，必要な登記の登記事項に順序を付してしなければならないので，一棟の建物及び区分建物ごとに，上記aないしeの順序に従って登記事項に順序を付する（建登記令7条2項）。

③ 申請情報及び添付情報

令3条各号に掲げる事項のほか登記申請の根拠条文（建法82条1項）を記載し，添付情報として権利変換計画及びその認可証明情報（建登記令7条3項）のほか規約証明書等を提供する。土地の権利変換の登記申請を規定した建登記令5条3項と同趣旨である。

④ 登記原因及びその日付

登記原因は，先取特権の保存の登記（4:5:6:1 d）については「建法による先取特権発生」，担保権等登記については「建法による権利変換」とし，登記原因の日付は，いずれも建築工事完了の公告の日とする（建通達第5の2(2)）。

⑤ 受付番号

権利変換後の土地に関する権利についてする登記（建登記令5条1項）及び施行再建マンションに関する登記（建登記令7条1項）には，権利変換計画に定められた順序等に基づき，登記すべき順序に従って登

記事項が記録されているから，その記録の順序に従って受付番号を付する（建登記令11条）。

⑥　登記識別情報の通知

権利変換後の土地に関する権利についてする登記（建登記令5条1項）又は施行再建マンションに関する登記（建登記令7条1項）が完了したときは，登記官は，速やかに，登記識別情報を申請人に通知し，申請人は，遅滞なく，これを登記権利者に通知しなければならない（建登記令12条）。

【記録例811】

【Q35】　施行再建マンションの所有権の保存登記における申請適格

施行再建マンション及び施行再建マンションに関する権利について必要な登記（建法82条1項）をする前に参加組合員A（建法17条）が区分所有権又は敷地利用権をBに譲渡していた場合，施行者は，Bの名義で所有権の保存登記をすることができるか。

【A】　権利変換計画の変更の認可を得ていない場合は，B名義の所有権の保存登記はできない。ただし，施行者が，A名義の表題登記のみを申請し，所有権の保存登記の申請は留保することを認めてもよいのではないかと考える。

参加組合員制度は，ディベロッパーなどの民間事業者のノウハウや資金力の活用あるいは保留床の処分先としての役割を担っている。権利変換計画において参加組合員に与えられることになる施行再建マンションの区分所有権及び敷地利用権の明細が定められる（建法58条1項12号）。その変更があった場合も都道府県知事の認可を得なければならない（建法66条）(注)。

施行再建マンションの区分所有権は，建築工事完了の公告日に，権利変換計画に定められた者が取得する（建法71条2項）。施行者は，施行再建マンション及び同マンションに関する権利について必要な登記を，一棟の建物及び一棟の建物に属する建物の全部について一の申請情報でしなければならない（建登記令7条1項）。必要な登記には表題登記及び所有権の保存登記も含まれている（4:5:6:1）。

4 マンションの建替え及び敷地売却

　　　しかし，そうすると参加組合員名義で所有権の保存登記をし，参加
　　組合員からマンションを購入した者が，各自，所有権の移転登記をし
　　なければならないことになる。これは，折角設けられた不登法74条
　　2項の適用（3：2：1）を建登記令により否定される結果となる。そ
　　こで，施行者は，Aが区分建物をBに譲渡した場合は，便宜，表題登
　　記のみの申請をするにとどめ，所有権の保存登記は，各自，必要な登
　　記終了後（建法82条2項）申請することを容認しても差し支えない
　　ものと考える。この場合，施行者がB名義で所有権の保存登記をする
　　ことまでは容認できないであろう（登研697-219）。
（注）　施行マンションについて組合員がもっていた区分所有権又は敷地利用権
　　の全部又は一部を承継した組合員は，その権利義務を承継し，取得する
　　（建法19条）。権利変換手続開始の登記がされた後は，これらの権利の処分
　　に当たっては，施行者の承認が必要となる。承認を得ないでした処分は，
　　施行者に対抗することができない（4:5:2:1④）。
　　　参加組合員は，施行マンションの区分所有権又は敷地利用権をもってい
　　ない。取得する施行再建マンションの区分建物（いわゆる保留床）には担
　　保権等の登記が付いていることはない。

4:5:6:2 担保権等登記の申請

① 登記の順序

　施行再建マンションの区分所有権の上に存するものとされた目的を同一とする2以上の担保権等登記についても，土地の権利変換の登記の場合と同様に，権利変換計画等に基づき，権利の順序に従って登記を行う必要があるため，土地の権利変換の登記申請の規定（建登記令5条2項後段）を準用している（建登記令7条4項）。

　担保権等登記に係る権利は，権利変換期日以後は，施行再建マンションの区分所有権又は敷地利用権の上に存するものとされている（建法73条）が，その法的意味は，法定設定であると解されている（4:4:2④）。もっとも，法定設定といっても，その実体は，権利変換前の担保権等の登記に係る権利が移行するものとして設定されるにすぎないか

ら，権利変換の登記の前後で各権利間の順位が変わらないものとして登記される（建法70条4項後段）。
② 登記事項
　担保権等登記の登記事項としては，次の事項を記録しなければならない（建登記令8条1項，2項，建通達第5の2の(3)，5の(2)）。
　a　受付年月日及び受付番号として，権利変換前の担保権等の登記申請の受付年月日及び受付番号
　b　登記原因及びその日付として，権利変換前の担保権等の登記原因及びその日付
　c　法による権利変換があった旨及びその日付
　なお，敷地権のある建物の場合はその表示を，規約共用部分がある場合はその旨を記録する。
③ 受付番号
　施行マンションとその敷地に登記されているものとしては，地役権や敷地利用権でない地上権など権利変換の対象とならない登記もある。このうち，乙区の登記事項欄に登記される担保権等登記と権利変換されない地役権等の登記との前後は，権利の順序に従って登記することにより調整されるが（特例省令18条1項，4:5:3:4），担保権等登記の中には，仮登記や差押え等の処分の制限の登記など甲区の登記事項欄に記録されるものもある。そこで，これらの登記と権利変換されない地役権等の登記との前後についても，権利変換前と同じ順位で登記することができるようにする必要がある。
　すなわち，別区にした登記の前後は，受付番号によるとされているが（不登規則2条），甲区の登記事項欄に差押え等の担保権等登記を権利変換による登記の受付番号により登記した場合において，その登記が権利変換されない地役権等の登記に優先する担保権等の登記が移行したものであるときは，権利変換されない地役権等の登記の受付番号は変わらないため，これらの登記に劣後するかのような公示になってしまう。そこ

で，担保権等登記についても，権利変換前の登記の受付番号で登記できるように「権利変換前の登記申請の受付年月日及び受付番号」を付するものとしている（建登記令11条）。

4:5:6:3 申請情報の内容

施行再建マンションに関する登記の申請情報の内容は，およそ次のとおりである（通知様式6）。

【記録例811】

申請人　建替組合

登記の目的

　区分建物表題登記　原因　年月日新築

　区分建物共用部分である旨の登記　原因　年月日規約設定

　所有権保存　所有者

　建法88条1項の先取特権の保存　原因　年月日建法による先取特権発生

　（以下略）

　何某持分抵当権設定

　　権利変換前の登記申請の受付年月日及び受付番号　年月日受付第何号

　　原因　年月日金銭消費貸借契約年月日設定（年月日建法による権利変換）

　　（以下略）

不動産の表示

　一棟の建物の表示

　敷地権の目的である土地の表示 (注)

区分建物の表示

　敷地権の表示

4：5：7　敷地権にされた担保権等登記の職権抹消

　施行再建マンションに担保権等登記をする場合において，建登記令8条1項の規定により登記事項とされた権利変換前の担保権等の登記の目的等（登記の目的，申請の受付年月日及び受付番号並びに登記原因及びその日付）が施行再建マンションの敷地権に登記された担保権等登記のそれと同一であるときは，登記官は，これらの記録部分を規則123条1項ただし書の「登記の目的等」とみなして，同条2項の規定により，敷地権にされた登記を職権により抹消すべきである（櫻庭155，4：5：3：5の(注4)）。

　すなわち，一般に建物の表題部の登記事項に関する変更登記により新たに敷地権の登記をした場合において，建物につき特定担保権（一般の先取特権，質権又は抵当権に関する登記）であって，敷地権についてされた登記の目的等が同一のものであるときは，これらの登記に建物のみの付記をしないで，敷地権にされた特定担保権に係る権利に関する登記を抹消しなければならない（規則123条1項ただし書，2項）。この登記を抹消しないと敷地について二重登記のような外観を生じてしまうからである（2：5：7：8）。

　施行マンションに敷地権の登記がされていた場合も，担保権等の登記の担保権は，建物のみの付記をしないで建物に登記されているのが通常である。このような担保権であっても，権利変換においては，次の手続を取るものとされている。

① 施行再建マンションの敷地については，権利変換期日後，遅滞なく，権利変換後の土地に関する権利について必要な登記がされる（建法74条1項）。登記原因は，権利変換前の登記の登記原因及びその日付のほか，括弧書きで権利変換期日及び法による権利変換があった旨を記録する（建通達第3の5(2)）。

② 施行再建マンションについては，建築工事完了後，遅滞なく，同マンション及び同マンションに関する権利について必要な登記がされる（建法82条1項）。登記原因は，権利変換前の登記の登記原因及びその日付

のほか，括弧書きで建築工事の完了の公告の日及び法による権利変換があった旨を記録する（建通達第5の2(2)）。

このように，権利変換の登記後に担保権の登記がされる時期は，土地と建物とで異なり，登記原因の日付も異なる。しかし，担保権等登記には，権利変換前の担保権等の登記の登記原因及びその日付並びにその登記申請の受付日付及び受付番号を記録することとされている（建登記令8条1項）。担保権等の登記が，建物のみの付記をしないで建物にされ，施行マンションの敷地に対して同一の効力があるときは，これらの受付番号や原因日付は同一のものになる。したがって，登記官は，施行再建マンションの敷地権についてのこれらの記録部分を規則123条1項ただし書の「登記の目的等」とみなして，同条2項の規定により，職権により抹消しなければならないのである。

4：5：8　登録免許税の非課税

施行者（建法2条5号），施行再建マンションの区分所有権若しくは敷地利用権を与えられることとなる者（同法58条1項2号）又は担保権等の登記に係る権利を有する者（同項5号）が，平成30年3月31日までの間（暫定）に，マンション建替事業（良好な居住環境の確保に資するものとして政令で定めるものに限る。）に伴い受ける次に掲げる登記については，租特法の適用がある旨の都道府県知事（市の区域にあっては市長）の証明書を添付することにより，登録免許税は課されない。ただし，cに掲げる登記に係る登録免許税にあっては，施行再建マンションの区分所有権若しくは敷地利用権を与えられることとなるものが取得する土地に関する権利の価額のうちの差額（同法85条）又は隣接施行敷地（同法11条1項）の価額に相当する金額に対応する部分として政令で定めるものについては，この限りでない（租特法76条）。

 a 権利変換手続開始の登記（建法55条1項）
 b 組合（建法5条1項）が同法15条1項又は64条1項若しくは3項

により取得する施行マンション（同法2条1項6号），区分所有権（同項11号）又は敷地利用権（同項16号）の取得の登記
  c　権利変換後の土地に関する権利（参加組合員（同法17条）が取得するものを除く。）について必要な登記（同法74条）

4：6　マンションの敷地売却

　建法の目的は，第一にマンションの建替組合の設立及び権利変換手続の制度を設けることによって，マンション建替えの円滑化のための措置を講ずること（建法第2章），第二に地震によるマンションの倒壊その他の被害から国民の生命，身体及び財産の保護を図るために，除却する必要のあるマンションについてマンション敷地売却に係る制度を設け，その事業に係る特別の措置を講ずること（同法第3章及び第4章）にある。

　建法は，マンションの建替えを一般的に「促進」するものではなく，マンションの居住者（正確には区分所有者）が建替えを決議した場合に，その後の建替事業を「円滑」に進めるための措置を講じ，また，耐震性不足のマンションの敷地売却決議をした場合に，その後の除却のための売却事業を「円滑」に進めるための措置を講ずるものである。

　経年マンションを建て替えるか，修繕・改修をするかについては，あくまでも区分所有者の決定に委ねている。耐震性不足マンションを除却するために売却するか，改修するかも同様である。

　建法は，前述（1:1:3:5及び4④〜⑦）のように，平成26年改正によってマンション敷地売却制度を新設した。改正法前は，市町村長が，構造又は設備が著しく不良であるため居住の用に供することが著しく不適当で，保安上危険又は衛生上有害な状況にあるマンション（危険・有害マンション）の区分所有者に対し，マンションの建替えを行うことを勧告することができるものとし，それと共に，マンションの建替えを促進するために特別な措置を講じるものとされていた（同法第5章「危険又は有害な状況にあるマンションの建替えの促進のための特別の措置」102条〜124

条）が，この法改正によって，民間活力を利用するマンション敷地売却制度が新設されるのに伴い，行政の関与のもとに建替えの促進を図ろうとする危険・有害マンション制度は廃止され，同制度に関する規定は削除された。

4：6：1　要除却認定

　大規模地震で倒壊・崩壊する危険性のあるマンションについては，速やかに耐震改修や建替え等により耐震化を促進する必要がある。その一方策として，改正建法は，特別多数決議による敷地売却及び新たに建築されるマンションの容積率を緩和する特例（建法105条）を設けた。マンションは，行政により耐震性不足が認定されたものに限定される。

① 　耐震法（2条1項）に規定する耐震診断が行われたマンションの管理者等は，特定行政庁（建基法2条35号）に対し，マンションを除却する旨の認定を申請することができる（建法102条1項）。特定行政庁は，国土交通大臣が定める基準（構造耐震指標〔Is値が0.6未満〕）に適合していないと認めるときは，その旨の認定をする（同条2項）。この認定を受けたマンションを「要除却認定マンション」という（建法103条）。

② 　要除却認定マンションの認定基準と耐震法に基づく「要耐震改修認定建築物」（同法25条3項）の認定基準は同一であるから，管理者等がこれらの認定の申請をするに当たっては，マンションの区分所有者が，敷地売却と耐震改修のうちどちらの方向を選択するのかを決定しておく必要がある。

③ 　この決定は，集会の普通決議（法39条1項）に基づくものと解される。どちらの申請をしてどちらの認定を受けたかは，その後にされる耐震改修又はマンション敷地売却の集会決議の選択に必ずしも影響を与えるものではない。

　例えば，いったん「要除却認定マンション」の認定を受けたが，その

後に改めて「要耐震改修認定建築物」の認定を受けた上で，耐震改修の決議（耐震法25条3項）を行うことは可能であると解されている（その逆も可能）。

④　敷地売却制度において，買受人は，耐震性の不足するマンション居住を解消するという同制度の目的から，要除却認定マンションを除却しなければならないが，前述のように，除却後の当該敷地に新たにマンションを建築することは必ずしも義務付けられてはいない。除却後の当該敷地に新たにマンションが建築されるか否かは，敷地売却決議の前に，買受人が代替建築物の提供等（マンションに代わるべきマンションの敷地に再建される建築物又はそれ以外の建築物の提供又はあっせん）に関する計画を作成し，都道府県知事等の認定を受けるに先立って決定されなければならない。この決定を前提とし，かつ，その内容が，敷地売却決議の対象となる。

⑤　平成26年改正法は，区分所有者の選択に当たっての一般的な意向と思われる所有敷地内での建替えの方向を促進するために，要除却認定マンションの建替えにより新たに建築されるマンションで，一定の敷地面積を有し，市街地環境の整備・改善に資するものについては，特定行政庁の許可により容積率を緩和できるものとした（建法105条）。

　これは，総合設計制度（建基法59条の2）と異なり，耐震性不足のマンションの除却・建替えを主な目的とするため，法定の空地面積や敷地面積の要件は設けていない。ただし，極端に狭小な土地利用を防止するため，最低限の敷地面積が定められている（建令27条）。

【コラム】　容積率の緩和
　容積率の緩和については，「従前の1.5倍の建物が建てられる」という話を聞きますが，この点については，少し誤解があるようです。
　容積率緩和のベースになっている制度としては，「総合設計制度」（建基法59条の2）があります。この制度は，周辺の環境を良好に保つこ

と等を目的として、土地の20％に相当する部分を公開空地として提供することなどにより、容積や高さを緩和する制度です。例えば、建ぺい率が80％の地区では、この公開空地部分があることから、実際に利用できる建ぺい率は60％までとなり、その空地等を評価して、容積率の割増し（緩和）が許可されます。

建法の改正による容積率緩和の制度は、要除却認定マンションで、建替え後もマンションとなる場合において、公開空地等を提供することに加えて、他の手法で公益に資することが認められ、容積率の緩和を受けるものです。一括売却をしたのちに買受人がマンションを建築する場合のほか、要除却認定を受けたマンションを建替え決議を経て建替えをする場合にも適用することが可能です。

しかし、例えば、日影規制（建基法56条の2）がある地区においては、総合設計制度を使って高層建築を実現できる土地には一定の限度がありますから、そのボーナスを活用できない可能性もあります。

4：6：2　敷地売却決議

① 要除却認定マンションの区分所有者は、区分所有者集会（建法106条）において、区分所有者、議決権及び当該敷地利用権の持分の価格の各5分の4以上の多数で、要除却認定マンション及びその敷地を売却する旨の決議（以下「敷地売却決議」という。）をすることができる（建法108条1項）。同決議においては、前述の認定を受けた買受人となるべき者の氏名又は名称、売却における代金の見込額及び売却によって各区分所有者が取得することができる金銭（分配金）の額の算定方法に関する事項を定めなければならない（同条2項・3項）。

② この決議を目的とする集会を招集する通知をするときには、議案の要領のほか、売却を必要とする理由、耐震改修又は建替えをしない理由及び耐震改修に要する費用の概算額を通知しなければならず（同条6項）、また、集会の会日（開催日）の少なくとも1箇月前までに、招集の際に通知すべき事項について区分所有者に対する説明会を開催しなければならない（同条7項）。

③　敷地売却決議があった場合には，その後の売却手続を賛成者のみで進めることができるように，法63条（区分所有権等の売渡し請求等）及び64条（建替えに関する合意）の規定が，所定の読替えがされた上で準用される（同条10項）。

4：6：3　買受人の決定と買受計画の認定

①　敷地売却決議があった場合にこれを買い受けようとする者は，同決議がされる前に，国交省令で定めるところにより，マンションの買受け及び除却並びに代替建築物の提供等（当該マンションに代わるべきマンションの敷地に再建される建築物又はそれ以外の建築物の提供又はあっせん）に関する計画を作成し，都道府県知事等の認定を受けなければならない（建法109条1項，110条）。

②　この計画には，マンションを除却した後の土地の利用に関する事項も記載する（建法109条2項5号）。マンションを除却した後の敷地の利用については，特に制限はなく，マンションを再建する必要はない。マンションが再建される場合には，一定の要件のもとに，特定行政庁の許可により容積率が緩和される（4：6：1⑤）。

③　買受人にマンションの再建を義務付けないことにより，デベロッパーが参入しやすくなって，買受人が見つけやすくなるとともに，各区分所有者にとっては，最有効使用を前提とした土地の評価額を基準とした売却代金を得ることができる。

④　この計画には，決議に反対する区分所有者の居住建物の確保という観点から代替建築物の提供等に関する事項を記載しなければならない（建法109条2項各号）。

⑤　要除却認定マンションについての敷地売却決議においては，決議の前に買受人が決定される必要がある。すなわち，買受人は，要除却マンションの認定の申請を議事とする集会において，認定を条件として決定されるか（建法108条2項1号，3項），又は同認定後の集会において

決定されることになる（建法109条1項）。

4:6:4　マンション敷地売却組合の設立

　マンション敷地売却事業（建法2条1項9号。以下「敷地売却事業」という。）を実施することができる主体は，マンション敷地売却組合である（建法116条。以下「敷地売却組合」又は「組合」という。）。

① 要除却認定を受けたマンションの区分所有者は，区分所有者集会を開くことができる（建法106条）。被災法においても同趣旨の規定（7条）がある。

② 区分所有者は，敷地売却決議（建法108条1項）の内容により，敷地売却を行う旨の合意をしたものとみなされた者（同条10項・法64条）の4分の3以上の同意を得た上で，都道府県知事（市の区域内にあっては市長）の認可を受けて組合を設立することができる（建法120条～122条）。

③ マンション建替事業においては，個人施行も可能であるが（建法5条2項），敷地売却事業については，個人施行の規定は設けられていない。

④ 組合は，法人格を付与されているが（建法117条），管理組合法人とは異なり，登記は不要とされている。ただし，一般社団・財団法人法4条（住所）及び78条（代表者の行為についての損害賠償責任）は準用されている（建法117条2項）。

4:6:5　分配金取得計画等

① 組合は，組合の設立認可の公告（建法123条1項）後，遅滞なく，分配金取得計画を定めなければならない（建法141条1項）。

　　分配金取得計画においては，組合員が売却マンションについて有する区分所有権又は敷地利用権権利消滅期日において消滅することとなる権利及び権利消滅期日等（建法149条）を定めなければならない（建法142条1項）。

② 組合は，組合員に対し，権利消滅期日までに分配金を支払わなければならない（建法151条）。また，組合員の有する区分所有権又は敷地利用権が抵当権等の目的となっている場合は，組合は，その分配金を供託しなければならず（建法152条・76条3項），抵当権者等は，供託された分配金に対して物上代位をする（建法152条・77条）。

　組合は，借家人等で権利消滅期日に借家権等の権利を失う者に対して，権利消滅期日までに補償金を支払わなければならない（建法153条）。
③ 区分所有者等は，権利消滅期日までに組合に売却マンション及びその敷地を明け渡さなければならない（建法155条）。

4：6：6　権利消滅期日における権利の帰属等
権利消滅期日において次のとおり権利変動等が生ずる。
① 組合は，分配金取得計画若しくはその変更（権利消滅期日に係るもの）の認可を受けたとき又は軽微な変更をしたときは，管轄の登記所に対して，その旨を通知しなければならない（建法148条）。
② 売却マンションは，組合に帰属し，法1条に規定する建物の各部分を所有権の目的としない建物（区分建物でない建物）となり，売却マンションを目的とする所有権以外の権利は消滅する（建法149条1項）。
③ 売却マンションの敷地利用権は組合に帰属し，売却マンションの敷地利用権が所有権であるときは敷地を目的とする所有権，地役権及び地上権以外の権利は消滅し，敷地利用権が借地権であるときはその借地権を目的とする権利は消滅する（同条2項）。
④ 組合は，権利消滅期日後遅滞なく，売却マンション及びその敷地に関する権利について必要な登記（以下「権利売却の登記」という。）を申請しなければならない（建法150条1項）。権利消滅期日後は，その登記がされるまでの間は，売却マンション及びその敷地に関しては，他の登記をすることはできない（同条2項）。

4　マンションの建替え及び敷地売却

4：6：7　敷地売却事業

　敷地売却事業においても，マンション建替事業（建法15条）と同様に，売渡請求権を認め，組合が敷地売却事業の実施主体として機能できるようにしている。

① 　売渡し請求

　　組合は，敷地売却に参加しない旨を回答した区分所有者（その承継人を含む。）に対し，区分所有権及び敷地利用権を時価で売り渡すべきことを請求することができる（建法124条1項）。組合がこの売渡し請求をすることにより，区分所有者との売買契約が成立し，組合は，区分所有権及び敷地利用権を取得する。

② 　分配金取得手続開始の登記

　　組合は，設立後，遅滞なく，売却マンションの区分所有権及び地利用権について，分配金取得手続開始の登記を申請しなければならない（建法140条1項）。マンション建替事業に関する権利変換手続開始の登記（建法55条）に相当する。

　　分配金取得手続開始の登記があった後に，組合員が売却マンションの区分所有権又は敷地利用権を処分するときは，組合の承認を得なければならず（同条2項），組合の承認を得ないでした処分は，組合に対抗することはできない（同条4項）。

③ 　分配金取得計画の決定

　　組合は，分配金取得計画を定め，都道府県知事等の認可を受けなければならない（建法141条1項）。この決定に当たっては，組合の総会で議決（過半数の普通決議）する必要がある（同条2項）が，決定は，売却による代金の分配金に関するものであり，決定に伴い反対者が離脱することはない。そして，分配金取得計画に定められた権利消滅期日において，個別の区分所有権及び敷地利用権は，いったん組合に集約され（建法149条），その後，組合から買受人に対し，マンションとその敷地が売却される。

④　補償金

　売却マンション又はその敷地に関する権利を有する者（借家人）で，権利消滅期日において，その権利を失う者に対しては，分配金取得計画において，当該権利とこれに対応する補償金が定められ，組合は，同借家人に対して，権利消滅期日までに補償金を支払わなければならない（建法153条）。

⑤　担保権者

　担保権が設定されている売却マンションの区分所有権等については，これに対応する分配金は区分所有者に支払われずに供託される。担保権者は，その供託金の還付請求権に対して，その権利を行うこと（物上代位）ができる（建法152条・76条，77条，78条）。

4：6：8　権利消滅期日における権利の帰属

　組合は，分配金取得計画（又はその変更）の認可を受けたときは，遅滞なく，売却マンションの所在地の登記所に権利消滅期日等を通知しなければならない（建法148条）。登記所は，組合による必要な登記（③）が行われるまでの間に，他の登記の申請があった場合は，申請を却下する（不登法25条13号・不登令8号）。

　権利消滅期日には，次のとおり権利変動等が生ずる。

①　売却マンションは，組合に帰属し，法1条に規定する建物の各部分を所有権の目的としない建物（区分建物ではない建物）となり，売却マンションを目的とする所有権以外の権利は消滅する（建法149条1項）。

②　売却マンションの敷地利用権は，組合に帰属し，売却マンションの敷地利用権が所有権であるときは，当該所有権に係る敷地を目的とする所有権，地役権及び地上権以外の権利は消滅し，売却マンションの敷地利用権が借地権であるときは，その借地権を目的とする権利は消滅する（同条2項）。

　具体的な権利の異動は，次のとおりである。

a 敷地権が所有権の場合は，区分所有権を目的とする全ての権利，敷地の所有権に係る担保権及び敷地を目的とする債権（駐車場使用権等）は消滅し，マンションの所有権及びその敷地権は組合に帰属し，地役権及び地上権は存続する。

b 敷地権が借地権の場合は，区分所有権を目的とする全ての権利，借地権に係る担保権及び借地権を目的とする債権（駐車場使用権等）は消滅し，マンションの所有権及びその借地権は組合に帰属し，敷地の所有権，地役権，地上権及び敷地の所有権を目的とする担保権は存続する。

③ 組合は，権利消滅期日後遅滞なく，売却マンション及びその敷地に関する権利について必要な登記（「権利売却の登記」）を申請しなければならない（建法150条1項）。権利消滅期日以後は，売却マンション及びその敷地に関しては，その必要な登記がされるまでは，他の登記をすることができない（同条2項）。

【図】マンション敷地売却制度

　　　　　　　　　　　　　　　　（注）　数字は建法の条数

耐震性不足の認定申請102
- 特定行政庁が認定102　容積率の緩和105

マンション敷地売却決議108
- 5分の4以上の多数により決議（売却の相手方，売却代金，分配金の算定方法）
- 売渡請求，再売渡請求108・法63

買受計画の作成・認定申請109
- 買受計画の内容＝マンションの買受け・除却，代替住居の提供・あっせん（買受人〔デベロッパー〕が申請）
- 買受計画の認定110

マンション敷地売却組合の設立認可120　公告123

- 4分の3以上の多数の同意

反対区分所有者への売渡し請求 124
- 時価で買取り

分配金取得手続開始の登記 140

分配金取得計画の決定・認可 141，144

権利消滅期日等の通知 148

組合にマンションと敷地の権利が帰属 149
- 権利売却の登記 150
- 分配金の支払 151
- 担保権付きの区分所有権に係る分配金の供託 152
- 担保権者の物上代位 154・76，77
- 借家権者は補償金を取得 153
- 居住者はマンションを明渡し 155

買受人がマンションを除却・建設
- 区分所有者は，新マンションへの再入居又は他の住居への住替え

4：6：9　登記手続

4:6:9:1 代位登記

　敷地売却事業を実施する組合は，その実施のため必要があるときは，相続その他の一般承継（以下「相続等」という。）による所有権その他の権利の移転登記等に関する代位登記の申請をすることができる（建登記令2条）。

　権利売却の登記（建法150条）の前提として，分配金取得計画（建法141条）に記載される不動産の表示（1号，2号）や区分所有者等の氏名及び住所等（3号～5号）は，登記記録と一致している必要がある。これらを一致させるためにする登記の申請について不登法の原則どおりに申請書による個別の申請に委ねるとした場合は，敷地売却事業の円滑な遂行の

障害となるおそれがあるため，組合に対して代位登記の申請権限を与えた。

なお，本条第5号において相続等に係る代位登記の対象となる権利が「所有権，地上権又は賃借権」から「所有権その他の権利」へと改正された理由は，敷地売却事業では，権利消滅期日に「所有権，地上権又は賃借権」が組合に移転するため，その移転登記をすることが必要であるだけでなく，抵当権，質権，建物に関する賃借権等の権利も消滅するので，その登記を抹消することも必要である。そこで，分配金取得計画においては，区分所有者等だけでなく，消滅する抵当権等の権利者の表示についても，登記記録上の登記名義人の表示と一致させる必要があるからである。

また，権利変換期日における登記として新たな抵当権等の設定登記をする前提として，抵当権等の登記を抹消する等の必要があるから，建替事業を施行する者についても，建替事業施行のため必要があるときは，相続等による所有権その他の権利の移転登記に関する代位登記を申請することができるとしている（5号）。

組合がする代位登記の申請は，次のとおりである。

① 一括申請

建登記令2条1号から3号までに掲げる登記の申請は，登記の目的又は登記原因が同一でないときでも，当該各号に掲げる登記ごとに一の申請情報によってすることができる（特例省令17条）。

② 代位登記の時期

建登記令2条の規定による代位登記の申請は，建法123条1項の公告があった日からすることができる。

③ 代位原因

代位原因（不登令7条1項4号）は，「建登記令2条」とする。

④ 代位原因を証する情報

代位原因を証する情報（不登令7条1項3号）は，建法123条1項の公告が掲載されている官報若しくは公報又はそれらの写しである。

⑤　代理権限証明情報

都道府県知事が作成した理事長の資格を証する情報を添付する。

⑥　登記識別情報の通知

登記官は，建登記令2条による申請に基づいて所有権の保存登記又は相続等による所有権その他の権利の移転登記を完了したときは，速やかに，登記権利者のために登記識別情報を申請人である組合に通知しなければならない（建登記令3条1項）。

この登記識別情報の通知を受けた申請人である組合は，遅滞なく，これをその登記権利者に通知しなければならない（同条2項）。

【様式1】【記録例813】

4:6:9:2　分配金取得手続開始の登記

売却マンションの区分所有権又は敷地利用権の処分が制限されているのは，組合が分配金取得計画を作成する便宜のための当事者を恒定するための一手段であり，組合には，分配金取得手続開始の登記の申請が義務付けられている（建法140条1項）。建替事業の建法55条に相当する。

①　組合は，組合の設立認可の公告（建法123条1項）があったときは，遅滞なく，登記所に売却マンション（建法2条1項10号）の区分所有権（同項11号）及び既登記の敷地利用権（同項16号）について，分配金取得手続開始の登記を申請しなければならない。この場合には，組合の設立認可の公告があったことを証する情報（建法123条1項の公告が掲載されている官報等）を提供しなければならない（建登記令9条1項）。また，都道府県知事が作成した理事長の資格を証する情報を添付する。

②　組合員は，分配金取得手続開始の登記（建法140条1項）があった後に，売却マンションの区分所有権又は敷地利用権を処分するときは，組合の承認を得なければならず（同条2項），組合の承認を得ないでした処分は，組合に対抗することはできない（同条4項）。

【様式2】【記録例814】

4 マンションの建替え及び敷地売却

4:6:9:3 分配金取得手続開始の登記の抹消

権利消滅期日前に，組合の設立についての認可の取消し又は組合の解散の認可の公告（建法137条5項）があったときは，組合の清算人は，遅滞なく，登記所に分配金取得手続開始の登記の抹消を申請しなければならない（建法140条5項）。分配金取得手続開始の登記によって売却マンションの区分所有権又は敷地利用権の処分を制限する必要がなくなるためである。

本登記の申請をする場合には，組合の設立認可の取消し又は解散の認可の公告があったことを証する情報（建法137条5項の公告が掲載されている官報等）を提供しなければならない（建登記令9条2項）。また，都道府県知事が作成した清算人の資格を証する情報を添付する。

登記原因は，公告の内容に応じて，「設立認可取消し」又は「解散」とする。

【様式3】【記録例815】

4:6:9:4 売渡し請求に基づく所有権移転等の登記

組合は，建法123条1項の公告の日（その日が建法108条10項により準用する法63条2項の期間満了の日前であるときは，期間満了の日）から2月以内に，敷地売却に参加しない旨を回答した区分所有者に対して，区分所有権及び敷地利用権について，時価による売渡し請求をすることができる（建法124条1項前段）。

組合がこの売渡し請求をすることにより区分所有者と売買契約は成立し，組合は，区分所有権及び敷地利用権を取得する。この場合の登記手続については，特例は定められていないので，不登法の規定に従い，所有権移転等の登記手続をする。

4:6:9:5 権利売却の登記

組合は，権利消滅期日後遅滞なく，売却マンション及びその敷地に関する権利について必要な登記（権利売却の登記）を申請しなければならない（建法150条1項）。権利消滅期日後においては，その登記がされるまでの

間は，売却マンション及びその敷地に関しては，他の登記をすることはできない（同条2項）。建替事業の建法74条に相当する。

　なお，組合は，分配金取得計画若しくはその変更（権利消滅期日に係るものに限る。）の認可を受けたとき又は軽微な変更をしたときは，管轄の登記所に対して，その旨を通知しなければならない（建法148条）。

① 　権利売却の登記は，建登記令10条2項1号ないし8号に規定する各種の登記を申請情報の内容とするが，これらの登記は，いずれも権利消滅期日における権利変動に伴うものであるとともに，申請人及び登記所職員の事務処理の便宜と過誤防止を考慮して，同一の登記所の管轄に属するものの全てについて，一括して申請することとしている。

② 　売却マンションは，権利消滅期日において法1条に規定する建物の各部分を所有権の目的としない建物となるため（建法149条1項），登記手続上，建物の合併登記（不登法54条1項3号，規則133条1項）により，区分建物でない建物（非区分建物）とする必要がある。そこでまず，合併制限事由（不登法56条）を解消しなければならないなど，登記手続上要請される順序に従って登記を行う必要がある。

③ 　権利消滅期日後の登記の申請情報となる登記事項及びその順序は，次のとおり(1)（建登記令10条2項1号）から(8)（同条8号）までのとおりとしている。

④ 　土地についての登記の申請（旧建登記令5条）及び施行再建マンションに関する登記の申請（同令7条）については，受付番号を付する順序を規定していたところ，権利消滅期日後の登記の申請についても同様の規律に服するように建登記令を改正し，登記官は，建登記令10条1項の申請について，同条2項の規定により付した順序に従って受付番号を付すこととし，その受付番号の順序に従って登記することとした（建登記令11条）。

(1) 建物の表題登記（1号）

　　共用部分である建物について適用することを念頭に置いた規定であ

る。すなわち，共用部分は，区分所有者全員の共有に属し（法11条1項本文），共用部分独自の対抗要件は不要であるから（同条3項），表題部所有者の登記又は権利に関する登記がされることは予定されていない（不登法58条4項参照）。

　もっとも，売却マンションは，権利消滅期日において，部分ごとに所有権の目的としない非区分建物となるため，当然に共用部分である旨を定めた規約の効力が失われ，共用部分であった建物についても登記をすることが可能となる。

　また，所有権の登記がない建物と所有権の登記がある建物とは合併することができないから（不登法56条4号），共用部分であった建物についても，建物の表題登記が必要となる【記録例816】。

(2) 所有権の保存登記（2号）

　(1)により表題登記がされた建物について合併の登記の制限事由（不登法56条4号）を解消するために所有権の保存登記を必要とする。

　分配金取得手続開始の登記を申請する際に，表題登記はされているが所有権の登記がされていない区分建物については，組合は，表題部所有者又はその相続人その他の一般承継人に代位して，所有権の保存登記を申請した上で（建登記令2条4号），分配金取得手続開始の登記を申請する必要があるため（建法140条1項），①により表題登記がされた建物以外の建物については，想定されていない【記録例817】。

(3) 所有権の移転登記（3号）

　各区分建物及びその敷地利用権が所有権である場合の敷地について，これらの所有権が組合に帰属することに伴い，所有権の移転登記が必要となる。

【記録例818】

(4) 地上権又は賃借権の移転登記（4号）

　各区分建物の敷地利用権が地上権又は賃借権である場合の敷地につ

いては，これらの地上権又は賃借権が組合に帰属することに伴い，地上権又は賃借権の移転登記が必要となる。

　区分建物を目的とする賃借権（借家権）は，建法149条1項の規定により消滅するため，対象とならない。

【記録例819】

(5) 所有権以外の権利の抹消登記（5号）

　所有権以外の権利（抵当権，質権，建物に関する賃借権，差押え等処分の制限に関する登記等）が設定されている区分建物及びその敷地利用権の権利が消滅することに伴い，所有権以外の権利の抹消登記が必要となる。

【記録例820】

(6) 建物の表題部の変更登記（6号）

　売却マンションが敷地権付き区分建物である場合，各区分建物は，権利消滅期日において非区分建物となり，敷地権であった権利は敷地権でない権利となるため，敷地権の抹消登記のために建物の表題部の変更登記をする。

　敷地権の消滅を原因とする建物の表題部の変更登記（建登記令5条4項）の申請に基づく登記については，規則124条及び125条の規定は適用しないものとされているが（特例省令18条2項），⑥の登記については，そのような特例はない。登記官は，敷地権の目的であった土地の登記記録の権利部の相当区に敷地権を抹消する旨及びその年月日を記録し，同区の敷地権である旨の登記を抹消するなど，通常の登記と同様の手続をしなければならない（規則124条）。

【記録例822～824】

(7) 建物の分割登記（7号）

　建物の合併登記(8)は，区分建物を登記記録上これと接続する他の区分建物である建物又は附属建物に合併して1個の建物とする「区分合併」に相当し，建物が物理的に接続してなければならない（不登法

54条1項3号）。

　ところが，売却マンション（建法2条1項10号）によっては，別棟の附属建物が存在し，売却マンションの専有部分の附属建物として登記されている場合もある。この場合，附属建物は，売却マンションと物理的に接続していないため，建物の合併（⑧，区分合併に係るもの）をすることはできない。そこで，この附属建物を専有部分の登記記録から分割して，登記記録上別の一個の建物とすることができるようにしている。

　なお，別棟の附属建物については，「マンション」には該当せず，「売却マンション」にも該当しないから，権利消滅期日において，建法149条1項により，当然には組合に帰属することにはならないが，売却マンションの「従物」として組合に帰属する場合もあると考えられる。その場合には，附属建物が組合に帰属することになる旨を分配金取得計画に定めることになる。

【記録例825】

⑧　建物の合併登記（8号）

　売却マンションは，権利消滅期日において，非区分建物となるため，区分合併に係る建物の合併登記が必要となる。

【記録例826】

4:6:9:6　申請情報

権利変換期日後に売却マンション及びその敷地について「必要な登記」（建法150条1項）をする場合には，不登令第3条各号に掲げる申請情報のほか，「建法150条1項の規定により登記の申請をする」旨を申請情報の内容として登記所に提供しなければならない（建登記令10条3項）。

登記原因の日付は，権利消滅期日の日であり，登記原因は，次のとおりとする。

　　a　建物の表題登記　「共用部分の規約の効力喪失」
　　b　所有権，地上権又は賃借権の移転登記　「建法による権利帰属」

c　所有権以外の権利の抹消登記　「建法による権利消滅」

4:6:9:7　添付情報

①　権利消滅期日における権利変動は，分配金取得計画において明らかにされるから（建法142条１項），建登記令10条２項各号に掲げる登記事項に必要とされているもののほか，分配金取得計画及びその認可を証する情報（建法144条）を登記所に提供しなければならない（建登記令10条３項）(注)。

　なお，分配金取得計画及びその認可を証する情報は，登記原因証明情報等としても取り扱うことができる（施行通達記の第２の３(3)ア）。

②　このほか，代理権限証明情報（4:6:5:1⑤）並びに図面及び各階平面図を添付情報とする。

③　次の情報は，添付する必要はない。

　　a　登記識別情報

　　　権利消滅期日後の登記の申請には，分配金取得計画及びその認可を証する情報（建法144条）を提供しなければならないから，これらの添付情報によって，登記申請の真実性は担保されているといえる。

　　　また，所有権の移転登記，地上権又は賃借権の移転登記及び所有権以外の権利の登記の抹消を申請情報の内容とする場合であっても，組合が単独で申請するものであり，不登法22条の適用はないから，登記義務者の登記識別情報を提供する必要はない。

　　　さらに，建物の合併登記を申請情報の内容とする場合については，一の申請情報によってされ，その申請時において，組合が登記名義人であることは制度的には予定されていないから，不登法22条の適用はない。

　　b　印鑑証明書

　　　権利消滅期日後の登記の申請について書面を提出する方法でする場合には，ａと同様の理由により，申請情報を記載した書面又は代理人（復代理人を含む。）の権限を証する情報を記載した書面に組合の印鑑

証明書を添付することを要しない（不登令16条2項，規則48条1項4号，不登令18条2項，規則49条2項4号）。
④ ①の登記（建登記令10条1項）を申請する場合に建物の表題登記の登記事項を申請情報の内容としたときは，不登令別表21の項の規定を準用する（同条4項）。

　この建物の表題登記は，区分所有関係が解消し，共用部分である旨を定めた規約の効力が失われることに伴い必要となるものであるところ，共用部分である旨を定めた規約を廃止した場合における建物の表題登記の申請に係る添付情報を定めている不登令別表21の項の規定との適用関係を明らかにするため，同項を準用することとし，この場合において「共用部分である旨を定めた規約を廃止した（ことを証する情報）」とあるのは，「（共用部分である旨を定めた）規約の効力が失われた（ことを証する情報）」と読み替えるものとしている。

　具体的には，分配金取得計画及びその認可を証する情報が添付情報に該当する。
⑤ 権利消滅期日後の登記がされたときには，分配金取得手続開始の登記の必要はなくなっているから，登記官は，①の登記をするときは，職権で分配金取得手続開始の登記を抹消しなければならない（同条5項）。

　この場合には，何番の分配金取得手続開始の登記を「建登記令10条5項の規定により抹消する」旨及び登記の年月日を記録するとともに分配金取得手続開始の登記を抹消する記号を記録しなければならない（規則152条1項）。
（注）　本条3項は，添付情報について，申請情報のように「不登令7条1項各号に掲げる情報のほか」とは規定していない。

　　これは，不登令7条1項柱書きは，「登記の申請をする場合には次に掲げる情報をその申請情報と併せて登記所に提供しなければならない。」と規定していることから，文言上，同項は，不動産登記の申請に必要な添付情報を網羅的に規定したものではなく，全ての不動産登記の申請に共通して必要なものだけを列挙して規定し

ているものであると解することができる。そのため，本条3項のような添付情報の特例に関する規定について不登令で要求する添付情報以外の添付情報を必要とする場合には，規定中に「不登令7条1項各号に掲げる情報のほか」と規定するまでもなく，不登令7条1項各号に掲げる情報が添付情報として必要であることに疑義は生じないと考えられる（中山46）。

4:6:9:8 登記識別情報

① 登記官は，所有権の保存登記，所有権の移転登記，地上権又は賃借権の移転登記及び建物の合併登記を完了したときは，組合に対し，登記識別情報を通知しなければならない（不登法21条）。

② 権利消滅期日後の登記の申請を司法書士及び土地家屋調査士（以下「資格者代理人」という。）により申請する場合は，その申請情報の内容が表示に関する登記（建登記令10条2項1号，6号～8号）については土地家屋調査士が，権利に関する登記（同項2号～5号）については司法書士が，それぞれ委任を受けることができる。

この場合において，組合から登記識別情報等の受領に関する復代理による委任について特別の授権を受けた資格者代理人は，権利消滅期日後の登記の申請をする他方の資格者代理人に対して，自己が有する上記範囲内の登記識別情報等の受領を復代理によって委任することができる（施行通達記の第2の3(5)）。

4:6:9:9 登録免許税の非課税

敷地売却組合（建法116条）が，平成30年3月31日までの間（暫定）に，敷地売却事業（法2条1項9号）に伴い申請する次の登記については，租特法の適用がある旨の都道府県知事（市の区域にあっては市長）の証明書を添付して，期間内に登記を受けるものに限り，登録免許税は課されない（租特法76条2項）。

a 組合が建法124条1項により取得する売却マンション（建法2条1項10号）の区分所有権（同項11号）又は敷地利用権（同項16号）の取得の登記

4　マンションの建替え及び敷地売却

　　b　分配金取得手続開始の登記（法140条1項）
　　c　権利消滅期日後の売却マンション及びその敷地に関する権利について必要な登記（建法150条1項）
【様式4】【様式5】

【コラム】　団地型マンションの再生策
　全マンションの内，土地を共有する団地型マンションは，約3分の1を占め，高度成長期以降に分譲されたこれらのマンションは，今後，一斉に老朽化し，更新時期を迎える。
　建法の敷地売却制度は，主に単棟型マンションを念頭に置いており，団地型マンションについての運用は不明確である。
　そこで，平成29年6月9日に閣議決定された「未来投資戦略2017」に基づき，国土交通省は，耐震性が不足するマンションを除却する現行の敷地売却制度を前提とし，複数棟の団地型マンションへの適用を可能とするための団地型マンションの再生を図る仕組みを検討している。そこでは，次の要件に該当するマンションについて全棟の敷地売却決議が行われる場合は，本制度の対象とするとしている。
　　a　団地内に複数のマンションが存在している。
　　b　建物は，原則として，全てマンションである。
　　c　全てのマンションについて耐震性が不足（耐震指標0.3未満）している。
　　d　団地内の建物の敷地は，全ての区分所有者が共有している。
　また，現行法には，複数型マンションの場合の団地における意思決定等の手続が法定されていないので，法定手続は，各棟によることとしながら，これを複数棟型マンションに適用するための手続の同一性の確保及び棟をまたいだ区分所有者間の衡平性を担保するため次の措置を講ずるとしている。
　　a　団地全体の合意形成の同時一体性を確保する。
　　b　要除却認定申請（建法102条）における団地全体の意思決定を明確化する。
　　c　全棟の確実な買受けを前提とする買受計画（建法109条）を作成する。

d　敷地売却決議（建法108条）における各棟の区分所有者間の衡平性を配慮する。
　　e　各棟による組合設立の同一性を確保する。
　　f　全棟の権利消滅期日（建法148条）の同時一性を確保する。

5 規約・公正証書・認証

5：1 規約

　区分所有者は，全員で建物などの管理を行うための団体を当然に構成し，規約を定めることができる（法3条）。そして，「建物又はその敷地若しくは附属施設の管理又は使用に関する区分所有者相互間の事項」も，規約で定めることができる（法30条1項）(注1)。

　規約を設定・変更する場合には，専有部分若しくは共用部分又は建物の敷地若しくは附属施設について，これらの形状，面積，位置関係，使用目的及び利用状況並びに区分所有者が支払った対価その他を総合的に考慮して，区分所有者間の利害の衡平が図られるよう定めなければならないという「規約の衡平性」に関する規定がある（同条3項）。利害の衡平を著しく害する内容の規約は，無効と判断されることになる(注2)。

　法は，建物の維持管理と区分所有者の円滑な共同生活のための共同のルールの定立については，区分所有者の団体に委ねることにし，規約自治の原則を明らかにしている。そのほか，個別的に規約で定めることのできる事項を定めている。建物などの管理又は使用の前提としての共用部分や敷地の編成や各区分所有者の持分の決定などである（法4条2項，5条，11条2項，14条など）。

(注1)　マンション建替事業，市街地再開発事業及び住宅街区整備事業の各施行者が定める管理規約なども法30条1項の規約とみなされる（建法94条2項4項，都再法133条2項，密集法277条2項，大都市特措法100条2項，5:4:2:6）。

(注2)　著しく衡平を欠く規約は，民法90条にいう公序良俗に反する内容であれば，無効となる。しかし，どのような場合に規約が無効となるかは明確ではない。そこで，法30条3項は，これまでに争われた事例を参考として，考慮すべき要素を列挙している（その具体的内容については，コンメ189以下参照）。

5　規約・公正証書・認証

5：1：1　規約事項の内容

　規約事項の内容は，法で個別的に定める事項のほか，「建物又はその敷地若しくは附属施設の管理又は使用に関する区分所有者相互の事項」（法30条1項）であり，次のとおり区分される。

① 　区分所有者間の基礎的法律関係に関する事項

　　建物の専有部分，共用部分の範囲及び敷地の範囲に関する定め，共用部分の共有持分についての定めなど。

② 　区分所有者間の共同事務の処理に関する事項

　　区分所有者集会の意思決定の方法，管理組合の組織・運営・会計などに関する定め，管理者の選任・解任・職務権限に関する定めなど。

③ 　区分所有者の利害調整に関する事項

　　専有部分を含む建物などの利使用方法，管理上の規制に関する定めなど。

④ 　区分所有者の義務違反に対する措置に関する事項

5：1：2　絶対的（必要的）規約事項と相対的（任意的）規約事項

　規約事項には，規約によらなければその点に関する定めをすることのできない絶対的（必要的）規約事項と，規約以外の方法によっても，区分所有者が自由に定めることができる相対的（任意的）規約事項がある。

　絶対的規約事項とされているものは，前項（5：1：1）のうち①②に当たる区分所有者間の基礎的な法律関係ないしは共同事務の処理に関するものが含まれ，③④に当たる事項は含まれていない。

　相対的規約事項として法が定めているものは多くないが，建物，敷地，附属施設の管理又は使用に関する事項は，常に相対的規約事項となり得る

　【判例20】　専有部分の電気・水道料金について規約で定めることができる特段の事情があるとされた事例（大阪高判平20．4．16登情559－96）。

し，共同の事務処理に関する事項に関連して，規約で定められる事項も少なくない。

　規約を設定するか否か，いつ設定するかは，規約自治の原則から，区分所有者の自由に委ねられている。しかし，法に規定のあるもの以外の規約事項の有効性については，問題を生ずることが少なくない。前項の規約事項の内容のうち③及び④に関するものである。規約事項は，事項別に挙げると，次のとおりである（村上「区分所有建物と規約設定公正証書」（民法登記中195）を参考とした。）。

　なお，マンション建替組合の定款（建法7条）及び基準又は規約（同法46条）並びにマンション敷地売却組合の定款（同法118条）については挙げていない。

（注）＊は，相対的（任意的）規約事項

① 総則
　　a 区分建物及び附属建物を規約共用部分とすること（法4条2項）。
　　b 建物が所在する土地以外の土地を建物の敷地とすること（法5条2項）。
＊ c 先取特権の目的となる債権の範囲（法7条1項）。

② 共用部分等
　　a 共用部分及び一部共用部分の共有関係を定めること（法11条2項）。
　　b 共用部分の持分割合について次の定めをすること。
　　b-1 共用部分の持分を各専有部分の床面積の割合によらないで配分すること（法14条4項，1項）。
　　b-2 一部共用部分で床面積を有するものは，床面積の割合によらないで配分すること（同条4項，2項）。
　　b-3 床面積の測定方法を内側線でない方法で測定すること（同条4項，3項）。
　　c 共用部分の変更に必要な集会の決議に要する区分所有者の定数を4

分の3から過半数まで減ずること（法17条1項）。
　　d　共用部分の管理事項を集会決議以外の方法で決定すること（法18条2項）。
　　e　共用部分の負担又は利益収取の割合を定めること（法19条）。
　　f　建物の敷地又は共用部分以外の附属施設について法17条から19条までの規定を準用して定めること（法21条）。
③　敷地利用権
　　a　専有部分とその専有部分に係る敷地利用権を分離して処分することができる旨を定めること（法22条1項ただし書）。
　　b　専有部分に対応する敷地利用権の割合を専有部分の床面積の割合によらないで配分すること（同条2項ただし書）。
　　c　専有部分の全部を所有する者の敷地利用権が単独で所有する所有権その他の権利である場合のa及びbのそれぞれの定めをすること（同条3項・1項ただし書，2項ただし書）。
④　管理者
　　a　管理者の選任及び解任の方法を定めること（法25条1項）。
　　b　管理者の権利・義務を定めること（法26条1項）。
＊　c　管理者が区分所有者のために訴訟の当事者となることを定めること（同条4項）。
　　d　管理者に共用部分を所有させること（法27条1項）。
　　e　建物並びにその敷地及び附属施設の管理に要する経費について区分所有者が負担する割合につき法14条と異なる割合とすること（法29条1項）。
⑤　規約及び集会
　　a　建物又はその敷地若しくは附属施設の管理又は使用に関する区分所有者間の事項を定めること（法30条1項）。
　　b　規約の設定，変更及び廃止は，区分所有者及び議決権の各4分の3以上の多数による集会の決議によること（法31条1項）。

c　最初に建物の専有部分の全部を所有する者が，公正証書により規約を設定すること（法32条）。
＊d　管理者がいない場合の規約及び議事録等の保管者を定めること（法42条3項，45条2項・33条1項ただし書）。
　　　e　集会の招集請求権を有する者の定数を減ずること（法34条3項，5項）。
　　　f　集会の招集通知を発する期間を伸縮すること（法35条1項）。
　　　g　集会の招集通知を建物内に掲示してすること（同条4項）。
　　　h　集会においてあらかじめ通知した事項以外のことも決議できることを定める事項（法37条2項）。
　　　i　法14条と異なる区分所有者の議決権の割合を定めること（法38条）。
　　　j　集会の決議の定数を定めること（法39条1項）。
＊k　電磁的方法によって議決権を行使すること（同条3項）。
　　　l　集会で議長となる者（法41条）。
⑥　管理組合法人
　　　a　その事務に関し，区分所有者のために原告又は被告となること（法47条8項）。
＊b　管理組合法人の代表理事又は共同代表理事を定め，又は理事の互選によって定めること（法49条5項）。
　　　c　理事の任期（同条6項）。
　　　d　理事の定員（同条7項）。
　　　e　理事の選任・解任（同条8項・25条1項）。
　　　f　監事の任期，定員，選任及び解任に関すること（法50条4項・25条1項，49条7項）。
　　　g　管理組合法人の事務のうち理事その他の役員で決定できること（法49条5項，52条1項ただし書）。
　　　h　解散した管理組合法人の財産の帰属割合（法56条）。

⑦　復旧及び建替え
＊a　建物の小規模滅失の場合の処理（法61条4項，1項〜3項）。
＊b　建替え決議集会の招集通知の伸長（法62条4項）。
　c　マンション建替事業の施行者による管理規約及び団地管理規約（建法94条各項，法66条・30条1項）。
⑧　団地
　a　団地規約（法65条，66条・30条1項・3項〜5項，31条1項，33条）。
　b　一団地内の附属施設である建物を団地共用部分とすること（法67条1項）。

5：1：3　規約の効力

　規約は，それが設定又は変更された時の区分所有者全員に対して効力があるほか，次の者にも効力が及ぶ。
①　区分所有者の相続人及び合併会社（包括承継人）は，前所有者の地位を全面的に承継するから（法3条），規約の効力が及ぶのは当然である。
②　区分建物の処分等により区分所有者が交替した場合には，新所有者（特定承継人。法46条1項）にその効力が及ぶ。これらの新しい区分所有者も管理組合の構成員になるから，団体のルールである規約の効力が及ぶのは当然である。
③　建物等の使用方法については，区分所有者の承諾を得て専有部分を専有する賃借人等に対しても効力が及ぶ（同条2項）。ただし，区分所有者以外の者（賃借人等）の権利を害することはできない（法30条4項）。

5：2　規約の設定，変更及び廃止

5：2：1　意義

　規約の「設定」と「変更」の区別は，区分所有法の解釈上必ずしも明ら

かでない。例えば，当初，管理費を各戸月10,000円とすることのみを規約で設定し，その後，月15,000円に値上げすることは，規約の変更であることは間違いない。しかし，修繕積立金に関する規定を設けることや夜8時以降はピアノを弾いてはならないとする規定を設けることは，規約の設定か変更か。

これは，いったん規約が設定された以上，以後はすべて規約の変更であるとするか，一定の規約事項（その事項の単位をどのように定めるか問題があるが。）ごとに考えるべきであるとするかである。しかし，法32条，67条は，「設定」についてのみ規定しているが，「変更」「廃止」の場合も同様に解すべきであるから，これは理論上の問題にすぎないといえよう。

規約の設定，変更及び廃止は，次項以下の手続による。

なお，最初に建物の専有部分（区分建物）の全部を所有する者又は一団地内の数棟の建物の全部を所有する者は，単独で公正証書により規約を設定することができる（5：4）。

5：2：2　集会の決議
5：2：2：1 要件

規約の設定，変更，又は廃止は，区分所有者及び議決権数の各4分の3以上の多数による集会の決議によってする（法31条1項）。

「区分所有者全員の承諾」があるときは，書面又は電磁的方法による決議をすることができる（法45条）。新築マンションを分譲する場合に，業者が規約案を示して，順次，購入者の合意を取り付け，原始規約とするという取扱いが行われている(注)。

① 区分所有者数とは，区分所有者の頭数のことを意味する。一人で数個の区分建物をもっている場合でも，数人で1個の区分建物を共有する場合でも，その頭数は一人である。また，議決権数は，原則として，専有部分の床面積の割合によるが，規約で別段の定めをすることを妨げない（法38条，14条）。例えば，議決権の割合について，専有部分の大小を

問わず，1住戸1個の議決権とすることは可能である。
② 法31条の特別多数決議の要件は，規約によって緩和することも厳格にすることも認められない。その他の特別多数決議の要件は，厳格化することはできるが，法律に別段の定めのない限り，緩和することはできない。
③ 決議は，現実に集会を開いて決議することが必要である。書面による持回り決議は，実際に4分の3以上の賛成を集めても，ここでの決議とはならない。
④ 規約で定めることは許されず，集会の決議によらなければならない場合としては，規約の設定等（法31条1項）及び管理組合法人の成立（法47条1項）のほか，多数ある。
（注） 原始規約の内容には，著しく公平を欠くものがあるという指摘があり，平成14年改正法を検討する中で，原始規約の効力を暫定的なものにとどめ，分譲後一定期間は，規約変更の要件を緩和するなどの措置を講ずることとしてはどうかなどが議論された。しかし，これらは，規約の衡平性（法30条3項，1:1:3:2③）の適用に

【判例21】① 共用部分（駐車場）から生ずる収益金の分配請求の内容，方法等については，規約をもって別段の定めをすることができる（東京地判平3.5.29判時1406-33）。
　② 駐車場の収益金をエレベーター及び駐車場補修工事費用に充当する処理をする旨の規約改正に反対し，収益金の分配請求権を主張して控訴した区分所有者の請求につき，「区分所有者らの集会決議等により団体内において具体的にこれを区分所有者らに分配すべきことが決定されて初めて各区分所有者らが具体的に行使できる権利として収益金分配請求権が発生するものというべきである」として，請求が棄却された事例（千葉地判平8.9.4判時1601-139）。
【判例22】「一人の組合員は1個の議決権を有する。」との規約案について，専有部分の床面積割合で過半数を有する者（分譲業者）が賛成した形跡がないとして，規約の成立が認められなかった事例（東京地判平9.3.27判時1621-119）。

より，原始規約の適正化を図れば足りるとされ，改正されなかった。

5:2:2:2 特別の影響

規約の設定等が一部の区分所有者の権利に特別の影響を及ぼすときは，その承諾を得なければならない（法31条1項後段）。特別の影響を及ぼすものであるか否かは，個々の事情によるが，一般的に特別の影響を及ぼすときとは「規約の設定，変更等の必要性及び合理性とこれによって一部の区分所有者が受ける不利益とを比較衡量し，当該区分所有関係の実態に照らして，その不利益が右区分所有者の受忍すべき限度を超えると認められる場合」をいうと解されている（最二小判平10.10.30民集52－7－1604，最二小判平10.11.20判時1663－102）。

① 共用部分，建物の敷地，附属施設についての負担割合（法19条，21条），集会における議決権割合（法38条）等は，原則として専有部分の床面積割合によるが，規約で別段の定めをすることができる。また，管理費，修繕積立金等の負担割合を規約で定めることもできる（法29条1項後段）。これらの場合に，特定の区分所有者に不利益・不公平な定めをすることは，原則として，「特別の影響」に当たる。

② 専有部分の床面積割合に従うことによる計算の複雑化を避けるため，相当の範囲で調整することや，管理対象物についての各区分所有者の権利の割合，利用状況等を総合判断して合理的な割合を定めることは，「特別の影響」に当たらない。既定の割合を規約の変更により修正する場合においても，修正後の割合が合理的で公平なものである限り，この修正により不利益を受ける者の「権利に特別の影響」を及ぼす場合に当たらない。

③ 専有部分の使用方法についても規約により合理的な範囲で規制を加え

【判例23】居住していない組合員に対して，組合費に加えて，住民活動協力金として1戸当たり2,500円を課金することは，法31条1項後段に当たらない（最三小判平22.1.26集民233－9）。

ることができる。しかし，「専有部分は，専ら住居として使用するものとし，他の用途に供してはならない」というような規制をすることは，既に専有部分を住居以外の用途に供している区分所有者はもとより，住居以外の用途に供することを予定する区分所有者にとっても，所有権に対する制限が重大であるから，「権利に特別の影響」を及ぼす場合に当たる。

④ 家畜類の飼育を禁止するとか，夜間の楽器演奏につき制限を加える等の定めについては，その規制が区分建物の利用状況に照らして「合理的」なものである限り，「特別の影響」に当たらないであろう。

5:2:3 議決等のIT化
5:2:3:1 意義

法は，集会における書面による議決権行使のほか，規約・議事録等の書面による作成，区分所有者全員の書面による合意等，書面を前提にした規定を多数置いている。しかし，IT技術の普及やこれに係わる技術の信頼性が高まるにつれて，書面に限定する理由はなくなってきた。また，これまでは，区分所有者全員の書面による合意がある場合を除いて，集会を開催して決議するほかに方法はなかったが，緊急を要する場合やリゾートマンション，リースマンションなど多くの区分所有者がそのマンションに居住していない場合，あるいは大規模マンションや団地などでは，集会を開催すること自体が困難な状況になった。

そこで，平成14年の改正法は，規約及び集会に関する規定に，IT技術

【判例24】 リゾートマンションの専有部分の用途制限（居室を不定期に保養施設として使用する範囲を超えて使用することを原則として禁止），管理費等の負担に関する管理規約の設定（そのような使用者に通常より高額の管理費等の支払義務を課す定め）が，区分所有者に「特別の影響」を与えるものであるとして，無効とされた事例（東京高判平21．9．24・登情578-116，判時2061-31）

を使った方法を導入した。①規約・議事録の電磁的記録による作成・保管，②集会における電磁的方法による議決権の行使，③（書面又は）電磁的方法による決議の三つである。

なお，会社法は，定款の作成（26条2項），議決権の行使（76条，82条），株主総会の招集通知（299条3項），取締役会の決議（369条4項）など，従来，書面が要求されていた場面でIT化を進めてきた。マンションの管理は，これにならうものである。

5:2:3:2 規約

規約は，書面又は電磁的記録により作成しなければならない（法30条5項）。集会の議事録についても同様である（法42条1項）。電磁的記録とは，磁気ディスクその他これに準ずる方法により一定の情報を確実に記録しておくことができる物をもって調整するファイルに情報を記録したものをいう（規則1条）。パソコンでCD等へ記録することなどがこれに当たる。

5:2:3:3 議決権行使

集会における議決権は，集会に実際に出席して挙手等によりこれを行使することができるほか，書面又は代理人によって行使することもできるが，電磁的方法によって行使することもできる（法39条3項）。電子メールなどがこれに当たる（規則3条1項）。

この電磁的方法は，前述の規約や集会の議事録のIT化と異なり，規約又は集会の決議によって認められるものである。その場合にも，書面又は代理人による議決権の行使が可能であるから，議決権行使の方法の選択肢が一つ増えたということを意味する。

5:2:3:4 決議

法は，建物等の管理に関する重要な事項は，原則として，集会の決議によって定めることにしていた。しかし，小規模のマンションでは，集会を開くまでもない場合もあるため，集会で決議すべき事項については，区分所有者全員の書面による合意があったときは，集会の決議があったものと

みなしていた（書面決議）。これに加えて、電磁的方法による決議も認められている（法45条2項、3項、規則5条）。

電磁的方法による決議とは別に、集会を開かずに決議を行う方法もある。集会において決議をすべき場合において、区分所有者全員の承諾があるときは、書面又は電磁的方法による決議をすることができるというものである（法45条1項）。これは、集会での意見交換をしないで、書面又は電磁的方法による決議をすることについて区分所有者全員から承諾を取り、その上で、決議の内容については改めて区分所有者が書面又は電磁的方法により議決権を行使することを意味する。「ネット集会」といえるであろう。

これは、電磁的方法による決議と異なり、議決自体は全員一致でなく、賛成・反対に意見が分かれることを予定している。この書面又は電磁的方法による議決権行使についての承諾は、各集会決議ごとに、区分所有者全員の承諾が必要であり、あらかじめ包括的にこの方法によることを決めることはできない。すべての区分所有者がIT化に対応できるわけではないし、決議事項のすべてが電磁的方法による決議に適するわけではないからである。

5：3　一部共用部分に関する規約の設定，変更及び廃止

一部共用部分（法3条後段、1：4：6）の管理又は使用に関する規約の設定等は、区分所有者全員による団体（管理組合）で行わなければならない場合と、それを共用する一部区分所有者による団体（一部管理組合）で行うことができる場合とがある（法30条2項、なお、3項）。

一部共用部分の管理のうち区分所有者全員の利害に関係する事項は、区分所有者全員（管理組合）の規約によらなければ定めることができないから、その設定等は、区分所有者全員で行わなければならない。区分所有者全員の利害に関係しない事項（全員の利害に関係する事項以外の事項）であっても、区分所有者全員の規約で定めることができるから、この場合の

規約の設定等も全員で行う。

　このほかの場合，すなわち区分所有者全員の利害に関係しない事項で，かつ，全員の規約で定められていない事項についてのみ，一部区分所有者だけで規約の設定等をすることができる。

　これをまとめると，一部共用部分に関する事項は，次のとおりとなる（浜崎238）。

　　a　区分所有者全員の利害に関係する事項は，区分所有者全員の規約で定める。
　　b　区分所有者全員の利害に関係しない事項も，区分所有者全員の規約で定めることができる。
　　c　区分所有者全員の利害に関係しない事項で，bにより区分所有者全員の規約で定めていない事項は，一部の区分所有者の規約で定めることができる。
　　d　cで定めた事項を区分所有者全員の規約で変更又は廃止することができる(注)。

　なお，一部共用部分に関する規約の設定等を区分所有者全員で行う場合，一部区分所有者の4分の1を超える者又はその議決権の4分の1を超える議決権を有する者が反対したときは，その設定等をすることはできない（法31条2項）。

(注)　一部の区分所有者で定めた規約は，区分所有者全員で定めた規約（変更及び廃止を含む。）に抵触する限度で効力を失う。

5：4　公正証書による規約の設定

5：4：1　意義

　規約は，区分所有者相互の関係を規律するものであるから，区分所有者の意思に基づいて設定されるべきものである。しかし，マンションを分譲するような場合は，管理事務所や集会室などを共用部分として確定しておくほうが分かりやすく，また，トラブル防止にもなる。そこで，最初に建

5 規約・公正証書・認証

物の専有部分（区分建物）の全部を所有する者（1：6：10）は，単独で公正証書により規約を設定できることにした（法32条）。これにより設定できる規約は，次の4つである(注)。

　a　共用部分を定める規約（法4条2項）
　b　建物が所在する土地以外の土地を建物の敷地とする規約（法5条1項）
　c　区分建物と敷地利用権を分離して処分することができる旨を定める規約（法22条3項；1項ただし書）
　d　敷地利用権の割合を区分建物の床面積の割合と異なる割合に定める規約（同条3項；2項ただし書）

このほか，一団地内の数棟の建物の全部を所有する者は，団地共用部分である旨を定める規約を単独で公正証書により設定できる（法67条2項，1：8：7）。

① 「最初に建物の専有部分の全部を所有する者」とは，例えば，分譲マンションを建築した段階で，その区分建物の全部を所有している分譲業者等をいう。1戸でも分譲（所有権移転）した場合は，分譲業者が単独で規約を設定することはできない。また，マンションが一度分譲された後，特定の者が最終的に区分建物の全部を所有することとなったとしても，その者は，「最初に」区分建物の全部を所有する者には当たらない。

　なお，法67条2項には，「最初に」という文言はないが，両条の解釈を異にすることはないとされている（1:8:7:1）。

② 数人が共同で建物を建築し，専有部分を各自所有している場合は，専有部分の「全部」を所有していないから，規約を設定することはできない。

③ 専有部分の全部を「所有する者」でないと規約を設定することはできない。所有権の対象となる建物が完成していることが原則である。しかし，制度の趣旨に鑑み，例えば，マンション建築途上において，分譲業者がマンション完成時にその所有権を取得することを前提として，規約

をあらかじめ公正証書により作成しておくことは認められる。建物が完成したことにより分譲業者がその所有権を取得した時点で，規約は，その効力を発生すると解される（公証事務通達第一の一なお書）。

④　一棟の区分建物を数人で所有する場合であっても，公正証書を作成することはできるが，その場合には，集会の決議等について公正証書（事実実験証書）を作成するものであって，法32条に基づくものではない（5:5:3）。

⑤　規約の設定者は，区分建物の全部を所有する間は，公正証書によって規約を変更し，又は廃止することができる。また，区分所有関係が生じた後は，本規約は，集会の決議等の一般の手続により，変更し，又は廃止することができることはいうまでもない。

⑥　特別法により，法30条1項の規約とみなされる規定については5:1 [注1] 参照。

（注）　c及びdの規定に関して，香川氏は，「32条は，『第22条第1項ただし書及び第2項ただし書（これらの規定を同条第3項において準用する場合も含む。）の規約を設定することができる』と規定しているが，これは，『第22条第3項の規定により準用される同条第1項ただし書及び第2項ただし書の規約を設定することができる』とすべきではないか。そうでないと22条1項ただし書の規約，同条2項のただし書の規約，同条3項で準用される1項ただし書の規約及び2項ただし書の規約の4つということになるが，それはおかしいと思う」という（香川・登情422-20）。これについて浜崎氏は，「22条1項ただし書又は2項ただし書の規約自体について本条の規定が適用されるのは極めて稀であり（例えば，AB共有の土地上にAが区分所有建物を新築して，原始的にその専有部分の全部をAが所有するような場合である。），実際上の適用を見るのは，これらの規定を22条3項において準用する場合における規約についてである。」と説明しておられる（浜崎250）。

5:4:2　公正証書の作成

公正証書により規約を設定する場合は，「建物の区分所有等に関する法

律の一部改正に伴う公証事務の取扱いについて」(昭58.11.10民一6100号民事局長通達,「基本通達」という。)及び「建物の区分所有等に関する法律の規定による規約公正証書について」(昭58.10.21民一6085号民事局長通達,「規約通達」という。)に従い作成する。公正証書によることにしたのは,この規約は,所有者が単独で定めるため,その内容の確実な証明を必要とするからである。公証人は,公証人法26条ないし40条の規定により作成する。

5:4:2:1 必要的記載事項と確認的記載事項

法32条により設定できる規約は,前述(5:4:1①)のとおり4種類(規約共用部分,規約敷地,分離規約,敷地権割合)に限られている。ところが,作成されている公正証書の中には,建物全部の所有権をもっていること,土地(法定敷地)の所有権をもっていること,法定共用部分であること,敷地権割合を床面積の割合によることなど確認的記載事項のみを記載している公正証書が見受けられる。規約公正証書は,マンション建設に伴って必ず作成しなければならないものではない。例えば,集会室を規約共用部分としたいのであれば,マンション購入者からあらかじめ書面決議を得ておくだけで足りるのである(五十嵐・12章214以下)。

5:4:2:2 公正証書の用紙

公証人の作るべき証書その他の書面の用紙は,「公証(人)役場」と印刷した日本工業規格A列4番の丈夫なけい紙とする。ただし,B列4番の用紙とすることを妨げない(公証人法施行規則8条)。A列4番の用紙にあっては,1行24字詰めで20行以上の用紙とされている(平13.2.22省令22号「公証人手数料令第25条の横書の証書の様式及び証書の枚数の計算方法を定める省令」)。

公正証書の本文は,添付書面及び別表等は別として (注),この規定に合致した用紙を用いて作成すべきである。

(注) 公証人法40条は,「他ノ書面」(嘱託人作成書面)を引用添付することを認め(1項),その添付書面は,証書の一部とみなされるが(3項),現在のようにOCR

機器等が普及すると，不要の定めといえよう。もっとも，規約公正証書については，引用添付することはないであろう。

5:4:2:3 作成に用いる様式及び用語に関する留意点

（規約）公正証書は，法令に準ずる規範といえるから，公用文及び法令作成に関する通達等に従い作成することが望ましい (注1)。そこで，次に，基本通達文例1を例にして，その留意点を挙げる（5:5:7）。

① 適用される通達例
　a　公用文作成の要領（昭和27年4月4日内閣甲第16号，昭和56年10月1日改訂）
　b　公用文における漢字使用等について（平成22年11月30日内閣訓令第1号）
　c　法令における漢字使用等について（平成22年11月30日内閣法制局総総第208号）
　d　「異字同訓」の漢字の使い分け例（平成26年2月21日文化審議会国語分科会）

② 様式
　a　作成年及び（暦年）番号は，各1行を取り，右上に記載する。
　b　表題は，4字目から，簡潔に記載する。
　c　各条文の見出しは，記載した方が分かりやすい。見出しの左括弧は，2字目に記載するのが原則であるが，空けなくても若干の空白が生ずるので，それで足りると考える。
　d　1条に2項以上記載するときは，「1」項の表示はしないで，2項から記載する。
　e　号は，「一」「二」の例により表示する。
　f　既出の条項を引用する場合においてその条項が直前のものであるときは，第何条（第何項）としないで，前条（前項）と表示する。直後のものであるときは，次条（次項）と表示する。
　g　直前の条項を2以上引用するときは，前2条（前2項）などと表示

する。

③ 用語

　a　主語（の助詞）の次には，必ず句点「，」を記載する（①aの第3の5注2）。「、」は，縦書きの場合の表示である。

　b　次のような接続詞は，原則として，仮名で書く（①bの1(2)オ，①dの第5）。

　　　かつ　したがって　ただし（→ただし書）(注2)　また

　　ただし，次の4語は，原則として，漢字で書く。

　　　　及び　並びに　又は　若しくは

　c　同じ言葉であっても動詞と名詞と複合語とでは，次のように送り仮名に違いがある例が多いので，注意が必要である（①cの二の2）。

　　　　取り扱う　取扱い　取扱注意(注3)

　d　町名に一丁目，二丁目がある場合は，1丁目，2丁目と記載しない(注4)。

(注1)　平成22年11月30日付け内閣告示第2号で「常用漢字表」が告示されたことに伴い改正された。

(注2)　ただし，「なお書き」とする。

(注3)　建法は，「建替え」（2条1項2号），「建替え決議」（同条2項），「建替事業」（同条1項4号）とし，「建て替える」という用語は使わず，「新たに建築する」（同項2号）と表記している。

(注4)　ただし，北海道などに例外がある（五十嵐・12章147以下）。また，埼玉県には，上尾市壱丁目（弐丁目はない。）という町名がある。

5:4:2:4　規約設定証明情報

　登記申請手続に必要な添付情報としての「規約を設定したことを証する情報」（令別表12添付へなど）は，規約を設定した公正証書（法32条）の謄本，規約の設定を決議した集会の議事録（法42条）又は区分所有者全員の合意により規約を設定した合意書（法45条1項）である。ただし，議事録又は合意書には，公証人の認証（5:6:1）がある場合を除き，議

事録又は合意書に署名押印した者の印鑑証明書を提供する。

5:4:2:5 提出を求める書類

公正証書の作成に当たって必要な事実関係を明らかにさせるためには，次のような方法が考えられる (注1)。これらの資料は，事実認定の資料ではない。

① 建物の所有権は，次の書面により確認する。
    a 建基法6条による確認及び同法7条による検査のあったことを証する書面
    b 建築請負人の証明書
    c その他所有権を証する書面

② 建物の所在地番，構造，床面積，専有部分の個数等は，①の書面又は設計図等により確認する。これらの疎明資料のみでは十分な確認が得られない場合は，現地に赴いて確認すべきこともあろう (注2)。

③ 敷地利用権は，登記事項証明書等により確認する。

④ その他，建物の敷地の範囲，規約共用部分の範囲，専有部分に対応する敷地利用権の割合等について，嘱託人に疎明資料を提出させ，場合によっては，現地確認をすることも必要となろう。

(注1) 文例 (5:5:1:1) の1条及び2条1項は，確認的記載事項であるが，これらは公正証書の有効性の前提となる事項であるから，添付書類等によりその真実性の確認をすることが必要である（公証人法26条参照）（浜崎260）。

(注2) 現地確認については，公証人の出張を定めた規定（公証人法18条2項）からはずれるので，基本通達には疑問があるという意見がある（登情422-24 [D氏]）。

5:4:2:6 公正証書によらないみなし規約

① マンション建替事業の権利変換計画において施行再建マンションの共用部分又は団地共用部分と定められたものがあるとき，それらの共有部分の持分が法（11条1項，14条1項ないし3項（67条による準用を含む。）の規定に適合しないとき，又は敷地利用権の割合が法（22条2項本文）の規定に適合しないときは，その定めをした部分は，それぞれ，

法（法4条2項，67条1項，11条2項，14条4項・67条3項）の規定による規約又は法22条2項ただし書の規定による規約とみなされる（建法72条）。法の原則と建法による権利変換計画との調整を図るものである。

　また，マンション建替事業の施行者は，都道府県知事等の認可を受けて，建築工事の完成前に，施行再建マンション等の管理規約（建法94条1項）及び団地管理規約（同条3項）を定めることができるが，これらの管理規約は，法30条1項の規約とみなされる（同条2項，4項）。

② 　市街地再開発事業によって建築される施設建築物（都再法2条6号）や防災街区整備事業によって建築される防災施設建築物（密集法117条5号）のほとんどは区分建物であるから，法の適用がある。しかし，施設建築物等の区分，共用部分の共有部分などは，各法律の権利変換計画（都再法72条，密集法204条）において定められる。そこで，同計画によって次のように定めた部分は，建法の場合と同様に法（4条2項，11条2項，14条4項，22条2項ただし書（同条3項において準用する場合を含む。））による規約とみなすこととしている（都再法88条4項，密集法222条4項）。

　a 　一部の区分建物又は附属建物を共用部分とすること。

　b 　共用部分の共有持分が法（11条1項，14条1項ないし3項）の規定に適合しないとき。

　c 　施設建築物の所有を目的とする地上権の共有持分及び施設建築物の共用部分の共有持分の割合（都再法75条3項）が法（22条2項本文（3項で準用する場合を含む。）の規定に適合しないとき。

　　なお，施設建築物の所有を目的とする地上権の共有持分及び共用部分の共有持分の割合及び敷地利用権である地上権の持分割合は，区分建物の位置及び床面積を勘案して定めなければならないとされている（都再法75条3項，密集法207条4項）。

　②の事業の施行者が，国交大臣又は都道府県知事の認可を受けた管理規

約は，法30条1項の規約とみなされる（都再法133条2項，密集法277条2項，大都市法100条2項）。
③　被災法における敷地共有者等集会（2条）の目的は，再建又は敷地の売却に関する決議を成立させることにあるので，同集会において規約を設定することはできないため，規約に関する法の規定は準用されていない（3条）。
④　なお，定期借地権の特約（借法22条）は公正証書による等書面により，また，事業用定期借地権（同法23条）は，公正証書によってしなければならない，とされている。

5：4：3　規約公正証書を作成しない場合の問題点

　法32条による規約公正証書を作成設定しない場合には，次のような問題を生ずるおそれがある。
①　敷地は，法定敷地のみとなり，後に，庭，通路，駐車場等の敷地を規約敷地（1：5：3）にしようとするときは，区分所有者全員がその土地の所有権又は賃借権等の（準）共有持分を敷地利用権として取得した上，区分所有者の集会決議によって規約を設定しなければならない。
②　各区分建物に対応する敷地利用権の割合（1：6：5）は，専有部分の床面積割合によるが，その結果，複雑な数字になってしまう。また，マンションの居住室が南向きか西向きかによって10パーセント前後の価格差があるし，超高層マンションの場合には，低層階と高層階とでは同一の床面積であっても価格差があり（1：1コラム），公平な敷地利用権割合とはいえなくなる。しかも，床面積を更正した場合，敷地権割合の更正は，手続上，極めて難しい（2：5：13）。
③　実務では，規約共用部分とすべき専有部分の敷地権割合は0とする取扱いが通常であるにもかかわらず，敷地利用権が床面積の割合によって割り当てられてしまう。もっとも，この方法が正しい処理であるという見解も有力である（Q22）。

④ 小規模区分建物のように専有部分とその専有部分に係る敷地利用権を一体化する必要が少ないものでも，専有部分と敷地利用権が一体化してしまう。ただし，この点についても議論がある（1:6:6:5②）。
⑤ 団地型のように，1筆の土地上に数棟を建設し，一棟の建設が完了する都度分譲するという場合，1筆の土地の所有権の一部を将来建設予定の他の棟のために留保することができない。

5:4:4　管理・使用等に関する規約についての公正証書

建物又はその敷地の管理あるいは使用に関する区分所有者相互間の事項を定めた「規約」を設定して，区分所有者相互間の法律関係を規律することができる（法30条1項）(注)。

このうち，法32条及び67条2項による規約は，公正証書により設定することができるが，それ以外の規約は，区分所有者の集会の決議により設定する（法31条）。法32条及び67条2項以外の規約としては，次のようなものがある。

a　共用部分の共有関係（法11条2項）
b　共用部分の持分割合（法14条4項）
c　共用部分の負担又は利益収取の割合（法19条）
d　集会の招集権又は招集請求権を有する区分所有者の定数（法34条3項，5項）
e　招集通知（法35条1項，4項）
f　議決権割合（法38条）
g　集会の議決要件（法39条1項）
h　小規模滅失の場合の処理方法（法61条4項）等
i　法に定めるもの以外の建物又はその敷地若しくは附属施設の管理又は使用（法30条1項）
j　法32条及び67条2項に掲げる規約を複数の区分所有者が生じた後に定める場合

これらの規約は，集会の決議により設定されるものであって，公正証書によることは予定していないが，その内容を確実なものとし，後日の紛争の発生の未然防止のために公正証書にしておくことは，公正証書の予防司法的機能の上から有用である。

　この場合，公正証書作成の嘱託について，規約又は集会の決議により管理者等に委任しているときは，その管理者等からの嘱託に応じて差し支えない（公証事務通達第一の三，5:5:3）。

　なお，区分所有者の一部の者がする嘱託を拒否することもないと考える。もっとも，後日，この規約公正証書の内容について区分所有者間に紛争が生じた場合，嘱託人にならなかった区分所有者に対しては，この証書の証拠能力が問題となろう。

(注)　マンション建替事業の施行者も管理又は使用に関する管理規約又は団地管理規約を定めることができる（建法94条1項，3項など，5:4:2:6）。これらの管理規約は，法30条1項の規約とみなされる（建法94条2項，4項）。

5：5　規約設定公正証書の文例

5：5：1　規約敷地を定める規約，規約共用部分を定める規約，分離処分可能規約の設定及び専有部分に係る敷地利用権の割合を定める規約設定公正証書

5:5:1:1 文例

　　　　規約設定公正証書

　本職は，建物の区分所有等に関する法律第32条の規約の設定者株式会社Ｚ不動産の嘱託により，この証書を作成する。

（専有部分の全部所有）

第1条　嘱託人は，次の建物が完成後最初に当該建物の専有部分の全部（122個）を所有する。

所　在　甲市乙町三丁目1番地
　　　構　造　鉄筋コンクリート造陸屋根地下1階付9階建
　　　床面積　1階　1236.74平方メートル
　　　　　　（2階から8階まで省略）
　　　　　　9階　935.50平方メートル
（規約敷地）
第2条　嘱託人は，次の一及び二の各土地の所有権並びに三の土地の賃借権を有する。
　一　甲市乙町三丁目1番　　　宅地　　2067.75平方メートル
　二　甲市乙町三丁目3番1　　宅地　　330.05平方メートル
　三　甲市乙町三丁目4番1　　雑種地　552平方メートル
2　前項一の土地（法定敷地）のほか，二及び三の土地を前条の建物に係る建物の敷地（規約敷地）と定める。
（規約共用部分）
第3条　次の建物を区分所有者全員の共用に供すべき共用部分（規約共用部分）と定める。
　一　第1条の建物中1階管理人室　　別添図面①の斜線の部分
　二　第1条の建物中9階集会室　　　別添図面②の斜線の部分
　三　甲市乙町三丁目3番地1　家屋番号　3番1　集会所
　　　木造スレートぶき2階建　床面積1階105.04㎡　2階　50.00㎡
（敷地利用権の割合）
〈均等割合とする場合〉
第4条　第1条の建物の各専有部分に係る第2条1項一，二及び三の土地についての敷地利用権の割合は，各100分の1と定める。
〈床面積又は価格を基準とする場合〉
第4条　第1条の建物の各専有部分に係る第2条1項一，二及び三の土地についての敷地利用権の割合は，別表（省略）のとおり定める。
（分離処分）

〈敷地利用権の一部を分離処分可能とする場合〉
第5条　第2条1項一及び二の各土地の所有権の各3分の2並びに同項三の土地の賃借権の3分の2は，第1条の建物の各専有部分と分離して処分することができるものとする。
〈敷地利用権の全部を分離処分可能とする場合〉
第5条　第2条1項三の土地の賃借権は，第1条の建物の各専有部分と分離して処分することができるものとする。

5:5:1:2 手数料

　この規約の手数料の算定は，規約の内容や規約事項の数にかかわらず，すべて専有部分の個数(注)のみを基準とする（手数料令22条1項）。
　しかし，規約の数（規約事項の数ではない。）については，注意が必要である。すなわち，規約は，団地規約を除いて，あくまで一棟の区分建物に属する区分所有者相互間の法律関係を規律するものであるから，団地規約の場合を除き，複数の棟にまたがる規約はあり得ない。仮に規約が一通の証書で作成されたとしても，その規約の内容が複数棟の区分建物に関するものであれば，その証書作成により設定された規約は，複数である。したがって，この場合には，各行為につき各別に計算した手数料を算定する。
　例えば，同一団地内の甲乙2棟（各区分建物50個）について，各棟の1室をそれぞれの棟の規約共用部分（集会室）とする旨の規約を，法32条により設定する公正証書作成の嘱託をした場合，規約の設定行為は二つである。したがって，手数料は，100個の手数料（11.2万円）×1ではなく，50個の手数料（6.7万円）×2となる。
　そのほかの規約事項も同様である。例えば，甲乙2棟の分譲が終了すると，1番の土地について甲棟の区分所有者が各50分の1ずつの共有持分を，2番の土地について乙棟の区分所有者が各50分の1ずつの共有持分を，3番の土地について甲乙棟の区分所有者が100分の1ずつの共有持分

5 規約・公正証書・認証

をそれぞれ有する場合，3番の土地を甲乙それぞれの規約敷地と定める規約（甲棟は規約敷地とし，乙棟は規約敷地としないこともできる。）は，甲棟乙棟それぞれ別々に設定された規約となる。敷地利用権の割合を定める規約，分離処分を可能とする規約についても同様である。

もっとも，手数料は，各規約事項ごとに計算し，加算されることはない。甲乙2棟の規約の設定は，規約事項がいくつでも2行為である。

（注）この場合，規約共用部分となった専有部分を個数に含めることについては，規約共用部分の敷地利用権を0と表記するか否か（Q 22）と同様，賛否両論があるが（情報 422－25），専有部分の個数に算入して差し支えないものと考える（Q 45）。

敷地利用権の割合を定める規約，分離処分を可能とする規約についても同様である。

5:5:2 団地規約設定公正証書

一団地内の数棟の建物の全部を所有する者は，公正証書により，一団地内の附属施設である建物について団地共用部分とする規約設定をすることができる（法67条2項）。

なお，法66条で準用する31条1項及び45条1項の規定による団地建物所有者による規約設定については，5:5:4を参照のこと。

5:5:2:1 文例

　　　　団地規約設定公正証書

　本職は，建物の区分所有等に関する法律第67条第2項の規約の設定者株式会社X不動産の嘱託により，この証書を作成する。
（建物の所有）
第1条　嘱託人は，一団地内に次の一，四及び五の各建物を所有し，二及び三の各建物の完成後，当該各建物を所有する。
　一　所　　　在　甲市乙町一丁目3番地1

　　　　建物の名称　ひばりが丘一号館
　二　所　　　在　同所同番地1
　　　構　　　造　鉄筋コンクリート造陸屋根6階建
　　　床　面　積　1階　1236.74㎡
　　　　　　　　　（2階から6階まで省略）
　　　建物の名称　ひばりが丘二号館
　　　完成予定日　平成23年8月30日
　三　所　　　在　同所同番地1
　　　構　　　造　鉄筋コンクリート造陸屋根6階建
　　　床　面　積　1階　1236.74㎡
　　　　　　　　　（2階から6階まで省略）
　　　建物の名称　ひばりが丘三号館
　　　完成予定日　平成23年8月30日
　四　同所同番地2　家屋番号　3番2
　　　集会所　鉄骨造スレートぶき2階建
　　　床面積　1階　105.04㎡　2階　50.00㎡
　五　同所同番地3　家屋番号　3番3
　　　店舗・居宅　木造かわらぶき2階建
　　　床面積　1階　140.50㎡　2階　140.50㎡
（団地共用部分）
第2条　前条一の建物中1階部分管理人室（別添図面（省略）斜線の部分）及び同条四の建物を団地建物所有者全員の共用に供すべき共用部分（団地共用部分）と定める。

5:5:2:2 手数料

　本規約の手数料は，建物の棟数に応じて算定する。本例の場合，証書作成の手数料は，2.3万円となる（手数料令22条2項）。

5 規約・公正証書・認証

5:5:3 書面決議等規約設定公正証書

　法32条，67条2項以外の規約は，集会の決議又は全員の書面決議(注)により設定されるから（法31条1項，45条），公正証書による必要はない。しかし，区分所有者が，将来の紛争を未然に防止するために，その設定する規約について公正証書を作成したい場合，これを拒否すべき理由はなく，むしろ，予防司法を目的とする公証制度の趣旨からすれば，その嘱託に応ずるべきである（公証事務通達第一の三）。

(注)　全員の合意という要件を規約で緩和することはできない（その理由については，浜崎41）。

5:5:3:1 分離処分可能規約公正証書（抄）

　　　　　分離処分可能規約公正証書（抄）

　本職は，建物の区分所有等に関する法律第31条第1項の規約の設定者甲野一郎及び乙野次郎（又は管理者丙野三郎）の嘱託により，この証書を作成する。
（分離処分）
第3条　嘱託人ら（区分所有者ら）は，平成〇年〇月〇日の集会において，第1条の建物の専有部分と前条の土地の所有権とは分離して処分できることを決議した。

5:5:3:2 敷地利用権の割合を定める規約公正証書（抄）

　　　　　敷地利用権の割合を定める規約公正証書（抄）

　本職は，建物の区分所有等に関する法律第31条第1項の規約の設定者甲野一郎及び乙野次郎の嘱託により，この証書を作成する。
（敷地利用権の割合）

> 第3条　嘱託人は，平成〇年〇月〇日の集会において，第1条の建物の各専有部分に係る前条記載の土地についての敷地利用権の割合を別表（略）のとおりとする決議をした。

5:5:3:3 管理・使用等に関する規約公正証書（抄）

> 管理・使用等に関する規約公正証書（抄）
>
> 　本職は，平成〇年〇月〇日甲の嘱託により，平成〇年〇月〇日何県何市一丁目〇番〇号日進マンション集会室において開催された区分所有者集会の決議により決定された日進マンション管理規約に関する陳述の趣旨を録取し，この証書を作成する。
> 第1条（以下，決議により設定された規約の内容を記載する。）

5:5:3:4 手数料

　手数料は，手数料令22条1項の例により，区分建物の個数に応じて算定される。その対象となる規約は，法32条及び67条2項による規約を除く，法に規定するすべての規約であり，一般の区分建物に係る規約（単棟の規約）と団地規約の双方を含む（手数料令22条3項）。

　なお，法32条又は67条2項により定めることのできる規約事項であっても，分譲後，複数の区分所有者等による集会の決議又は書面決議により設定される場合の手数料は，手数料令22条1項又は2項ではなく，3項によって算定される。

5:5:4　団地規約書面合意公正証書
5:5:4:1 文例

> 団地規約書面合意公正証書（抄）
>
> 　本職は，建物の区分所有等に関する法律第66条で準用する同法第45条の規約の設定につき甲建設株式会社及び乙商事株式会社の嘱託により，この証書を作成する。
> 第3条　嘱託人らは，平成○年○月○日A棟内の下記建物（略）を一棟の建物の名称日進マンションA棟，B棟及びC棟の区分所有者全員の共用に供すべき共用部分（規約共用部分）と定めることを書面により合意した。

5:5:4:2 手数料

① 　この場合の団地規約は，区分所有者が集会の決議によって設定する一棟の規約と同質のものであり，これと区別すべき合理的な理由はないので，手数料についても手数料令22条1項の例によるとされている（同22条3項）。

　団地規約の対象となるのは，原則として，団地建物所有者全員の共有物である土地や附属施設等のみであり（法65条ないし67条），団地内の各区分建物やその敷地などはその対象とはならない。しかし，場合によっては，それらを団地規約に取り込み，団地全体で一括して管理することができる（法68条）。このような場合は，団地全体でひとつの規約が設定されるから，団地全体の区分建物の個数に応じて，手数料令22条3項により手数料を算定する。

② 　区分建物と敷地利用権の一体性に関する規定，規約共用部分に関する規定など，法66条で準用されていないものについては，一棟の規約事項として残る。これらについての規約は，各棟ごとの規約として，団地

規約とは別に手数料を算定すべきである。
③　団地関係が構成されるための要件を定めた法65条中の「数棟の建物」は、「専有部分のある建物」（区分建物）とそれ以外の建物（一戸建の建物）の双方を含む。したがって、団地は、区分建物のみによって構成されるとは限らない。そこで、一団地内の建物の全部が一戸建の建物であるときは、その建物の個数を「専有部分ノ個数」と読み替えて、手数料を算定する（手数料令22条4項）。例えば、一戸建の建物20個で団地が構成されている場合は、区分建物20個の場合と同額の3.4万円となる。
④　一団地内の建物の一部が一戸建の建物であるときは、一戸建の建物の個数に専有部分の個数を加えたものを「専有部分ノ個数」と読み替えて、手数料を算定する（手数料令22条4項）。例えば、一戸建の建物10個と区分建物（各30個）3棟で団地が構成されている場合の手数料は、専有部分の数が100個の場合と同額の11.2万円となる。
⑤　法32条により定めることのできる規約に係る規定は、法66条で団地に準用されていないので、団地規約に取り込まれることはない。

5：5：5　規約変更公正証書

　規約変更の場合の手数料は、原則として、規約の設定の場合の手数料と同額である（手数料令22条5項）。ただし、すでに同一の公証役場 (注) において公正証書に作成されている規約の変更について公正証書を作成する場合の手数料は、設定の場合の手数料の半額（最低額は2.3万円）である（同項ただし書）。

　なお、同一の公証役場において公正証書により作成された規約の補充・更正については、手数料令24条によって算定する。

(注)　「同一ノ公証人役場」の意義については、明42.10.7民刑970号民刑局長回答参照。

5:5:6 規約廃止公正証書
5:5:6:1 文例

> 分離処分可能規約を廃止する規約公正証書（抄）
>
> 　本職は，建物の区分所有等に関する法律第45条に基づき，規約の設定者甲野一郎及び乙野次郎の嘱託により，この証書を作成する。
> 　第3条　嘱託人らは，平成〇年〇月〇日何法務局所属公証人何某作成同年第〇号規約設定公正証書により作成した分離処分可能規約を廃止することを平成〇年〇月〇日書面により合意した。(注)

(注)　2:5:9:1①参照

5:5:6:2 手数料

　規約廃止の手数料は，設定，変更の場合と異なり，1.1万円の定額である（手数料令22条6項）。

5:5:7 規約設定公正証書ひな形

　筆者が公証役場で使用していた公正証書の用紙及び様式等は，次のとおりである。
1　用紙は，A列4番で1行24字20行，20行分で230mm（1行11.5mm）
2　使用ソフトは，一太郎
3　文書スタイルの詳細は，①文字は14ポイント，②用紙マージンは，上端46mm下端22mm左端34mm右端29mm，③ページ番号は，右下でマージン12mm
4　ひな形は，次のとおりで，×は，空字

×××規約設定公正証書

×本職は，建物の区分所有等に関する法律第32条の規約の設定者株式会社Ｚ不動産の嘱託により，この証書を作成する。

（専有部分の全部所有）

第１条×嘱託人は，次の建物が完成後最初に当該建物×の専有部分の全部（122個）を所有する。

××所　　在　　甲市乙町三丁目１番地

××構　　造　　鉄筋コンクリート造陸屋根９階建

××床面積　　１階　　1236.74平方メートル

　　　　　　（２階から９階まで省略）

（規約敷地）

第２条×嘱託人は，次の一の土地の所有権及び二の土×地の賃借権を有する。

×一　　甲市乙町三丁目１番宅地　2067.75平方メートル

×二　　甲市乙町三丁目３番１雑種地　552平方メートル

２×前項一の土地（法定敷地）のほか，二の土地を前×条の建物に係る建物の敷地（規約敷地）と定める。

5:6 認証

5:6:1 私署証書の認証

　私署証書とは，一般的には，私法上の法律行為又はその行為に関連する事実を記載した文書をいう。したがって，国又は地方公共団体の機関若しくは公務員が職務上作成した公文書は，認証の対象とならない(注)。

　私署証書には，法律行為の当事者又は文書の作成者等の署名ないし署名押印又は記名押印が必要である。法律上用いられる認証とは，ある行為又は文書が正当な手続・方式のよりされたことを公の機関が証明することをいう。

① 公証人が公の機関として私署証書に認証をする場合（公証人法58条1項），その認証の対象となるのは，私署証書の内容ではなく，その証書にされた署名又は記名押印についてであると解する考え方もある。しかし，公証人は，法令に違反した事項，無効な法律行為又は行為能力の制限により取り消すことのできる法律行為については，公正証書を作成することができないとされており（公証人法26条），この規定は，公証人が認証をする場合にも準用されているから（公証人法60条），法に抵触するような内容の私署証書の認証をすることはできない。したがって，公証人による認証は，私署証書の内容を署名又は記名押印等と一体として，審査の対象としているから，証書そのものの認証であると解する（公証人法127条）。

② 私署証書について公証人の認証を受けようとする嘱託人は，認証の対象となる私署証書及び嘱託人に関する本人確認の資料を添えて提出する。公証人が，嘱託人の氏名を知らず又は面識がないときは，官公署の作成した印鑑証明書の提出その他これに準ずべき確実な方法によって，嘱託人本人に相違ないことを証明させる必要がある（公証人法60条・28条2項）。

③ 区分所有法において公証人による認証の対象となる私署証書（書面）

等は，法31条1項の規定による区分所有者の集会の決議書（議事録）及び法45条1項の規定による合意書（書面決議）である。この書面には，団地建物所有者による法31条1項及び法45条の規定による書面も含まれる（法66条）。

④ なお，改正試案（第四の一の注(3)）では，規約の設定，変更又は廃止は，その決議がされた集会の議事録について公証人の認証を受けなければ効力を有しないものとすることはどうか，という問題提起があったが，制度化されなかった。

（注） 私署証書の認証については，電磁的記録（電子文書）についてもすることができるが（公証人法7条ノ2，62条ノ6〜8），定款（同法62条ノ2〜5）以外にはほとんど活用されていないので，本稿においては，紙ベースの文書の場合に限って説明する。

5:6:1:1 文例

```
　　　　認証
　嘱託人甲及び乙の代理人丙は，本職の面前で，嘱託人が別紙の規約共用部分を定め，合意書に記名押印したことを自認する旨陳述した。
　よって，認証する。
　　平成〇年〇月〇日
　　　何市何町一丁目〇番〇号
　　　　何地方法務局所属
　　　　　　公証人　　丁野一郎　印
（別紙）（略）
```

5:6:1:2 手数料

集会の議事録及び書面決議の書面（いずれも私署証書である。）の認証の手数料は，2.3万円である（手数料令34条5項）。

5　規約・公正証書・認証

5：6：1：3　謄本の発行

　認証の嘱託を受けた区分所有法関係の議事録及び合意書等の謄本又は正本を公証役場に保存しておき，その謄本請求に応ずることができるであろうか。

　定款と同様に，議事録の原本を2通提出させて1通を公証役場に保管し，それによって謄本を出すことも考えられる。しかし，現行法では，当事者が持参した謄本に基づき，公証人法58条2項の謄本認証をする以外に方法はない（昭59.11.21東京公証人会実務協議会決議・会報60－1－20）。

5：6：2　登記の申請情報及び添付情報と公証人による認証との係わり

　登記申請をするに当たって提供しなければならない情報に関して，公証人による認証は，次の登記手続中の②d及び④のとおり係わっている。

①　登記申請に当たって提供しなければならない情報は，次のとおりである。なお，通則的事項については，2：3：6参照。
　　a　申請情報（不登法18条，令3条）
　　b　登記義務者の登記識別情報（不登法22条）
　　c　登記原因証明情報（不登法61条，令7条1項5号ロ）
　　d　会社法人等番号（令7条1項1号イ，規則36条1項）
　　e　代理権限証明情報（令7条1項2号，規則37条の2）
　　f　一般承継証明情報（令7条1項4号，5号イ）
　　g　承諾証明情報（令7条1項5号ハ）

②　①bの登記識別情報を提供できない場合は，次の方法により本人（登記義務者）確認をすることができる。
　　a　登記官による事前通知（不登法23条1項，規則70条）
　　b　登記官による前住所地通知（不登法23条2項，規則71条）
　　c　資格者代理人による本人確認（不登法23条4項1号，規則72条，71条2項4号）

d　公証人による本人確認（不登法23条4項2号）　bの手続は省略できない（5:6:3:2）。
③　記名押印をし、印鑑証明書を提供しなければならない情報は、次のとおりである。
　　a　申請情報を記載した書面（令16条1項、2項）
　　b　代理権限証明情報（委任状）（令18条1項、2項）
　　c　承諾証明情報（令19条1項、2項）
④　③の情報について公証人の認証を受けた場合、次のaについては記名押印を必要とせず、bないしdについては印鑑証明書の提供を必要としない。
　　a　署名した申請書（規則47条2号）
　　b　記名押印した申請書（規則48条1項2号）
　　c　署名した代理権限証明情報（委任状）（規則49条1項1号）
　　d　署名した承諾証明情報（規則50条1項）

5:6:3　本人確認の認証
5:6:3:1　意義
①　登記権利者及び登記義務者が共同して権利に関する登記の申請をする場合などには、申請人は、その申請情報と併せて、登記義務者の登記識別情報を提供しなければならない（不登法22条1項本文）。申請人が正当な理由により登記識別情報又は登記済証を提供できないときは、登記官は、申請の内容が真実であると「思料する」ときは事前通知により本人確認をする（不登法23条1項）(注)。ただし、資格者代理人による本人確認情報の提供を受け、又は申請に係る申請情報（委任による代理人によって申請する場合にあっては、その権限を証する情報）を記載し、又は記録した書面若しくは電磁的記録について、公証人により、申請人が登記義務者であることを確認するために必要な認証がされ、かつ、登記官がその内容を相当と認めるときは、登記官は、本人確認のためにす

5 規約・公正証書・認証

る事前通知を省略できる（同条4項2号）。
② 事前通知が省略できるのは，公証人の認証を「登記官がその内容を相当と認めるとき」である。この公証人の認証内容の相当性の判断は，申請情報若しくは代理権限を証する情報を記載した書面又はこれを記録した電磁的記録に公証人が認証を付した内容によることとされている。そのため，不動産登記法の施行に伴う関係法律の整備等に関する法律により公証人法59条を改正して「認証ヲ与フヘキ証書ニハ登簿番号，認証ノ年月日及其ノ場所ヲ記載シ公証人及立会人之ニ署名捺印シ且公証人其ノ証書ト認証簿トニ契印ヲ為スコトヲ要ス此場合ニ於テ嘱託人ノ申立アルトキハ第36条第4号及第6号乃至第8号ニ掲グル事項ヲ記載スルコトヲ要ス」とし，嘱託人の申立てがあれば，「嘱託人又ハ其ノ代理人ノ氏名ヲ知リ且之ト面識アルトキハ其ノ旨」，「印鑑証明書ノ提出其ノ他之ニ準スヘキ確実ナル方法ニ依リ人違ナキコトヲ証明セシメ又ハ印鑑若ハ署名ニ関スル証明書ヲ提出セシメテ証書ノ真正ナルコトヲ証明セシメタルトキハ其ノ旨及其ノ事由」等を認証文に付けるものとしている。
③ 申請書等についてされた公証人の認証が，委任による代理人により嘱託された申請書等についての認証であるときは，「登記官が本人確認をするために必要な認証としてその内容を相当と認めるとき」に当たらない。本人が直接公証人の面前で認証を受けなければならない。ただし，急迫な場合で人違いでないことを証明させずにした認証（公証人法36条8号）であるときは，証書を作成した後3日以内に上記基準に適合する認証がされたもの（公証人法60条・28条）に限り，相当なものとして取り扱われる。
（注） 法令用語改正要領（5:4:2:3①ｄ）によれば，「次のことばは，似た意味を重ね合わせてむずかしく作られているから，それぞれわかりやすい日常語に改める。」とされ，「思料する」は「考える」と改めることになっている。
しかし近年新設又は改正された法律には，「思料する」を使用している例が多くみられる。行政手続法36条の2第1項，戸籍法104条の3，司法書士法49条1項

などである。賛成できない。

5:6:3:2 前住所地通知

　公証人による本人確認認証の内容が相当と認められるときは，登記義務者の住所地への通知を省略できるが（不登法23条4項），前住所地への通知は省略できない（同条2項，規則71条2項）。

　資格者代理人による本人確認情報の提供の場合は，資格者代理人による本人確認情報の内容により申請人が「登記義務者であることが確実であると認められる場合」（規則71条2項4号）は，前住所地への通知は必要でないとされている。これに対して，公証人による本人確認の場合には，これに相当する規定が設けられていないのである。

　これは，資格者代理人による本人確認情報（規則72条）と公証人による本人確認（公証人法36条4号，6号ないし8号）との精度に差があるから，というよりは，公証人による本人確認情報は，「登記義務者であること」（成りすましでないこと）の確認までは求められていないからであろう(注)。

(注)　「公証人の場合も，まさにその者が申請人であることを公証したに過ぎなくて，登記の中身や登記原因が，公証人が認証しているから問題ないということではなく，『あくまで本人であるというだけの認証にしか過ぎない』ということです。」（加藤三男「新不動産登記法下における登記事務（新法のポイント）」インター8－4－57）という発言があるが，公証人が認証するに当たっては，本人確認と共に，その文書の意味内容についても，本人に確認しているから，資格者代理人の場合と同様に，前住所地通知を省略できるようにしてもよいと考える。

5:6:3:3 認証文

　次に掲げる公証人の認証文（通達文例を若干修正した。）が付いている場合は，本人確認をするために必要な認証としてその内容を相当と認め，事前通知を省略することができる（平17.2.25民二457号民事局長通達第1の10）。

①　公証人法36条4号に掲げる事項を記載する場合

a　嘱託人何某は，本職の面前で，本証書に署名押印（記名押印）した。
　　　本職は，嘱託人の氏名を知り，面識がある。
　　　よって，これを認証する。
　　b　嘱託人何某は，本職の面前で，本証書に署名押印（記名押印）したことを自認する旨陳述した。
　　　本職は，嘱託人の氏名を知り，面識がある。
　　　よって，これを認証する。
②　公証人法36条6号に掲げる事項を記載する場合
　　a　嘱託人何某は，本職の面前で，本証書に署名押印（記名押印）した。
　　　本職は，印鑑及びこれに係る印鑑証明書の提出により（又は運転免許証の提示により），嘱託人が人違いでないことを証明させた。
　　　よって，これを認証する。
　　b　嘱託人何某は，本職の面前で，本証書に署名押印（記名押印）したことを自認する旨陳述した。
　　　本職は，印鑑及びこれに係る印鑑証明書の提出により（又は運転免許証の提示により），嘱託人が人違いでないことを証明させた。
　　　よって，これを認証する。

5：6：3：4　手数料

　認証の手数料は，登記原因情報が5,500円，委任状が3,500円である（手数料令6条，34条）（平成17年3月11日民事局総務課通知）。

5：6：4　認証による印鑑証明書の添付省略

　書面を提出する方法により登記を申請するときは，申請情報を記載した書面（磁気ディスクを含む。）に添付情報を記載した書面（磁気ディスクを含む。）を添付して提出する（令15条前段）。
　申請情報を記載した書面（令16条1項），代理人の権限を証する情報

（委任状）（令18条1項）及び承諾を証する情報（令19条1項）については，その作成者が記名押印し，印鑑証明書を添付しなければならない（令16条2項，18条2項，19条2項）。ただし，署名した申請書又は記名押印した書面について公証人の認証があるときは，次のとおり，記名押印又は印鑑証明書の添付を必要としない。

5:6:4:1 申請情報を記載した書面の認証
① 申請人又はその代表者若しくは代理人が署名した申請書について公証人の認証があるときは，記名押印（令16条1項）を必要としない（規則47条2号）。
② ①において申請人又はその代表者若しくは代理人が記名押印した申請書について公証人の認証があるときは，印鑑証明書（令16条2項）の添付を必要としない（規則48条1項2号）。

5:6:4:2 委任状の認証
① 申請人又はその代表者若しくは代理人が署名した委任による代理人の権限を証する情報を記載した書面（委任状）について公証人の認証があるときは，記名押印（令18条1項）を必要としない（規則49条1項1号）。
② 申請人又はその代表者若しくは代理人が記名押印した委任による代理人の権限を証する情報を記載した書面（委任状）について公証人の認証があるときは，印鑑証明書（令18条2項）を必要としない（規則49条2項2号）。

5:6:4:3 承諾書の認証
① 申請情報と併せて提供しなければならない同意又は承諾を証する情報を記載した書面の作成者が署名した書面について公証人の認証があるときは，記名押印（令19条1項）を必要としない（規則50条1項）。
② ①の書面について公証人の認証があるときは，印鑑証明書（令19条2項）を必要としない（規則50条2項・48条1項2号）。

5:6:4:4 手数料

　申請情報を記載した書面及び同意又は承諾を証する添付情報の手数料は，5,500円，委任状は3,500円である。

5:7　Q&A

【Q36】　増築により区分建物となった場合
　　　非区分建物を増築したことにより，その建物が区分建物となった場合，公正証書によって分離処分可能規約を設定することができるか。
【A】　既存の建物及び増築した建物の所有者は，同一人であり，最初に建物の専有部分の全部を所有する者であるから，公正証書により規約を設定することができる（1:6:10:3①）。
　　　なお，登記手続については，2:5:4参照。

【Q37】　区分建物の共有者全員による規約設定
　　　複数の者が区分建物の全部を共有しているのではなく，一棟の建物のうちの各別の一部分を数名の者がそれぞれ所有し，併せて一棟の建物の全部となる場合は，共有の場合と異なることはないから，その全員が嘱託人となって規約を設定することができると解してよいか。
【A】　各所有者は，いずれも区分建物の全部を所有する者とはいえない。規約の設定は単独行為であって，所有権をもっていない部分について規約の設定をすることはできない（昭59.9.11日公連決議・公証72－140）。

【Q38】　会社寮を譲り受けた者による規約設定
　　　会社の寮を譲り受け，マンションとして分譲する予定である。法32条の規約を設定することができるか。
【A】　マンションとすることによって区分所有の意思が外部に表示され，区分所有権が成立すると解されるから（1:3:1），設定できる。

なお，寮が未登記の場合，転得者は，自己名義の表題登記を申請し（不登法47条1項），区分建物の最初の所有者となることができる。

【Q39】 建基法違反建物の規約設定
　　建基法6条による確認と異なる同法に明らかに違反する建物について規約設定公正証書を作成することができるか。
【A】　建基法に違反する建物に関する規約が直ちに無効であるとはいえず，また，公証人は，同法違反の事実を調査する権限も義務もないから，公正証書を作成すべきである（昭61.11.13日公連決議・公証80－118）。ただし，除却命令の出ている建物については，永続性に欠けるので，建物の表題登記は受理できないものと解する（新Q4－6）。

【Q40】 敷地権割合を変更する規約設定
　　最初に区分建物の専有部分の全部を所有する者が敷地権割合を専有部分の床面積の割合として表題登記をした後，区分建物を分譲する前に，改めて公正証書により床面積と異なる割合で規約を設定した場合，敷地権割合を変更する建物の表題部の変更登記を申請することになるか。
【A】　積極に解する。分譲業者は，区分建物を分譲する前は，「最初に建物の専有部分の全部を所有する者」であることに変わりはない。区分建物の全部を同一人が所有している場合，公正証書によって作成された敷地権に関する規約は，他に区分所有者が出現しない限り，公正証書によって変更することができるから（質疑58－41），公正証書により敷地権割合を変更する規約を作成し，建物の表題部の変更登記を申請することができる。
　　なお，一般に公正証書作成後建物の登記前に内容に変更を生じたときは，嘱託人が建物の全部を所有している間は，変更公正証書によって変更することができる。

5 規約・公正証書・認証

【Q41】 分離処分可能規約と敷地権割合

Aは，その所有する1番の土地上に，甲乙丙の三棟のマンションを順次建築する。

甲建物に割り当てる敷地利用権の合計は10分の5，乙建物は10分の3，丙建物は10分の2とする。

甲建物については，「甲建物の各専有部分に係る1番の土地についての敷地利用権の割合は別表のとおり（合計10分の5）とする。」「甲建物の各専有部分と1番の土地の所有権の10分の5とは分離して処分することができる。」とする規約公正証書が作成され，かつ表題登記を経由している。

この場合，乙建物について，「乙建物の各専有部分に係る1番の土地についての敷地利用権の割合は別表のとおり（合計10分の3）とする。」旨の規約を設けることにするとき，分離処分可能規約は，次のいずれの説によるべきか。

① 乙建物の各専有部分と1番の土地の所有権の10分の7とは分離して処分することができる。

② 乙建物の各専有部分と1番の土地の所有権の10分の2とは分離して処分することができる。

【A】 分離処分可能規約に定めた敷地利用権の割合を除いた部分が敷地権として割り付けられるから，甲建物に係る敷地権割合を10分の5とする前提で定めるべき分離処分可能規約は，残りの10分の5であり，乙建物の敷地権割合を10分の3とする場合は，この部分につき分離処分ができないから，残りの10分の7につき，さらに丙建物の敷地権割合を10分の2とする場合も残りの10分の8につき分離処分可能規約を設定すべきことになる。

もしも，②説をとると，乙建物に割り付けられる敷地権も10分の8となり，予定した敷地権割合と異なることになる。他方，丙建物につき分離処分可能規約を設定する必要がなくなる。

したがって，各棟につき敷地権割合を定める場合には，一棟ごとに敷地権割合を除く部分の割合につき分離処分可能規約を定めれば足ることとなるから，①説によるのが相当である（平元.12.20日公連決議・公証93-180）。ただし，甲乙丙棟の規約を一括して，又は同時

に設定することができるとすれば，各棟ごとの敷地権割合を定めれば足り，分離処分可能規は不要となる（1：6：7：1）。

　すなわち，甲棟が完成した段階で区分建物の表題登記をする場合は，その敷地権割合を10分の5として申請し，次いで乙棟10分の3，丙棟10分の2とする各表題登記をすることができる。

【Q42】　法32条と67条2項以外の規約設定
　法4条2項，5条1項，22条1項ただし書，2項以外の事項も同時に規約に定めているときは，その部分も公正証書にできるか。その部分を公正証書に記載した場合の効力，拘束力はどうか。
【A】　これらの事項以外の事項は，規約設定公正証書に記載すべきでない。法32条1項の規約以外の事項は，集会の決議によらなければ設定することはできない（法31条）。公正証書に記載しても規約としての効力を生じない（昭59．3．16日公連決議・公証70－68）。

【Q43】　2棟目の団地共用部分の規約設定
　甲が1番の土地にAマンションを2番の土地に集会所を建築し，公正証書により集会所をA棟の規約共用部分とし，その旨の登記をした後，1番の土地にB棟を建築した場合，公正証書により集会所をAB棟の団地共用部分とすることができるか。
【A】　甲は，建物の全部を所有する者ではないから，できない。甲は，次のいずれかの方法により，集会所を団地共用部分とする表題部の変更登記をする。
①　A棟を分譲する際に買受人から，集会所は，将来，団地内の区分所有者全員の共有にして「団地共用部分」とする旨の同意書を得ておき，B棟の分譲をする際にも同様の同意書を得て，B棟の保存登記が終了した後に，法45条に規定する書面決議（事前に得ている区分所有者全員の同意書）を提供して表題部の変更登記をする。
②　B棟の分譲が完了して区分建物の保存登記が終了した後にAB棟の区分所有者全員の集会を開き，集会の決議により，集会所を「団地共用部分」とする規約を設定し，この規約を提供して表題部の変更登記

をする。

　もっとも，甲は，A棟を建築する前からB棟も建築する予定であったならば，あらかじめ公正証書により，集会所を団地共用部分とする旨の規約を作成しておき，B棟完成後にその登記をすることで足りたと考える。その間，第三者に対抗することはできないが（法67条1項後段），問題はないであろう（1:8:7:3）。

【Q44】　大団地における団地共用部分の規約設定
　一団地を数期に分けて建築し，完成の都度分譲していく場合に，当初から，最終的に団地が完成した状態を想定して団地共用部分を定めることができるか。
【A】　1:8:7:3を参照のこと。

【Q45】　規約共用部分の設定と専有部分の個数
　規約共用部分を設定する公正証書の規約通達文例には，「第1条　嘱託人は，建築中の左記建物の完成後最初に当該建物の専有部分の全部（122個）を所有する。」という記載例が示されており，専有部分の個数には規約共用部分も含まれているが，それでよいか。
【A】　積極に解する。
　規約共用部分（法4条2項）は，区分所有者及び議決権の各4分の3以上の多数による集会の決議によって（法31条1項），又は最初に建物の区分建物の全部を所有する者が規約公正証書によって設定することができる（法32条）。
　規約で定めるべき事項は，建物のどの部分又はどの附属の建物を共用部分とするということだけで足りるが，通常は，規約通達文例第1条のようにその他の事項も確認的事項として記載している。
　法2条3項は，「『専有部分』とは，区分所有権の目的たる建物の部分をいう。」とし，同条1項は，「『区分所有権』とは，前条に規定する建物の部分（第4条第2項の規定により共用部分とされたものを除く。）を目的とする所有権をいう。」と定めている。したがって，規約共用部分は，区分所有権の目的となるものからはずされているから，

専有部分には該当せず，文例中の個数には含まれないことになるはずである。しかし，規約共用部分は，その旨の登記後も専有部分としての要件（構造上，利用上の独立性）を備えていることには変わりはない。専有部分及び区分所有権に関する規定を適用しないことになるだけであるといえる。

　したがって，文例中の住戸番号欄に管理人室や集会室として記載し，専有部分の個数に含めることについては，異論はないものと考える。

【Q46】　在監者の登記申請に係る申請情報の認証
　在監者が登記義務者であるときは，同人の登記記録上の住所地に事前通知をしても本人限定受取郵便等（規則70条1項1号）を受領することができないため，登記申請は却下されてしまう。どうすればよいか。

【A】　申請情報及び委任状等について公証人が認証している場合は，事前通知を省略することができる（不登法23条4項2号，不登法施行通達第1の10）。そこで，公証人が刑務所に赴き，在監者に面接した上認証することになる。しかし，面接室においては，文書等の受渡しができないので，あらかじめ刑務所を通して申請情報及び委任状等を本人に渡しておき，面接室において署名押印（記名押印）させるか，申請情報等に署名押印（記名押印）したことを自認する旨の陳述をさせる。

【Q47】　資格者代理人に対する委任状の認証
　申請人本人（嘱託人）が登記申請を司法書士に委任する旨の委任状（登記申請書の写しを添付し，代理人に対する委任文言を記載して，委任者が署名押印（又は記名押印）したもの）を持参したときは，公証人がその委任状について認証することにより，資格者代理人が本人確認情報を提供しなくとも，事前通知を省略して登記できることになると解してよいか。

【A】　よい。不登法23条4項2号は，一般的に代理申請の場合を規定し

ているものであって,特に資格者代理人を除外する趣旨の規定ではない。

　民事局長通達が「申請書等についてされた公証人の認証が,委任による代理人により嘱託された申請書等についての認証であるときは,同号に規定する『登記官が本人確認をするために必要な認証としてその内容を相当と認めるとき』に当たらないものとする。」(不登法施行通達第1の10(2)) といっているのは,いわゆる代理自認認証の場合は,事前通知不要の場合に当たらないことを示しているものであって,本問に関して直接の参考となるものではない (平17.2.25日公連法規委員会協議結果・公証144-326)。

マンション登記法　索引

【主要条文索引】（太字の見出しは重要事項）

●民法

163条 …………………………………… 3:3:3:6
177条 …………………………………… 1:8:6:5／3:1
239条
　　——2項 ………………………………… 1:6:9
242条 …………………………………… 1:4:2:1
251条 …………………………………… 4:1:4／4:2:2
251条本文 ……………………………… 4:1:5
252条ただし書 ………………………… 3:2:2:6／3:2:2:9
255条 …………………………………… 1:6:9／3:3:3:4
264条本文 ……………………………… 1:6:9
264条・249条 ………………………… Q6
269条の2 ……………………………… **3:7:1**
325条 …………………………………… 3:8:2
326条 …………………………………… 3:8:2:2
327条 …………………………………… 3:8:2:2
328条 …………………………………… 3:8:2:1
340条 …………………………………… 3:8:2:1
388条 …………………………………… 3:7:3
423条 …………………………………… 2:2:5:2／3:2:2:7
427条 …………………………………… 1:4:7:1
581条 …………………………………… 3:6:1
612条
　　——1項 ………………………………… 1:6:4:5
958条の3 ……………………………… 1:6:9／3:3:3:4
959条 …………………………………… 1:6:9／3:3:3:4
1015条 ………………………………… 2:2:1:1

●建物の区分所有等に関する法律

1条 ……………………………………… **1:2:1**
2条
　　——1項 ………………………………… **1:3:1**
　　——2項 ………………………………… **1:3:1**
　　——3項 ………………………………… **1:4**
　　——4項 ………………………………… **1:4**／1:4:2
　　——5項 ………………………………… **1:5:1**
　　——6項 ………………………………… **1:6:1**
3条 ……………………………………… **1:8:5**／1:10／**5:1**
3条後段 ………………………………… **1:4:6**
4条
　　——2項 ………………………………… 1:4:3:3／**1:4:5**／5:4:1
　　——2項後段 …………………………… **1:4:5:3**／**2:8:1**
5条
　　——1項 ………………………………… **1:5:3**／5:4:1
　　——2項 ………………………………… 1:5:4／2:5:9:1
　　——2項後段 …………………………… 1:5:2
6条
　　——1項 ………………………………… **1:3:2**／3:14:1
　　——2項前段 …………………………… 1:3:2
7条
　　——1項 ………………………………… 3:8:3
　　——2項 ………………………………… 3:8:3
11条
　　——1項 ………………………………… **1:4:7**／1:4:8:1
　　——1項ただし書 ……………………… 1:4:6
　　——2項 ………………………………… 1:4:6／1:4:7:1／1:4:8:1

489

――3項 ················· **1:4:9**
12条 ················· **1:4:7**
13条 ················· **1:4:7**
14条 ················· 1:4:7:1
　――1項 ············ 1:6:5:3／1:8:6:3
　――1項，2項 ········ 1:4:7:3
　――2項 ············ 1:8:6:3
　――3項 ············ 1:4:7:4／1:6:5:2／1:8:6:3
　――4項 ············ 1:4:7:1／1:4:7:3／1:4:7:5／1:8:6:3
15条 ················· 1:4:7:1
17条
　――1項 ············ 1:4:10／Q3
　――2項 ············ **1:4:10**
18条 ················· 4:1:1
19条 ················· 1:4:10
22条 ················· 1:6:4:9／1:6:4:10
　――1項 ············ 1:6:6:1
　――1項本文 ········ **1:6:1**／**1:6:4:1**／1:6:4:3／**1:6:4:4**
　――1項ただし書 ····· 1:5:4:3／1:6:7
　――2項 ············ 1:6:5:1
　――2項本文 ········ **1:6:5:2**／**1:6:5:3**
　――2項ただし書 ····· 1:6:5:4
　――3項 ············ 1:3:1／1:6:10:1／5:4:1
　――3項・2項 ······· 1:6:5:3／5:4:1
23条 ················· **1:6:8**
24条 ················· **1:6:9**／3:3:3:3
26条
　――1項 ············ **Q2**
27条 ················· 1:4:8:1
　――1項 ············ 1:4:7:1
30条
　――1項 ············ 1:5:1／**5:1**／5:4:4
　――2項 ············ 5:3
　――3項 ············ **5:1**／5:3
　――4項 ············ 1:5:1／5:1:3
　――5項 ············ 5:2:3:2

31条 ················· 1:6:10:3／5:4:4
　――1項 ············ 1:4:5:2／1:5:3:2／1:6:7:1／**5:2:2:1**
　――1項後段 ········ 1:4:8:1／**5:2:2:2**
　――2項 ············ 1:8:8:2／5:3
32条 ················· 1:4:5:2／1:5:3:2／1:6:5:2／1:6:5:3／**1:6:7**／1:6:10:3／1:8:7:1／**5:4:1**
39条
　――1項 ············ 4:1:1
　――3項 ············ 5:2:3:3
42条
　――1項 ············ 5:2:3:2
45条 ················· 5:2:2:1
　――1項 ············ 1:6:7:1／1:6:10:3／5:2:3:4
　――2項 ············ 1:4:5:2
　――2項，3項 ······· 5:2:3:4
46条
　――1項 ············ 5:1:3
　――2項 ············ 5:1:3
47条 ················· :1:10
　――1項 ············ **1:10:2**／3:14:2
55条
　――1項1号 ········ 4:1:4
57条
　――1項 ············ 1:3:2
61条 ················· 4:1:3
　――1項本文 ········ 4:1:2
　――5項 ············ 4:1:2
　――12項 ··········· 4:1:4
62条 ················· **4:2:4**
　――1項 ············ **4:1:5**／**4:2**／**4:2:1**
　――2項1号 ········ **4:2:3**
63条
　――1項 ············ 4:2
　――2項～4項 ······· 4:2
　――4項 ············ 4:2:1
64条 ················· 4:2

490

65条	················	**1:8:5**
66条・30条		
——1項	················	1:8:6:3
67条	················	**1:8:2**
——1項前段	················	**1:8:6:1**/2:8:1
——1項後段	················	**1:8:6:4**/1:8:7:2/2:8:1
——2項	················	1:6:7/**1:8:6:1**/**1:8:7:1**/
		1:8:7:3/5:4:1/**5:5:2**
67条3項・11条1項本文	················	**1:8:7:3**
67条3項・11条1項,3項	················	1:8:7:2
67条3項・11条3項	················	2:8:1
67条3項・13条	················	1:8:6:3/1:8:7:3
67条3項・15条	················	**1:8:6:3**/1:8:7:2
67条3項・15条1項,2項	················	1:8:6:3
68条	················	**1:8:2**/**1:8:8:1**
——1項1号	················	1:8:4
——2項	················	1:8:8:2
69条	················	4:2:2/4:2:5
70条	················	4:2:2/**4:2:4**
——1項	················	4:2:5

● マンションの建替えの円滑化等に関する法律

2条		
——1号	················	1:2:1/4:1
5条		
——1項	················	**4:1:6**
——2項	················	**4:1:6**/4:3
9条		
——1項	················	4:1:6/4:3
——2項	················	4:1:6
12条	················	4:1:6
15条	················	**4:1:6**/4:3
17条	················	4:1:6/Q35
27条	················	4:3/4.4.1
30条	················	4:3/4.4.1
38条		
——1項,4項	················	4:3
45条		
——1項	················	**4:1:6**
55条		
——1項	················	4:3/**4:5:1:3**
——2項	················	4:5:2:1
——4項	················	4:5:2:1
——5項	················	**4:5:4**
56条		
——1項,3項	················	4:4:2:3
57条		
——1項	················	4:3/**4:4:1**
58条		
——1項	················	4:4:2:1
——3項	················	4:4:2:1
——4項	················	4:4:2:1
61条	················	4:4:2:2
64条	················	4:4:1
68条	················	4:4:1
69条	················	4:5:3
70条	················	4:3/**4:4:2:1**
——3項	················	**4:5:3:1**
——4項	················	**4:5:3:4**/4:5:6:2
71条	················	**4:4:2:2**
——1項	················	4:5:5
——2項,3項	················	4:3/4:5:6
72条	················	5:4:2:6
73条	················	4:4:2:2/4:5:3:1
74条	················	4:3/**4:5:3**
82条	················	4:3
——1項	················	4:5:6:1
92条	················	4:5:1:1
94条	················	5:4:2:6
102条		
——1項	················	**4:6:1**

主要条文索引

──2項 ………………………… 4/4:5:2:1
103条 ………………………………… 4:6:1
105条 ………………………………… 4:6:1
106条 ………………………………… 4:6:4
108条
　──1項 …………………… 4:6:2/4:6:4
　──2項・3項 …………… 4:6:2/4:6:3
　──6項 ………………………… 4:6:2
　──7項 ………………………… 4:6:2
　──10項 ………………………… 4:6:2
109条
　──1項 ………………………… 4:6:3
　──2項 ………………………… 4:6:3
110条 ………………………………… 4:6:3
116条 ………………………………… **4:6:4**
117条 ………………………………… 4:6:4
120条〜122条 ……………………… 4:6:4
124条 ……………………… **4:6:7**/4:6:9:4
140条
　──1項 ……………… **4:6:7**/**4:6:9:2**
　──5項 ……………………… **4:6:9:3**
141条
　──1項 ………………………… **4:6:5**
　──2項 ………………………… 4:6:7
142条 ………………………………… **4:6:5**
148条 ……………… 4:6:6/4:6:8/4:6:9:5
149条 ………………………………… 4:6:7
　──1項 …………… 4:6:6/**4:6:8**/4:6:9:5
　──2項 ………………………… **4:6:8**
150条
　──1項 ……… 4:6:6/**4:6:8**/**4:6:9:5**/**4:6:9:6**
　──2項 ……………… 4:6:6/**4:6:8**/**4:6:9:5**
151条 ………………………………… **4:6:5**
152条・76条3項 …………………… 4:6:5
152条・77条 ………………………… 4:6:5
152条・76条、77条、78条 ………… 4:6:5

153条 ………………………………… 4:6:7
155条 ………………………………… 4:6:5

●被災区分所有建物の再建等に関する特別措置法
1条 …………………………………… 1:2:1
2条 …………………………………… 4:1:4
4条 …………………………… 4:1:3/4:1:4
　──9項 ………………………… 1:9:5
5条 …………………………… 4:1:3/4:1:4
6条 …………………………………… 4:1:4
9条
　──1項 ………………………… 4:1:3
10条 ………………………………… 4:1:4
11条 ………………………………… 4:1:4
12条 ………………………………… 4:1:4
18条 ………………………………… 4:2:4

●不動産登記法
2条
　──5号 …………… 1:11:1/2:2:7/2:5:3:1
　──9号 ………………………… 1:11:1
　──14号 ……………………… 3:1:6:1
　──21号 ………………………… Q11
　──22号 ………………………… 1:2:1
　──23号 ……………………… **1:4:2:1**
3条 ……………………………………… 3:1
4条
　──9項 …………………………… 4:3
17条
　──4項 ………………………… 2:3:6
22条 ………………………………… 3:1:6:2
23条
　──1項 ………………… 3:1:6:3/5:6:3:1
　──2項 ………………………… 5:6:3:2
　──4項 ………………… 3:1:6:3/5:6:3:2

主要条文索引

- ——4項2号 ·················· 5:6:3:1 / Q46
- 27条 ······················· **2:1:3**
  - ——4号 ···················· Q11
- 28条 ············ 1:7:3:1 / 1:7:3:4 / 2:5:11:1
- 29条
  - ——1項 ····················· 1:7:3:4
- 30条 ························ 2:2:1:1
- 32条 ························ 2:5:2:1
- 33条
  - ——2項～4項 ················· 2:5:2:2
- 39条 ························ 4:5:1:1
- 40条 ························ 2:6:5:1
- 42条 ························ 4:5:5:2
- 44条 ························· 1:5:5
  - ——1項 ······················ 2:1:3
  - ——1項9号 ······ 1:6:5:1 / 1:7:1 / **1:7:3:1** / 2:4:2:1 / 2:4:3:2
- 46条 ······ **1:7:3:1** / **1:7:4** / **1:7:6** / **2:4:3:2** / 2:5:7:6 / 3:2:3:4
- 47条
  - ——1項 ············· 2:1:1 / **2:2:1** / 2:5:4:2
  - ——2項 ······ 2:1:1 / 2:2:1 / **2:2:3** / 2:2:6 / 2:5:4:2
- 47条～56条 ····················· 1:8:5
- 48条
  - ——1項 ············· 2:1:1 / **2:2:2** / **2:2:9**
  - ——1項，2項 ············· **2:2:4:1** / 2:2:8:1
  - ——2項 ········· 1:9:5:2 / 2:1:1 / **2:2:2** / 2:2:5:1
  - ——2項，4項 ··················· 2:3:1:1
  - ——3項 ············· 2:1:1 / 2:2:8:1 / **2:2:9**
  - ——4項 ············· 2:1:1 / 2:2:7 / 2:2:8:1
- 49条
  - ——1項 ················ **2:7:1:1** / 2:7:2:2
- 50条 ························ **2:7:1:2**
- 51条 ························ 2:5:6
  - ——1項 ······ **2:2:8:2** / 2:5:1 / 2:5:3:2 / 2:5:3:3 / 2:5:9:1 / 2:5:11:1 / 2:8:4:1 / 2:10:4:1 / 3:2:4
  - ——1項，2項 ················· 2:5:4:2

- ——2項 ················ 2:5:3:2 / 2:5:11:1
- ——3項 ························ 2:8:4:1
- ——3項，4項 ·················· 2:5:3:2
- ——4項 ················ 2:5:3:3 / 2:8:4:1
- ——5項 ········ 2:4:1:2 / 2:5:3:1 / 2:5:16
- ——5項，6項 ····················· 1:11:1
- ——6項 ········ 2:4:1:2 / 2:5:3:1 / 2:5:16
- 52条
  - ——1項 ·················2:5:4:1 / 2:5:4:2
  - ——2項 ························ 2:5:4:1
  - ——2項及び4項 ················ 2:5:4:2
  - ——3項 ························ **2:2:8:1**
  - ——4項 ························ **2:2:8:1**
- 53条 ························· 1:11:1
  - ——1項 ················ 2:5:1 / 2:5:12:1
  - ——1項，2項 ·················· 2:5:5
- 54条
  - ——1項 ························ 2:6:3:1
  - ——1項1号 ····················· 2:6:1:1
  - ——1項2号 ····················· 2:6:1:2
  - ——1項3号 ····················· 2:6:1:3
  - ——2項 ························ 2:8:5:1
- 54条3項・40条 ················· 2:6:4:3
- 55条 ····················· 1:7:7:3 / **2:5:14**
  - ——1項 ··········· 1:6:4:2 / **1:7:3:1** / **1:7:7:1**
  - ——4項・1項 ··················· 2:10:3
- 56条 ························· 2:6:6
- 57条 ························· 2:10:2
- 57条括弧書き ··················· 2:8:7
- 58条
  - ——1項1号，2号 ················ 2:8:3:3
  - ——2項 ························ 2:8:3:1
  - ——3項 ························ 2:8:3:2
  - ——4項 ··· 1:4:5:3 / 1:7:3:4 / 1:8:6:4 / 2:4:1:3 / 2:8:3:5
  - ——5項 ························ 2:8:4:1
  - ——6項 ························ 2:8:6:2

493

――6項, 7項 ……………… 1:4:5:5 / 1:8:6:5
――7項 ……………………………… 2:8:6:2
59条
　――7号 ……………………… 2:2:5:2 / 2:6:5:2
61条 ………………………………………… **3:1:7**
62条 ……………………………… 2:2:1:2 / 3:2:2:2
63条
　――2項 ………………………………………… 3:3:1
66条 ………………………………………… 1:8:5 / 3:5
67条 ……………………………………………… 3:1
　――2項 ……………………………………… 2:5:12:3
　――2項ただし書 ……………………………… 3:5
68条 ……………………………………………… 3:4
73条
　――1項本文 …… 1:6:4:2 / 1:7:3:1 / **1:7:5** / 2:5:12:2 /
　　　　3:1:2 / 3:1:3:1 / 3:2:3:1 / 3:3:2:1 /
　　　　3:4:1 / 3:5:1:3 / 3:7:5 / 3:9
　――1項ただし書 ……………… 1:7:3:1 / 3:8:1:1
　――1項1号 ………………………………… 3:1:3:2
　――1項2号 ………………………… 3:1:3:2 / 3:12:3
　――1項3号 ………………………………… 3:1:3:2
　――1項4号, 2項ただし書, 3項ただし
　　書 ……………………………… 1:6:4:2 / 3:1:3:2
　――2項 ……………………………… 2:5:12:2 / 3:1:4:1
　――2項本文 … 1:6:8:2 / **1:7:6** / 3:3:2:2 / 3:5:1:3 /
　　　　3:10:1
　――2項ただし書 ……… 1:7:6 / 3:1:4:2 / 3:2:3:1 /
　　　　3:7:5 / 3:8:1:1
　――2項, 3項 ………… 1:7:3:1 / 1:7:4 / 3:1:2
　――2項本文, 3項本文 … 1:6:4:2 / 3:8:1:1 /
　　　　3:9 / 3:10:1
　――2項ただし書, 3項ただし書
　　……………………………… 1:6:8:2 / 3:10:1
　――3項 …………………………… 1:7:5 / 3:12:3
　――3項本文 … 3:1:5:1 / 3:3:2:2 / 3:10:1 / 3:12:10
　――3項ただし書 ……… 3:1:5:2 / 3:12:3

　――3項ただし書後段 ………………………… 3:1:3:2
74条
　――1項 …………………… 3:2:1 / 3:2:2:1 / 3:4:1
　――1項2号 …………………………………… 3:2:4
　――1項2号, 3号 …………………………… 2:2:9
　――1項3号 ………………………………… 3:2:2:4
　――2項 …… 2:2:4:2 / 3:2:1 / 3:2:2:1 / 3:2:2:8 /
　　　　3:2:3:4 / 3:4:1 / 4:5:4
　――2項後段 …………………………… 1:7:5 / 3:2:4
76条
　――1項 …… 3:2:3:1 / 3:2:3:4 / 3:2:5:4 / 3:2:6
　――1項ただし書 ……………………………… 3:2:5
　――1項後段 …………………………………… 1:7:5
　――2項 ……………………………… 2:2:9 / 3:2:1
　――3項 ……………………………………… 3:2:1
77条 ……………………………………………… 3:4
82条
　――1項 ……………………………………… 4:5:7
83条
　――2項 …………………………………… **2:6:4:2 / 3:1:8**
86条
　――1項本文 ……………………………… 3:8:2:2
109条 …………………………………………… 3:13:1:5
110条後段 ……………………………………… 3:12:10

●不動産登記令
2条
　――6号 …………………………………… 2:3:6:4
3条 …………………………………………… 2:5:15
　――4号 ……………………………… 2:2:4:2 / 2:3:1:1
　――8号 …………………………………… 2:3:2:1
　――8号ニ括弧書き ……………… 2:3:2:2 / Q11
　――8号ト ……………………………………… Q11
　――9号 …………………………………… 2:3:1:4
　――11号 ……………………………………… **1:7:5**
　――11号ヘ …… 3:1:3:3 / 3:2:4 / 3:9 / 3:10:6 / 3:13:1

4条 ·· 2:2:7
　——ただし書 ···································· 2:2:7
5条
　——1項 ································ 2:2:7 / 2:7:2:2
7条
　——1項1号イ，ロ ······························ 2:3:6
　——1項3号 ···························· 2:3:1:1 / 2:3:6:8
　——1項5号ハ ···································· 2:7:2:4
　——1項6号 ·· 2:3:6
　——3項 ·· 3:1:7
　——3項1号 ······································ 3:2:3:1
　——3項1号括弧書き ···························· 3:2:5
8条 ·· 3:1:6:2
9条 ·· 2:3:6
10条 ·· 2:3:6
12条
　——2項 ·· 2:3:6
13条 ·· 2:3:6
15条 ·· 2:3:6 / 5:6:4
16条 ·· 5:6:4
17条 ·· 2:3:6
18条 ·· 5:6:4
19条 ·· 5:6:4
（平成20年政令1号）附則5条
　——1項 ·· 2:3:6
別表2
　——添付2ハ ···································· 2:5:2:2
別表12
　——申請イ ································ **2:3:4** / 3:2:3:4
　——申請イ（3） ································ 2:3:5
　——添付ハ ······································ 2:3:6:5
　——添付ホ ······························ 2:3:6:7 / 3:2:5:5
　——添付ヘ ······························ 2:3:6:6 / 5:4:2:4
別表13
　——申請 ·· **2:7:2:3**
別表14

——申請イ ······························ **2:5:4:3** / **2:5:15:3**
——申請ロ ······································ **2:5:4:3**
——添付イロ ···························· **2:5:4:4** / 2:5:15:5
——添付ハ ······································ 2:5:15:5
別表15
——申請 ·· 2:5:15:3
——申請イロハ ·································· 2:5:7:3
——添付イ，ホ ································ 2:5:15:5
——添付イ，ニ，ホ ···························· 2:5:7:4
——添付ロ，ハ ·································· 2:5:9:1
別表16
——申請ロ ·· 2:6:3:4
——添付ハ ·· 2:6:4:4
別表17
——添付 ·· 2:8:7
別表18
——申請 ·· 2:8:3:3
——添付 ·· 2:8:3:4
別表19
——申請 ·· 2:8:3:3
——添付 ·· 2:8:3:4
別表20
——申請 ·· 2:8:4:2
別表21
——申請 ·· 2:8:6:3
——添付 ·· 2:8:6:4
別表25
——添付ロ ······························ 3:5:1:4 / 3:7:6:2
別表27
——添付ロ ·· 3:19
別表28
——申請ロ ·· 3:2:4
——添付ロ ·· 3:2:5:1
——添付ハ ·· 3:2:5:2
——添付ニ ·· 2:3:6
——申請ホ ·· 3:2:7

——添付ト ……………………… 3:2:6／3:2:7
　　——添付チ ……………………… 3:2:5:5／3:2:7
別表29
　　——添付イ ……………………………… 3:2:5:3
　　——添付ロ ……………………………… 3:2:5:4
　　——添付ハ ………………………………… 2:3:6
別表32
　　——申請 …………………………………… 3:17:1
　　——添付ハ ……………………………… 3:14:4:4
　　——添付ハニ …………………………… 3:17:1
　　——添付ニ ……………………………… 3:14:4:4
別表38 ……………………………………………… 3:11
別表39 …………………………………………… 3:11:4
別表39及び40の添付ロ …………… 3:2:5:4／Q29
別表40
　　——添付ロ ……………………………… 3:11:3
別表55
　　——申請ハ ……………………………… 3:10:2
別表69
　　——添付イ …………………… 3:12:9／3:13:1:5
別表70 …………………………………………… 3:12:10

●不動産登記規則
1条 ……………………………………………… 5:2:3:2
2条
　　——2項 …………… 1:7:7:2／**2:5:9:6**／3:1:3:1
3条
　　——1項 ……………………………………… 5:2:3:3
4条
　　——2項の別表2 …………………………… 2:3:2:2
　　——3項の別表3 ……… **2:3:2**／2:3:2:3／2:3:4／
　　　　　　　　　　　　　　　　 2:4:1:1／2:4:2:2
　　——4項 ……………………………………… 1:11:1
5条 ……………………………………………… 5:2:3:4
34条
　　——1項5号 ……………………… 2:3:4／3:2:4

　　——2項 …………………………………… Q11
35条
　　——2号〜5号，7号 …………………… 2:6:2
　　——7号 ………………………………… 2:2:8:1
36条
　　——1項2号 …………………………… 2:3:6
　　——2項 …………………………………… 2:3:6
　　——3項 …………………………………… 2:3:6
　　——4項 …………………………………… 2:3:6
37条 ……………………………………………… 2:3:6:8
　　——の2 ………………………………… 2:3:6
47条
　　——2号 ………………………………… 5:6:4:1
48条
　　——1項2号 …………………………… 5:6:4:1
49条
　　——1項1号 …………………………… 5:6:4:2
　　——2項2号 …………………………… 5:6:4:2
50条
　　——1項 …………………………………… 5:6:4:3
50条2項・48条1項2号 ………………… 5:6:4:3
71条
　　——2項 …………………………………… 5:6:3:2
72条 ……………………………………………… 5:6:3:2
82条 ……………………………………………… 2:3:6:3
83条 ……………………………………………… 2:3:6:4
84条 ……………………………………………… 2:3:6:3
89条 ……………………………………… **2:1:3**／**2:3:5**
91条 ……………………………………………… 3:15:2
102条
　　——2項 …………………………………… 2:6:5:1
104条
　　——2項 …………………………………… 2:6:5:1
　　——3項 …………………………………… 2:6:5:1
107条
　　——5項 …………………………………… 2:6:5:5

111条 ……………………………………… 1:2:1
112条 ……………………………………… 1:5:5
116条
　——2項 …………………………………… 2:5:3:2
117条 ……………………………………… 2:10:4:2
118条 ……………… 2:1:1／2:4:2:2／2:5:7:5／2:5:16
　——1号イ ……………………………… 2:3:4／3:2:4
119条 ………………………… 1:9:5:2／2:5:7:6／3:2:3:4
　——1項 …………… **1:7:3:1**／**1:7:4**／**1:7:6**／**2:4:3:2**
　——2項 …………………………………… 2:4:3:3
　——3項 …………………………………… 2:4:3:3
120条
　——4項 …………………………………… 2:7:1:1
　——5項1号，2号 ………………………… 2:7:2:4
　——6項 …………………………………… 2:7:2:4
　——7項 …………………………………… 2:7:3
　——8項 …………………………………… 2:7:3
121条 ……………………………… 2:5:3:3／2:5:3:4
122条 ……………………………… 1:7:3:2／1:11:1
　——1項 …………………………………… 2:5:16
　——2項 …………………………………… 2:5:16
123条 ……………………………………… 1:11:1
　——1項 ………………… 2:5:7:7／3:1:5:3／3:13:1:1
　——1項ただし書 …………………………… **4:5:7**
　——2項 ……………… 2:5:7:7／2:5:7:8／**4:5:7**
124条 ………………………… 1:9:5:2／**2:5:8**／**4:6:9:5**
　——1項 …… 1:6:7:2／Q18／2:5:9:3／2:10:3／3:3:3:6
　——1項，2項 ……………………………… 1:7:4
　——2項 …2:5:9:4／2:10:3／3:3:3:6／3:13:2:3／4:5:3:2
　——3項 … **1:7:7:2**／2:5:9:5／2:10:3／3:13:2:3／4:5:3:2
　——4項 ………………………… 2:5:9:6／2:10:3
　——4項前段 ……………………………… 1:7:7:2
　——5項 ………………… 2:5:9:7／2:5:9:7／2:10:3
　——6項 …………………………………… 2:5:9:7
　——7項 …………………………………… 2:5:9:7
　——8項 ………………………… 2:5:9:7／2:10:3

　——9項 ………………………… 2:5:9:7／2:10:3
124条10項・6条後段 …………… 2:5:9:6／2:10:3
125条 ……………………………………… **2:5:14**
　——1項 …………………………………… 2:5:15:5
　——2項 …………………………………… 2:5:9:5
　——2項後段 ……………………………… **1:7:7:2**
126条 ……………………………… **2:5:8**／2:5:10
　——1項 ………………………… 2:5:12:2／3:17:2
127条
　——1項 ………………………… 2:6:5:1／2:8:5:2
　——2項 …………………………………… 2:8:5:2
　——3項 …………………………………… 2:6:5:1
128条
　——2項 …………………………………… 2:6:5:1
128条1項・102条1項 ……………………… 2:6:5:1
128条1項・104条1項 ……………………… 2:6:5:1
129条
　——1項 …………………………………… 2:6:5:2
　——2項 …………………………………… 2:6:5:2
　——3項 ………………………… 2:6:5:2／2:8:5:2
　——4項 ………………………… 2:6:5:2／2:8:5:2
130条
　——1項 …………………………………… 2:6:5:2
　——2項 …………………………………… 2:6:5:2
　——3項 …………………………………… 2:6:5:2
132条 ……………………………………… 2:6:1:3
　——1項 …………………………………… 2:6:5:3
　——2項 …………………………………… 2:6:5:3
　——3項 …………………………………… 2:6:5:3
133条
　——1項 …………………………………… 2:6:5:4
　——2項 …………………………………… 2:6:5:4
　——3項 …………………………………… 2:6:5:4
　——4項 …………………………………… 2:6:5:4
134条
　——2項 …………………………………… 2:6:5:5

——3項 ………………………… 2:6:5:5
134条1項・107条1項 ……… 2:6:5:5
135条 ………………………… 2:6:1:3
　——1項 ………………………… 2:6:5:6
　——2項 ………………………… 2:6:5:6
136条 ………………………… 2:6:1:3
　——1項 ………………………… 2:6:5:7
　——2項 ………………………… 2:6:5:7
　——3項 ………………………… 2:6:5:7
137条
　——1項 ………………………… 2:6:5:8
　——2項 ………………………… 2:6:5:8
　——3項 ………………………… 2:6:5:8
138条
　——1項 ………………………… 2:6:5:9
　——2項 ………………………… 2:6:5:9
139条 ………………………… 2:6:5:10
140条
　——4項・1項～3項 ………… 2:10:4:1
141条 ……… 1:4:5:3/1:7:3:4/1:8:6:4/2:8:3:5
142条 …………………………… 2:8:5:2
143条 ………………… 1:8:6:5/2:8:6:5
144条
　——2項 ………………………… 2:10:3
145条2項・124条6項 ………… 2:10:3
145条2項・124条7項 ………… 2:10:3
152条 …………………………… 4:6:9:7
155条 ………………………………… 3:19
156条 ……………… 3:1:5:3/3:2:4/3:12:3
157条
　——1項 ………………………… 3:2:3
　——3項 ………………………… 2:2:9
166条 ………………………… **2:6:4:2**
166条～170条 ………………… 3:1:8
180条 ………………………… 3:13:2:3
181条 ………………………… 3:1:6:2

183条
　——1項1号，2項 ……………… 2:5:3:2
　——3項 ………………………… 2:5:3:2
193条
　——1項2号 …………………………… Q11
別表三 ………………………… 2:5:11:2

●不動産登記令第4条の特例等を定める省令

17条 …………………………… 4:5:1:4
18条
　——1項 ………………………… 4:5:3:4
　——2項 ………………………… 4:5:3:2

●不動産登記事務取扱手続準則

16条
　——2項（6）………………………… 2:7:3
37条
　——1項 ……………………………… Q11
52条 …………………………… 2:3:6:3
63条 ……………………………… 2:2:3
77条 ……………………………… 1:2:1
　——（1）ア ……………………… 1:2:3:1
78条 …………………………… **1:2:2**
　——1項 ……………………………… Q1
　——2項 ………………………… 1:2:3:2
　——3項 ………………………… 1:2:3:2
80条
　——1項 ………………………… 1:2:3:2
83条 ………………………… 2:5:1/4:1:3
84条 ………………………… 2:5:1/4:1:3
85条 ……………………………… 2:5:1
88条
　——2項 ………………………… 2:3:2:3
89条 …………………………… 2:3:2:3
94条 …………………………… 2:5:3:4

──1項	2:5:9:2
95条	2:7:1:4／2:7:3
97条・96条	2:6:5:2
98条	
──1項	2:6:5:3
──2項	2:6:5:3
99条	2:6:5:4
100条	
──1項	2:6:5:6
──2項	2:6:5:6
113条・114条	3:1:8
102条	2:5:3:3
103条	
──1項，2項	2:8:3:5
──3項	2:8:3:5
──4項	2:8:6:5

●マンションの建替えの円滑化等に関する法律による不動産登記に関する政令

2条	**4:5:1**／**4:6:9:1**
3条	
──1項	4:5:1:5
──2項	4:5:1:5
4条	
──1項	4:5:2:1
──2項	4:5:4
5条	
──2項	**4:5:3:1**／4:5:3:3
──3項	4:5:3:3
──4項	4:5:3:2
──5項	4:5:4
6条	
──1項	**4:5:5:1**
──2項	4:5:5:2
7条	

──1項	4:5:6:1／Q35
──2項各号	**4:5:6:1**
──3項	4:5:6:1
──4項	**4:5:6:2**
8条	4:5:3:3
──1項	4:5:7
──1項，2項	**4:5:6:2**
9条	4:6:9:2
10条	**4:6:9:5**
11条	4:5:3:3／4:5:6:1／4:6:9:5
12条	4:5:3:3／4:5:6:1

●旧不動産登記法

1条	3:1
28条ノ2	3:18
42条	3:2:2:2
81条ノ6	2:5:2:1
83条	
──第3項から第6項まで	1:7:7:1
93条ノ2	2:2:7／2:3:3
93条ノ4	
──第1項	2:4:3:2
93条ノ5	
──第2項	2:5:5
93条ノ7	
──第1項	2:5:4:1
93条ノ10	2:5:5
93条ノ16	2:5:8
95条	
──第1項	2:6:2
──2項，3項	2:6:2
100条	
──2項	3:2:2:8

●旧不動産登記法施行細則

77条

499

──2項 ………………………… 2:5:3:2

●旧不動産登記事務取扱手続準則
155条
　　──2項 ………………………… 2:3:2:1

●商業登記法
7条 …………………………………… 2:3:6

●仮登記担保契約に関する法律
7条 ………………………………… 3:3:3:5

●借地借家法
15条 ………………………………… 3:7:2
　　──1項 ……………… 1:6:4:5／1:6:6:4
19条
　　──1項 ……………………… 1:6:4:5
22条 ………………………………… 1:6:3:1
23条 ………………………………… 1:6:3:1

●民事執行法
45条
　　──1項 ……………………… 3:14:1
48条 ………………………………… 3:14:4:2
81条 ………………………………… 3:7:3
181条 ……………………………… 3:15:1
167条
　　──5項 ……………………… 3:14:4:2

●民事執行規則
23条 ………………………………… 3:14:4:4

●民事保全法
20条 …………………………………… 3:16
53条
　　──1項 ………………………… 3:17

　　──2項 ……………… 3:17:1／3:17:3

●建築基準法
59条の2 ……………………………… 4:6:1
86条
　　──2項 ……………………… 1:6:6:4

●建築基準法施行令
1条
　　──1号 ……………………… 1:5:1
27条 ………………………………… 4:6:1

●都市再開発法
75条 ………………………………… 1:6:6:4
88条 ……………………… 3:7:3／5:4:2:6
110条
　　──1項 ……………………… 1:6:6:4

●都市再生特別措置法
20条
　　──2項 ……………………… 1:1:3:5

●公証人法
36条 ………………………………… 5:6:3:2
40条 ………………………………… 5:4:2:2
58条
　　──1項 …………………………… 5:6:1
59条 ………………………………… 5:6:3:1
127条 ………………………………… 5:6:1

●公証人手数料令
22条
　　──1項 ……………………… 5:5:1:2

●国税徴収徴法
68条 ………………………………… 3:18:1

主要条文索引

86条 ……………………………………3:18:3

●土地区画整理法
93条 ……………………………………2:9:3:3
96条 ……………………………………2:9:2
98条
　　――1項 ………………………………2:9:1
　　――4項 ………………………………2:9:1
99条
　　――1項 ………………………………2:9:1

●土地区画整理登記令
10条 ……………………………………2:9:3
11条，12条 ……………………………2:9:3:1
15条 ……………………………………2:9:3:3
16条 ……………………………………2:9:3:3
17条・10条 ……………………………2:9:3:3
18条 ……………………………………2:9:3:3

●宅地建物取引業法
35条
　　――1項6号 …………………………1:4:11

●土地収用法
45条の2 …………………………………Q31
45条の3
　　――1項 ………………………………Q31
　　――2項 ………………………………Q31
101条 …………………………………3:3:3:7／Q31

●マンションの管理の適正化の推進に関する法律
2条
　　――1号 ……………………………1:2:1／4:1

●マンション標準管理規約
15条 ……………………………………1:4:11

●新住宅市街地開発法等による不動産登記に関する政令
9条
　　――2項 ………………………………3:2:2:8
11条 ……………………………………3:2:2:8

●会社法
2条
　　――29号 ……………………………Q27
　　――30号 ……………………………Q27
299条
　　――3項 ………………………………5:2:3:1
757条 ……………………………………Q27
762条 ……………………………………Q27

●密集市街地における防災街区の整備の促進に関する法律
222条 ……………………………………5:4:2:6
277条 ……………………………………5:4:2:6

●大都市地域における住宅及び住宅地の供給の促進に関する特別措置法
100条
　　――2項 ………………………………5:4:2:6

●建築物の耐震改修の促進に関する法
25条
　　――3項 ……………1:1:3:4／1:4:10／4:1:1／4:6:1
105条 ……………………………………1:1:3:5
108条 ……………………………………1:1:3:5

501

【判例索引】

大審院判決大正 5 年 11 月 29 日 ………… 1:2:3
大審院判決大正 9 年 5 月 5 日 …………… 1:5:3:1
大審院判決昭和 21 年 2 月 22 日 ………… 1:2:3:1

最高裁判所第一小法廷判決昭和 30 年 9 月 8 日 …………………………………………… 3:1
最高裁判所第二小法廷判決昭和 38 年 5 月 31 日 ………………………………………… 2:6:5:3
最高裁判所第一小法廷判決昭和 45 年 7 月 16 日 ………………………………………… Q15
最高裁判所判決昭和 50 年 4 月 10 日 … 1:4:4:2
最高裁判所第二小法廷判決昭和 50 年 10 月 29 日 ………………………………………… 2:5:1
最高裁判所第二小法廷判決昭和 56 年 1 月 30 日 ………………………………………… 1:4:11
最高裁判所第一小法廷判決昭和 56 年 6 月 18 日 ……………… 1:2:3:1 / 1:2:3:2 / 1:4:4:2
最高裁判所第二小法廷判決昭和 56 年 7 月 17 日 ………………………………………… 1:4:4:2
最高裁判所第二小法廷判決昭和 61 年 4 月 25 日 ………………………………………… 1:2:3:2
最高裁判所大法廷判決昭和 62 年 4 月 22 日 …………………………………………… 4:1:4
最高裁判所第一小法廷判決昭和 62 年 7 月 9 日 …………………………………………… 4:1:3
最高裁判所第二小法廷判決平成元年 11 月 24 日 ………………………………………… 3:3:3:4
最高裁判所第二小法廷判決平成 5 年 2 月 12 日 ……………………… **1:4:4:2** / 1:4:5:1
最高裁判所第三小法廷判決平成 6 年 1 月 25 日 ………………………………………… 2:7:1:1
最高裁判所第一小法廷判決平成 7 年 1 月 19 日 ……………………… 1:3:1 / 2:6:5:3

最高裁判所第三小法廷判決平成 9 年 3 月 11 日 …………………………………………… Q9
最高裁判所第二小法廷判決平成 10 年 10 月 30 日 ………………………………………… 5:2:2:2
最高裁判所第二小法廷判決平成 10 年 11 月 20 日 ………………………………………… 5:2:2:2
最高裁判所第三小法廷判決平成 12 年 3 月 21 日 …………………………………………… 1:4:4
最高裁判所第二小法廷判決平成 16 年 4 月 23 日 …………………………………………… 1:4:10
最高裁判所第一小法廷判決平成 21 年 4 月 23 日 …………………………………………… **4:2:4**
最高裁判所第三小法廷判決平成 22 年 1 月 26 日 ………………………………………… 5:2:2:2
最高裁判所第二小法廷判決平成 23 年 2 月 15 日 …………………………………………… 1:10:1
最高裁判所第三小法廷判決平成 23 年 10 月 11 日 ………………………………………… 3:14:1

東京高等裁判所判決昭和 34 年 6 月 11 日 …………………………………………… 1:2:3:2
大阪高等裁判所判決昭和 35 年 12 月 19 日 ……………………………………………… 1:5:2
東京高等裁判所判決昭和 46 年 4 月 28 日 ……………………………………………… 1:4:4
東京高等裁判所判決平成 2 年 3 月 27 日 ……………………………………………… 1:6:5:4
東京高等裁判所判決平成 3 年 1 月 17 日 ……………………………………………… 3:7:3
大阪高等裁判所判決平成 20 年 4 月 16 日 ……………………………………………… 5:1:1
東京高等裁判所判決平成 21 年 8 月 6 日 ……………………………………………… 2:8:1

判例索引

東京高等裁判所判決平成 21 年 9 月 24 日
 ……………………………………………… 5:2:3:1
東京高等裁判所判決平成 23 年 2 月 24 日
 ……………………………………………… 1:4:7
東京高等裁判所判決平成 23 年 11 月 24 日
 ……………………………………………… 1:4
東京高等裁判所判決平成 24 年 1 月 17 日
 ……………………………………………… 1:4

東京地方裁判所判決昭和 42 年 12 月 26 日
 ……………………………………………… 1:4:4:1
東京地方裁判所判決昭和 51 年 5 月 13 日
 ……………………………………………… 1:3:1
東京地方裁判所判決昭和 54 年 4 月 23 日
 ……………………………………………… 1:4:4:2
東京地方裁判所判決昭和 60 年 7 月 26 日
 ……………………………………………… 1:4:4:2
横浜地方裁判所判決昭和 60 年 9 月 26 日
 ……………………………………………… 1:4:4:2
東京地方裁判所判決平成元年 3 月 15 日
 ……………………………………………… 1:6:5:4
東京地方裁判所判決平成元年 10 月 19 日
 ……………………………………………… 1:4:4:2
東京地方裁判所判決平成 2 年 1 月 30 日
 ……………………………………………… 1:4:4
東京地方裁判所判決平成 2 年 7 月 24 日
 ……………………………………………… 1:4:7:3
東京地方裁判所判決平成 3 年 1 月 30 日
 ……………………………………………… 3:7:3
東京地方裁判所判決平成 3 年 5 月 29 日
 ……………………………………… 1:4:7 / 5:2:2:2
東京地方裁判所判決平成 3 年 11 月 29 日
 ……………………………………………… 1:4:2:1
東京地方裁判所判決平成 4 年 5 月 6 日
 ……………………………………………… 3:3:3:2
東京地方裁判所判決平成 4 年 9 月 22 日
 ……………………………………………… 1:4:4:2

東京地方裁判所判決平成 5 年 1 月 28 日
 ……………………………………………… 1:4:2:1
東京地方裁判所判決平成 5 年 2 月 9 日
 ……………………………………………… 3:7:3
東京地方裁判所判決平成 5 年 3 月 30 日
 ……………………………………………… 1:4:6
福岡地方裁判所判決平成 8 年 5 月 28 日
 ……………………………………………… 1:8:4
千葉地方裁判所判決平成 8 年 9 月 4 日
 ……………………………………………… 5:2:2:2
東京地方裁判所判決平成 9 年 3 月 27 日
 ……………………………………………… 5:2:2:2
東京地方裁判所判決平成 12 年 7 月 21 日
 ……………………………………………… 1:4:4
東京地方裁判所判決平成 17 年 7 月 19 日
 ……………………………………………… 4:2:1
東京地方裁判所判決平成 24 年 9 月 25 日
 ……………………………………………… 4:2:3
東京地方裁判所判決平成 24 年 12 月 27 日
 ……………………………………………… 4:3
東京地方裁判所判決平成 25 年 8 月 22 日
 ……………………………………………… 1:6:6:3
東京地方裁判所判決平成 26 年 10 月 28 日
 ……………………………………………… 1:4:4:2
東京地方裁判所判決平成 27 年 1 月 26 日
 ……………………………………………… 4:3

【先例索引】

明治42年10月7日民刑970号民刑局長回答 …………………………………………… 5:5:5
昭和30年5月21日民事甲第972号民事局長通達 ……………………………………… Q21
昭和34年7月10日建設計発第374号建設省計画局長通達 ………………………… 2:9:2
昭和35年5月18日民事甲第1132号民事局長通達 ……………………………………… 3:7:5
昭和35年8月1日民事甲第1934号民事局長通達 ……………………………………… 3:6:2
昭和36年9月2日民事甲第2163号民事局長回答 ……………………………………… Q32
昭和37年5月4日民事甲第1262号民事局長回答 ……………………………………… 3:7
昭和37年8月22日民事甲第2359号民事局長通達 …………………………………… 3:3:3:4
昭和37年12月15日民事甲第3600号民事局長通達 …………………………………… 1:4:2:1
昭和38年8月1日民三第426号民事局第三課長通知 ………………………………… 2:10:2
昭和38年8月29日民三第2540号民事局長通達 ……………………………………… 3:6:1
昭和38年9月28日民事甲第2658号民事局長通達 ……………………………………… 2:10:1
昭和39年8月7日民事甲第2728号民事局長回答 ……………………………………… 2:3:6:4
昭和39年12月4日民事甲第3902号民事局長回答 ……………………………………… 3:7:1
昭和40年4月10日民事甲第837号民事局長回答 ……………………………………… 2:9:2
昭和40年9月2日民事甲第1939号民事局長回答 ……………………………………… 1:8:7:3
昭和41年8月2日民事甲第1927号民事局長回答 ……………………………………… 1:8:6:1

昭和41年11月14日民事甲第1907号民事局長通達 …………………………………… 3:7:1
昭和42年9月25日民事甲第2454号民事局長回答 ……………………………………… 1:2:3:1
昭和43年2月14日民事甲第170号民事局長回答 ……………………………………… 2:9:2
昭和48年10月13日民三第7694号民事局長回答 ……………………………………… Q21
昭和48年12月24日民三第9230号民事局長回答 ……………………………………… 3:7:1
昭和50年1月13日民三第147号民事局長通達 ………………………………………… 1:4:4:2
昭和52年10月5日民三第5113号民事局第三課長回答 ………………………………… Q1
昭和55年8月28日民三第5267号民事局長通達
　第五の一 …………………………………………………………………………………… 3:15:1
昭和58年10月21日民一第6085号民事局長通達（規約通達） ……………………… **5:4:2**
和58年11月10日民一第6100号民事局長通達（公証事務通達） ……………………… **5:4:2**
　第一の一なお書 ………………………………………………… 1:9:4 / 5:4:1
　第一の三 ……………………………………………………………… 5:4:4 / 5:5:3
昭和58年11月10日民三第6400号民事局長通達（基本通達）
　第一の一の1 …………………………………………………………………………… 1:5:1
　第一の一の2前段 …………………………………………………………………… 1:5:3:1
　第一の一の2後段 …………………………………………………………………… 1:5:3:1
　第一の一の3 ………………………………………………………………………… 1:5:3:1
　第一の二の6 ……………………………………… 1:6:4:3 / 1:6:6:3 / 1:6:10:2
　第一の三の1 ………………………………………………………………………… 1:7:1
　第一の三の2 ………………………………………………………………………… 1:7:3:2
　第一の三の3 ………………………………………………………………………… 1:7:1
　第一の三の4 ………………………………………………………………………… 1:7:3:4

第二の一の1	2:2:2
第二の一の2	2:2:2 / 2:2:7
第二の一の3	2:2:3
第二の一の4	2:2:8:1 / 2:5:4:1
第二の二の1	2:2:5:1
第二の二の2	2:3:1:1 / 2:3:6:8
第二の三の1	2:1:1 / 2:2:2 / 2:2:4:1
第二の三の1ただし書	2:2:4:2
第二の三の2	2:2:1 / 2:2:3 / 2:2:6
第二の四の1後段	2:3:4
第二の四の2前段	2:3:5
第二の四の2後段	2:3:5
第二の五の2，4	2:3:6:7
第四の一の1	2:4:3:2
第四の三	2:4:3:3
第四の三の3	2:4:3:3
第四の三の4	2:4:3:3
第五の一の1	2:5:6 / 2:5:7:3
第五の一の1，二	1:7:3:2
第五の一の2	2:5:7:4
第五の一の3	2:5:9:1
第五の一の4	2:5:7:4
第五の二	2:5:7:5
第五の三	2:5:7:6
第五の四の1，2	2:5:7:7
第五の四の3	2:5:7:7
第五の五の1	2:5:7:7 / 2:5:7:8
第五の五の2	2:5:7:8
第六の一の1	2:5:6
第六の一の2，3及び5	2:5:9:1
第六の一の5	Q31
第六の二の1	2:5:8 / 2:5:9:2
第六の二の2	2:5:9:2
第六の二の3	2:5:9:2
第六の三	2:5:9:3
第六の四	2:5:9:4
第六の五の1	2:5:9:5
第六の六の1前段	2:5:9:6

第七の一の1	2:5:4:1
第七の一の2	2:5:4:2
第七の二	2:5:11:2
第七の二の1	2:5:11:1
第八の一の1	2:5:12:1
第八の一の1，2	1:7:3:2
第八の一の2	2:5:12:1
第八の二の1	2:5:12:2
第八の二の4	2:5:12:2
第八の三	2:5:12:4
第九の一の1・第二の五の3	2:6:4:4
第九の一の2	2:6:3:4
第九の二	2:6:3:4
第十の1	2:6:3:4
第十の2	2:6:4:2
第十二の一	3:2:2:8
第十二の二	3:2:3:1
第十三の二	3:2:3:4
第十三の三	3:2:3:4
第十三の三の1	2:2:9
第十四の一の2，二の2	3:1:5:1
第十四の一の3	3:1:4:2 / 3:1:5:2
第十四の一の3後段	3:12:3
第十四の一の3，6	3:1:4:2
第十四の一の4	3:1:4:1 / 3:1:5:3
第十四の一の5	3:1:3:2 / 3:1:4:2 / 3:15:1 / 3:17:2
第十四の一の6，3前段	3:12:4:1
第十四の二の1	3:10:1
第十四の二の1，2	3:8:1:1 / 3:9
第十四の二の1，2，3	3:10:1
第十四の二の1ないし3	Q25
第十四の二の1，一の1，6	3:1:4:1
第十四の二の2	3:10:1
第十四の二の3	3:1:4:2 / 3:1:4:2 / 3:8:1:1 / 3:10:1
第十四の二の4	1:6:3:2 / 1:6:4:2 / 1:6:4:9 / 3:1:4:2 / 3:7:1 / 3:8:2 / 3:17:3
第十五の一の1	1:7:5 / 3:1:3:3

先例索引

第十五の一の2 ･････････ 1:6:4:3／3:1:3:3／3:10:7
第十五の一の3 ･･････････････ 3:3:2:3／3:10:8
第十五の一の5 ････････････････ 3:1:3:3／3:1:5:3
第十五の三 ･･･････････････････････････ 3:1:5:3
第十五の四の1，2前段 ･･････････････ 3:1:3:1
第十五の四の2後段 ･････････････････ 3:1:3:1
第十五の四の3 ･･･････････････････････ 3:1:3:1

(通達記載例)
記載例23〜27 ･････････････････････ 2:8:3:5
昭和59年2月25日民三第1085号民事局長通達 ･･････････････････････････････････ Q32
昭和59年3月16日日公連決議 ････････ Q42
昭和59年9月1日民三第4675号民事局長通達 ･･････････････････････････････････ 3:10:2
昭和59年9月11日日公連決議 ･･････････ Q37
昭和59年11月21日東京公証人会実務協議会決議 ･･････････････････････････ 5:6:1:3
昭和61年5月7日民三第3914号民事局長通達 ･･････････････････････････････････ 3:18:3
昭和61年11月13日日公連決議 ･･･････ Q39
昭和63年1月19日民三第325号第三課長回答 ･････････････････････････････････････ Q26
平成元年11月30日民三第4913号民事局長通達 ････････････････････････････････ 3:3:3:4
平成元年12月20日日公連決議 ･･･････ Q41
平成5年7月30日民三第5320号民事局長通達（合体通達）
　第六の三（2）･･････････････････････ Q20
　第六の四の（6）･････････････ 2:7:2:4／Q21
　第六の四の（8）････････････････････ 2:7:2:4
　第六の五の（4）･･････････････ 2:7:3／Q21
　第六の五の（5）････････････････････ Q21
　第六の五の（6）･････････････････････ 2:7:3
　第六の五の（7）･････････････････････ 2:7:3
　第六の十 ･･･････････････････････････ 2:7:1:4
　第六の十一（6）････････････････････ 2:7:1:3
平成6年12月21日民三第8669号民事局長回答 ･････････････････････････････････ 2:9:3:1
平成8年3月18日民三第563号民事局長通達 ･･････････････････････････････････ **2:5:13:1**
平成9年1月29日民三第153号民事局第三課長通知 ･･････････････････････････････ 3:1:2
平成13年3月30日民三第867号民事局長通達第1の3，4 ･･････････････････････ Q27
平成15年9月8日民二第2522号民事局長通達（建通達）
　第1 ･･･････････････････････････････ 4:5:1
　第1の2 ･･･････････････････････････ 4:5:1:3
　第1の4 ･･･････････････････････････ 4:5:1:3
　第2の1（1）･･････････････････････ 4:5:2:1
　第2の1（2）･･････････････････････ 4:5:2:2
　第2の2（1）･･････････････････････ 4:5:2:1
　第2の2（2）･･････････････････････ 4:5:2:2
　第3の1 ･･･････････････････････････ 4:5:3:1
　第3の1（5）･･････････････････････ 4:5:3:1
　第3の5（2）････････････････････････ 4:5:7
　第3の7（2）･･････････････････････ 4:5:3:2
　第3の8 ･････････････････････････････ 4:5:4
　第5の2（2）･･･････････････ 4:5:6:1／4:5:7
　第5の2（3），5の（2）･････････ 4:5:6:2
　第6別紙記載例三1（一）（1）･･･････ 4:5:3:5
平成17年2月25日民二第457号通達（不登法施行通達）
　第1の10 ･･･････････････････ 5:6:3:3／Q46
　第1の10（2）･･････････････････････ Q47
　第2の3（3）ア ････････････････････ 4:6:9:7
　第2の3（5）･･･････････････････････ 4:6:9:8
平成17年2月25日日公連法規委員会協議結果 ･･････････････････････････････････ Q47
平成17年3月11日民事局総務課通知 ･･････････････････････････････････ 5:6:3:4
平成18年1月18日民二第100号民事第二課長回答 ････････････････････････････････ Q9
平成18年4月3日民二第799号民事第二課長通知 ･････････････････････････････ 2:6:2

先例索引

平成22年5月25日民二第1151号民事第二
課長通知 …………………………………2:5:9:6
平成29年3月23日民二第171号民事第二課
長通知 ……………………………………Q19
平成27年10月23日民二第512号民事局長
通達 ……………………………………3:14:2
昭和58年度法務局・地方法務局首席登記官
合同協議問題に対する本省回答
　質疑58—1 ……………………………1:5:2
　質疑58—4，5 ………………………1:5:3:1
　質疑58—8 ……………………………1:6:7:1
　質疑58—13 …………………………1:6:3:7
　質疑58—14 …………………………1:7:2
　質疑58—15 …………………………1:7:1
　質疑58—16，17 ……………………2:3:6:7
　質疑58—18 …………………………Q13
　質疑58—18前段 ……………………1:7:1
　質疑58—20 …………………………2:9:2
　質疑58—21 …………………………2:5:8
　質疑58—31 …………………………2:3:1:1
　質疑58—35 …………………………2:3:6:9
　質疑58—37 …………………………2:3:4
　質疑58—39 …………………………2:3:5
　質疑58—41 ………………1:6:10:3／Q40
　質疑58—3〜5 ………………………2:4:3:2
　質疑58—45 …………………………2:4:3:2
　質疑58—49 …………………………2:4:3:3
　質疑58—53 イ ………………………2:5:7:2
　質疑58—53 ハ ………………………2:5:7:2
　質疑58—54 …………………………2:5:7:8
　質疑58—58 …………………………2:5:8
　質疑58—61 …………………………2:5:9:2
　質疑58—64 …………………………2:5:11:1
　質疑58—67 …………………………2:5:11:2
　質疑58—69 …………………………2:5:12
　質疑58—70 …………………………2:5:11:1
　質疑58—71 …………………………2:10:2
　質疑58—73 …………………………3:2:2:8

　質疑58—75 …………………………3:2:6
　質疑58—84 …………………………3:2:5:4
　質疑58—85 …………………………3:2:5:4
　質疑58—86 …………………………3:2:5:4
　質疑58—87 …………………………3:2:5:4
　質疑58—91 …………………………3:2:3:4
　質疑58—93 …………………………3:1:4:1
　質疑58—94 …………………………3:12:1
　質疑58—95 …………………………3:13:2:3
　質疑58—96 …………………………3:15:2
　質疑58—97 …………………………3:17
　質疑58—100 ………………………3:10:3
　質疑58—101 ………………………3:10:1
　質疑58—103 ………………………3:11:2
　質疑58—105 ………………………3:3:2:3
　質疑58—106 ………………………3:1:5:3
　質疑58—110 ………………………1:8:7:3
　質疑58—111 ………………………1:8:6:4
　質疑58—112 ………………………2:5:11:1
昭和59年度各法務局管内首席登記官合同・
表示登記専門官合同協議問題に対する本省
回答
　質疑59—1 ……………………………1:5:4:2
　質疑59—2 ……………………………1:5:2
　質疑59—4 ……………………………3:7:1
　質疑59—7 ……………………………1:6:6:3
　質疑59—8 ……………………………1:6:10:3
　質疑59—9 ……………………………Q7
　質疑59—10 …………………………2:3:5
　質疑59—11 …………………………2:5:15:5
　質疑59—16 …………………………2:3:5
　質疑59—17 …………………………2:3:5
　質疑59—20 …………………………1:4:5:3
　質疑59—21 …………………………1:4:4:2
　質疑59—22 …………………………Q16
　質疑59—23 …………………………2:5:7:2
　質疑59—27 …………………………2:9:3:2
　質疑59—28 …………………………2:5:3:2

先例索引

質疑 59 — 31 ················· Q23
質疑 59 — 35 ················· 3:5:1:4
質疑 59 — 36 ················· Q32
質疑 59 — 40 ················· 3:6:1
質疑 59 — 41 ················· 3:1:4:2
質疑 59 — 46 ················· 1:8:7:3
質疑 59 — 47 ················· 1:8:6:4

事項索引

【事項索引】（太字の見出しは重要事項）

[い]

遺言執行者 …………………………… 2:2:1:1
遺産分割 ……………………………… 3:3:1:2
遺贈 …………………………………… 3:3:1:3
１号仮登記 …………………………… 1:7:2
一団の土地 …………………………… 1:5:1
一の申請情報 ……… **2:2:7** / **2:3:3** / **2:6:2** / 2:7:2:2 /
　　　　　　　　　2:8:1 / 4:5:1:4 / 4:5:6:1
一部共用部分 ………………… **1:4:6** / 1:8:8:2
一部共用部分に関する規約 ………… 5:3
一部共用部分の床面積 …………… 1:4:7:4
一部転得者 ………………………… 3:2:2:9
一部の区分建物の滅失登記 ……… 2:10:4
１不動産１登記記録の原則 ‥ 1:11:1 / 2:2:7 / 2:4:1:1
一括移転 …………………………… 3:3:2:1
一括競売申立て …………………… 3:15:1
一括差押え ………………………… 3:14:4:1
一括申請 …………… 2:2:2 / 2:5:7:2 / 4:6:9:1
一括建替え決議 ……………………… **4:2:4**
一体性の原則の制度 ……………… 1:6:4:3
一体性の原則（分離処分禁止の原則）
　………………………………… **1:6:4** / 1:7:6
一体性の公示 ………………………… **3:1:1**
一棟の建物 …………………………… **1:2:2**
一棟の建物の表題部の変更登記 …… 2:5:3:2
一棟の建物の名称 …………………… Q11
一般承継証明情報 ………………… 2:3:6:9
一般承継人 …………………………… **2:2:1**
一般承継法人 ……………………… 3:2:2:3
一般の先取特権 …………… Q25 / 3:8:1
一方のみの仮処分 ………………… 3:17:2
一方のみの抵当権実行 ……… 3:10:10 / 3:15:2
委任状の認証 ……………………… 5:6:4:2
委任代理人権限証明情報 ………… 2:3:6

[う]

請負契約 ……………………………… Q10
売渡請求 ………………… 4:2 / 4:6:7 / 4:6:9:4
売渡請求権 ………………… 1:6:5:4 / 4:2:1

[え]

エレベータ ………………………… 1:4:6

[お]

後れる登記 ………………… 1:7:7:2 / **2:5:9:6**

[か]

買受計画の認定 ……………………… **4:6:3**
買受人の決定 ………………………… **4:6:3**
会社合併 ……………………………… Q26
会社分割 ……………………………… Q27
会社法人等番号 …………………… 2:3:6
買取請求権の行使 …………………… 4:1:4
買戻権の一括移転登記 …………… 3:6:3
買戻し特約の仮登記 ……………… 3:12:7
買戻しの特約 ……………………… 3:6:1
家屋番号 ……………………………… Q11
各階平面図 ………………………… 2:3:6:4
確定判決 …………………… 3:2:3:3 / 3:2:5:1
合体 ………………………… **2:7:1:1** / 2:7:1:3
合併登記 ……………………………… **2:6:2**
仮換地上の区分建物 ……………… 2:9:2
仮換地の指定 ……………………… 2:9:1
仮差押えの登記 …………………… 3:16
仮登記処分命令 …………………… 3:12:2
仮登記担保 ………………………… 3:3:3:5
仮登記の本登記義務者 …………… 3:12:2:2
仮登記された土地の敷地利用権 …… 1:6:3:7
換地処分の登記 ……………………… **2:9:3**

509

管理組合 …………………………………… **1:10:1**
管理組合法人 ……………………………… **1:10:2**
管理室・管理人室 …………………………… 1:4:4:2
管理・使用等に関する規約 ………………… 5:4:4
管理・使用等に関する規約公正証書 …… 5:5:3:3
管理人事務室 ………………………………… 1:4:1

[き]

議決権数 ……………………………………… 5:2:2:1
議決権のIT化 ……………………………… 5:2:3
危険・有害マンション …………………… **4:6**
既存不適格マンション …………………… 4:2:1
規約共用部分 ……………… 1:4:2:1/**1:4:5**/Q22/Q45
規約自治の原則 …………………………… 5:1
規約共用部分の廃止 ……………… 1:4:5:5/2:8:6
規約公正証書 ……………………… 1:4:5:2/1:5:3:2
規約公正証書を作成しない場合 ………… 5:4:3
規約敷地 ……………………………………… **1:5:3**
規約敷地の廃止 …………………………… 2:5:9:1
規約設定証明情報 …… 2:6:4:4/3:2:5:5/3:2:7/5:4:2:4
規約の衡平性 ……………………………… **5:1**
規約の効力 ………………………………… **5:1:3**
規約廃止公正証書 ………………………… 5:5:6
規約変更公正証書 ………………………… 5:5:5
旧耐震基準 …………………………………… 4
強制競売 …………………………………… 3:14
共同住宅 …………………………………… Q1
共同従属的な関係 ………………… 1:4:5:1/1:8:6:2
共同担保目録 ……………… **2:6:4:2**/2:5:9:7/**3:1:8**
共同の利益に反する行為 ………… 1:3:2/3:14:1
競売による売却 …………………………… 3:10:10
共有物の分割 ……………………………… 3:3:3:2
共有物の変更 ……………………………… 4:1:4
共有持分等の分割請求 …………………… 4:1:4
共有持分の更正 …………………………… 3:5:1:1
共有持分の放棄 …………………………… 3:3:3:3
共用設備 …………………………………… 1:2:3:2
共用部分 ………………………………… **1:4**/**1:4:3**

共用部分である旨 ………………………… 1:4:8
共用部分の共有 …………………………… **1:4:7**
共用部分の共有の性質 …………………… **1:4:7:1**
共用部分の所有者の定め …………… 1:4:8/2:4:1:3
共用部分の変更 …………………… **1:4:10**/Q3
共用部分の放棄・分割 …………………… 1:4:7:2
共用部分の持分割合 ……………………… 1:4:7:3
極度額増額による根抵当権の変更登記
 ……………………………………………… 3:10:4
吸収分割 …………………………………… Q27

[く]

区隔部分 ………………………… 1:4:2:2/1:4:6
躯体部分 ……………………………………… **1:4:2:2**
区分合併 …………………………………… 2:6:1:3
区分合併登記 ……………………… **2:6:5:4**/**2:6:5:9**
区分所有権 ………………………………… **1:3:1**
区分所有者 ………………………………… **1:3:1**
区分所有者数 ……………………………… 5:2:2:1
区分所有建物 ……………………………… 1:2:1
区分賃借権 ………………………………… 3:11:1
区分建物 …………………………………… **1:2**
区分建物の先取特権 ……………………… **3:8:3**
区分建物の増築 …………………………… **2:2:8:2**
区分建物の表題登記 ……………………… 1:6:7:1
区分建物の表題登記の登記原因 ……… **2:3:5**
区分建物の表題部の変更登記 …………… 2:5:3:1
区分建物のみにする抵当権設定 ……… 3:10:3
区分建物の滅失登記 ……………………… **2:10:1**
区分地上権 ………………… 1:6:3:2/1:6:4:5/**3:7:1**
区分登記 …………………… **2:6:2**/2:6:5:8/2:6:5:9

[け]

原始取得者 ………………………… 2:2:5:1/2:3:1:4
建築物の耐震改修の促進に関する法
 （耐震法）………………………………… **1:1:3:4**
権利消滅期日 ……………………… 4:6:6/**4:6:8**
権利消滅の承諾証明情報 ………… **2:6:4:3**/2:7:2:4

事項索引

権利消滅の登記 …………………………… **1:7:7:3**
権利能力なき社団 ……………………… 1:1:2 / 1:10:1
権利売却の登記 …………… **4:4:6 / 4:6:8 / 4:6:9:5**
権利変換手続 ………………………………………… **4:4**
権利変換計画 …………………………………… **4:4:1**
権利変換手続開始の登記 …………………… **4:5:2:1**
権利変換手続開始の登記の抹消 … 4:5:2:2 / **4:5:4**
権利変換の登記 ………………………………… **4:5:3**

[こ]
高層階信仰 ………………………………………… 1:1:3:5
公正証書 ……… 1:4:1 / 1:4:8 / 1:6:5:2 / 1:6:8:1 / 1:6:10:3 /
　　　　　　　　　　　　　1:8:7:1 / **5:2:1 / 5:4**
公正証書による規約 ……………………………… 1:6:5:3
公正証書の作成 …………………………………… **5:4:2**
構造上の共用部分 ………………………………… 1:4:3:1
構造上の独立性 …………………………………… **1:2:3:1**
合棟 ……………………………………… 2:6:1:4 / 2:7:1:3
公売処分 …………………………………………… 3:18:4
合筆換地 …………………………………………… 2:9:3:1
個人番号（マイナンバー） ………………………… **2:1:3**
国庫に帰属 ………………………………………… 1:6:9

[さ]
再区分登記 ………………………………………… 2:6:4:4
再建 ………………………………………………… **4:1:4**
再建決議 …………………………………………… **4:1:4**
裁決手続開始の登記 ……………………………… Q31
債権者 ……………………………………………… 2:2:5:2
再建建物 …………………………………………… **4:2:3**
再建団地内敷地 …………………………………… **4:2:4**
財産分与 …………………………………………… 3:3:3:4
再築 ………………………………………………… 2:5:1
差押えの登記 ……………………………………… 3:14:1
参加組合員 ………………………………………… Q35
参加差押え ………………………………………… 3:18:3

[し]
市街地再開発事業の権利変換 ……… 4:4 / **4:5:3:1**
資格者代理人 ……………………………………… 4:6:9:7
敷地共有者全員の合意 …………………………… 4:2:2
敷地権 ……………………………………… **1:7:1** / 4:6:8
敷地権が生じた場合 ……………………………… 2:5:7:2
敷地権関連情報 …………………………………… 2:7:2:4
敷地権証明情報 …………………………………… 2:3:6:6
敷地権消滅の承諾証明情報 ……………………… 2:5:15:5
敷地権付き区分建物 ……………………… 1:6:4:2 / **1:7:3:1**
敷地権である旨の登記 …… **1:7:3:1 / 1:7:4 / 1:7:6 /**
　　　　　　　　　　　　　2:4:3 / 2:5:7:6 / 2:9:2 / Q24
敷地権である旨の登記を遺漏 ………………… 2:5:12:3
敷地権でなくなったとき ………………………… **2:5:9:1**
敷地権に関する権利の変換 ……………………… 4:4:2:1
敷地権の一部の分離処分 ………………………… 2:5:11:1
敷地権の更正 ……………………………… 3:5:1:3 / 3:5:2:1
敷地権の消滅 ……………………………………… **2:5:8**
敷地権の登記 ……… **1:7:3:1 / 2:4:2:2** / 2:5:7:5 / Q24
敷地権のない区分建物 …………………………… 3:2:6
敷地権の表示 ……………………… **2:3:4** / 3:2:4 / 3:10:6 /
　　　　　　　　　　　　　3:13:1:2 / 3:14:4:4
敷地権の変更 ……………………………………… 2:5:6
敷地権の変更登記 ………………………………… **Q18**
敷地権のみについての登記 ……………………… 3:1:4:2
敷地権割合 ………………………………… 1:6:7:1 / 2:6:3:4
敷地権割合「0」 …………………………………… Q14 / Q22
敷地権割合「一」 …………………………………… 2:8:6:1
敷地権割合の更正登記 …………………………… **2:5:13:1**
敷地の同一性 ……………………………… 1:1:3:3 / 4:2:1
敷地売却 ……………………………………… 4:1:3 / **4:6:2**
敷地売却事業 ……………………………………… **4:6**
敷地利用権 ………………………………………… **1:6:1**
敷地利用権の処分 ………………………………… **1:6:4:4**
敷地利用権の取得 ………………………………… **1:9:5:2**
敷地利用権の放棄 ………………………………… **1:9:5:1**
敷地利用権の割合（持分） …………………… **1:6:5:1**
敷地利用権の割合を定める規約公正証書

511

事項索引

………………………………… 5:5:3:2
敷地利用権割合の決定 ……………… **1:6:5:3**
敷地利用権割合の変更 ………………… 4:2:1
事業用定期借地権 …………………… 1:6:3:1
施行再建マンション ………………… **4:5:6**
施行再建マンションの敷地 ………… **4:5:3:5**
施行マンション …………………… **4:4:2:2**
施行マンションの敷地権消滅 ……… 4:5:3:2
施行マンションの敷地利用権 ……… 4:4:2:1
施行マンションの滅失登記 ………… **4:5:5**
自己借地権 ………………… 1:6:3:3 / **1:6:6:4**
自己賃借権 …………………………… 3:11:1
自己地上権 …………………………… 3:7:2
事実実験証書 ………………………… 5:4:1
私署証書の認証 ……………………… **5:6:1**
借地権 ………………………………… 4:6:8
車庫 ………………………………… 1:2:3:2
支配人代理権限証明情報 …………… 2:3:6
シャッター ………………………… 1:2:3:1
集会の決議 ………………… **5:2:2** / 5:4:4
住所証明情報 ………………………… 2:3:6
住民票コード ……………………… **2:1:3**
収用 ………………………………… 3:2:3:3
収用裁決 ………………… 3:2:2:5 / 3:2:5:1
取得時効 …………………………… 3:3:3:6
小規模一部滅失 ……………………… 4:1:2
使用借権 ………… 1:6:3:4 / 1:6:3:6 / **1:6:4:9**
使用貸借契約 ………………………… 1:6:3:1
承諾証明情報 ………… 3:2:5:4 / 3:5:1:4 / 3:7:6:2 /
　　　　　　　　　3:12:9 / 3:13:1:5 / 4:5:5:2
承諾書の認証 ………………………… 5:6:4:3
譲渡担保 …………………………… 3:3:3:1
使用目的の同一性 …………………… 1:1:3:3
処分禁止の仮処分 …………………… 3:17
書面決議等規約設定公正証書 ……… **5:5:3**
所有権取得証明情報 ………………… Q28
所有権証明情報 …………… 2:3:6:5 / 2:8:3:4
所有権の移転登記の抹消 …………… 3:4:2

所有権の更正登記 …………………… 3:5
所有権の処分制限の登記 …………… 3:2:1
所有権の保存登記の抹消 …………… 3:4:1
所有権の抹消登記 …………………… 3:4
所有権保存の仮登記 ……………… 3:12:2
所有者証明情報 …………………… 2:8:3:4
人貨滞留性 ………………………… 1:4:2:1
新設分割 …………………………… Q27
真正な所有（登記）名義の回復
　　　　　　　　　　　3:2:3:3 / 3:2:5:1
信託的な所有権の移転 …………… 1:4:8:2
新築 ………………………………… **1:9:1**
新耐震基準 …………………………… 4

[せ]

絶対的（必要的）規約事項 ……… **5:1:2**
善意 ………………………………… 1:6:8:1
善意・無過失 ……………………… 1:6:8:1
前住所地通知 ……………………… 5:6:3:2
全部滅失 …………………………… 4:1:3
専有部分 ………………… **1:4** / **1:4:2**
専有部分に係る敷地利用権 ……… 1:6:4:4
専有部分の全部を所有 …………… 1:6:10:2
専用使用権 ………………………… **1:4:11**
専用部分 …………………………… **1:4:2**

[そ]

倉庫 ………………………………… 1:2:3:2
総合設計制度 ……………………… 4:6:1
相続等に係る代位登記 …………… **4:6:9:1**
相続人 ………… 2:2:6 / 2:3:1:2 / 3:2:2:2 / 3:2:3:2
相続人不存在 ……………………… 3:3:3:4
相対的（任意的）規約事項 ……… **5:1:2**
増築 ………………………………… **1:9:2**
存続登記 …………………………… **2:7:2:3**
存続登記承諾証明情報 …………… 2:7:2:4

事項索引

[た]

代位原因証明情報 ……………………2:3:6:8
代位登記 ……………………**4:5:1** / **4:6:9:1**
大規模一部滅失 ……………………………4:1:2
大規模修繕 ……………………………1:4:10
大規模修繕工事 ……………………………**4:1:1**
耐震性不足 ……………………………………4
滞納処分による差押え ……………………3:18:1
タウンハウス ……………………………1:6:4:3
宅地の立体化 ……………………………2:9:3:3
建替え ……………………………**1:9:5** / **4:1:5**
建替え決議 ……………………………**4:2**
建替え決議要件の緩和 ……………………4:2:1
建替え合意者 ……………………………4:3
建替事業 ……………………………4:2
建物が所在する土地 ………………………**1:5:2**
建物所在図 ……………………………2:3:6:1
建物図面 ……………………………2:3:6:3
建物の合併制限 ……………………………**2:6:6**
建物の合併登記 ……………………………2:6:1:3
建物の区分登記 ……………………………2:6:1:2
建物の敷地 ……………………**1:5:1** / 1:5:3 / 1:5:5
建物の所在 ……………………………1:5:5
建物の特定 ……………………………**Q11**
建物の認定基準 ……………………………1:2:1
建物ノ番号 ……………………………2:3:2:1
建物の表題部の変更登記 ………**2:5:1** / 4:5:3:2
建物の附属物 ……………………**1:4:2:1** / **1:4:3:2**
建物の分割登記 ……………………2:6:1:1 / **2:6:5:1**
建物のみに関する旨 ………2:5:7:7 / 3:1:5:3 / 3:13:1:1
建物のみに関する旨の登記 ……………**Q17**
建物のみについての登記 ……………**3:1:5:2**
建物の名称 ……………………………2:3:2:1 / Q11
縦割り区分建物 ……………………………**1:6:6:3**
タワマン節税 ……………………………1:1:3:5
団地 ……………………………**1:9:3**
団地関係 ……………………………**1:8:2**
団地規約書面合意公正証書 ……………5:5:4

団地規約設定公正証書 ………………**5:5:2**
団地共用部分 …………………**1:8:6:1** / **1:8:7:1**
（団地）共用部分である旨の登記
 ………………………**1:8:6:4** / **2:8** / 2:8:5:1
団地建物所有者 ……………………………**1:8:4**
団地建物所有者の団体 ……………………**1:8:5**
団地内建物の敷地 ……………………………**4:2:5**
団地内の区分建物 ……………………………1:8:8:1
担保権等登記 ……………4:4:2:2 / 4:2:4 / **4:5:3:1**
担保権等登記の職権抹消 ……………………4:5:7
担保権等登記の申請 ……………………**4:5:6:2**

[ち]

地役権又は建物内駐車場 ……………………1:4:4:2
地上権の移転登記 ……………………………3:7:5
地上権の変更・更正登記 ……………………**3:7:6**
地上権の抹消登記 ……………………………3:7:7
重畳的賃借権 ……………………………Q6
賃借権 ……………………………1:6:4:5
賃借権・転借権の変更・更正登記 ……3:11:5
賃借権・転借権の抹消登記 ………………3:11:6
賃借権の移転登記 ……………………………3:11:3
賃借権の設定登記 ……………………………3:11:2
賃借権の転貸登記 ……………………………3:11:4
賃貸人の承諾証明情報 ……………………Q29
賃貸用マンション ……………………………1:3:1

[て]

定期借地権 ……………………………1:6:3:1
抵当権設定登記請求権 ……………………Q26
抵当権の設定登記 ……………………………**3:10:1**
手数料 ……………………………5:5:1:2
転得者 ……………………………2:3:1:3 / 3:2:2:8
転得者保存登記 ……………………………1:7:5
電磁的方法による決議 ……………………5:2:3:4

[と]

等価交換 ……………………………1:6:3:5

事項索引

等価交換方式	**1:9:4**
登記完了証	3:1:6:2
登記原因情報	3:12:8
登記原因証明情報 …… 2:3:6:1 / **3:1:7** / 3:3:2:2 / 3:10:7	
登記識別情報	**3:1:6** / 4:5:1:5 / 4:6:9:7
登記の更正	3:1
登記名義人の表示更正	3:5:1:2
特定建物	4:2:2
（特定）担保権	**4:5:7**
（特定）担保権に係る権利に関する登記	**2:5:7:7**
（特定）担保権の登記	2:5:9:7
（特定）担保権の登記の抹消	**2:5:7:8**
特定登記	**1:7:7:1** / 2:5:14 / 2:10:3
特定登記の転写	**2:5:9:5**
特別縁故者	3:3:3:4
特別の影響	1:4:10 / **5:2:2:2**

[な]
内側計算	1:6:5:2

[に]
2号仮登記	1:7:2

[ね]
ネット集会	5:2:3:4
根抵当権の追加設定登記	Q34

[は]
売却	3:14:5 / 3:14:6
売却により消滅した権利	3:18:5
売却マンション	4:6:5:5 / 4:6:6 / **4:6:8**
売却マンションの敷地利用権	4:6:8
売買代金及び契約費用の登記	3:6:2
売買等	3:3:2

[ひ]
非該当（システム欠損値）	Q22
非課税	4:5:8 / 4:6:9:9
非区分建物	**2:1:1**
非区分建物の増築	**2:2:8:1**
被災区分所有建物の再建等に関する特別措置法（被災法）	**1:1:3:2**
被災市街地復興特別措置法（被災市街地法）	1:1:3:2
非敷地権	1:6:7:2 / Q13
非敷地権証明情報	2:3:6:7 / 2:7:2:4 / 3:2:7
必要な登記	**4:5:3:1** / 4:5:6:1 / Q35
表題部所有者の更正登記	2:5:2:2
表題部所有者の変更登記	2:5:2:1
表題部のみの表示事項の変更	2:5:3:3
費用の過分性	1:1:3:3
費用の過分性要件	4:2:1

[ふ]
附属合併	2:6:1:3
附属合併登記	**2:6:5:3** / **2:6:5:8**
附属施設である建物	2:8:1
附属建物の合体	2:7:1:4
附属建物の敷地権の登記	1:7:3:3
附属建物の所在	2:1:3
附属建物の新築の登記	2:5:3:4
附属建物（附属の建物）	**1:4:2:1** / **1:4:3:3**
附属の区分建物	3:2:7
復旧	**4:1:2**
不動産工事の先取特権	3:8:2:2
不動産識別事項	2:1:3 / Q11
不動産質権の設定登記	3:9
不動産所在事項	2:1:3
不動産の先取特権	3:8:2
不動産売買の先取特権	3:8:2:1
不動産番号	2:1:3 / Q11
不動産保存の先取特権	3:8:2:2
プラットホーム	1:2:3:1
分割合併登記	**2:6:5:6**
分割換地	2:9:3:2 / Q24

事項索引

分割登記 …………………………… **2:6:2** / 2:6:5:10
分合筆登記 ………………………………… 4:5:1:1
分譲マンション ……………………………… 1:3:1
分棟 ………………………………………… 2:6:1:4
分配金取得計画 …………………… 4:6:5 / 4:6:7
分配金取得手続開始の登記 …… **4:6:7** / **4:6:9:2**
分離しての時効取得 ……………………… 3:3:3:6
分離処分ができない処分 ………………… **1:6:4:7**
分離処分可能規約 ………… **1:6:7** / 1:6:7:2 / 1:7:1 /
　　　　　　　　　　　　　2:2:8:1 / **2:3:5** / 3:7:3 / Q24
分離処分禁止 ……………………………… 3:1:4:2
分離処分禁止の場合（を除く）…… **1:6:4:2** / 3:1:2

[へ]
平成 13 年 2 月 22 日法務省令第 22 号「公証
　人手数料令第 25 条の横書の証書の様式及
　び証書の枚数の計算方法を定める省令」
　……………………………………………… 5:4:2:2
壁心計算 …………………………………… 1:6:5:2
ベランダ・バルコニー …………………… 1:4:4:2
変更更正登記 ……………………………… 4:5:1:2

[ほ]
包括受遺者 ………………………………… 3:2:2:2
法人代理権限証明情報 …………………… 2:3:6
法定共用部分 …………………… **1:4:4** / 1:4:4:2 / Q15
法定敷地 …………………………………… 1:5:2
法定設定 …………………………………… 4:4:2:4
法定相続 …………………………………… 3:3:1:1
法定地上権 ……………………… 1:5:2 / **3:7:3**
補償金 ……………………………………… 4:6:7
保留地 ……………………………………… 2:9:2
保留床 ………………………………… 4 / 4:4:1
本人確認の認証 …………………………… **5:6:3**

[ま]
抹消回復登記 ……………………………… 3:19
抹消回復の仮登記 ………………………… 3:12:6

マンション ………………………………… 4:1
マンション全部の滅失・朽廃 …………… **4:1:5**
マンションの管理の適正化の推進に関する法
　律 ………………………………………… 4:1
マンション敷地売却組合 ………………… **4:6:4**
マンション建替組合 ……………… **4:1:6** / 4:3

[み]
未登記規約共用部分 ……………………… 1:4:5:4
みなし規約 ………………………………… 2:5:9:1
みなし規約敷地 ……………… **1:5:4** / **5:4:2:6**
民法 177 条の不適用 ……………………… **1:4:9**

[も]
持回り決議 ………………………………… 5:2:2:1

[よ]
容積率の緩和 …………………… 1:1:3:5 / 4:6:1
要除却認定マンション ………… 1:1:3:5 / **4:6:1**
要耐震改修認定建築物 ……… 1:1:3:4 / 4:1:1 / 4:6:1
横割り区分建物 …………………………… 1:6:6:4
横割り分有 ………………………………… 1:6:6:5

[り]
立体換地 …………………………………… 2:9:3:3
利用上の独立性 …………………………… **1:2:3:2**
隣接施行敷地 ……………………………… 4:4:2:1

[れ]
連担建築物設計制度 ……………………… 1:6:6:4

[ろ]
廊下 ………………………………………… 1:4:6

515

第5版 マンション登記法
──登記・規約・公正証書──

定価：本体4,500円（税別）

平成14年1月20日　初版発行
平成30年3月30日　第5版発行

| 著　者 | 五十嵐　　　徹 |
| 発行者 | 尾　中　哲　夫 |

発行所　日本加除出版株式会社

本　　社　郵便番号 171-8516
　　　　　東京都豊島区南長崎3丁目16番6号
　　　　　ＴＥＬ　(03) 3953-5757（代表）
　　　　　　　　　(03) 3952-5759（編集）
　　　　　ＦＡＸ　(03) 3953-5772
　　　　　ＵＲＬ　http://www.kajo.co.jp/

営業部　　郵便番号 171-8516
　　　　　東京都豊島区南長崎3丁目16番6号
　　　　　ＴＥＬ　(03) 3953-5642
　　　　　ＦＡＸ　(03) 3953-2061

組版・印刷　㈱亨有堂印刷所　／　製本　牧製本印刷㈱

落丁本・乱丁本は本社でお取替えいたします。
© T. Igarashi 2018　　Printed in Japan
ISBN978-4-8178-4463-7 C2032 ¥4500E

JCOPY 〈㈳出版者著作権管理機構 委託出版物〉

本書を無断で複写複製（電子化を含む）することは、著作権法上の例外を除き、禁じられています。複写される場合は、そのつど事前に㈳出版者著作権管理機構（JCOPY）の許諾を得てください。
また本書を代行業者等の第三者に依頼してスキャンやデジタル化することは、たとえ個人や家庭内での利用であっても一切認められておりません。

〈JCOPY〉　HP：http://www.jcopy.or.jp/, e-mail：info@jcopy.or.jp
　　　　　電話：03-3513-6969, FAX：03-3513-6979

商品番号：40651
略　　号：工登

工場抵当及び工場財団に関する登記

五十嵐徹 著

2016年11月刊 A5判 400頁 本体3,700円＋税 978-4-8178-4350-0

- 工場抵当・工場財団の基礎知識から目録作成、設立・変更等の登記手続までの一連の流れを解説。疑問を抱きやすい点をQ&Aでフォロー。
- 主要条文、関係法令、先例・判例を細かに引用しているので根拠をすぐに確認できる。登記申請に必要な様式記載例も収録。

商品番号：40547
略　　号：土地区

土地区画整理の登記手続

五十嵐徹 著

2014年4月刊 A5判 272頁 本体2,500円＋税 978-4-8178-4154-4

- 土地区画整理事業における登記手続に特化した解説書。
- 事業の流れに沿って、図表や記載例、Q&Aを用いながら、関係する登記実務をわかりやすく解説。
- 主要条文や関係法令を細かに引用しているので、根拠をすぐに確認できる。

商品番号：40487
略　　号：まち登

まちづくり登記法
都市計画事業に関係する登記手続

五十嵐徹 著

2012年11月刊 A5判 256頁 本体2,400円＋税 978-4-8178-4033-2

- 土地区画整理法に関する事業計画や、都市再開発に関する登記手続をまとめた希少な一冊。
- 都再法、密集法についての登記書式を収録。

〒171-8516　東京都豊島区南長崎3丁目16番6号
TEL（03）3953-5642　FAX（03）3953-2061（営業部）
http://www.kajo.co.jp/

日本加除出版